权威·前沿·原创

皮书系列为
"十二五""十三五"国家重点图书出版规划项目

智库成果出版与传播平台

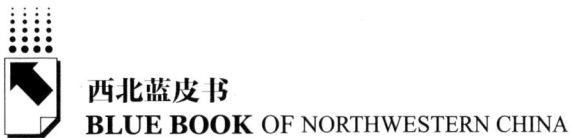

中国西北发展报告（2021）

NORTHWESTERN CHINA DEVELOPMENT REPORT (2021)

主　编 / 丁守庆
副主编 / 刘国防　王　宁

社会科学文献出版社
SOCIAL SCIENCES ACADEMIC PRESS (CHINA)

图书在版编目(CIP)数据

中国西北发展报告.2021/丁守庆主编.--北京：
社会科学文献出版社,2021.5
（西北蓝皮书）
ISBN 978-7-5201-8224-9

Ⅰ.①中… Ⅱ.①丁… Ⅲ.①区域经济发展-研究报
告-西北地区-2021 Ⅳ.①F127.4

中国版本图书馆 CIP 数据核字（2021）第 064178 号

西北蓝皮书
中国西北发展报告（2021）

主　　编／丁守庆
副 主 编／刘国防　王　宁

出 版 人／王利民
责任编辑／陈　颖

出　　版／社会科学文献出版社·皮书出版分社（010）59367127
　　　　　地址：北京市北三环中路甲 29 号院华龙大厦　邮编：100029
　　　　　网址：www.ssap.com.cn
发　　行／市场营销中心（010）59367081　59367083
印　　装／天津千鹤文化传播有限公司

规　　格／开　本：787mm×1092mm　1/16
　　　　　印　张：29.25　字　数：485 千字
版　　次／2021 年 5 月第 1 版　2021 年 5 月第 1 次印刷
书　　号／ISBN 978-7-5201-8224-9
定　　价／168.00 元

本书如有印装质量问题，请与读者服务中心（010-59367028）联系

▲ 版权所有 翻印必究

《中国西北发展报告（2021）》
编委会名单

主编单位 新疆社会科学院

协编单位 陕西社会科学院
　　　　　　甘肃社会科学院
　　　　　　宁夏社会科学院
　　　　　　青海社会科学院

主　　任 丁守庆

副 主 任 司晓宏　王福生　刘　雨　索端智

主　　编 丁守庆

副 主 编 刘国防　王　宁

委　　员（以姓氏笔画为序）
　　　　　　丁守庆　王福生　王建康　王　宁　司晓宏
　　　　　　代　辛　刘国防　刘　雨　刘　艳　郑彦卿
　　　　　　段庆林　索端智　董积生

主要编撰者简介

丁守庆 新疆社会科学院党委书记、院长,新疆社会科学界联合会副主席,教授、管理学博士、博士研究生导师。兼任新疆法学会副会长,中国科学社会主义学会副会长。享受国务院政府特殊津贴专家,全国宣传文化系统"四个一批"人才,入选国家"万人计划"第一批哲学社会科学领军人才。从事政治学、科学社会主义理论研究和教学,出版《新疆跨越式发展的变革领导力研究》等著作和教材5部,主持或参加7项国家、省级和委托课题研究,发表学术论文和理论文章百余篇。获得过新疆维吾尔自治区哲学社会科学优秀成果青年佳作奖1项、三等奖1项、一等奖2项,全国党校系统优秀科研成果二等奖2项。

刘国防 新疆社会科学院党委委员、副院长兼《西域研究》主编、编审,享受国务院政府特殊津贴专家。主要从事新疆地方史的研究,参加多项课题与学术著作的撰写,任《中国地域文化通览·新疆卷》副主编、《新疆通志·民族志》副主编、《西北文献丛编》(第二编)副主编。目前任国家社科基金重大委托项目《新疆通史》两汉卷主编。发表论文《关于明代前期土鲁番统治者世系的几个问题》《明朝的备边政策与哈密卫的设置》《汉代乌孙赤谷城地望蠡测》《汉西域都护的始置及其年代》《西汉比胥鞬屯田与戊己校尉的设置》等20余篇。

王　宁 新疆社会科学院研究员,享受国务院政府特殊津贴专家,自治区人民政府参事、自治区专家顾问团顾问。曾任新疆社会科学院经济研究所所长。主要从事农业经济、人口经济、生态经济、工业经济、区域经济研究。先后主著（主编、副主编）《绿洲经济论》《新疆人才发展战略研究》等8部专著，发表论文百余篇；提交人民代表、政协提案、专家顾问决策建议等60余项，多项被领导批示并转相关部门采纳、落实；主持国家、自治区及有关部门、地州县市等各级各类研究课题80余项。获国家及自治区各类著作、论文、咨询建议奖40余项。

摘 要

"西北蓝皮书"是我国西北地区陕西、甘肃、宁夏、青海、新疆五省区社会科学院联合组织专家学者撰写的反映中国西北地区改革发展的综合性年度研究报告,是研究西北地区经济、政治、社会、文化、生态文明"五位一体"建设中共同面临的重大理论和实践问题的重要科研成果。

《西北蓝皮书:中国西北发展报告(2021)》由新疆社会科学院主编,由总报告、全面建成小康社会篇、脱贫攻坚决战决胜篇、"十三五"规划收官篇、丝绸之路经济带篇、区域特色篇六部分组成。

2020年是具有里程碑意义的一年:2020年是全面建成小康社会之年、是实现第一个百年目标之年、是脱贫攻坚决战决胜之年、是"十三五"规划圆满收官之年。总报告分别对2020年西北地区经济发展形势和社会发展形势进行了分析,对2021年西北地区经济、社会发展面临的环境和发展趋势进行了预测并提出了相应的对策建议。

全面建成小康社会篇回顾总结了西北地区实现第一个百年目标:全面建成小康社会发展情况,并分别从西北地区经济建设、政治建设、社会发展、文化发展、生态建设方面系统总结了全面建设小康社会的成就与经验。

脱贫攻坚决战决胜篇聚焦西北地区打赢深度贫困区脱贫攻坚战,关注了精准扶贫与农村集体产权制度改革、脱贫攻坚决战决胜的历史回顾、存在问题、取得的成效和经验。我们认为继续巩固拓展脱贫攻坚成果,全面提高脱贫质量,增强脱贫的可持续性,防止返贫致贫,要全面推进巩固拓展脱贫成果与乡村振兴的有效衔接。

"十三五"规划收官篇聚焦了西北地区"十三五"经济社会发展目标,对"十三五"时期西北地区经济社会发展目标实现情况进行了评估,总结分析了

"十三五"时期西北地区经济、社会、法治、文化、生态的发展成就、存在问题,并对"十四五"进行了展望。我们认为"十三五"时期,西北地区主要突出补齐基础设施建设、农村贫困人口脱贫、产业转型升级、社会事业发展、生态环境保护等方面短板,努力实现了经济保持中高速增长,人民生活水平和质量普遍提高,国民素质和社会文明程度显著增强,基础设施瓶颈制约明显改善,生态环境建设取得重要进展,改革开放实现重要突破,制度保障能力显著提升,安全发展观念牢固树立的目标。

丝绸之路经济带篇聚焦了西北地区的开放与合作,关注了新疆打造更高水平丝绸之路经济带核心区,陕西参与丝绸之路经济带贸易合作,甘肃抢抓"一带一路"最大机遇、构建对外开放新格局,丝绸之路宁夏段经济建设,青海与尼泊尔合作共建"一带一路"的路径。我们认为西北地区要面对新形势,形成更为理性的政策预期,加快突破制约开放发展的体制机制障碍,拓展经济发展新空间,提升西北地区在丝绸之路经济带中的影响力和竞争力,打造对外开放新引擎,构建全面对外开放新格局。

区域特色篇聚焦西北地区特色产业发展、社会治理创新、社区教育、特色资源的保护和利用。关注了新疆乡村产业振兴路径、陕西经济社会发展对交通的需求及定位、甘肃市域社会治理现代化及机制创新、甘肃黄河文化资源保护传承与利用、宁夏特色产业融合发展、青海三江源国家公园建设中社区的教育实践、青海绿色有机农畜产品示范省建设等。西北地区各省区积极融入国家发展战略,因地制宜探索高质量发展之路,取得了一系列显著成就。

《西北蓝皮书:中国西北发展报告(2021)》突出了全面建成小康社会第一个百年目标,对"十三五"规划进行了总结和评估,并结合丝绸之路经济带建设体现西北各省区对外开放新格局的构想,同时保持了各省区对各省情的研究特色。本书对研究中国西北区域发展问题具有重要的参考价值。

关键词: 百年目标 "十三五" 丝绸之路 西北地区

Abstract

"Northwest Blue Book" is a comprehensive annual research report on the reform and development of Northwest China jointly authored by Shaanxi, Gansu, Ningxia, Qinghai and Xinjiang Academies of Social Sciences, is an important scientific research achievement to study the major theoretical and practical problems in the "Five In One" construction of economy, politics, society, culture and ecological civilization in Northwest China.

Northwest Blue Book: development report of Northwest China (2021), edited by Xinjiang Academy of Social Sciences, consists of six parts: general report, building a moderately prosperous society in all aspects, the decisive battle of poverty alleviation, the closing chapter of the 13th Five Year Plan, the Silk Road Economic Region and regional characteristics.

2020 is a year of milestone: 2020 is the year of building a moderately prosperous society in all aspects, the year of realizing the first Centennial goal, the year of winning the decisive battle against poverty, and the year of the successful conclusion of the 13th Five Year Plan. The general report analyzes the economic and social development situation of Northwest China in 2020, forecasts the environment and development trend of economic and social development of Northwest China in 2021, and puts forward corresponding strategies and suggestions.

The comprehensive part reviews and summarizes the development of the first Centennial goal of building a well-off society in Northwest China, and systematically summarizes the achievements and experience of building a well-off society in Northwest China from the aspects of economic construction, political construction, social development, cultural development and ecological construction.

The decisive battle of poverty alleviation focuses on Northwest China's winning the decisive battle of poverty alleviation in deep poverty-stricken areas, including the

historical review, existing problems, achievements and experience of precision poverty alleviation and rural collective property system reform, and the decisive battle of poverty alleviation. We believe that we should continue to consolidate and expand the achievements of poverty alleviation, improve the overall quality of poverty alleviation, enhance the sustainability of poverty alleviation, and prevent the recurrence of poverty. We should comprehensively promote the effective connection between consolidating and expanding the achievements of poverty alleviation and Rural Revitalization.

The closing chapter of the 13th Five Year Plan focuses on the economic and social development goals of the northwest region during the 13th Five Year Plan period, evaluates the achievement of the economic and social development goals of the northwest region during the 13th Five Year Plan period, summarizes and analyzes the development achievements and existing problems of the economy, society, laws, culture and ecology of the northwest region during the 13th Five Year Plan period, and prospects the 14th Five Year Plan period. We believe that during the 13th Five Year Plan period, the northwest region mainly focused on enhancing infrastructure construction, poverty alleviation of the rural poor, industrial transformation and upgrading, development of social undertakings, and ecological and environmental protection, striving to achieve medium to high speed economic growth, general improvement of people's living standards and quality, significant enhancement of social civilization and bottleneck system of infrastructure. We have achieved significant progress in the construction of ecological environment, made important breakthroughs in reforming and opening up, and firmly established the concept of safe development.

The Silk Road Economic Region focuses on opening up and cooperation in the northwest, pays attention to Xinjiang's efforts to build a better core area in the Silk Road Economic Region, Shaanxi's participation in the trade cooperation of the Silk Road Economic Region, concerns about the "seize the opportunity" in the Gansu Silk Road, the new pattern of opening up, the economic construction in the Ningxia section of the Silk Road, and the cooperation between Qinghai and Nepal in building the "one region and one road" path. We believe that the northwest region should face the new situation, form more realistic policy expectations, speed up the breakthrough of institutional barriers restricting the development of opening up,

Abstract

expand new space for economic development, enhance the influence and competitiveness of the northwest region in the Silk Road Economic Region, and build a new pattern of comprehensive opening up.

The regional characteristics section focuses on the development of industries with unique characteristics, innovation of social governance, community education and protection and utilization of uniqueresources in Northwest China. It focuses on the path of rural industry revitalization in Xinjiang, the demand and positioning of Shaanxi's economic and social development for transportation, the modernization and mechanism innovation of Gansu's social governance, the integrated development of Ningxia's unique industries, the protection, inheritance and utilization of Gansu's Yellow River cultural resources, and the community education practice in the construction of Qinghai's Sanjiangyuan National Park. The provinces and autonomous regions in Northwest China have actively integrated into the national development strategy and achieved high-quality development based on the local conditions, and have made a series of remarkable achievements.

Northwest Blue Book: Northwest China Development Report (2021) highlights the first Centennial goal of building a moderately prosperous society in all aspects, summarizes and evaluates the 13th Five Year Plan, and reflects the new pattern of opening up of northwest provinces and regions in combination with the construction of the Silk Road Economic Region, while maintaining the characteristics of each province. This book is important for the study of the regional development of Northwest China.

Keywords: Centennial Goal; The 13th Five Year Plan; The Silk Road; Northwest China

目 录

Ⅰ 总报告

B.1 2020~2021年西北地区经济发展形势分析与预测
　　　　　　　　　　　　　　　　　　　　　热娜·艾尔肯 / 001
　　一　2020年西北地区经济发展总体形势 …………………… / 002
　　二　2020年西北地区经济发展面临的挑战与问题 ………… / 012
　　三　2021年西北地区经济发展形势预测与发展建议 ……… / 017

B.2 2020~2021年西北地区社会发展形势分析与预测
　　　　　　　　　索端智　拉毛措　索南努日　朱学海　文斌兴 / 022
　　一　2020年西北地区社会发展总体形势 …………………… / 022
　　二　2020年西北地区社会发展面临的挑战 ………………… / 027
　　三　2021年西北地区社会发展形势预测与对策建议 ……… / 029

Ⅱ 分报告　全面建成小康社会篇

B.3 西北地区全面建成小康社会发展报告 ……………… 王宏丽 / 036
B.4 西北地区经济建设发展报告 ………………………… 热娜·艾尔肯 / 065
B.5 西北地区政治建设发展报告 ………… 郭　蓓　米克拉依·尼加提 / 083

001

B.6 西北地区文化发展报告 ………………………… 牛学智 徐 哲 / 097

B.7 西北地区生态建设发展报告 ……………………………… 罗 哲 / 113

Ⅲ 脱贫攻坚决战决胜篇

B.8 打赢新疆深度贫困区脱贫攻坚战 ………………………… 李 婷 / 129

B.9 精准扶贫视域下陕西省农村集体产权制度改革的
探索与实践 ……………………………………………… 张 敏 / 144

B.10 甘肃省脱贫攻坚历程回顾及展望 ……………… 王建兵 马 潇 / 155

B.11 宁夏决战决胜脱贫攻坚问题研究 ……………… 李保平 徐东海 / 176

B.12 青海省决胜脱贫攻坚的成效和经验
………………………………………… 马起雄 杨 军 任妍妍 / 187

Ⅳ "十三五"规划收官篇

B.13 新疆"十三五"规划主要目标完成情况评估报告 ……… 宋建华 / 202

B.14 陕西省"十三五"时期经济社会发展评估与展望
………………………………………………… 裴成荣 顾 菁 / 225

B.15 甘肃"十三五"经济社会发展评估与展望 …… 刘伯霞 吕剑平 / 242

B.16 宁夏"十三五"经济社会发展评估与"十四五"展望
………………………………………………………… 王林伶 / 270

Ⅴ 丝绸之路经济带篇

B.17 新疆：打造更高水平的丝绸之路经济带核心区
………………………………………………… 吾斯曼·吾木尔 / 284

B.18 "十三五"陕西省深度融入"一带一路"对外
贸易发展研究 …………………………………………… 高云艳 / 296

B.19 甘肃抢抓"一带一路"最大机遇，构建对外开放
　　新格局研究 ································· 马继民 / 309
B.20 丝绸之路经济带宁夏段建设研究 ············· 李文庆 / 326
B.21 青海与尼泊尔合作共建"一带一路"的路径思考
　　································· 孙发平　杜青华　杨　军 / 336

Ⅵ 区域特色篇

B.22 新疆产业扶贫与乡村振兴有效衔接的路径研究 ······ 张　岩 / 353
B.23 新时代陕西交通强省战略下经济社会发展对交通的
　　需求及定位研究 ····························· 冯煜雯 / 366
B.24 甘肃省市域社会治理现代化及其机制创新研究 ····· 侯万锋 / 379
B.25 甘肃黄河文化资源保护传承与利用研究 ··········· 侯宗辉 / 390
B.26 宁夏优势特色农业三产融合发展研究 ············· 王愿如 / 408
B.27 三江源国家公园黄河源园区环境教育实践与路径
　　································· 代　辛　李婧梅 / 417
B.28 青海绿色有机农畜产品示范省建设分析报告
　　································· 代　辛　李婧梅 / 427

皮书数据库阅读使用指南

CONTENTS

I General Reports

B.1 Analysis and Forecast of Economic and Social Development in
Northwest China (2020-2021) *ReNa Aierken* / 001

    1. An Analysis of the Economic Development Situation of Northwest
China in 2020 / 002

    2. Challenges and Dilemmas of Economic Development in Northwest
China in 2020 / 012

    3. The Forcast of Economic Development and Policy Suggestions
for Northwest China in 2021 / 017

B.2 Analysis and Forecast of Social Developmentin Northwest China
from 2020 to 2021

Duanzhi Suo, Lamatso, Sonanuri, Xuehai Zhu and Binxing Wen / 022

    1. Overall situation of social development in Northwest China in 2020

/ 022

CONTENTS

2. Challenges Facing Social Development in Northwest China in 2020 / 027
3. The Forecast of the Social Development Situation and Strategies in Northwest China in 2021 / 029

II Building a Moderately Prosperous Society in All Aspects

B.3 Report on Building a Moderately Prosperous Society in Northwest China
Hongli Wang / 036

B.4 Report on Economic Construction in Northwest China *ReNa Aierken* / 065

B.5 Report on the Development of Political Construction in Northwest China
Bei Guo, Mikhail nigati / 083

B.6 Report on Cultural Development in Northwest China
Xuezhi Niu, Zhe Xu / 097

B.7 Report on the Development of Ecological Construction in Northwest China
Zhe Luo / 113

III Reports on The Battle Against Poverty

B.8 To Win the Battle Against Poverty in the Deeply Impoverished Region of Xinjiang *Ting Li* / 129

B.9 Implementation of the Rural Collective Property Rights System Reform in Shaanxi Province *Min Zhang* / 144

B.10 Retrospect and Prospect of the Poverty Alleviation in Gansu Province
Jianbing Wang, Xiao Ma / 155

B.11 Research on Ningxia's Decisive Poverty Alleviation
Baoping Li, Donghai Xu / 176

B.12 Research on the Effect of the Poverty Alleviation in Qinghai
Qixiong Ma, Jun Yang and Yanyan Ren / 187

 西北蓝皮书

Ⅳ Reports on The End of The 13th Five Year Plan

B.13 Assessment Report on the Completion of the Main Goals of the 13th Five-Year Plan in Xinjiang　　　　　　　　　　*Jianhua Song* / 202

B.14 Evaluation and Forecast of Economic and Social Development During the 13th Five-Year Plan Period of Shanxi Province
　　　　　　　　　　　　　　　　　　Chengrong Pei, Jing Gu / 225

B.15 Evaluation and Forecast of Economic and Social Development in the 13th Five-Year Plan of Gansu Province　　*Boxia Liu, Jianping Lv* / 242

B.16 Evaluation and Forecast of Economic and Social Development in the 13th Five-Year Plan of Ningxia Province　　　　*Linling Wang* / 270

Ⅴ Reports on Silk Road Economic Region

B.17 Xinjiang: Becoming a Core Area in the Silk Road Economic Region
　　　　　　　　　　　　　　　　　　　　　Wusiman Wumuer / 284

B.18 Research on Shaanxi's Participation into the Region and Road initiative's Foreign Trade Development during the 13th Five-Year Plan
　　　　　　　　　　　　　　　　　　　　　　Yunyan Gao / 296

B.19 Gansu Builds a New Pattern of Economic Development　　*Jimin Ma* / 309

B.20 Research on the Economic Construction in Ningxia　　*Wenqing Li* / 326

B.21 Thoughts on Cooperation Between Qinghai and Nepal
　　　　　　　　　　　　Faping Sun, Qinghua Du and Jun Yang / 336

Ⅵ Reports on Regional Features

B.22 Xinjiang Poverty Alleviation and Rural Revitalization　　*Yan Zhang* / 353

CONTENTS

B.23　Shaanxi: Research on Transportation Demand and Economic and Social Development　*Yuwen Feng* / 366

B.24　Study on the Modernization of Social Governance and Its Mechanism in Gansu Province　*Wanfeng Hou* / 379

B.25　Study on the Protection, Inheritance and Utilization of Yellow River Cultural Resources in Gansu Province　*Zonghui Hou* / 390

B.26　Ningxia Research on the Development of Three Industries Integration　*Yuanru Wang* / 408

B.27　Community Education in the Construction of Sanjiangyuan National Park　*Xin Dai, Jingmei Li* / 417

B.28　Analysis on Construction of Green Organic Agricultural and Livestock Products in Qinghai　*Xin Da, Jingmei Li* / 427

总报告
General Reports

B.1

2020~2021年西北地区经济发展形势分析与预测

热娜·艾尔肯*

摘　要： 2020年受新冠肺炎疫情的影响，国内外发展形势都发生剧烈变化，西北地区受疫情影响，呈现经济发展增速变缓、消费市场萎缩等情况。中央、各地政府高度重视疫情管控与疫情后的经济复苏问题，加大了帮扶与减税力度，出台多项经济与民生政策刺激经济发展。这些政策发挥了巨大的作用，有效缓解了经济发展中遇到的问题，也使经济发展呈现新形势与新业态。"十四五"时期是我国转向高质量发展时期，开启全面建设社会主义现代化强国时期。在此阶段，在新发展格局与疫情影响的叠加效应下，西北五省区将面临更为深层次的发展问题。本报告从西北五省区自身发展特点出发，从

---

* 热娜·艾尔肯，经济学博士，新疆社会科学院经济所助理研究员，主要研究方向为区域与产业经济学。

产业发展、空间扩展、城乡协调发展、消费结构等方面提出一系列发展建议。

关键词： 疫情管控　经济发展　西北地区

2020年是国内外发展环境剧烈变化的一年，特别是新冠肺炎疫情的严重冲击，打破了固有的发展趋势与格局，国内外经济出现剧烈波动。面对错综复杂的局势，以习近平同志为核心的党中央审时度势，做出正确的判断与调整，在疫情防控与稳定经济社会发展方面取得了巨大成就，稳住了"十三五"以来的发展成果，使规划目标与任务顺利完成。就西北地区而言，2020年亦是困难重重之年，西北地区工业经济、消费市场以及进出口贸易都受疫情严重影响，脱贫攻坚难度进一步增大。面对这些发展问题，各地方政府积极落实中央的统一部署，推出了帮扶与减税政策，有效减缓了疫情对经济的冲击，同时催生了经济发展的新迹象与新业态，为迎接"十四五"时期经济社会发展打下坚实的基础。

一　2020年西北地区经济发展总体形势

（一）国民经济经受住新冠肺炎疫情冲击，经济运行总体平稳

根据国家统计局发布的分析报告，2020年前三季度，我国GDP增长率由负转正，相比国外主要经济体普遍衰退，中国交出了一份较满意的答卷。西北地方经济发展面对来势汹汹的新冠肺炎疫情冲击和复杂严峻的国内外环境，也取得了令人满意的成绩。陕西、甘肃、宁夏、青海、新疆五省区，科学统筹疫情防控和经济社会发展，有效推动生产、生活秩序恢复，经济增速由负转正，供需关系逐步改善，市场活力动力增强，就业、民生获得保障，国民经济延续稳定发展态势，社会大局平稳、发展。从前三季度国内生产总值来看，陕西省与新疆维吾尔自治区国内生产总值体量较大，甘肃、宁夏、青海次之。从增速水平来看，西北五省区地区生产总值都实现了正增长，且都高于同时期全国增

长水平（全国国内生产总值同比增速为0.7%），其中甘肃省地区生产总值同比增速最快，同比增长2.8%。分产业看，第一产业与第二产业增加值同比增速较高，第二产业展现出强势复苏的迹象，尤其是新疆维吾尔自治区第二产业增加值同比增速达6.7%，高于西北地区其他省份增长速度。第三产业则表现出增速放缓的迹象，除宁夏回族自治区第三产业增加值同比增速较快外，其他省份都相对缓慢。

2020年前三季度，陕西省实现地区生产总值18681.48亿元，同比增长1.2%。其中第一产业增加值1176.28亿元，同比增长2.3%；第二产业8380.85亿元，同比增长0.8%；第三产业增加值9124.35亿元，同比增长1.4%。甘肃省实现地区生产总值6444.3亿元，同比增长2.8%。其中第一产业增加值889.3亿元，同比增长5.1%；第二产业增加值2007.9亿元，同比增长4.6%；第三产业增加值3547.1亿元，同比增长1.2%。宁夏回族自治区实现地区生产总值2796.02亿元，同比增长2.6%。其中第一产业增加值218.68亿元，同比增长2.0%；第二产业增加值1133.97亿元，同比增长2.0%；第三产业增加值1443.37亿元，同比增长3.1%。青海省实现地区生产总值2170.13亿元，比上年同期增长1.2%。分产业看，第一产业增加值172.94亿元，同比增长4.5%；第二产业增加值844.03亿元，同比增长2.9%；第三产业增加值1153.16亿元。新疆维吾尔自治区实现地区生产总值9819.94亿元，同比增长2.2%。其中第一产业增加值1313.47亿元，同比增长3.8%；第二产业增加值3408.84亿元，同比增长6.7%；第三产业增加值5097.63亿元（见图1）。

（二）农、畜产品稳定增长，农业经济形势持续向好

受新冠肺炎疫情影响，国际粮食安全问题变得更为突出，国际粮食贸易形势发生变化，一些国家甚至出现缺粮、屯粮等状况。中央高度重视粮食安全问题，通过稳定粮食价格以及建立完善粮储体系保障了疫情期间粮食供给。西北地区各级政府积极响应国家政策号召，高度重视农业生产，疫情初期就全力保障春耕生产与物资供应，以粮食安全问题与"菜篮子工程"为重中之重，统筹抓好农业生产工作，粮食产量稳步增长，各类农作物喜获丰收。

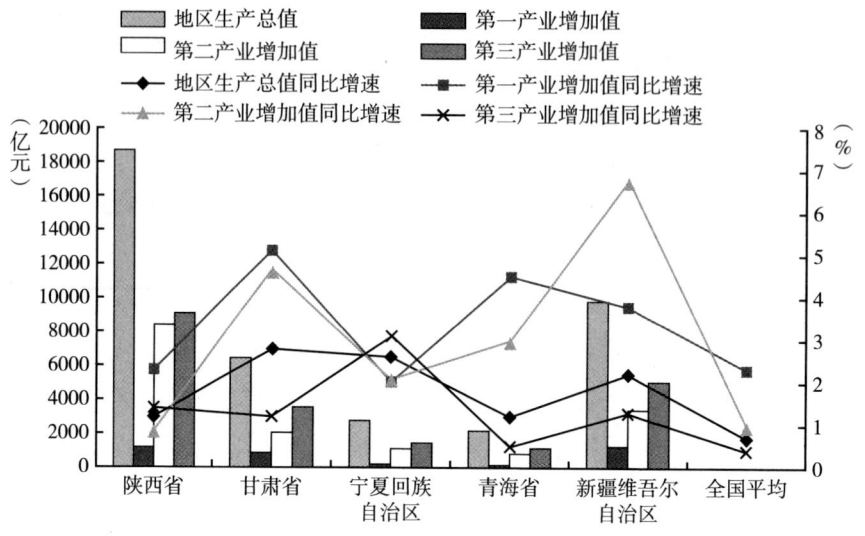

图1 2020年前三季度西北五省区地区生产总值、第一产业增加值、第二产业增加值、第三产业增加值及同比增速

资料来源：西北五省区统计局网站公布数据。①

2020年前三季度，陕西省全省农林牧渔业增加值同比增长2.5%，较上年加快1.1个百分点。夏粮喜获丰收，秋粮产量略增，全年粮食产量稳定增长。甘肃省农林牧渔及农林牧渔服务业增加值同比增长4.8%，增速较上年回落0.1个百分点。全省蔬菜、水果产量分别增长5.5%和5.9%，畜牧业投资同比增长1.6倍。宁夏回族自治区实现农林牧渔业总产值465.07亿元，同比增长2.0%。全区蔬菜产量增长1.0%，猪牛羊肉产量增长1.1%，禽蛋产量增长9.3%，奶产量增长16.7%。青海省粮食总播种面积较上年增加，谷物、豆类播种面积增加，薯类播种面积减少。青海省蔬菜及食用菌产量109.79万吨，同比下降7.3%。青海省生猪存栏54.97万头，同比增长17.4%；牛存栏669.75万头，增长23.4%；羊存栏1506.75万只，下降10.2%。新疆维吾尔自治区农林牧副渔业总产值2851.53亿元，同比增长4.1%。其中农业1916.97亿元，增长5.4%；林业总产值56.06亿元，增长7.9%；牧业527.87亿元，与上一年持平；渔业11.78亿元，下降14.1%。

---

① 本文其他图表数据均来自各地方统计局网站，不再重复标注。

（三）工业经济增速放缓，新兴产业成为发展新亮点

自新冠肺炎疫情战役打响以来，工业经济成为重灾区，但在各级政府复工复产、减税减负政策的推动和协助下，西北各省区自二季度后工业经济都实现了正增长，尤其是战略性新兴产业发展较快，成为引领2020年工业经济发展的领头羊。如陕西省、甘肃省的计算机、电子设备、汽车产业等新兴产业都实现了快速增长。其中陕西省计算机、通信和其他电子设备制造业增长41.0%；甘肃省高技术产业增加值增长18.3%，增速提高4.3个百分点，装备制造业增加值增长20.4%，增速提高8.6个百分点。分地区来看，各地工业经济复苏程度各不相同，其中甘肃省与新疆维吾尔自治区工业增加值同比增速分别为6.3%与6.1%，高于西北其他省区，也远高于全国平均增速水平（全国工业增加值同比增速1.2%）（见图2）。

2020年前三季度，陕西省规模以上工业增加值同比增长1.2%。其中能源工业增加值同比增长4.2%，煤炭开采和洗选业增长8.8%，电力、热力生产和供应业增长7.4%，石油和天然气开采业下降2.7%。非能源工业增加值同比下降1.5%，计算机、通信和其他电子设备制造业增长41.0%，汽车制造业增长4.9%，烟草制品业增长2.4%，医药制造业下降6.3%，农副食品加工业下降18.6%。

甘肃省规模以上工业增加值同比增长6.3%，增速比上半年提高1.7个百分点。分三大门类看，采矿业增长3.0%，制造业增长6.0%，电力、热力、燃气及水生产和供应业增长11.3%。规模以上工业战略性新兴产业增加值同比增长10.2%，增速较上半年提高5.2个百分点；高技术产业增加值增长18.3%，增速提高4.3个百分点；装备制造业增加值增长20.4%，增速提高8.6个百分点。

宁夏回族自治区规模以上工业增加值增长2.5%，增速比1~8月提高0.7个百分点，其中，重工业增加值增长3.3%，增速提高0.6个百分点，轻工业增加值下降4.2%，降幅收窄0.7个百分点。

青海省规模以上工业增加值同比增长1.3%，全省规模以上工业33个大类行业中有12个行业增加值保持同比增长，增加值占规上工业的比重为60.2%。其中，煤炭开采和洗选业同比增长39.4%、有色金属冶炼和压延加

工业增长 13.6%、电力热力生产和供应业增长 11.1%、石油和天然气开采业增长 1.6%、有色金属矿采选业增长 9.6%，以上 5 个行业占全省规模以上工业增加值的比重为 57.6%，拉动全省规模以上工业增加值增速 5.5 个百分点。

新疆维吾尔自治区规模以上工业增加值同比增长 6.1%。在工业 41 个行业大类中，24 个行业增加值实现增长，占比达 58.5%。拉动规模以上工业生产增长较大的行业有电力热力生产和供应业、石油和天然气开采业、煤炭开采和洗选业、非金属矿物制品业、电气机械和器材制造业、食品制造业、化学原料和化学制品制造业及废弃资源综合利用业。

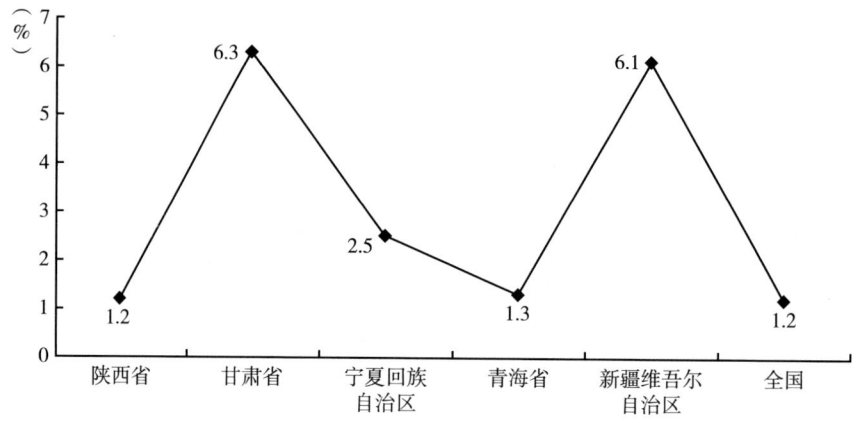

图 2　2020 年前三季度西北五省区工业增加值同比增速

（四）固定资产投资增速持续加快，第一产业及基础设施投资增速显著

受新冠肺炎疫情的影响，西北五省区投资结构发生改变，一改过去第二、三产业投资拉动的局面，第一产业、基础设施以及民间投资增速较快，成为投资领域的新亮点。分地区来看，除青海省外，其他各省区全社会固定资产投资增速都高于全国平均水平（0.8%），其中新疆维吾尔自治区全社会固定资产投资增速最快，达 17.3%。分产业看，甘肃省、青海省第一产业固定资产投资同比增速较快，高于全国平均增速水平，分别为 40.6% 和 20.1%；宁夏回族自治区第二产业固定资产投资增速最快，达 18.0%，远高于西北其他各省

区；新疆维吾尔自治区第三产业固定资产投资增速最快，达21.5%。虽然第二、三产业投资增速放缓，但预计只是暂时局面，未来随着国家推动实体经济发展的优惠政策出台，第二、三产业的投资会逐步恢复，并随着投资新亮点的涌现，呈现多极化的投资拉动局面。

2020年前三季度，陕西省全社会固定资产投资同比增长3.9%，较上年提高3.8个百分点。其中民间投资增长5.3%，回升5.8个百分点。从三次产业看，第一产业投资增长3.5%；第二产业投资增长3.9%，其中工业投资增长4%；第三产业投资增长4%。

甘肃省全社会固定资产投资同比增长6.5%，比上年提高2.5个百分点。第一产业投资同比增长40.6%；第二产业投资下降1.3%，其中工业投资下降2.1%，制造业投资增长7.8%；第三产业投资增长6.6%，增速提高2.9个百分点。全省基础设施投资同比增长11.4%，增速比上年提高11.6个百分点。民间投资增长7.4%，占全省投资的43.3%，比重较上年同期提高0.4个百分点。

宁夏回族自治区全社会固定资产投资同比增长2.6%，增速比上年提高3.4个百分点。其中，第一产业投资增长10.9%，第二产业投资增长18.0%，第三产业投资下降8.5%。全区民间投资增长3.8%，其中工业民间投资增长13.0%，房地产民间投资增长6.4%。

青海省全社会固定资产投资比上年同期下降1.3%。其中民间投资同比下降9.3%。分产业看，第一产业投资同比增长20.1%；第二产业投资同比下降0.4%，其中工业投资同比增长2.7%；第三产业投资同比下降2.4%。

新疆维吾尔自治区全社会固定资产投资同比增长17.3%。分产业看，第一产业投资增长1.3%；第二产业投资增长1.5%，其中制造业投资下降7.1%，纺织业增长8.3%；第三产业投资增长21.5%，住宿与餐饮业投资增速达73.8%（见图3）。

（五）消费市场持续回暖，网络零售及乡村消费市场发展较快

消费市场回暖速度较慢，部分省区在2020年9月才达到正常水平。受新冠肺炎疫情的影响，网络零售增速较快，很多企业积极借助网络销售平台扩展销售渠道与零售额。如陕西省企业通过公共网络实现商品销售同比增长

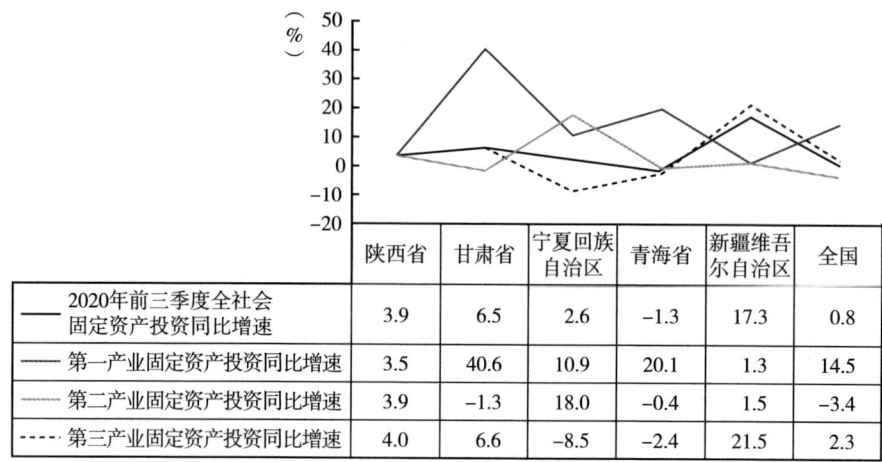

图3 2020年前三季度西北五省区全社会固定资产投资及第一产业、第二产业、第三产业固定资产投资同比增速

28.7%，甘肃省限额以上批零住宿餐饮企业通过公共网络实现零售额同比增长81.8%，增速比上半年提高55.2个百分点。部分省区乡村消费市场回暖速度要快于城市消费市场，如新疆上半年乡村市场增速比城镇市场快1.9个百分点。网络零售市场与乡村消费市场的异军突起是消费市场变化的新迹象与新业态，是消费市场规避疫情影响的有效办法，亦是西北地区消费市场进一步扩展与多样化发展的表现。

2020年前三季度，陕西省社会消费品零售总额6621.84亿元，同比下降9.3%，降幅较上年收窄6.5个百分点。其中城镇消费品零售额5885亿元，同比下降9.3%；乡村736.84亿元，下降9.1%。从网上零售看，全省限额以上企业通过公共网络实现商品销售同比增长28.7%，较上年同期提高8.6个百分点，占线上企业消费品零售总额的15.3%，较上年同期提高4.6个百分点。

甘肃省社会消费品零售总额2563.6亿元，同比下降4.3%，降幅比上年收窄3.6个百分点。其中城镇消费品零售额下降4.6%，乡村消费品零售额下降3.2%。全省限额以上批零住宿餐饮企业通过公共网络实现零售额同比增长81.8%，增速比上年提高55.2个百分点。

宁夏回族自治区社会消费品零售总额925.5亿元，同比下降8.8%。全区限额以上粮油食品类、中西药品类、饮料类和书报杂志类零售额分别增长14.3%、16.1%、1.2%和2.6%。其中占比较大的汽车类、服装鞋帽针纺织品类、家用电器和音像器材类、日用品类、烟酒类和金银珠宝类等重点商品零售额降幅分别收窄8.9个、8.6个、9.8个、5.3个、3.1个和10.4个百分点。

青海省实现社会消费品零售总额629.85亿元，比上年同期下降8.7%。从规模看，限额以上单位零售额242.98亿元，下降8.0%；限额以下单位（个体户）实现零售额386.87亿元，下降9.1%。

新疆维吾尔自治区社会消费品零售总额同比下降19.6%。受疫情影响，住宿餐饮业降幅较为明显，同比下降23%，批发零售业下降12.7%（见图4）。

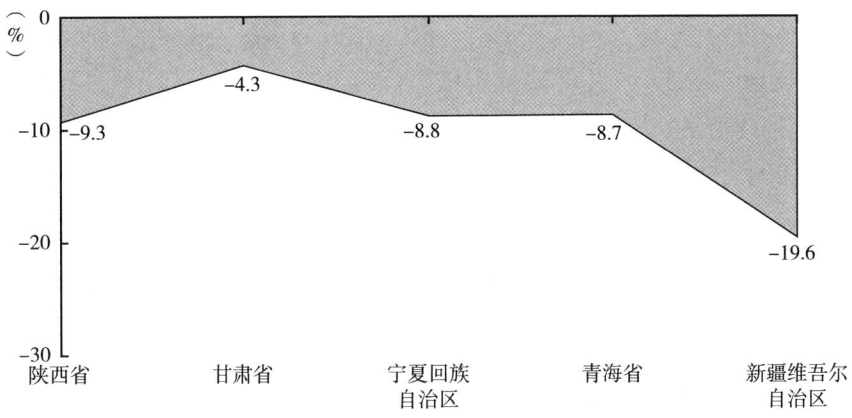

图4　2020年前三季度西北五省区社会消费品零售总额同比增速

（六）居民收入水平稳步提高，农村居民收入增速快于城镇居民

西北五省区都把"六稳""六保"作为工作的着力点，着力稳住经济发展基本盘，在连番政策实施下，居民收入未受到疫情影响，保持了较为稳定的增长。部分省区人均可支配收入增速高于全国增速，如陕西省、甘肃省人均可支配收入增速快于全国1.8个百分点（全国平均增长3.9%），宁夏高于全国0.2个百分点，青海省高于全国1.9个百分点。西北五省区农村居民可支配收入增长速度快于城镇居民人均可支配收入。陕西省农村居民人均可支配收入增长速度快于城镇居民1.8个百分点；甘肃省相差2.5个百分点；宁夏回族自治区相

差5.1个百分点；青海省相差1.4个百分点。预计随着未来乡村振兴战略不断实施，农村居民收入增速将会保持领先，城乡居民收入差距将不断缩小，逐步实现城乡收入一体化。

2020年前三季度，陕西省居民人均可支配收入19694元，同比增长5.7%，其中城镇居民人均可支配收入28618元，同比增长4.6%，农村居民人均可支配收入9881元，同比增长6.4%。甘肃省居民人均可支配收入14507元，同比增长5.7%，其中城镇居民人均可支配收入25064元，同比增长4.2%，增速比上半年提高0.9个百分点，农村居民人均可支配收入6877元，同比增长6.7%。宁夏回族自治区居民人均可支配收入17614元，同比增长4.1%，其中城镇居民人均可支配收入25185元，同比增长2.5%，农村居民人均可支配收入8759元，同比增长7.6%。青海省居民人均可支配收入16844元，同比增长5.8%，其中城镇居民人均可支配收入25414元，同比增长4.7%，农村居民人均可支配收入8300元，同比增长6.1%。新疆维吾尔自治区居民人均可支配收入14922元，同比增长2.9%，其中城镇居民人均可支配收入25482元，同比增长0.4%，农村居民人均可支配收入4362元，同比增长5.8%（见图5）。

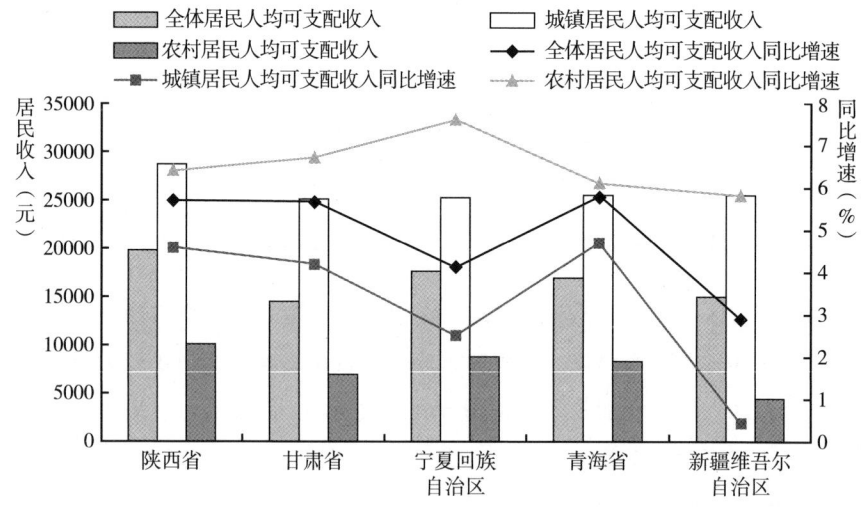

图5 2020年前三季度西北五省区全体居民、城镇居民、农村居民人均可支配收入及同比增速

(七)进出口贸易受新冠肺炎疫情影响大,下半年回暖态势明显

一直以来,西北地区是我国向西开放的窗口,外贸行业对西北地区经济发展有重大推动作用。受国内外疫情的影响,进出口贸易行业成为重灾区,进出口贸易额减少,进出口订单剧减,给外贸行业发展带来较大的冲击,严重影响了地区经贸的发展。随着国内新冠肺炎疫情的稳定,国外状况的恶化,一些加工订单回流,下半年进出口贸易降幅收窄,回暖态势明显,一些地区甚至实现正增长。如陕西省前三季度进出口总额2790.74亿元,同比增长7.2%。

2020年前三季度,陕西省进出口贸易总额2790.74亿元,同比增长7.2%,较上年提高3.7个百分点。其中出口1403.13亿元,下降1.2%,降幅较上年收窄7.8个百分点;进口1387.61亿元,增长17.1%,较上年同期回落2.1个百分点。甘肃省进出口贸易总额271.8亿元,同比下降2.1%。其中进口整体保持两位数高速增长,增长15.7%,出口贸易额下降35.3%,下半年甘肃省出口缓慢回升态势明显,持续拉动全省外贸进出口降幅收窄。宁夏回族自治区进出口贸易总额88.6亿元,同比下降50.4%。其中出口贸易额61.6亿元,下降46.1%,进口贸易额27亿元,下降58%。青海省进出口贸易总额15.7亿元,同比下降46.3%。其中出口贸易额8亿元,下降49.8%,进口贸易额7.7亿元,下降42.2%。新疆维吾尔自治区进出口贸易总额1078亿元,同比下降2.5%。其中出口贸易额763亿元,下降7.3%,进口贸易额314亿元,下降11.5%(见图6)。

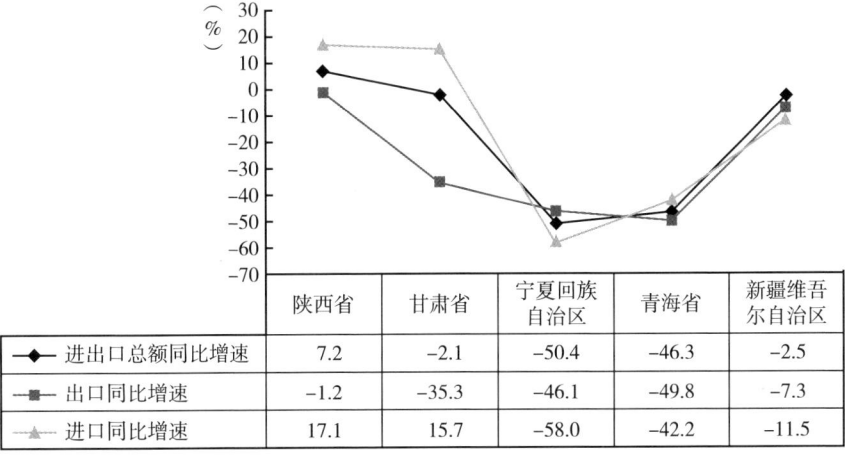

图6 2020年前三季度西北五省区进出口贸易总额、进口、出口同比增速

二 2020年西北地区经济发展面临的挑战与问题

（一）西北地区未来经济发展面对的挑战

1. 新发展格局带来的挑战

"十三五"时期是我国经济、社会发展的转型期，在这一阶段我们面对更为深刻的发展全局的改变，包括发展方式、经济结构以及增长动力的转变。"十四五"时期，我们将更为大刀阔斧地改革，形成新的发展格局。由此可见，过去简单、粗暴的增长方式已经行不通，我国已经进入了由高速增长向高质量增长转变的新阶段；经济结构改革也转向供给侧方面，增强供给侧结构对于需求的适应性与灵活性；增长动力也由要素投入、成本优势转向创新动力，不断挖掘创新潜力，为发展注入活力。通过对以上新发展格局的分析可以看出，西北地区各方面情况都存在一定差距，西北地区经济发展仍过于倚靠投资拉动，以要素投入、低成本为主，创新人才匮乏，创新能力与动力不足，收入水平不高，居民消费能力不足等，这些突出问题都将制约西北地区的发展。如何突破低水平发展循环，实现更高水平发展，是西北地区面对的更为深层次的挑战。

2. 新冠肺炎疫情带来的挑战

2020年初暴发的新冠肺炎疫情对国内外经济发展都产生了深刻的影响。从国外看，不少国家疫情防控失利，造成疫情反复，新冠肺炎感染人数居高不下，经济与社会发展多次停摆，GDP呈现负增长。我国自2020年4月后基本稳定了疫情发展态势，并实施了积极的复工复产政策，5月后经济、社会发展回暖，GDP增速回升，实现正增长。一些国家因疫情反复，失业人数大增，造成民粹主义大行其道，反全球化浪潮铺天盖地涌来，反华主义情绪大增，诸多因素都使得我国"出口导向型"发展方式严重受挫，进出口贸易额增速大减，面对以上状况，我国积极调整发展政策，建立"国内外双循环"的发展模式，在维持国外市场稳定的同时，积极拓展国内市场，扩大内需，推动产业升级和产业链优化。西北地区是我国向西开放的窗口，一直以来外贸进出口对GDP的贡献率很高，如何改变对外贸的依存度，优化产业发展动力，扩大内需市场，提升居民消费升级就成为西北地区所面临的挑战。

3. 新兴数字产业革命与"数字丝绸之路"经济带建设带来的挑战

"十四五"发展规划中指出："推行数字产业化与产业数字化，推动数字经济与实体经济的深度融合。"数字产业化是指人工智能、量子科技、移动通信、物联网以及区块链等数字技术在实体产业中的应用，这些数字技术的发展将会催生更多新的产业形态；产业数字化是指通过数字技术加快对于传统产业的改造与升级。通过以上的简要分析可以看出，我们已经处于新一代产业革命与浪潮的前期，一场以数字革命、新技术、新材料的应用为主要内容的产业革命即将袭来，这场产业革命以创新为动力，对创新提出了更高的要求，对与产业配套的金融、政府管理能力都提出了新要求。新兴产业革命与疫情防控的需求可能会催生新的跨境电子商务的出现以及"数字丝绸之路"的建设。与产业发展高要求相对的是西北地区产业的低水平发展现状，西北地区产业以传统的石油、化工产业为主，这些产业有着高污染、高耗能的属性。在新的数字化产业面前，如何一方面推动数字产业对于石化产业的改造，另一方面在资金、技术、人才等落后的现实条件下如何加大对数字化产业布局；未来国家将大力推行"数字丝绸之路"的建设，西北地区将是"数字丝绸之路"建设的主力军，如何承接"数字丝绸之路"经济带建设，构建起与之相符的产业发展规模、层次与技术要求，都将成为西北地区"十四五"阶段面临的问题与挑战。

4. 城市群战略与经济带协调发展的挑战

中国城市发展战略已经由中心城市发展战略转向城市群发展战略。2019年国家先后批复了10个国家城市群，其中兰西城市群成为西北地区唯一国家级城市群。相比其他城市群，兰西城市群仍处于初始发育阶段、城市数量少、分布散、规模小、实力弱，难以产生与其他城市群同等的集聚扩散效应，对西北地区其他城市带动作用小。但是兰西城市群具有得天独厚的优势，它位于"丝绸之路经济带"的主线上，可以说兰西城市群与"丝绸之路经济带"是我国城市群战略与国家级经济发展战略的交汇之地，是国家对西部发展高瞻远瞩的战略布局。因此，如何实现兰西城市群与经济带协调发展，如何通过经济带发展带动兰西城市群实现城市群规模、等级的跃升，并通过城市群战略与经济带发展战略带动西北地区其他城市与地区的发展是"十四五"时期面对的重大考验。

5. 碳中和目标与新能源产业发展所带来的挑战

2020年9月，习近平主席在第七十五届联合国大会上提出我国将在2060年前实现碳中和目标，这无疑对中国未来产业发展与布局都提出了更高要求。碳中和意味着在社会的各种生产、生活等活动中的二氧化碳排放量大大减少，能与等量碳汇相中和，从而使碳排放接近零。"十四五"阶段是实现碳中和目标的第一个转型期，这个阶段的主要任务是降低能源消耗强度，降低碳排放强度，严格控制化石能源的消费，同时大力发展低碳、清洁能源。对于以化石能源消耗为主的国家来说，要实现碳中和是一项非常艰巨的任务，必然会面对行业与产业转型的阵痛。

西北地区是化石能源的富集区，也是我国石油、化工、煤电产业的集中区，国家制定碳中和目标，无疑会倒逼西北地区重化工业转型，大力推行清洁生产技术，从而提升对资源、能源的利用效率；同时碳中和项目也打开了西北地区发展新能源、新技术的机遇大门。西北地区是可再生能源的富集区，有着丰富的太阳能、风能、水能、生物能，未来光伏产业、风电与水电产业布局会向西北地区集中，给西北地区新兴产业发展带来曙光。此外，欧洲各国也同样制定了碳中和目标任务，未来在新能源产业技术与设备方面，我国会与欧洲国家展开更多的合作与交流，西北地区在此过程中具有其他地区无可比拟的优势条件，因此做好新能源、新技术产业布局与规划是实现西北地区"后发赶超"的关键因素。

（二）西北地区经济发展面对的主要问题

1. 经济转型压力增大

"十四五"时期是我国开启全面建设社会主义现代化国家的新征程，这意味着对经济发展提出了更高要求，只有更高水平的经济发展才能带动整个社会朝着既定目标前进。然而现实情况是，这几年世界经济都进入了下行周期，2020年更是不同寻常的一年。从外部发展环境来看，受到新冠肺炎疫情的冲击，世界经济陷入深度衰退之中难以自拔，短期内难以从"困局"中脱身。从内部发展环境来看，我国正处于转型发展阶段，发展不平衡、不充分的问题依然广泛存在，保持经济平稳增长的压力依然很大，刺激有效需求，刺激中小企业发展，稳就业、保民生同时做好防疫工作已经成为当前最大的发展目标。就西北地区而言，在同样面对上述目标时,西北地区经济基础较差,发展底子薄弱,抗风险能力差,这些都无疑增加了西北地区转型发展的难度。西北地区要实现发展,就必须直面发展困难,抓住产业重新布局规划的机遇期,充分利用好西部地区在资源、新能源方面的优势条件,方能实现"后发赶超"的目标。

2. 财政收支减少

受到疫情影响以及大范围推行减税降费政策,西北五省区财税收支都呈现下降趋势。2020年前三季度,陕西省地方一般公共预算收入1675.11亿元,同比下降9.4%;全省一般公共预算支出4379.24亿元,同比下降1.6%。甘肃全省一般公共预算收入614.1亿元,同比下降1.6%;全省一般公共预算支出2930.6亿元,同比下降2.7%。宁夏全区地方一般公共预算收入290.8亿元,同比下降6.3%;全区一般公共预算支出1129.0亿元,同比增长1.1%,增速比上半年提高3.8个百分点。青海省地方一般公共预算收入219亿元,同比增长5.3%;全省一般公共预算支出1352.9亿元,同比增长3.3%。新疆维吾尔自治区地方一般公共预算收入945.63亿元,同比下降5.7%;全区一般公共预算支出3931.1亿元,同比下降1.5%。虽然此次大范围减税降费会影响西北地区财政收支,但从长远来看减税降费减少了企业负担,有助于企业走出疫情影响的阴影,增加发展活力,有助于未来发展,其积极效应大于眼前的损失(见图7)。

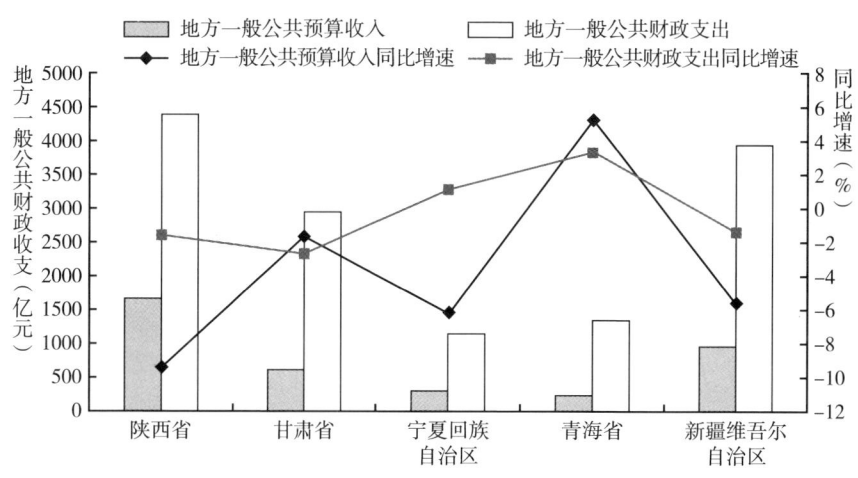

图7 2020年前三季度西北五省区地方一般公共预算收支及同比增速

3. 旅游业发展受重创

旅游业是受本次疫情影响最为严重的行业，因此也迎来了史上最为惨淡的春节黄金周，估算直接损失达5500亿元。受到"限行令"及多地省区疫情反复暴发的影响，旅游出行人数大幅缩减，旅行社与旅游景点亏损严重。虽然在"十一黄金周"多地旅游业发展迎来了爆发式增长，如陕西省2020年10月1~7日共接待旅游者达536.3万人次，同比增长27.39%，实现旅游收入19.96亿元，同比增长34.72%。"十一黄金周"的爆发式增长有效缓解了旅游业发展的颓势，但考虑新冠肺炎疫情影响的长期性，疫情对旅游业的冲击仍会持续一段时间，也会促使旅游行业进入调整期。部分中小旅行社会面临亏损、倒闭与被兼并，只有实力更强的旅行社才能熬过产业发展的"寒冬"，行业资产更会向头部旅游企业集中，但从长远来看这有利于旅游市场优化、旅游行业变革的推进。

4. 消费升级难度增加

近年来，西北地区居民人均可支配收入稳定增长，但与全国相比还存在一定差距。2020年前三季度全国居民人均可支配收入为23781元，同比增长3.9%，其中城镇居民人均可支配收入32821元，同比增长2.8%，农村居民人均可支配收入12297元，增长5.8%。西北地区居民人均可支配收入均值为16577元，与全国平均水平相差7204元。陕西省人均可支配收入最高，但也与全国相差4087元，人均可支配收入最低的新疆，与全国相差8859元。低收入意味着消费意愿与消费能力都不强，对住房、汽车、旅游、教育培训以及中高端商品和服务的消费能力都不强，进而影响到整个西北地区的社会投资与生产能力。"十四五"规划中明确指出，要扩大中等收入群体规模，要让中等收入群体成为社会的中坚力量。就西北地区目前收入水平来看，与这一目标相差甚远，仍需持久发力，逐步降低低收入人群占比，逐步扩大中等收入群体规模。

5. 创新发展困难重重

《中共中央关于制定国民经济和社会发展第十四个五年规划及二〇三五年远景目标的建议》中指出要将创新放到我国现代化建设全局的核心地位，由此可见在未来经济社会发展中创新的重要地位。大力发展创新实际上存在很大难度。首先，创新需要巨大的投入，它实质上是技术革命、高精尖人才汇聚以及充足风险投资的有效融合，这些要素缺一不可。其次，创新与国家的产业布局也有着一定关系，国家会在粤港澳大湾区、长江经济带这些具有良好产业发展基础的地区优先布局未来具有优势和创新能力的产业。反观西北地区，技术、人才与资金相对缺乏，产业发展基础薄弱，高科技产业比重相对较低，要在如此劣势条件下发展创新可谓困难重重。此外，创新也可以说是一种制度安排，它同政府的管理能力与良好的市场环境有着很大关系。创新能力强的地区政府管理能力更强，管理更为灵活，能为创新发展"添砖加瓦"；充满活力的市场环境，更是为创新活动提供"温床"，使创新活动能广泛地开展与实施。反观西北地区政府管理较为僵化，市场活力严重不足，这些因素都制约了西北地区创新的进一步发展。

三 2021年西北地区经济发展形势预测与发展建议

（一）2021年西北地区经济发展形势预测

2020年受新冠肺炎疫情的影响，全球经贸格局发生了重大变化。首先，主要经济体GDP增速呈现负增长，仅中国实现了GDP的同比正增长。2020年第二季度美国GDP增速下滑32%，创历史新高；欧盟第二季度GDP增速下滑14.7%，是自1995年来最大跌幅。其次，全球经贸总量大幅缩水，全球产业链萎缩。受疫情影响，各国都减少了与其他国家的经贸往来，经贸总量大幅缩水，但同时贸易摩擦接连不断，尤其是中美贸易摩擦并未受疫情影响而有所减少，相反由贸易摩擦案引发的"中国威胁论"与"中国责任论"此起彼伏。此外，美国特朗普政府要求美国企业撤回美国，或是重新规划产业布局，也引发了跨国企业撤资现象，在政治、经济以及疫情的多重影响下，全球产业链萎缩，逆全球化趋势愈加明显。2021年世界将从新冠肺炎疫情影响的阴影下逐步走出来，世界经济将逐步复苏，但同时经贸摩擦仍将持续不断。尤其是美国新任总统的登场并不会改变美国一直以来的对华政策，相反美国会更加将中国视为竞争对手，多方面进行打压。尤其是2020年11月《区域全面经济伙伴关系协定》（RCEP）正式签署，中国进一步打开了亚太市场，这必然会触犯美国在亚太的传统势力范围，引起新一轮的贸易摩擦，这意味着中国将面对更为复杂、多变的国际经贸环境，更需要我们坚持以国内大循环为主体、国内国际

双循环相互促进的新发展格局来应对严峻的国际环境。

2020年新冠肺炎疫情给中国经济发展带来不小的冲击，在以习近平同志为核心的党中央坚强领导下，全国上下统筹推进疫情防控和经济社会发展各项工作，疫情防控形势持续向好，上半年我国经济先降后升，二季度经济增长由负转正，主要指标恢复性增长，经济运行稳步复苏。2021年是我国"十四五"规划的开局之年，是全面建设社会主义现代化国家的起步之年，因而2021年的发展至关重要。首先，由于RCEP的签署，中国对外开放的步伐不会慢下来，与东盟多国贸易协定的签署，会有效解决中国产能过剩问题，同时提高人民币在世界货币体系中的地位，大量资本的流入，有效刺激了中国市场的活力。其次，2020年各地政府大力实施减税降费以及扶持中小企业发展的政策会起到一定效果，国企的混合所有制改革以及退出机制，也会有效刺激中小企业发展，进一步深入结构性改革，有利于释放长期发展潜力。

虽然国际形势严峻、复杂，但国内经济形势大好，受国内经济发展形势的影响，2021年西北地区将逐步摆脱疫情影响，经济社会发展回归正轨，尤其是受疫情影响最深的旅游业及工业经济，都会逐步回归常态化。在工业经济领域，新兴产业发展势头不会减弱。计算机及芯片产业、汽车产业及电子通信产业仍处于高歌猛进的阶段，会带领整个产业向高级化攀升，使工业产业从颓势中逆转。在消费市场领域，网络零售以及农村消费市场的蓬勃发展，会使消费市场进一步扩大、消费结构进一步优化。脱贫攻坚取得重大胜利以及乡村振兴战略全面推进，使农村基础设施水平提高，居民收入增加，生活水平提高，城乡差距进一步缩小。总体而言，2021年，西北地区所表现出的最大特征就是回归常态化，伴随着新兴产业形态的出现以及投资、消费拉动，西北地区经济、社会将获得进一步的发展。

（二）西北地区经济发展政策建议

1. 加快数字产业的发展

数字产业代表新一轮产业革命与技术浪潮，是未来产业发展的重点布局方向。对于西北地区而言，发展数字产业是加快产业升级、结构优化的重要途径。西北地区传统产业以煤化、石化行业为主，这些行业在我国碳中和发展目标下将面临巨大的冲击，加快数字行业与这些传统产业的结合，能提升传统产业技术含量，提升能源利用效率，促使产业链、价值链延伸，带动产业向中高端领域迈进。大力发展数字产业能带动西北地区产业新动能的建立。数字技术的加快应用以及数字技术与实体经济的融合，能够催生出更多新业态、新产品，为产业发展带来新的热点和动力，为西北地区产业发展实现"弯道超车"带来一定的可能性。然而数字产业发展需要大量的基础设施和资金的投入，因此西北地区地方政府应该加大对数字产业发展的资金扶持力度，制定数字产业发展规划，全方位、多要素、立体化扶持数字产业发展。

2. 加大中小企业的扶持力度

中小企业是此次受疫情影响严重的群体之一，出现经营困难甚至破产，在这种影响下，资源会进一步向头部企业集中，头部企业垄断能力增强，不利于整个市场的健康、有序发展。虽然这次疫情中各地政府都加大了对中小企业、个体经营者的扶持力度，减税降费确实能有效缓解中小企业发展的当前困局，但从长远来看，还是应该从市场环境着手。应该为中小企业营造更为公平、公正、自由的市场环境，完善国有企业退出机制，保证中小企业与大企业的同等地位，不应该将其视为经济发展的辅助力量，而要将其与大企业、大集团一视同仁，将其作为市场的主体要素。小企业相对大企业而言，更具有顺应市场风云变幻的能力，也更具创新潜力，它们往往能率先感受到行业的发展变化并做出灵活反应，因此更具创新潜力。西北地区创新发展的制衡因素过多，大力扶持具有创新能力的中小企业发展不失为突破创新发展困局的一种有效方法。

3. 拓展城镇空间结构体系

国家在西北地区部署了兰西城市群与丝绸之路经济带，从而形成了点-轴发展模式。从理论角度而言，这种点-轴发展模式确实能有效带动区域经济发展，但同时也进一步加剧了资源、人才向兰西城市群头部集聚，空间分异、区域不协调现象会越发明显。西北地区空间面积广阔，城市间距离远，交通通达性还不够，造成城市之间空间联系强度低。此外，西北地区城市群规模分异也比较明显，兰西城市群等级规模较大，银川城市群及天山北坡城市群规模次之，中部地区的酒嘉玉城市群规模最小，这种"头大身小"的空间发展格局并不能有效促进点-轴发展模式。因此在西北地区应该构建起"一轴、四群、四中心"的空间发展格局。"一轴"是指丝绸之路经济带；"四群"是指兰西城市群、银川城市群、酒嘉玉城市群以及天山北坡城市群；"四中心"是指西

安、兰州、银川、乌鲁木齐四大中心城市。这些城市群与中心城市布局围绕于丝绸之路经济带两侧，城市群之间空间距离较小，有效增加了城市群之间的联系。还需进一步加大中部酒嘉玉城市群建设力度，有效弥补中部空间力量的缺失，通过中部城市群的发展来加强兰西城市群与天山北坡城市群头尾两大城市群的空间联系力度。

4. 坚持新型城镇化与乡村振兴双轮驱动

在新发展格局下，应该坚持新型城镇化与乡村振兴双轮驱动形式，不可顾此失彼。现阶段，城镇仍然是承载产业和高质量发展的主要载体，以产促城、产城融合是发展必经阶段。西北地区城镇化水平不高，城镇公共服务与基础设施建设都相对落后，因此要加快新型城镇的建设，建设成以人为本的城镇化，有序推进农业人口向城镇人口转移，大力促进生活性服务业的发展，为农业人口提供更多就业与发展的机会，切实提高人民群众的获得感、幸福感与安全感。加大对西安、兰州、西宁、乌鲁木齐、银川中心城市的建设力度，使其成为西北最具吸引力和商业价值的城市，向新一线城市目标进发。加快农业机械化生产的普及，加快农业主产区机械化生产的进程，大力提高农业生产效率，使大量的农业剩余人口能向城市转移。以城市的发展带动乡村地区的发展，推动较为富裕的具有人口规模和产业规模的乡村地区向中小城镇转化，形成大中小城市和小城镇协调发展的局面。

5. 大力提高居民收入，促使消费升级

提升居民的消费水平是构建双循环格局的关键所在，消费能力与水平又直接与收入水平挂钩。相关研究表明，东中部地区居民消费结构更为合理，西部地区居民消费结构层次水平较低，进一步的研究也证实多样化的消费更能刺激产业的发展。西北地区几个省份常年处于全国收入排行榜的末尾，居民收入水平低，直接影响消费能力与水平，进而影响投资与生产。首先，要加快生活性服务业的供给侧改革，并促进生活性服务业与数字化、信息化、智能化的融合，在提供大量就业岗位的同时提升就业的"含金量"，以提升收入水平。其次，培育经济发展的新动能，新兴行业通常具有更多的发展潜力，意味着超出行业平均利润的存在以及"高薪"岗位的存在，能为高技能、高水平的人才提供与其能力相匹配的收入水平。此外高技能人才往往更依赖生活服务，这也会刺激生活服务行业的发展，为低技能工种提供就业机会，从而形成良性的互动关系。

6. 加快新基建建设力度

数字产业发展离不开新基建的有效支持，尤其是西北地区原本基础设施较为落后，新基建建设能有效提升西北地区基础设施建设水平并满足未来产业发展需求，也能有效弥补西北地区空间分布广阔、集聚效应不强的短板。西北地区中陕西省在新基建方面已经走在了前列，出台《西安市加快5G系统建设与产业发展的实施意见》，正式授权成立了"西安新一代人工智能开放创新平台"，这些都进一步强化了陕西省在西北五省区中的引领、带动效应。在加快新基建建设方面，西北其他各省区也应该积极行动起来，一方面，西北各级政府应加大对新基建项目的建设力度，不断加大对研发的投入力度，形成能够承接新基建项目的环境与氛围；另一方面，鼓励本地企业积极拓展5G、人工智能和大数据等方面的业务，为产业承接与转型做好前期准备。

参考文献

本书编写组编著《党的十九届五中全会〈建议〉学习辅导百问》，学习出版社，2020。

中共中央宣传部编《习近平新时代中国特色社会主义思想三十讲》，学习出版社，2018。

冯奎、顾强：《"十四五"时期城镇化改革的思考与建议》，《区域经济评论》2020年第4期。

张燕：《"十四五"时期推进市县高质量发展的思路与对策》，《区域经济评论》2020年第5期。

魏后凯、年猛、李玏：《"十四五"时期中国区域发展战略与政策》，《中国工业经济》2020年第5期。

B.2 2020～2021年西北地区社会发展形势分析与预测

索端智 拉毛措 索南努日 朱学海 文斌兴*

摘　要： 2020年是"十三五"规划的收官之年，也是决胜全面建成小康社会的关键之年，西北五省区党委、政府和各族人民在党中央的坚强领导下砥砺前行，脱贫攻坚圆满收官、民生保障更加完善、生态文明建设稳步推进、社会治理能力不断提升、民族团结更加稳固。2021年，西北五省区将深入贯彻落实党的十九大和十九届五中全会精神，坚定不移地贯彻创新、协调、绿色、开放、共享的新发展理念，坚持稳中求进工作总基调，统筹生态文明建设和高质量发展，全面推进乡村振兴和民生保障，推进区域协调发展和不断扩大开放，为推动"十四五"时期经济社会发展奠定坚实的基础。

关键词： 高质量发展　社会治理　乡村振兴　西北地区

一　2020年西北地区社会发展总体形势

2020年是"十三五"规划（2016～2020年）实施的最后一年。按照"三

---

* 索端智，青海省社会科学院党组书记、院长，教授，主要研究方向为民族社会学；拉毛措，青海省社会科学院社会学研究所所长，研究员，主要研究方向为民族社会学；索南努日，青海省社会科学院社会学研究所助理研究员，主要研究方向为民族社会学；朱学海，青海省社会科学院社会学研究所助理研究员，主要研究方向为农村社会学；文斌兴，青海省社会科学院社会学研究所副所长，助理研究员，主要研究方向为人口社会学。

步走"战略安排，2020年中国将实现全面小康。在党中央的坚强领导下，西北地区各族群众与全国人民一道砥砺奋进。在世界范围的经济增速放缓、恢复乏力，加之新冠肺炎疫情全球流行的大背景下，中国政府克服了一系列困难，取得了举世瞩目的成就——脱贫攻坚圆满收官，在为全国同步进入小康打下坚实基础的同时，也为世界反贫困运动做出了重大贡献。与此同时，民生保障更加完善、生态文明建设稳步推进、社会治理能力不断提升、民族团结更加稳固。全面建成小康社会成为人民群众看得见、摸得着，感受深切的幸福时代。

（一）脱贫攻坚圆满收官

西北地区立足实际、多措并举，按时保质保量打赢了脱贫攻坚战。一是严格落实"两不愁三保障"，保证现行标准下的脱贫质量。陕西省将"两不愁三保障"作为脱贫攻坚的重要目标，确保剩余18.34万贫困人口全部脱贫。甘肃省将解决深度贫困作为脱贫攻坚重要任务。对贫困人口多、贫困发生率高、脱贫难度大的县和村实行挂牌督战，撕掉了"苦甲天下"的历史标签。宁夏围绕"两不愁三保障"，如期实现现行标准下农村贫困人口全部脱贫、贫困县全部摘帽。青海省通过4年的集中攻坚，目标任务全面完成。14.55万户共计53.9万建档立卡贫困人口全部脱贫，脱贫攻坚的过程中不落下一户。新疆紧抓"两不愁三保障"，按计划圆满实现剩余16.5万贫困人口脱贫、560个贫困村退出、10个贫困县摘帽，如期与全国同步进入全面小康社会。二是以产业促脱贫，扶贫扶智双管齐下。陕西省强化扶贫治本措施，继续发展特色优势产业，深入开展扶智、扶志。甘肃省持续落实通过产业助力脱贫的政策，以试点县整体推进的方式深入开展农民专业合作社，同时注重专业合作社的质量提升。实施"万人培训计划"，提升合作社带头人的管理、运营能力，全面提升合作社带贫能力。继续办好扶贫车间。宁夏抓好产业扶贫"六大行动"，通过运维扶贫车间、扶贫产业园区，确保有劳动力的贫困户至少有一个人在扶贫车间、扶贫产业园区实现稳定就业。青海省在强化产业、就业扶贫的同时拓宽扶贫渠道，在全省范围内深入开展消费扶贫新举措，易地扶贫人口搬迁后的扶持力度不断得到加强。三是完善政策措施，建立反贫长效机制。西北地区坚决贯彻"四不摘"要求，确保脱贫成果的长效性。陕西省通过开展脱贫攻坚普查，对返贫及新发生的贫困人口加强监测，探索建立解决相对贫困的长效机制。甘肃省建立监测预警和应急救助机制，防止脱贫人口返贫、边缘人口致贫。宁夏适时开展扶贫成效"回头看"工作，巩固脱贫成效，全面小康路上不落一户。青海省实施"九大脱贫后续巩固行动"，建立并强化动态监测，实现贫困人口的动态调整。着力扶贫扶志双管齐下，深入开展精神扶贫，加强脱贫人群自身"造血"能力。新疆积极谋划扶贫后续工作，寻求解决相对贫困的长效机制。四是深化东西扶贫协作，强化脱贫攻坚合力。陕西省深化苏陕扶贫协作和定点扶贫，完善大扶贫工作格局。宁夏回族自治区深化闽宁扶贫协作，累计投入101.6亿元各类资金用以扶贫，"两不愁三保障"存量问题全部清零。青海、新疆两省区持续做好与19个援疆省市、6个援青省市援助资金及项目的对接落实工作。切实发挥好援助资金、项目在脱贫攻坚、民生改善、产业发展、社会公共服务设施建设、人才智力支援以及交流交往等领域的积极效果。

（二）民生保障水平进一步提高

完善"幼有所育、学有所教、劳有所得、病有所医、老有所养、住有所居、弱有所扶"等各项民生保障措施，切实提升西北地区人民群众获得感、幸福感。

一是强化统筹城乡的就业保障政策措施。陕西省多措并举，以稳就业保增收作为出台所有政策举措的前提。甘肃省优先将就业作为民生重点任务，建立扩大就业优先良性机制，提升就业优先政策效能。宁夏将就业作为民生首要，为实现城乡居民更加充分、更高质量就业，完善支持创业就业政策措施。青海省下力气实现高校毕业生等重点群体就业。新疆把稳就业作为重中之重，实现了就业总量、结构、质量的稳定、改善以及提升。二是努力改善城乡教育水平。西北地区始终坚持习近平新时代中国特色社会主义思想，将立德树人贯穿于教育教学全过程。不断深化教育综合改革，持续推进义务教育的质量和覆盖面，有效缩小城乡教育水平差距，优化现有教育资源。持续推进城乡义务教育一体化发展，提升乡村学校办学水平。推进"互联网+教育"示范区建设，建好用好教育大数据平台。强化产学研联系，推动职业教育产教融合发展。三是建立健全普惠性质的全民医疗保健体系。"健康陕西""健康甘肃"等一系列"全民健康工程"在西北地区得到全面贯彻实施，简化群众就医过程，提升保障群众健康能力。深化综合性医疗卫生改革试点建设，推进医疗单位现代化管理制度改革。提升数字化水平，建立"互联网+医疗健康"体系。提升紧密型医联体建设水平，实现医疗资源下沉。深化县域医疗体系综合性改革，优化分级诊疗制度。加强全科医生和乡村医生队伍建设，落实家庭医生签约服务，使人民群众基本医疗需求在基层即可实现。深化"医疗、医保、医药"三医联动，有效实现人民群众看得了病、看得起病。立足省（区）情，加大地方病防控措施，比如青海省积极推进国家高原病诊疗中心、区域包虫病医疗中心建设。实现包虫感染病人救治全覆盖，积极推进先天性心脏病社会救治。大力贯彻实施全民健身计划，完善公共体育设施布局、建设，促进健身与健康的深度融合。发挥好社会力量作用，增加和优化养老托幼医疗等服务供给。四是社会保障体系得到进一步健全和完善。养老、失业、工伤保险统筹在省级层面得到全面实现，贯彻落实全民参保计划。落实社保转移接续、异地就医结算制度。建立健全监督审查机制，加强医保基金管理。对医保领域内的骗保等违法行为实施严厉打击。建立并落实城乡居民基本养老保险待遇确定，保障基础养老金正常调整机制，养老金待遇水平得到持续提高。城镇企业职工养老保险，实现了省级统收统支。加快孤残老人、儿童服务设施建设，落实孤残老人、儿童的康复及救助制度。继续落实退役军人服务保障政策，推进退役军人服务保障制度化、常态化。五是强化保障性住房建设。全面落实"房是用来住的"的指导方针，建立健全土地供给、房价调控等机制措施。稳步满足城镇居民购房需求的同时，保障性住房建设、老旧小区及棚户区改造工作持续推进。例如，新疆加快建立供给主体多元化、保障渠道多样化的住房制度，有序实现全区城镇化。六是繁荣文化体育事业。陕西省从制度层面保障人民群众文化权益，加强县级文化服务设施建设及开放工作。对省内现有革命纪念场所加强维护。加快黄帝陵文化园区等特色工程建设。实施以黄河文化遗产系统保护为代表的文物保护及非物质文化遗产的保护和传承利用。甘肃、青海两省突出区位特点，加强对区域内长城、长征等一系列红色文化资源的挖掘、整理，加强对黄河流域、河西走廊等区域沿线文物、非物质文化遗产的保护。

（三）生态文明建设稳步推进

西北地区始终将生态问题摆在重要位置，加大生态环境整治力度。一是进一步做好污染防治工作，坚决摒弃先污染、后治理的发展模式。大气治理方面，陕西省对汾渭平原大气污染实施联防联控，下大力气做好秋冬季大气污染防治工作。甘肃省、青海省抓好污染源治理，实施"散乱污"企业综合整治，完成火电行业超低排放改造。水环境治理方面，强化水源地建设管理的同时对重点流域水体加强监管、治理，对城市黑臭水体的整治不松力度的同时巩固成效。二是加强区域性环境治理。陕西省完成秦岭生态环境保护条例的总体规划修编，切实提升网格化监管能力。深入整治"五乱"问题，保护区范围内的矿业权和小水电站依法有序退出。甘肃、青海两省制定实施祁连山麓生态治理规划。陕甘宁青四省区贯彻落实习近平主席在黄河流域生态保护和高质量发展座谈会上的讲话精神，把握黄河流域生态保护和高质量发展重大机遇，巩固生态环境质量总体改善形势。

（四）社会治理能力显著提升

西北地区注重社会治理能力的提升，有效推进各项工作的顺利开展。一是提升政府社会治理能力。思想认识上始终同以习近平同志为核心的党中央保持高度一致，在社会治理各个领域切实贯彻落实党的绝对领导。深化法治政府建设。崇尚宪法精神，强化推进政府行为的法制化进程，切实依法履行政府职责。二是加强社会治安管理，完善治安防控体系。巩固扫黑除恶专项斗争成效。保持对危害人民群众生命财产安全违法行为的高压态势，确保社会长治久安。进一步打造"平安陕西""平安甘肃"等一系列平安工程。三是共建共治共享，提高基层社会治理能力和水平。推广新时代"枫桥经验"，完善基层网格化管理机制，使群众中产生的矛盾纠纷于产生之初即在基层得到处理和化解，避免小矛盾、小问题的积累。完善信访工作制度，确保群众合理诉求及时得到解决。例如，青海省在省会西宁市域范围内，开展社会治理现代化试点工作。提升推广"班玛经验"等一系列治理成效显著的地方经验，信访工作模式得到确实改进，效果得到确实提升。四是创新治理模式，积极推进治理现代化。探索"互联网+基层社会治理"新模式，建立完善党领导下的自治、法治、德治综合性基层社会治理体系建设。建立完善基层议事、监督机制。大力弘扬社会主义核心价值观，提升乡规民约在基层的规范能力。对工青妇团等社团组织积极发挥基层治理作用给予大力支持。

（五）开创民族宗教事业新局面

一是党的民族宗教政策得到了全面贯彻。各项民族团结工作的开展，始终以铸牢中华民族共同体意识为根本旨归。有计划地积极持续组织开展党的民族政策宣讲活动，构建各民族共有精神家园，让"三个离不开""五个认同"思想融入各族群众血脉。如甘肃省继续开展"百场万人"大宣讲、"一廊一路一带"计划，将民族宗教理论政策送到基层群众身边。依法开展民族工作，切实保障区域内各民族群众的合法权益，如青海省颁布实施促进民族团结进步条例。建立完善各区域联创共建机制，集中政府和社会力量开展民族团结联谊活动，构建和谐民族关系的同时强化各民族群众交流交往交融。创建民族团结进步示范省，以促进经济建设为抓手，通过"平安青海"等工程稳步推进，创建稳定团结的局面。持续抓好民族团结进步宣传教育工作，使铸牢中华民族共同体意识得到全省各族群众的深切认同。新疆全面贯彻党的民族政策，对各民族的合法权益依法加以保障。巩固和发展平等团结互助和谐的社会主义民族关系。深入开展"民族团结一家亲"和民族团结联谊等系列活动，促进了各民族间的交流交往交融，创造了各族群众共居共学共事共乐的社会条件。二是积极稳妥做好宗教工作。坚持我国宗教中国化方向，完善并推进宗教工作的法治化进程。青海省修订《青海省宗教事务条例》，依法加强宗教事务管理，省内宗教团体换届等事务得到妥善处理。宁夏全面贯彻党的宗教工作基本方针，坚决治理宗教领域突出问题，积极引导宗教与社会主义社会相适应。新疆全面贯彻党的宗教工作基本方针，对各项宗教事务依法进行管理。在切实保障人民群众正常的、合法的宗教需求及活动的同时，加强对宗教场所、人员及信教群众的服务和管理。打击违法的同时，将去极端化、遏制渗透贯穿始终，不断促进宗教与社会主义社会相适应。

二 2020年西北地区社会发展面临的挑战

2020年西北地区社会发展取得了突出成就，但仍面临一系列突出困难和挑战。受全球性新冠肺炎疫情的影响，各种不确定性风险因素进一步增加，相对贫困治理任务压力较大，基本公共服务领域仍存短板，生态治理工作有

待进一步强化,科技和人才支撑能力不强,对重大风险的防控任务仍然艰巨,民生事业建设仍存短板,城乡居民增加收入的方式仍然有限,政府自身建设仍需加强。

(一)相对贫困治理任务压力较大

与绝对贫困相比较,影响相对贫困的因素更多、更复杂。西北地区相对贫困的治理工作面临很大的压力。一是西北地区自然条件差,自然灾害频繁,群众因灾返贫风险较高。二是发展基础薄弱,基础设施和公共服务"短板"问题突出,存在大量的贫困边缘人口。三是相对贫困检测机制不完善,相对贫困量化标准难以准确制定,相对贫困人口的动态管理难以实现。四是一部分群众单纯依靠政策实现脱贫,缺乏自我脱贫的决心、勇气和行动,影响了稳定脱贫成效。因此,相对贫困仍是西北地区在解决绝对贫困之后需要面对的一项长期工作。

(二)基本公共服务领域仍存短板

一是受制于西北地区经济发展水平,加之用于公共服务的财政支出逐年递增,因而公共服务保障资金存在穿底风险。同时,西北地区政府财政收入水平总体低下且存在很大差异,导致公共服务财政保障能力严重不足与失衡状况并存。二是西北地区在提供医疗、健康教育、养老等具体基本公共服务领域仍然薄弱,以人均预期寿命为例,西北地区除陕西省外的其他省区均低于2020年全国人均预期寿命平均水平。三是城乡、区域统筹中存在的阶段性不均衡发展仍是较为突出的特征,各项民生事业的均等化程度与群众对美好生活的期盼还有不小差距。

(三)生态治理工作有待进一步强化

一是传统生态问题仍然存在。严重的水土流失、土地荒漠化加剧、水资源短缺、植被破坏、森林草原退化仍是西部地区面临的主要生态环境问题,并且仍将是西北地区今后生态治理工作的重要内容。二是城镇化过程中的生态问题压力加大。西北地区的城镇化水平不断提升,城镇规模不断扩大。由此导致的城镇建设、运转所产生的空气、水体以及垃圾等的生态治理工作压力日渐加大。三是个别破坏生态现象仍有发生。个别地区仍存在利用监管漏洞牺牲生态谋取利益的现象，西北地区需要以壮士断腕的力度加以监管处理。

（四）基层社会治理现代化水平有待进一步提升

一是观念仍较陈旧。对于"治理"和"管理"之间的联系和区别认识不够，"共建共治共享"作为社会治理的核心地位不够明确。基层事务的处理上"管"的思想仍然较为浓厚，调动基层力量参与社会治理的观念不强。二是治理手段较为单一。基层治理手段较为传统，效率不高，信息化程度有待加强。三是基层自我服务管理能力薄弱。脱贫攻坚过程中凸显的"等靠要"思想在基层社会治理过程中同样存在，主动参与的意识以及积极性不高，凡事找政府的思想观念仍然浓厚。基层自治能力不强，乡村中村规民约解决基层事务能力有限。

三 2021年西北地区社会发展形势预测与对策建议

2020年是"十三五"收官之年，西北五省区党委、政府以习近平新时代中国特色社会主义思想为指导，统筹推进"五位一体"总体布局，协调推进"四个全面"战略布局，坚持稳中求进工作总基调，统筹新冠肺炎疫情防控和经济社会发展，全面落实"六稳""六保"任务，社会大局保持稳定，各项社会事业取得新的进展。2021年是"十四五"和全面建设社会主义现代化国家的开局之年，西北地区将积极应对发展环境面临的深刻复杂变化，把握转向高质量发展的战略机遇，进一步加强生态文明建设、提升民生保障水平、推进乡村振兴战略、全面深化重点领域改革、推进社会治理体系和治理能力现代化，为开启全面建设社会主义现代化国家新征程奠定坚实基础。

（一）2021年西北地区社会发展形势预测

1.生态文明建设水平将进一步提高

一是加强黄河生态保护和治理。统筹推进黄河流域山水林田湖草系统治理，持续扩大国土绿化规模，加大黄河流域生态保护和祁连山水源涵养保护力度，继续实施三江源和祁连山生态保护、"三北"防护林建设、草原生态修复等重大生态保护和建设工程,保障黄河流域生态安全。二是推进国家公园建设。以青海省建设国家公园示范省为契机,加快构建以国家公园为主体的自然保护地体系,全面开展自然保护地调查评估,加快设立三江源国家公园和祁连山国家公园,推动自然保护地发展总体规划和青海湖等国家公园规划修订、编制等工作,实现"一张蓝图干到底"。三是强化城乡环境治理。推进城市地下综合管廊、海绵城市、森林城市建设,新建街头绿地、小微公园、城市绿道,优化发展公共交通,倡导绿色出行,推进城市垃圾分类处理;深化农村环境整治,加快垃圾处理设施建设,实现村庄环境干净整洁,因地制宜做好村庄风貌规划改造,建设生态宜居美丽乡村。

2. 民生保障水平将进一步提升

西北五省区政府将进一步加强普惠性、基础性、兜底性民生建设,全力实施重点民生工程,全面改善人民生活品质,提高社会建设水平。多措并举稳定就业,扎实做好高校毕业生、退役军人、农民工等重点人群就业工作;坚持教育事业优先发展,扩大普惠性学前教育资源供给,健全完善特殊教育和高中阶段教育保障机制,促进职业教育、高等教育、继续教育协调发展;提升全民健康水平,深化公立医院改革,推动县域医共体建设,健全全科医生培养、使用和激励机制,着力提高公共卫生服务、医疗服务、医疗保障和药品供应水平;繁荣文化体育事业,不断完善城乡公共文化服务体系,支持文化艺术精品创作,切实加强文化遗产保护和利用,协同发展竞技体育与全民健身;持续扩大城乡居民社保覆盖面,持续提高退休人员基本养老金标准,保障城市困难职工基本生活,推进社会福利、社会救助、慈善事业和优抚安置等制度改革,全面提升残疾预防和康复服务水平。

3. 乡村振兴战略将全面推进

一是巩固脱贫攻坚成果。落实"四个不摘"要求,继续强化扶贫治本措施,深入开展扶智、扶志,建立脱贫人口监测预警和应急救助机制,通过动态管理及时为脱贫人口提供有针对性的帮扶,防止脱贫人口返贫,探索建立解决相对贫困的长效机制,扎实做好易地扶贫搬迁入住、旧宅基地腾退、后续帮扶等工作。二是全方位推进乡村振兴。坚持农业农村优先发展,全面落实乡村振兴战略实施规划,以"五个振兴"为统领,协同推进农村地区产业融合发展,打造扶持农业产业化联合体、农民合作社联合社和乡土特色产业经营实体,带动农业稳产保供和农民增收;加快补齐"三农"领域短板,加强农村基础设施建设,深入开展农村人居环境整治,加强田园风貌改造,加大地域文化和历史名村保护力度,分类实施厕所革命,推进生产生活垃圾和污水治理,促进农村人居环境改善提升,打造既有品质又有品位的美丽乡村与和谐家园。三是推进城乡融合发展。优化区域发展布局,科学有序划定"三条控制线",促进各类发展要素合理流动和高效集聚,以户籍制度改革促进消除城乡壁垒,进一步提高常住人口城镇化率。

4. 社会治理新格局将进一步形成

一是强化公共安全建设。加强社会治安防控体系建设,健全治安防控运行机制,巩固扫黑除恶专项斗争成果,促进更高水平的平安社会建设;加强食品药品安全监督和保障,坚决整治食品药品安全突出问题,确保人民群众饮食用药安全;深入排查治理安全生产隐患,提高风险预警和预防能力,加强防灾减灾应急队伍建设,坚决遏制重特大安全事故发生。二是提升基层社会治理水平。深入学习新时代"枫桥经验",创新城乡社会治理模式,健全矛盾纠纷多元化解机制,提高社会治理法治化水平;健全基层社会治理体系,强化党组织领导下的自治、法治、德治相结合,加强村规民约建设,提升村民自治组织参与社会治理能力,引导工青妇等群团组织在基层社会治理中发挥积极作用。三是做好民族宗教工作。以党的民族政策为指针,加快民族地区经济社会发展,培育和铸牢中华民族共同体意识,强化社会主义核心价值观引领,构建各民族共有精神家园,扎实开展民族团结进步创建工作,加强各民族交往交流交融;全面贯彻党的宗教工作基本方针,坚持我国宗教的中国化方向,依法加强宗教事务管理,坚决治理宗教领域突出问题,积极引导宗教与社会主义社会相适应。

5. 全面深化改革将进一步推进

一是推进重点领域改革。进一步深化"放管服"改革,大力推进简政放权,破除体制机制障碍,持续清理压减行政许可事项,简化项目投资审批流程,加快实现医保、社保、公积金等高频事项"一网通办";大力支持民营企业发展壮大,完善支持民营企业发展的政策措施,不断优化提升营商环境,支持民营经济发展,充分发挥民营企业经济创造活力。二是持续扩大对内对外开放。深入贯彻新时代推进西部大开发形成新格局指导意见,积极融入"一带

一路"建设,深度融入国际陆海贸易新通道,加快建设内陆开放型经济试验区,以全方位开放助力高质量发展;加强国内外交流合作,发挥重大节会平台带动作用,加大重点产业定向招商和务实招商力度,增强区域转型发展动能。三是强化创新和人才支撑,健全完善财政投入促进创新发展长效机制,扶持高新技术企业发展,提高科技创新投资基金使用效益,充分发挥企业创新主体作用;实施人才发展战略,落实各项人才培育、引进、激励政策,提高人才管理和服务水平,建设特色人才高地,积极引导各类人才投身改革创新实践。

(二)促进西北地区社会发展的对策建议

2021年是国家实施"十四五"规划的开局之年,为推动西北地区社会各项事业持续发展,提出如下对策建议。

1. 巩固脱贫攻坚成果,并与乡村振兴实现有效衔接

2020年西北地区精准脱贫圆满收官,在解决绝对贫困的情况下应着眼长远,扎实推进巩固拓展脱贫攻坚成果与乡村振兴实现有效衔接。一是以精准脱贫圆满收官为契机,有效衔接乡村振兴战略任务,结合各省区实际,科学编制"十四五"规划及2035年远景目标,推动西北地区各族群众生产生活持续改善。二是应进一步构建结构完备的城乡市场体系。西北地区要充分发挥政府主体责任,调动市场和农户投入积极性,着力发展具有地方特色的农牧产业,以农牧区特色产业合作社为依托,持续推动第一产业价值链向二、三产业转移延伸,提升农牧业综合效益,为改善民生奠定坚实的市场基础。三是要加大可持续的公共服务供给体系建设力度。各地区要大力推进乡村振兴,加大对农牧区的水、电等农村基础设施投入力度,进一步缩小城镇与农村人居环境差距,使农村生活品质得到不断提升。各地区要进一步开阔发展思路,通过拓展多种融资渠道,加大对农业生产的保险投入力度,增强农业抗风险能力。各地区要通过实施"健康中国"等工程,加大对牧区医疗资源投入力度,以对口支援、医疗组团等互助方式,增强县乡级基层医院的医疗保障能力,改善农民就医条件。四是要进一步完善返贫预警机制,增强巩固脱贫成果的内生动力。各级政府部门应利用扶贫开发信息系统等大数据平台,及时甄别脱贫人口返贫相关信息,着重关注因自然灾害、重大疾病等因素致贫的已脱贫人口,实现动态监测。加强党和政府惠农利民政策宣传,引导群众破除"等靠要"等消极思想,

做到"富脑袋"与"富口袋"同步,"谋当前"与"抓长远"并重,着力树立其脱贫信心,塑造其自尊自强向上的精神风貌和信心。

2. 加大社会保障制度改革力度

一是西北各省区要创新思路,不断拓展社保资金来源,确保社保资金充足。在积极争取中央及省区各级财政支持的前提下,充分发挥市场配置资源的决定性作用,通过政策配套引导社会资源进入社保领域,不断拓展社保资金来源渠道,提升社保资金存量。各地区主管部门要加大执法力度,严格管控社保资金使用,纠正用人单位社保资金使用违规行为,强化征缴工作。二是要进一步拓宽养老途径。加强资源整合,鼓励支持各地利用特困供养服务机构现有资源,全面开展特困供养服务机构社会化养老服务,在满足区域内"五保""三无"老人需求的前提下,将服务范围和服务对象向社会延伸,将闲置床位向社会开放,实现特困供养服务机构向区域性养老服务中心转型。同时,鼓励空缺床位较多的特困供养服务机构打破县区界限,接收跨地区老人入住,全面提升特困供养服务机构资源利用率。三是要进一步加快住房制度改革。加快推进多主体供应、多渠道保障、租购并举的住房制度,强化公共租赁住房管理,实现动态管理、有序进出,基本满足城镇住房困难家庭的多样化住房保障需求。进一步扩大保障范围,特别是针对新就业人员、外来务工人员等新市民群体的住房保障需求,通过扩大保障范围、提供有效供给予以解决。加强棚改安置小区基础设施配套。通过政府兜底、集中建设的方式,将早期实施危旧房改造的标准较低或因灾受损等房屋纳入改造范围,对无建房意愿、无建房能力等人群通过建设"幸福大院"等集中方式进行兜底改造。

3. 着力提升公共服务共建共享水平

一是加大财政投入,建构多元社会救助体系。西北地区要坚持社会救助水平与经济发展水平相适应原则,逐步提升政府财政对社会救助资金投入。建立社会救助资金同政府财政支出协同增长机制,逐步增加政府财政对社会救助的投入水平。探索出台社会力量参与社会救助相应政策,进一步厘清政府与社会责任边界,完善社会救助多渠道筹资,吸纳社会多渠道资金,促进社会救助体系的多元可持续发展。立足困难群体实际,灵活运用物品、服务等不同救助方式,实现多样化救助策略。二是强化社会救助制度改革,提升服务能力与服务水平。稳步推进社会救助城乡一体化改革试点和低保审批权限下放改革试点工作，在有条件的地区全面推行社会救助综合改革试点。创新困难群众救助工作绩效考核方式，推动困难群众救助工作绩效考核与财政专项补助资金考核有机结合，不断提升绩效考核管理服务水平。三是创新工作思路，进一步加强基础教育建设水平。鼓励多元主体进入教育领域，提升基础教育供给水平。探索公建民办、民办公助、多元主体混合所有制办学模式。完善民办学校与公办学校资源共享、深度合作机制。全面实施民办学校分类改革、分类管理。进一步规范社会力量办学行为，完善民办学校内部治理结构，促进民办教育持续健康发展。加大对民族地区和贫困地区扶持力度。各地区要建立健全学前教育资助制度，加大对家庭经济困难儿童、孤儿、残疾儿童等入园困难群体的帮扶力度，努力实现普惠性学前教育覆盖面。增加残疾适龄儿童的入园机会，要让普惠性学前教育服务覆盖到全体适龄幼儿，实现学前教育全覆盖。

4. 推动更充分更高质量就业

一是西北各省区要继续实施就业优先政策。各省区要建立健全以目标为导向的就业优先体制机制，各级政府应发挥监督检查制度的导向作用，抓好各项就业政策执行落实工作，就业相关部门要主动做好自检自查工作，及时发现工作不足和漏洞，确保用于解决促进就业的资金及时到位。各级政府要将城镇新增就业、登记失业率等指标作为宏观经济政策实施的重要参考，探索与就业结构相适应的经济发展模式，在促进经济增长的同时实现稳定就业。二是西北各省区要进一步加强公共就业服务体系建设。各级政府要进一步加强公共就业信息服务平台建设，建立健全省（区）、市（州）、县等多层次公共就业服务体系，实现区域内就业信息服务共建共享。各级政府要着力加强就业服务专业队伍建设，通过培训、招聘等多种渠道，提升工作人员服务专业化水平，不断提高平台服务能力。加强对经办人员业务培训，为提升公共就业服务能力提供智力支持和人才保证。健全人力资源市场体系，建立人力资源服务和高级人才寻访奖励机制，完善人力资源市场管理制度，规范人力资源市场秩序，加强诚信体系建设。大力发展人力资源服务业，积极推进人力资源服务产业园建设，增加人力资源服务有效供给。三是西北各省区要进一步完善重点群体及困难群体就业支撑体系。各级政府要加强重点群体就业工作力度，着力帮扶贫困人口、城镇就业困难人员等群体；各省区要发展壮大市场主体，加快民营企业、中小微企业发展，特别是信息产业等新兴就业领域，发挥它们的就业主渠道作用；

各省区要持续推动三次产业链融合发展，促进农村旅游等新业态发展，稳步扩大农牧民就业空间。坚持市场主导和政府推动相结合，全力做好高校毕业生就业工作；各地区要持续培育壮大新的就业增长点，大力发展吸纳就业能力强的产业，特别是就业门槛低、容量大的家政服务业、物流业等行业，努力创造更多就业机会；各省区要积极组织各类公共创业服务机构举办形式多样的创业活动，优化创业环境，支持各类重点群体自主创业和返乡创业。

参考文献

孙晨光：《以共建共治共享拓展社会发展新局面》，《光明日报》2020年11月6日。
马峰：《改善人民生活品质 提高社会建设水平》，《光明日报》2020年11月5日。
孙吉胜：《新冠肺炎疫情与全球治理变革》，《世界经济与政治》2020年第5期。
李棉管、岳经纶：《相对贫困与治理的长效机制：从理论到政策》，《社会学研究》2020年第6期。
吴振磊：《相对贫困治理特点与长效机制构建》，《红旗文稿》2020年第12期。
娄成武、张国勇：《国家治理体系和治理能力现代化与政府治理创新》，《辽宁行政学院学报》2020年第1期。

全面建成小康社会篇

Building a Moderately Prosperous Society in All Aspects

B.3
西北地区全面建成小康社会发展报告

王宏丽*

摘 要： 2020年是全面建成小康社会的决战决胜之年，厘清小康社会思想发展的历史脉络，梳理全面建成小康社会的丰富内涵及评价指标体系，评估全面建成小康社会的发展成效，认清发展短板，找准发展定位，突出发展重点，清晰发展目标，为西北五省区迈向高质量发展、开启全面建设社会主义现代化国家奠定决策基础。通过全面建成小康社会评价指标体系测算，得到结论：西北五省区全面建成小康社会实现程度依次为陕西（93.4%）、宁夏（84.4%）、甘肃（81.6%）、青海（80.7%）、新疆（79.3%）；西北五省区在全面建成小康社会进程中表现较好的方面依次为"三大攻坚"、"文化建设"、"人民生活"和"民主法治"，发展短板是"经济发展"和"资源环境"。因此，西北五省区仍需在大力提升经济实力、建强经济发展根基，以及加大生态环境保护建设、走

---

* 王宏丽，新疆社会科学院经济研究所副所长，副研究员，主要研究方向为区域经济学。

绿色发展之路上下功夫，推动全面建成小康社会迈向高质量发展。

关键词： 全面建成小康社会　高质量发展　西北地区

2020年是全面建成小康社会的决战决胜之年，是"十三五"规划圆满收官之年，是实现第一个百年目标、中国特色社会主义进入新时代的关键之年，是迎接全面建设社会主义现代化强国的奋进之年，使命在肩，意义重大。全面建成小康社会，即将迎来历史和人民的检验。

一　小康社会的历史嬗变与标准衡量

"小康"一词，缘起于与"大同"相比较的一种理想社会模式，这种社会"以礼治为基本特征"①，认为"礼治"是解决一切社会问题、将"礼"内化为人们自觉的行为、实现"家齐、国治、天下太平"理想状态的根源。正是由于内嵌于中华文化五千年的历史传承、凝集千百年来社会各阶层对"安定"理想社会的美好愿望，小康思想在源远流长的中国文化思想中进行着历史嬗变。

（一）小康社会思想的缘起

1979年12月，邓小平会见来华访问的日本首相大平正芳时首次以"小康"描述中国四个现代化的战略目标：中国式的四个现代化是"小康之家"，20世纪末的中国"也还是一个小康的状态"。② 邓小平同志用通俗易懂的"吃得好""穿得好""用得好"的现代化发展目标，描述了"小康之家"；用到20世纪末人均国民生产总值达到800～1000美元描述了"进入小康社会"的标准。

1981年11月，第五届全国人民代表大会第四次会议通过的《政府工作报告》提出"力争用20年的时间使工农业总产值翻两番，使人民的消费达到小

---

① 王玉波：《"小康"史考》，《社会学研究》1992年第2期，第62页。
② 《邓小平文选（第二卷）》，人民出版社，1983，第237页。

康水平"。1982年8月,邓小平明确小康目标:小康是指国民生产总值达到1万亿美元、人均800美元。① 1982年9月,党的十二大报告正式提出经济建设总的奋斗目标是"力争使全国工农业的年总产值翻两番,即由一九八〇年的七千一百亿元增加到二〇〇〇年的二万八千亿元左右。……人民的物质文化生活可以达到小康水平。"②

1987年10月,党的十三大报告正式发布经济建设三步走的战略部署,"第二步,到本世纪末,使国民生产总值再增长一倍,人民生活达到小康水平"成为20世纪末中国小康社会的奋斗目标。③

1997年9月,党的十五大报告提出:21世纪,中国"进入和建设小康社会"的"新三步走"战略目标是"第一个十年实现国民生产总值比二〇〇〇年翻一番,使人民的小康生活更加宽裕,形成比较完善的社会主义市场经济体制……"④ 首次明确了二〇一〇年、建党一百年和新中国成立一百年的发展目标。

---

① 中央文献研究室小康社会研究课题组:《小康目标的提出和小康社会理论的形成》,《党的文献》2010年第1期,第29页。

② 党的十二大报告经济建设总的奋斗目标完整表述为:"在不断提高经济效益的前提下,力争使全国工农业的年总产值翻两番,即由一九八〇年的七千一百亿元增加到二〇〇〇年的二万八千亿元左右。实现了这个目标,我国国民收入总额和主要工农业产品的产量将居于世界前列,整个国民经济的现代化过程将取得重大进展,城乡人民的收入将成倍增长,人民的物质文化生活可以达到小康水平。"引自:《全面开创社会主义现代化建设的新局面——在中国共产党第十二次全国代表大会上的报告》,共产党网,http://fuwu.12371.cn/2012/09/27/ARTI1348712095996447_all.shtml,最后检索日期:2020年7月15日。

③ 党的十三大报告经济建设战略部署大体分三步走的完整表述为:"第一步,实现国民生产总值比一九八〇年翻一番,解决人民的温饱问题。这个任务已经基本实现。第二步,到本世纪末,使国民生产总值再增长一倍,人民生活达到小康水平。第三步,到下个世纪中叶,人均国民生产总值达到中等发达国家水平,人民生活比较富裕,基本实现现代化。然后,在这个基础上继续前进。"引自:《沿着有中国特色的社会主义道路前进——在中国共产党第十三次全国代表大会上的报告》,中国共产党历次全国代表大会数据库,http://cpc.people.com.cn/GB/64162/64168/64566/65447/4526368.html,最后检索日期:2020年7月15日。

④ 党的十五大报告"新三步走"战略目标的完整表述为:"展望下世纪,我们的目标是,第一个十年实现国民生产总值比二〇〇〇年翻一番,使人民的小康生活更加宽裕,形成比较完善的社会主义市场经济体制;再经过十年的努力,到建党一百年时,使国民经济更加发展,各项制度更加完善;到世纪中叶建国一百年时,基本实现现代化,建成富强民主文明的社会主义国家。"引自:《沿着有中国特色的社会主义道路前进——在中国共产党第十三次全国代表大会上的报告》,中国共产党历次全国代表大会数据库,http://cpc.people.com.cn/GB/64162/64168/64568/65445/4526285.html,最后检索日期:2020年7月15日。

2002年11月,党的十六大报告正式提出"全面建设小康社会的奋斗目标",即"经济更加发展、民主更加健全、科教更加进步、文化更加繁荣、社会更加和谐、人民生活更加殷实",这是中国特色社会主义经济、政治、文化全面发展的目标,是做出全面建设小康社会的战略决策。

2007年10月,党的十七大报告提出:"全面建设小康社会是党和国家到二〇二〇年的奋斗目标",在经济建设、政治建设、文化建设、社会建设、生态建设等方面提出了一系列"实现全面建设小康社会奋斗目标的新要求","要确保到二〇二〇年实现全面建成小康社会的奋斗目标"。

综观小康社会思想的溯源、逐步形成和完善发展,其立足于中国各个发展时期的具体发展实践基础和条件,始终以经济发展为根本,始终以"人民普遍丰衣足食、安居乐业"的改善人民生活美好愿望为出发点和立足点,始终以"物质文明建设和精神文明建设一起抓、全面进步的社会"为坚持,始终以"共同富裕、保持稳定"为遵循,科学依据每个时期中国发展的阶段性特点,在逐步发展和不断完善中逐渐清晰和丰富小康社会理论的内涵,从而在发展目标和发展内容逐渐"全面"的内涵中丰富和发展小康社会的具体衡量标准。

(二)小康社会思想的发展

2012年11月,党的十八大报告认真总结了十六大以来全面建设小康社会取得的巨大成就,提出"全面建成小康社会",由党的十六大、十七大的"全面建设"升级为"全面建成",一字之差,彰显了过去十年的奋斗"过程"及未来十年的目标"结果",更在党的十六大、十七大确立的目标基础上以"五位一体"对全面建成小康社会提出新的要求。

2017年10月,党的十九大报告提出"决胜全面建成小康社会","从现在到二〇二〇年,是全面建成小康社会决胜期。要按照十六大、十七大、十八大提出的全面建成小康社会各项要求……使全面建成小康社会得到人民认可、经得起历史检验","在全面建成小康社会的基础上,分两步走在本世纪中叶建成富强民主文明和谐美丽的社会主义现代化强国"。

小康社会思想的发展,是小康思想内涵的理论深度和理论范畴逐步纵向深入和横向扩展的过程,是由小康概念到全面小康、总体小康的过程,是由点至面、由单一指标到指标体系建设动态丰富的过程,"全面""总体布局""新发展理念""现代化"等核心要义日益丰富和刻画了小康社会的内涵。进而，小康社会的衡量标准及评价体系，也在逐步完善中日益成型。

国家统计局在2008年印发《全面建成小康社会统计监测指标体系》，从经济发展、社会和谐、生活质量、民主法治、文化教育、资源环境六大方面23个指标组成指标体系；2012年，《全面建成小康社会统计监测指标体系》发展为经济发展、民主法治、文化建设、人民生活、资源环境五大方面39个指标组成的指标体系，同时，给出"目标值统一"和"东、中、西目标值不同"的两种方案，增强了指标体系的区域适应性和对比性；2016年，《全面建成小康社会统计监测指标体系》同样以经济发展、民主法治、文化建设、人民生活、资源环境五大方面为衡量，以42个指标形成指标体系，并提出"省级自主定目标、一地一标量小康"；2018年，《全面建成小康社会统计监测指标体系》以经济发展、人民生活、民主法治、文化建设、资源环境五大方面53个指标组成指标体系，尤其在人民生活方面给予了非常重要的评价；2019年，《全面建成小康社会统计监测指标体系》以经济发展、人民生活、三大攻坚、民主法治、文化建设、资源环境六大方面52个指标组成指标体系，给予"三大攻坚"（6个指标）特别关注，突出衡量当年经济工作重点攻坚任务。

2019年同2018年版《全面建成小康社会统计监测指标体系》相比，在经济发展方面减少了两个衡量指标（主要是衡量进出口贸易指标）；在人民生活方面，增加了"'十三五'以来城镇累计新增就业人数""'十三五'以来城镇棚户区住房累计改造开工数""高等教育毛入学率"3个指标，增强了累计贡献量的衡量及高等教育发展的重要性；特别突出了"三大攻坚"方面指标，增加了"'十三五'以来农村贫困人口累计减少人数""'十三五'以来主要污染物排放总量减少指数"两个指标，增强了对农村扶贫及农村环境整治的累计贡献量的衡量；在民主法治方面，保持4个衡量指标数量不变，以"妇女参与基层民主管理指数"替代了"人民陪审员参审率"；在文化建设方面，从6个指标减少为5个指标，去除了"行政村（社区）综合性文化服务中心覆盖率"指标，并修改了一个指标为"居民人均教育文化娱乐消费支出占消费支出比重"，提高了对指标精准性的衡量；在资源环境方面，不仅在指标数量上由12个指标增加为15个指标，而且指标细化增多，更增加了"十三五"以来对某些指标的累计贡献量的衡量，更加突出了资源环境的重要性。

由此可以看出,小康社会衡量标准内涵逐渐丰富,根据阶段着重点的差异而不断调整。人均收入指标、恩格尔系数、贫困人口比重、人的全面发展以及农村小康社会,是衡量标准的重点。

二 西北地区全面建成小康社会指标体系及测算

全面建成小康社会指标体系在全面性、区域性、易操作等方面向着多元化、综合性、多方法等方向发展。在全面建成小康社会的关键时刻,本文旨在全面考量西北五省区小康社会的建设状况,因此采用国家统计局2019年下发的《全面建成小康社会统计监测指标体系》。

根据小康社会丰富的内涵及全面建成小康社会思想的完善,经济发展、人民生活、三大攻坚、民主法治、文化建设及资源环境等六方面构成全面建成小康社会评价指标体系的一级指标。每个一级指标包含若干个二级指标。

(一)经济发展

"以经济建设为中心是兴国之要,发展是党执政兴国的第一要务,是解决我国一切问题的基础和关键。"[①] 坚持推动经济平稳健康发展,坚持新发展理念,坚持推动高质量发展,确保决胜全面建成小康社会。

由表1数据[②]可以看出,在经济发展方面,西北五省区在全面建成小康社会标准上仍存在一定差距,主要表现为:人均GDP发展不足、地区经济发展差异明显、研究与试验发展(R&D)经费投入强度偏低及战略性新兴产业发展滞后。2019年,西北五省区能达到全面建成小康社会要求的是互联网普及率[③],这为数字经济发展、网络信息化发展提供了坚实的用户基础。

在经济发展整体水平上,西北五省区的排名依次为:陕西、宁夏、新疆、青海、甘肃(见图1)。西北五省区经济发展特征表现为:(1)从整体而言,

---

① 《经济工作要适应经济发展新常态》(2014年12月9日),载中共中央文献研究室编《十八大以来重要文献选编》,中央文献出版社,2016,第245~246页。
② 由于数据可获取性的限制,本文所有数据以2019年为基本数据节点时间,但部分数据为2018年(或2017年)数据。同一指标的数据节点时间如无特别说明均保持一致。
③ 新疆的移动宽带用户普及率为84.7%,略低于85%的指标要求。

西北五省区之间的经济发展差异并非十分显著,以人均GDP为衡量的经济发展差异系数为0.24,远小于西北五省区中任一省区内部差异。(2)西北五省区经济发展规模总量相差较多,排名第一的陕西地区生产总值为25793亿元,而总量最小的青海仅为2966亿元;人均规模量最大的陕西为66649元,而最小的甘肃为32995元。① 甘肃地区生产总值在五省区排名第三,但人均GDP排名末位。其他四省区经济规模总量及人均规模量排名均是陕西、新疆、宁夏、青海。(3)甘肃14个市州和青海8个市州经济发展差异系数大于等于0.8,差异显著;新疆15个地州市经济发展差异系数为0.61,除去人均GDP排名第一的克拉玛依市②(人均GDP 153647元)外,14个地州市经济发展差异系数为0.52;甘肃和青海也存在这样的经济发展异常点,即甘肃的嘉峪关市(人均GDP 119418元)和青海的海西州(人均GDP 120966元)。除去嘉峪关市的甘肃13个市州经济发展差异系数为0.61,除去海西州的青海7个地级市经济发展差异系数为0.42。(4)除陕西外,其他四省区第三产业占地区生产总值的50.3%~55.1%;而甘肃、青海和新疆的第二产业占比为32.8%~39.1%、第一产业占比为10.2%~13.1%。(5)甘肃和新疆常住人口城镇化率为50%左右,青海为55.5%,与60%的标准尚有一定差距。

陕西是西北五省区经济发展的领头羊,各项发展指标均接近目标值。特别是地区经济发展差异系数为0.42,是西北五省区唯一达到目标要求的省区,表明其较好地注重了11个地级市的协调发展。R&D经费投入强度达到2.18%,战略性新兴产业占比达到10.73%,研发投入与高端产业特征凸显。

2019年,陕西科技进步贡献率为59.2%,全社会研发经费投入584.58亿元,研发经费投入强度达2.27%,创十年来新高,居全国第7位,年均增速超过10%。③ 甘肃科技进步贡献率为52.8%,研发经费投入强度为1.18%。④ 青海

---

① 此处为便于比较,地区生产总值及人均GDP均为2019年当年价格,与表1的2010年不变价不同。
② 克拉玛依市人均GDP为153647元,是排名第二的乌鲁木齐的1.8倍,较为特殊。
③ 《陕西:2019年综合科技创新水平指数居全国第9位》,央广网,https://baijiahao.baidu.com/s?id=1683769314062930097&wfr=spider&for=pc,最后检索日期:2021年2月4日。
④ 《甘肃科技进步对经济增长贡献率达到52.8%》,新华网甘肃频道,http://www.gs.xinhuanet.com/news/2020-03/28/c_1125779919.htm,最后检索日期:2021年2月4日。

西北地区全面建成小康社会发展报告

表1 西北地区全面建成小康社会指标值及实现程度——经济发展（2019年）

项目		1.人均GDP（2010年不变价）（元）	2.地区经济发展差异系数	3.服务业增加值占GDP比重（%）	4.常住人口城镇化率（%）	5.互联网普及率指数（%）	5.1固定宽带家庭普及率（%）	5.2移动宽带用户普及率（%）	6.科技进步贡献率（%）	7.研究与试验发展（R&D）经费投入强度（%）	8.战略性新兴产业增加值占GDP比重（%）
权重		3	2	2	2	2	—	—	2	2	2
目标值		≥58000	≤0.45	≥56	≥60	=100	≥70	≥85	≥60	≥2.5	≥15
指标测量值	陕西	52541	0.42	45.80	59.40	123.20	90.90	99.10	59.20	2.18	10.73
	甘肃	26010	0.80	55.10	48.50	125.00	102.80	87.70	52.80	1.18	—
	青海	38613	0.82	50.70	55.50	125.10	98.70	92.90	54.00	0.60	3.25
	宁夏	42741	0.52	50.30	59.90	141.40	116.70	98.70	50.00	1.23	—
	新疆	42790	0.61	51.60	51.90	128.10	109.50	84.70	53.00	0.53	—
全面小康社会实现程度（%）	陕西	90.60	106.70	81.80	99.10	123.20	129.80	116.50	98.70	87.20	71.50
	甘肃	44.80	22.20	98.40	80.80	125.00	146.80	103.20	88.00	47.20	—
	青海	66.60	17.80	90.60	92.50	125.10	141.00	109.30	90.00	24.00	21.70
	宁夏	73.70	84.40	89.70	99.80	141.40	166.70	116.10	83.30	49.20	—
	新疆	73.80	64.40	92.20	86.50	128.10	156.50	99.70	88.30	21.20	—

注：所有涉及2010年不变价的指标均采用计算平减指数后换算而得，表中"—"是指数据暂无法获得或数据缺失，全文如无特别说明均与此同。

资料来源：指标1～5基础资料来源于《中国统计年鉴2019》《陕西统计年鉴2020》，指标测量值参见《陕西统计年鉴2019》《甘肃发展年鉴2019》《青海统计年鉴2019》《宁夏统计年鉴2019》《新疆统计年鉴2019》，因家庭户数小于2018年数据，故5.1指标测量值会偏大。指标6五省区基础数据均为网上数据，《中国科技统计年鉴2019》指出中国2013～2018年科技进步贡献率为58.7%。指标7基础资料来源于《中国科技统计年鉴2019》，为2018年数据。指标8陕西省基础资料来源于《陕西统计年鉴2019》及网上数据①，青海省基础资料来源于《青海统计年鉴2019》均为2018年数据，其他省区基础数据暂缺。

① 《2019年陕西省战略性新兴产业发展情况是怎样的？》，新闻网，http：//guoqing.china.com.cn/zhuanti/2020－08/06/content_76254845.htm，最后检索日期：2020年10月31日。

科技进步贡献率为54%，区域综合科技创新水平全国排名上升至26位。① 宁夏科技进步贡献率为50%（2017年数据）。② 新疆科技进步贡献率为53%（2018年数据）。③ 2019年，中国科技进步贡献率达到59.5%。④ 科技进步贡献率始终是中国及西北五省区不断完善提升的目标。

国家于2010年发布《国务院关于加快培育和发展战略性新兴产业的决定》，并于2018年对《国民经济行业分类》中"战略性新兴产业"进行了再分类。甘肃、宁夏和新疆由于经济发展的自身特点及尚未将战略性新兴产业作为独立统计指标纳入当地统计年鉴，因而反映不足。

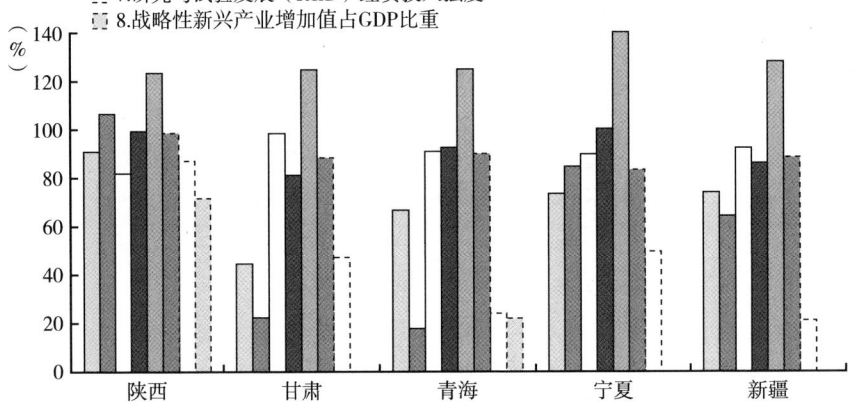

图1　西北五省区经济发展全面小康社会实现程度

资料来源：同表1。

---

① 《青海省科技进步贡献率预计达到54%》，中国经济网，http：//district. ce. cn/newarea/roll/202002/24/t20200224_ 34337934. shtml，最后检索日期：2021年2月4日。

② 《2018年宁夏回族自治区政府工作报告》，宁夏回族自治区人民政府网站，http：//www. nx. gov. cn/zzsl/zfgzbg/201808/t20180830_ 1025073. html，最后检索日期：2021年2月4日。

③ 《我区科技进步贡献率达53%，科技创新成为推动我区经济社会发展的"第一动力"》，新疆新闻在线网，http：//www. xjbs. com. cn/news/2018 - 12/19/cms2127178article. shtml，最后检索日期：2021年2月4日。

④ 《科技部：科技进步贡献率达到59.5%》，https：//baijiahao. baidu. com/s? id = 1667178828 221875440&wfr = spider&for = pc，最后检索日期：2021年2月4日。

(二)人民生活

"顺应人民对美好生活的向往"是发展的核心思想,就是坚持以人民为中心的发展,坚持共享发展,坚持发展为了人民、发展依靠人民、发展成果由人民共享。"人民生活"指标,日益占据指标体系更加重要的地位。始终坚持以人民为中心的发展思想,人民至上、以人为本,推动决胜全面建成小康社会取得决定性成就。

由表 2 数据[①]可以看出,在人民生活方面,西北五省区在全面建成小康社会标准上尚存在一定差距,西北五省区全面建成小康社会实现程度明显不充分主要反映在以下 4 个指标。(1)居民人均可支配收入较低,与全面建成小康社会指标要求差距明显(五省区平均实现程度为 71.9%);(2)城乡居民家庭人均住房面积达标率明显较低(五省区平均实现程度为 80.1%);(3)每千老年人口养老床位数明显不足,陕西、宁夏、新疆表现尤为明显(五省区平均实现程度为 81.8%);(4)高等教育毛入学率是西北五省区内差异最为显著的指标(五省区平均实现程度为 89.2%)。

在人民生活整体发展水平上,西北五省区的排名依次为:陕西、宁夏、青海、新疆、甘肃(西北五省区人民生活全面建成小康社会实现程度见图2)。西北五省区人民生活特征表现为:(1)从整体而言,西北五省区在"人民生活"方面全面建成小康社会综合实现程度(10 个以上指标平均值)都已在 90%以上,充分表明了"人民生活"所代表的"学有所教,劳有所得,病有所医,老有所养,住有所居"民生理念深入人心且发展日益得到完善;(2)增加人民收入仍是重中之重的工作,提高农民收入、缩小城乡收入差距仍是西北地区面临的主要困难;(3)改善城乡居民住房条件也需在 2019 年和 2020 年进一步加强。

(三)三大攻坚

党的十九大报告提出"要坚决打好防范化解重大风险、精准脱贫、污染

---

① 最终西北五省区评价中剔除了指标 14 和指标 22。

表2 西北地区全面建成小康社会指标值及实现程度——人民生活（2019年）

项目		9.居民人均可支配收入（2010年不变价）（元）	10.城镇登记失业率（%）	11.恩格尔系数（%）	12.城乡居民收入比（以农村为1）	13.城乡居民家庭人均住房面积达标率（%）	14."十三五"以来城镇棚户区住房累计改造开工（万套）	15.公共交通服务指数（%）	15.1城市每万人拥有公共汽电车辆（标台）	15.2建制村通客车率（%）
权重		3	2	2	2	2	2	2		
目标		≥25000	≤5	≤30	≤2.69	≥60	≥2000	100	≥13	≥99
指标测量值	陕西	19445.0	3.2	26.57	2.93	92.8	—	105.7	14.73	97
	甘肃	15087.7	3.0	29.22	3.36	77.1	—	100.9	13.29	98.6
	青海	17830.1	2.2	29.2	2.94	83.1	—	100.9	14.09	92.4
	宁夏	19244.5	3.7	25.33	2.67	74.4	—	99.9	12.85	100
	新疆	18212.9	2.1	31.8	2.64	73.2	—	101.4	13.39	98.9
全面小康社会实现程度（%）	陕西	77.8	135.4	111.4	91.1	92.8	—	105.7	113.3	98.0
	甘肃	60.4	140.0	102.6	75.2	77.1	—	100.9	102.3	99.6
	青海	71.3	155.2	102.7	90.6	83.1	—	100.9	108.4	93.3
	宁夏	77.0	125.2	115.6	100.8	74.4	—	99.9	98.8	101.0
	新疆	72.9	157.2	94.0	101.8	73.2	—	101.4	103.0	99.9

西北地区全面建成小康社会发展报告

续表

项目		16. 平均预期寿命（岁）	17. 劳动年龄人口平均受教育年限（年）	18. 高等教育毛入学率（%）	19. 每千人口执业（助理）医师数（人）	20. 每千老年人口养老床位数（张）	21. 基本社会保险参保指数（%）	21.1 基本养老保险覆盖率（%）	21.2 城乡医保参保率	22. 单位GDP生产安全事故死亡率（2010年不变价）（人/亿元）
权重		2	2	1	2	2	2			2
目标		≥77.34	≥10.8	≥50	≥2.5	≥35	100	≥90	≥95	≤0.078
指标测量值	陕西	75.7	10.4	47.15	2.56	25.5	106.4	100	96.6	—
	甘肃	73.25	9.3	32.00	2.26	32.4	100.4	94.0	91.5	0.081
	青海	72.05	9.5	44.47	2.68	32.6	99.6	89.7	94.6	—
	宁夏	74.68	10.1	52.57	2.82	29	98.2	90.0	91.6	0.046
	新疆	72.35	10.6	46.79	2.55	23.7	104.5	94.8	98.6	0.0335
全面小康社会实现程度（%）	陕西	97.9	96.3	94.3	102.5	72.9	106.4	111.1	101.7	2
	甘肃	94.7	86.1	64.0	90.3	92.6	100.4	104.4	96.3	96.2
	青海	93.2	88.0	88.9	107.2	93.1	99.6	99.7	99.6	—
	宁夏	96.6	93.5	105.1	113.0	82.9	98.2	100.0	96.4	141.0
	新疆	93.5	98.1	93.6	101.8	67.7	104.5	105.3	103.8	157.1

注：（1）指标10的说明：国家统计局2019年版的《全面建成小康社会统计监测指标体系》原指标10为"十三五"以来城镇累计新增就业人数。本文旨在衡量全面建成小康社会的程度及西北五省区之间的对比，因此仍采用2018年版的指标"城镇登记失业率"。（2）指标14是我国"十三五"规划纲要明确的目标任务，即城镇棚户区住房累计改造开工2000万套，因各省区采集指标有指标13作为考量，故未测量此指标。（3）表中"—"是指数据无法获取或数据缺失。

资料来源：指标11，青海资料来源于《2019年青海省国民经济和社会发展统计公报》，新疆资料来源于《新疆维吾尔自治区2019年国民经济和社会发展统计公报》。陕西、甘肃及宁夏资料来源于各省统计年鉴，计算而得。指标13均为2018年数据，陕西、甘肃、青海、宁夏数据，为2018年数据。

① 《城镇居民 居民生活质量显著提升》，新疆维吾尔自治区统计局网站，http://tjj.xinjiang.gov.cn/tjj/xjhh70fzcj/202006/e7ce682e941544459727818bb2953e8f07.shtml，最后检索日期：2021年2月4日；《农民生活月新月异 众志成城迈向小康》，新疆维吾尔自治区统计局网站，http://tjj.xinjiang.gov.cn/tjj/xjhh70fzcj/202006/afcf33b5fdf4d49a28121ea40a352fd.shtml，最后检索日期：2021年2月4日。

② 《陕西省交通运输厅关于全省乡镇和建制村通硬化路、通客车情况的公示》，陕西省交通运输厅网站，http://zizhan.mot.gov.cn/st/shaanxi_1/tongzhigonggao/201906/t20190603_3208332.html；《关于甘肃省乡镇和建制村通硬化路通客车基本情况的公告——政务公开》，甘肃省交通运输厅网站，https://jtys.gansu.gov.cn/ggws/17372；《关于公示全省乡镇和建制村通硬化路通客车基础数据的公告——政务公开》，青海省人民政府网站，http://www.qh.gov.cn/zwgk/system/2019/05/29/010332037.shtml；《关于全区乡镇和建制村通硬化路、通客车基本情况的公示》，宁夏回族自治区人民政府网站，http://www.nx.gov.cn/zwgk/tzgg/201905/t20190529_1527749.html；《新疆维吾尔自治区乡镇和建制村通硬化路通客车基础数据公示》，新疆维吾尔自治区交通运输厅网站，http://jtyst.xinjiang.gov.cn/xjtysj/zwgg/201905/60c632f49a5e45a3ab53b57b1520660f0.shtml，最后检索日期：2021年2月4日。

③ 《人口寿命普遍延长 文化素质显著提高》，陕西省统计局网站，http://tjj.shaanxi.gov.cn/site/1/html/126/111/2003l.htm；《甘肃省全国平均预期寿命差距进一步缩小》，http://gs.people.com.cn/n2/2016/1227/c183283-29517687.html；《2017年宁夏人均预期寿命提高至72岁》，http://www.yinchuan.gov.cn/xwzx/nmb/201807/t20180726_931625.html；《新疆维吾尔自治区2018年卫生与人群健康状况报告》，《新疆维吾尔自治区统计年鉴2019》中新疆2010年人口平均预期寿命72.35岁，http://news.china.com.cn/2019-08/26/content_75140275.htm，但这里采用的是《中国人口与就业统计年鉴2019》，宁夏回族，新疆为2018年数据，青海，甘肃为2015年数据，宁夏自治区数据，最后检索日期：2021年2月4日。

④ 《关于印发〈陕西省教育事业发展"十三五"规划〉的通知》（2015年数据），陕西省教育厅网站，http://jyt.shaanxi.gov.cn/news/jiaoyutingwenjian/20170428/12293.html；《甘肃省人民政府办公厅关于印发〈甘肃省"十三五"教育发展规划〉的通知》（2015年数据），http://www.gansu.gov.cn/art/2016/5/17/art_4786_273526.html；《2019年全省教育事业发展统计公报》，青海省教育厅网站，http://jyt.qinghai.gov.cn/gk/jyfz/202003/P020200317632675331766.pdf；《2019年宁夏回族自治区教育事业发展统计公报》，宁夏回族自治区教育厅网站，http://jyt.nx.gov.cn/sviewp/3AEEC580-B928-48DD-ADB3-ED3AD6B7FB29；《2019年新疆维吾尔自治区教育事业发展统计公报》，新疆维吾尔自治区教育厅网站，http://jyt.xinjiang.gov.cn/edu/jyfz/202004/da37ec51aad84be6816f0097c11cd38.shtml，最后检索日期：2021年2月4日。

资料来源于各省统计年鉴，新疆资料来源于网络①。该指标以2018年全国城镇居民人均住房建筑面积39平方米，农村居民人均住房建筑面积47.3平方米的标准来计算达标率。指标15.2基础资料来源于网络②。指标16基础资料公示数据。指标17基础资料来源于《中国劳动统计年鉴2019》之全国各地区就业教育程度构成及各省区统计年鉴之就业人员数，计算而得，为2018年数据。指标18基础资料来源于《中国劳动统计年鉴2019》。指标19基础资料来源于《中国卫生健康统计年鉴2019》，为2018年数据。指标20基础资料来源于《国家基本公共服务统计指标2018》，为2017年数据。指标21基础资料来源于《中国第三产业统计年鉴2019》《中国人口和就业统计年鉴2019》，为2018年数据。指标22基础资料来源于《2019年国民经济和社会发展统计公报》，陕西和青海数据暂缺。本表其他指标基础数据均来源于《中国统计年鉴2020》。

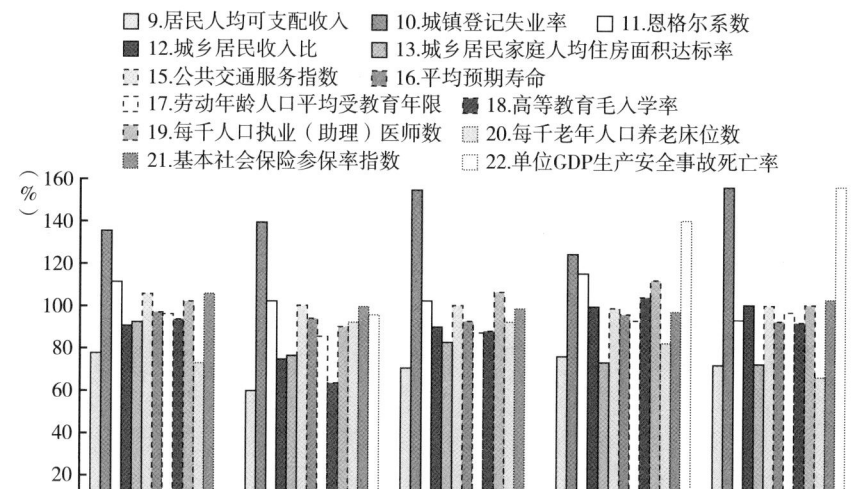

图 2　西北五省区人民生活全面小康社会实现程度

资料来源：同表2。

防治的攻坚战，使全面建成小康社会得到人民认可、经得起历史检验"①。打好三大攻坚战，成为衡量全面建成小康社会指标体系中单列的一级指标，凸显"三大攻坚"任务在决胜全面建成小康社会中的重要性。

要坚决打好防范化解重大风险攻坚战，表现在经济方面，就是要全力防范化解经济和金融领域风险，牢牢守住不发生系统性金融风险底线。因此主要选择两个指标（M2/GDP 和政府负债率）来衡量经济和金融领域风险。通过计算，中国 2019 年广义货币供应量与国内生产总值之比（M2/GDP）为 2.0，达到目标值≤2.0 的要求。因省域层面暂无广义货币供应量，故剔除了指标 23 在省域间的比较。

西北五省区三大攻坚任务完成总体情况较好，除青海全面建成小康社会实现程度总体为 85.9% 外，其他四省区综合值均超越了 100%，排名为陕西（109.3%）、甘肃（105.5%）、新疆（104.6%）、宁夏（103.3%）。西北五省区三大攻坚全面建成小康社会实现程度参见图 3。

---

① 《习近平：决胜全面建成小康社会　夺取新时代中国特色社会主义伟大胜利——在中国共产党第十九次全国代表大会上的报告》，中华人民共和国中央人民政府网站，http://www.gov.cn/zhuanti/2017-10/27/content_5234876.htm，最后检索日期，2020 年 10 月 28 日。

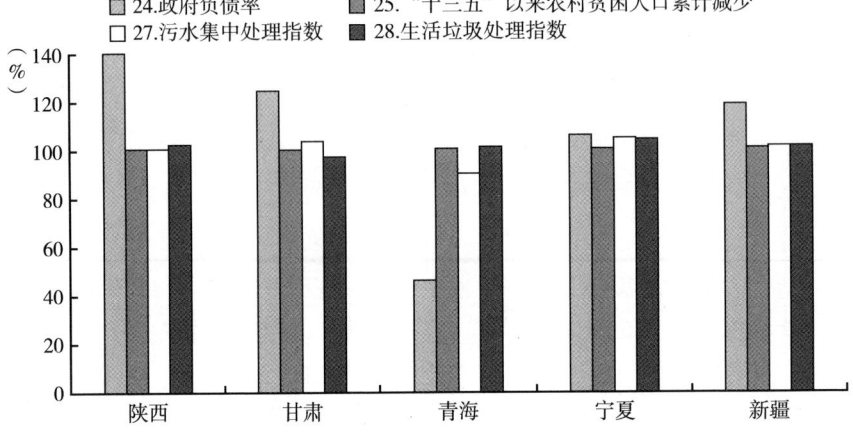

图3 西北五省区三大攻坚全面小康社会实现程度

资料来源：指标24基础资料来源于《地方财政研究》，为2018年数据。指标25基础资料来源于《中国农村贫困监测报告2018》。指标27.1基础资料来源于《中国社会统计年鉴2019》，为2018年数据。指标27.2基础资料来源于《中国县城建设统计年鉴2017》，为2017年数据。指标28.2基础资料来源于网络①，为2019年数据。其他无特别说明指标基础数据来源于《中国统计年鉴2020》。

在控制政府负债方面，陕西、甘肃、新疆、宁夏均达到政府负债率低于40%的标准，青海政府负债率为61.5%。

在打赢脱贫攻坚战方面，西北五省区在"十三五"期间累计实现872万贫困人口脱贫，农村贫困发生率②逐年下降显著，陕西由2015年的10.7%下

---

① 《陕西88%以上行政村生活垃圾得到有效处理》，中华人民共和国中央人民政府网站，http://www.gov.cn/xinwen/2019-12/07/content_5459261.htm；《甘肃省农村人居环境整治取得成效》，人民网，http://gs.people.com.cn/n2/2020/0203/c183283-33758645.html；《青海农村牧区环境整治显成效》，青海省农业农村厅网站，http://nynct.qinghai.gov.cn/Html/2020_04_13/230537_233419_2020_04_13_278718.html；《推进垃圾分类治理 让乡村"颜值"更高 自治区政协督办十一届三次会议第417号重点提案》，中国人民政治协商会议宁夏回族自治区委员会，http://www.nxzx.gov.cn/ywbd/202009/t20200910_221633.html；《新疆农村生活垃圾收运处置体系覆盖比例超90%》，天山网，https://view.inews.qq.com/a/20200916A0M3YW00。最后检索日期：2021年2月4日。

② 西北五省区2015年农村贫困发生率均引自《2019中国农村贫困监测报告》；甘肃、宁夏、新疆的2019年数据均引自各省区《2019年国民经济和社会发展统计公报》，陕西2019年数据引自网络：《陕西省贫困发生率降至0.75%》，陕西党建网，http://www.sx-dj.gov.cn/a/zxwmdxksh/20200929/34685.shtml，最后检索日期：2021年2月4日；青海为2018年数据，引自《2019中国农村贫困监测报告》。

降至2019年的0.75%，甘肃由2015年的15.7%下降至2019年的2.2%，青海由2015年的10.9%下降至2018年的2.6%，宁夏由2015年的8.9%下降至2019年的0.47%，新疆由2015年的15.8%下降至2019年的1.24%。

在污染防治攻坚方面，可以得到以下结论：西北五省区在主要污染物排放指数衡量上差异明显，主要污染物排放指数最低的陕西为41.6%，而最高的宁夏达到150.7%（此指标为负指标，指标值越低，表示污染防控越有效）；青海在污水集中处理方面仍需加强治理；甘肃在生活垃圾处理方面仍需加强治理（见表3）。

（四）民主法治

"民主更加健全""人民享有更加充分民主权利，具有更高文明素质和精神追求""人民民主不断扩大"是全面建成小康社会进程中对民主法治的不断追求。

2016年，全国县乡两级人大换届选举圆满完成，有9亿多选民参加选举，直接选举产生250多万名县乡两级人大代表。① 2021年，即将开展全国新一轮县乡两级人大换届选举。

在《中国妇女发展纲要（2011—2020年)》统计监测报告中，2019年中国的整体情况是：村委会成员中女性占比为23.8%，未达到"30%以上"的目标要求；居民委员会成员中女性占比为50.9%，已达到"保持在50%左右"的目标要求。

陕西省统计局发布的《2018年度西安市妇女儿童规划监测报告》② 中认为"妇女参政达标还需多方发力"，2018年，村民委员会成员中女性比例为18.9%，低于2015年的19.3%，未达到2020年要求的30%水平；居民委员会成员中女性比例为66.2%，高于2015年的62.5%，达到2020年要求的50%水平。西安市的总体特征是"基层群众自治组织中女性比例城市高于农村"。

甘肃居民委员会成员中女性占64.58%。③

---

① 《为人民谋幸福：新中国人权事业发展70年》，中华人民共和国国家民族事务委员会网站，https：//www.neac.gov.cn/seac/xwzx/201909/1136701.shtml，最后检索日期：2021年2月4日。
② 《民生福祉持续增进 妇儿事业稳步发展》，西安市统计局，http：//tjj.xa.gov.cn/tjsj/tjxx/5d7fc9d9fd8508622db15396.html，最后检索日期：2021年2月4日。
③ 《甘肃省委副书记孙伟：巾帼奋进七十年 共筑陇原小康梦》，澎湃新闻网，https：//www.thepaper.cn/newsDetail_forward_4747887，最后检索日期：2021年2月4日。

表3 西北地区全面建成小康社会指标值及实现程度——三大攻坚（2019年）

项目	23.广义货币供应量与国内生产总值之比（M2/GDP）	24.政府负债率（%）	25."十三五"以来农村贫困人口累计减少（现行标准）（万人）	26.主要污染物排放指数（%）	26.1化学需氧量排放（万吨）	26.2氨氮排放（万吨）	26.3二氧化硫排放（万吨）	26.4氮氧化物排放（万吨）	27.污水集中处理指数（%）	27.1城市污水集中处理率（%）	27.2县城污水集中处理率（%）	28.生活垃圾处理指数（%）	28.1城市生活垃圾无害化处理率（%）	28.2生活垃圾得到处理的行政村比例（%）
权重	2	2	3	2					2			2		
目标	≤2.0	≤40	5575	100					100	≥95	≥85	100	≥95	≥90
指标测量值 陕西	—	24.1	288	41.6	39.55	1.64	19.90	46.33	100.7	93.2	87.8	101.5	99.7	88.3
指标测量值 甘肃	—	30.2	325	107.2	45.08	0.92	14.44	33.02	103.4	96.4	89.5	97.1	100.0	80.0
指标测量值 青海	—	61.5	42	86.0	7.21	0.35	6.08	11.86	89.7	87.7	74.0	100.7	96.3	90.0
指标测量值 宁夏	—	37.5	37	150.7	16.94	0.54	16.00	23.01	104.8	95.5	92.8	103.6	99.9	91.9
指标测量值 新疆	—	32.6	180	110.4	52.54	2.73	34.63	60.24	101.5	95.5	87.1	100.8	96.3	90.3
全面小康社会实现程度（%）陕西	—	139.8	100	—	—	—	—	—	100.7	98.1	103.3	101.5	105.0	98.1
全面小康社会实现程度（%）甘肃	—	124.4	100	—	—	—	—	—	103.4	101.5	105.3	97.1	105.3	88.9
全面小康社会实现程度（%）青海	—	46.2	100	—	—	—	—	—	89.7	92.3	87.0	100.7	101.4	100.0
全面小康社会实现程度（%）宁夏	—	106.3	100	—	—	—	—	—	104.8	100.5	109.1	103.6	105.1	102.1
全面小康社会实现程度（%）新疆	—	118.4	100	—	—	—	—	—	101.5	100.5	102.4	100.8	101.3	100.4

注：全国全面建成小康社会统计监测指标体系（2019年修订版）中指标26为"十三五"以来主要污染物排放总量累计减少指数，在本次测量中采用的是指标"主要污染物排放指数"，4个三级指标的基础数据为2017年数据。但由于难以获取每个省区的控制标准，因此无法衡量指标26在各个省区的实现程度，故没有放入综合评价中。在这里列出数据，仅作为主要污染物排放强度上的参考数据。表中"一"是指数据暂无法获得或数据缺失。

资料来源：同图3。

2019年底，新疆阿勒泰地区村民委员会成员中女性比例为37.8%，居民委员会成员中女性比例为80.9%；① 新疆和布克赛尔蒙古自治县村民委员会成员中女性比例为50.0%，居民委员会成员中女性比例为79.7%。②

由以上可获取数据可以看出，西北五省区基层群众自治组织中女性比例城市明显高于农村。同时，农村村委会女性成员比例与2020年全面建成小康社会≥30%的标准要求还有差距。这也从各省区制定的妇女发展纲要中指标完成情况的设定可以反映出来。例如，新疆在《新疆妇女发展纲要（2011—2020年）》中要求"村两委成员中女性比例达到20%以上"，青海在《青海妇女发展纲要（2011—2020年）》中要求"90%以上村（牧）委会中至少有一名女性；100%的居委会中有一名以上女性"；甘肃在《甘肃妇女发展纲要（2011—2020年）》中要求"100%的村委会中有女性成员"，以上三省区的目标设定要求均低于《中国妇女发展纲要（2011—2020年）》中的"村委会成员中女性比例达到30%以上；居委会成员中女性比例保持在50%左右"（此标准也为2020年全面建成小康社会中妇女参与基层组织民主管理的标准）。

由表4及图4数据可以看出，在民主法治方面，西北五省区依次排序为：宁夏、甘肃、陕西、青海和新疆③。甘肃和青海在"每万人拥有律师数"上达到95.7%和72.0%的目标要求，新疆的每万人拥有社会组织数和律师数实现程度分别为53.9%和83.4%，仍有一定差距。

综上所述，西北五省区在民主法治建设方面，诸如"城市的基层群众自治组织中女性比例明显地高于农村"的情况与全国基本情况相同；并且由于实际生产、生活、经济社会发展等原因，部分指标数据的标准设定低于全国平均水平；在统计指标体系建设上，仍需进一步完善。由此可以看出，民主法治建设仍需要在多方面加大建设力度。

---

① 《阿勒泰地区2019年度妇女儿童发展纲要监测分析报告》，新疆阿勒泰地区行政公署网站，http://www.xjalt.gov.cn/sjalt/020003/20200602/849d9964-b197-47c0-ab61-2cc61bc0ec4b.html，最后检索日期：2021年2月4日。
② 《2011—2020年新疆妇女发展纲要统计监测指标体系》，和布克赛尔蒙古自治县人民政府网站，http://www.xjhbk.gov.cn/xjhbk/ghtj/202012/24ce323f51034908880cc5bf85846d68.shtml，最后检索日期：2021年2月4日。
③ 排序测量因数据可获得性的限制，只采用了两个二级指标，故排序存在不全面性。

表4 西北地区全面建成小康社会指标值及实现程度——民主法治（2019年）

项目		29.基层民主参选率(%)	30.妇女参与基层组织民主管理指数(%)	30.1居民委员会成员中女性比例(%)	30.2村民委员会成员中女性比例(%)	31.每万人拥有社会组织数(个)	32.每万人拥有律师数(人)
权重		2	2			2	2
目标		≥92	100	50	≥30	≥6.5	≥2.3
指标测量值	陕西	—	—	—	—	7.9	2.6
	甘肃	—	—	—	—	9.3	2.2
	青海	—	—	—	—	10.0	1.7
	宁夏	—	—	—	—	8.8	4.0
	新疆	—	—	—	—	3.5	1.9
全面小康社会实现程度(%)	陕西	—	—	—	—	121.2	115.2
	甘肃	—	—	—	—	143.2	95.7
	青海	—	—	—	—	154.0	72.0
	宁夏	—	—	—	—	134.7	173.2
	新疆	—	—	—	—	53.9	83.4

资料来源：指标29和指标30暂未获取基础数据。指标32陕西、青海、宁夏和新疆的基础数据来源于各省区2019年统计年鉴，为2018年数据；甘肃的基础数据来源于网络①。其他无特别说明指标基础数据来源于《中国统计年鉴2020》。

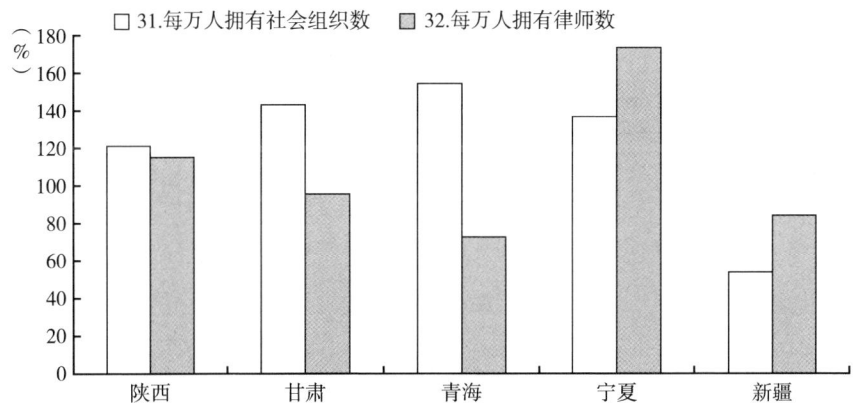

图4 西北五省区民主法治全面小康社会实现程度

资料来源：同表4。

① 《2020年度"1+1"中国法律援助志愿者甘肃欢迎座谈会在兰州召开》，甘肃省司法厅网站，http://sft.gansu.gov.cn/Show/57138，最后检索日期：2021年2月4日。

（五）文化建设

文化是一个国家、一个民族的灵魂。从丰富群众文化生活到保障人民群众基本文化权益，文化建设在全面建成小康社会进程中是一个逐渐深化认识、逐步加强建设自觉的过程。

2019年，全国文化及相关产业增加值占GDP比重为4.5%，距全面建成小康社会的不低于5%的目标要求尚有差距。2017年，陕西文化产业增加值911.1亿元，占GDP比重为4.16%，位居全国第6位和西部第1位。甘肃文化产业增加值占GDP比重为2.19%（见表5）。文化产业公开的统计资料较少，一定程度上反映出文化产业发展与预期仍有差距，完成全面建成小康社会目标仍需加大力度。

在文化建设总体上，西北五省区文化及文化相关产业发展不足，主要表现在文化产业增加值多年表现不突出，统计指标增设工作也需加快推进。剔除该指标外，西北五省区整体均达到目标要求，具体排名为：青海（130.3%）、宁夏（119.0%）、陕西（117.9%）、甘肃（109.2%）、新疆（100.1%）。西北五省区文化建设全面建成小康社会实现程度参见图5。

表5 西北地区全面建成小康社会指标值及实现程度——文化建设（2019年）

项目		33.文化及相关产业增加值占GDP比重（%）	34.人均公共文化财政支出（元）	35."三馆一站"覆盖率（%）	36.广播电视综合人口覆盖率（%）	37.居民人均教育文化娱乐消费支出占消费总支出比重(%)
权重		2	2	2	2	2
目标		≥5	≥220	≥120	≥99	≥13
指标测量值	陕西	4.16	325.3	149.8	99.1	12.8
	甘肃	2.19	273.9	147.8	98.7	11.6
	青海	—	583.9	96.3	98.8	9.9
	宁夏	—	335.8	148.2	99.7	12.9
	新疆	—	290.9	103.1	98.4	10.8

续表

项目		33. 文化及相关产业增加值占GDP比重（%）	34. 人均公共文化财政支出（元）	35."三馆一站"覆盖率（%）	36. 广播电视综合人口覆盖率（%）	37. 居民人均教育文化娱乐消费支出占消费总支出比重（%）
全面小康社会实现程度(%)	陕西	—	147.9	124.8	100.1	98.8
	甘肃	—	124.5	123.2	99.7	89.3
	青海	—	265.4	80.2	99.8	75.9
	宁夏	—	152.7	123.5	100.8	98.9
	新疆	—	132.2	85.9	99.4	83.0

注：人均公共文化财政支出＝一般公共预算中文化体育与传媒支出/年平均常住人口。"三馆一站"覆盖率＝（三馆机构数/县级区划数＋文化站机构数/乡镇级区划数）×25%。

资料来源：指标33中，陕西资料来源于网络①，为2017年数据；甘肃资料来源于《甘肃发展年鉴2019》，为2017年数据。指标34资料来源于《中国文化及相关产业统计年鉴2019》，为2018年数据。指标35资料来源于《中国社会统计年鉴2019》，为2018年数据。其他无特别说明指标基础资料来源于《中国统计年鉴2020》。

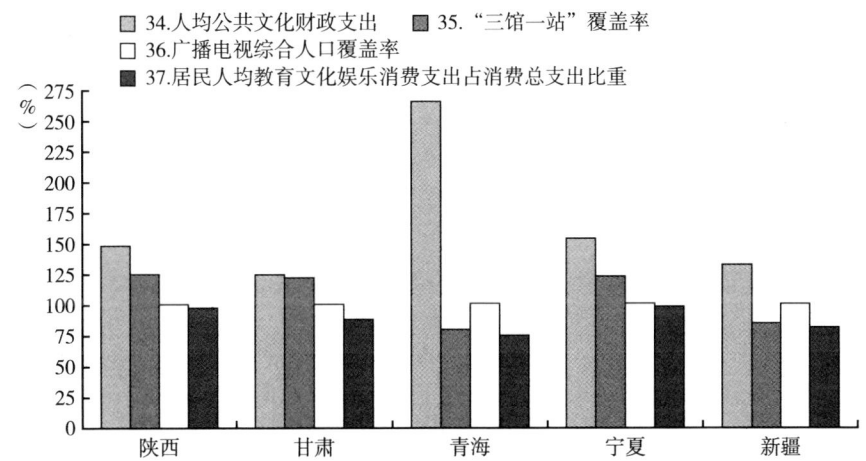

图5 西北五省区文化建设全面小康社会实现程度

资料来源：同表5。

青海在人均公共文化财政支出方面成绩斐然，水平远超其他四省区。青海与新疆在"三馆一站"建设方面仍需加强，与2020年全面实现小康社会仍有一定差

---

① 《对标"五个扎实"实现跨越发展》，陕西省人民政府网站，http：//www.shaanxi.gov.cn/sj/zxfb/202002/t20200212_ 1478835.html，最后检索日期：2021年2月4日。

距。西北五省区在2019年"居民人均教育文化娱乐消费支出占消费总支出比重"均未达到目标水平,青海、新疆的人均教育文化娱乐消费支出占比需要快速提升。

(六)资源环境

习近平总书记指出,要牢固树立绿水青山就是金山银山的理念,统筹山水林田湖草系统治理,优化国土空间开发格局,继续打好蓝天、碧水、净土保卫战,抓好生态环境保护。良好的生态环境建设,将是新时代全面建成小康社会的质量提升之基。绿色发展,越来越成为深入人心的发展理念,助推新发展理念全面贯彻落实。

由表6数据可以看出,在资源环境建设方面,西北五省区在全面建成小康社会标准上仍有较大差距,成为六大建设方面中最为突出、最为弱项的短板,也是各省区迈向高质量发展的关键。

西北五省区资源环境建设方面的主要表现为:质量型、效益型指标发展不理想,单位GDP建设用地使用面积、单位GDP用水量、单位GDP能耗距离目标值差距较大(除陕西省外);能源消费结构有待优化,需进一步增强非化石能源利用;一般工业固体废物综合利用率仍需非常大的提升,循环经济发展质量不高;农村"厕所"革命仍需进一步增强推动力度,切实深入推进广大农村社会发展质量的改善。

(七)西北五省区全面建成小康社会实现程度

西北五省区全面建成小康社会进展状况如表7和图6所示。综前所述,可以得出以下结论:(1)仅以目前数据(部分数据为2017年和2018年数据)支持可以得出西北五省区全面建成小康社会实现程度情况为:陕西(93.4%)、宁夏(84.4%)、甘肃(81.6%)、青海(80.7%)、新疆(79.3%),西北五省区全面建成小康社会整体实现程度为83.9%。(2)西北五省区在全面建成小康社会进程中,表现突出的方面依次为:"三大攻坚""文化建设""人民生活""民主法治",特别是在"三大攻坚"和"文化建设"方面,西北五省区整体平均水平达到96.8%和95.5%,充分展现出西部边远地区在打好"三大攻坚战"方面做出的不懈努力以及在文化建设方面提升公共服务取得的成绩;西北五省区在"人民生活"和"民主法治"两方面整体平均建成小康社会实

表6 西北地区全面建成小康社会指标值及实现程度——资源环境（2019年）

项目		40. 单位GDP建设用地使用面积（2010年不变价）（公顷/亿元）	42. 单位GDP用水量（2010年不变价）（立方米/万元）	43. 单位GDP能耗（2010年不变价）（吨标准煤/万元）	44. 非化石能源占能源消费总量比重（%）	45. 空气质量指数（%）	45.1 地级及以上城市空气质量优良天数比例（%）	46. 地表水质量指数（%）	46.1 地表水达到或好于Ⅲ类水体比例（%）	46.2 劣Ⅴ类水体比例（%）
权重		1	2	2	2	2	—	2	—	—
目标		≤53	≤80	≤0.605	≥15	2	≥80	2	≥70	≤5
指标测量值	陕西	47.6	45.5	0.616	5.77	5.01	72.7	—	82.8	3.9
	甘肃	134.2	160.1	1.097	22.08	3.59	93.1	—	94.7	0
	青海	153.5	112.1	1.797	41.07	3.16	94.8	—	96.7	0
	宁夏	109.5	236.5	2.310	4.10	4.32	87.9	—	80.0	0
	新疆	153.1	548.3	1.623	11.5	—	71.4	—	98.8	1.2
全面小康社会实现程度（%）	陕西	110.2	143.1	98.2	38.5	-50.5	77.1	—	118.3	122
	甘肃	-53.2	-0.1	18.7	147.2	20.5	101.4	—	135.3	200
	青海	-89.7	59.9	-97.1	273.8	42.0	118.5	—	138.1	200
	宁夏	-6.7	-95.7	-181.9	27.3	-16.0	111.0	—	114.3	200
	新疆	-88.9	-485.4	-68.2	76.7	—	94.9	—	141.1	176

续表

项目		47.森林发展指数(%)	47.1 森林覆盖率(%)	47.2 森林蓄积量(亿立方米)	48.草原综合植被盖度(%)	49.一般工业固体废物综合利用率(%)	50.城市建成区绿地率(%)	51.农村自来水普及率(%)	52.农村住户使用卫生厕所的比重(%)
权重		2	—	—	—	—	—	—	—
目标		—	≥23.04	≥165	≥56	≥73	≥38.9	≥83	≥70
指标测量值	陕西	—	43.06	4.8	55.67	37.7	39.3	83.5	47.2
	甘肃	—	11.33	2.5	52.9	42.4	36.0	76.35	77.4
	青海	—	5.82	0.5	57.2	59.3	35.2	90.15	69.2
	宁夏	—	12.63	0.1	56.5	37.2	41.3	89.97	74.3
	新疆	—	4.87	3.9	41.3	49.5	39.9	85.17	65.6
全面小康实现程度(%)	陕西	—	186.9	—	99.4	51.6	101.1	100.6	67.4
	甘肃	—	49.2	—	94.5	58.1	92.6	92.0	110.6
	青海	—	25.3	—	102.1	81.2	90.5	108.6	98.9
	宁夏	—	54.8	—	100.9	51.0	106.3	108.4	106.1
	新疆	—	21.1	—	73.8	67.8	102.6	102.6	93.7

注：在2019年版全国全面建成小康社会统计监测指标体系中，指标39是"十三五"以来量水量累计降低，指标41是"十三五"以来单位GDP用水量累计降低，指标42是"十三五"以来单位GDP能耗累计降低，指标43是"十三五"以来单位GDP二氧化碳排放累计降低。本文旨在西北五省区当年度全面建成小康社会的测量与比较，因此，删除了上述指标并采用2018年版全国建成小康社会统计监测指标体系中的测量指标，如指标42和指标43。

资料来源：建设用地、能源消费总量、一般工业固体废物综合利用率的基础数据来源于《中国统计年鉴2020》，为2017年度数据。指标45、指标46的基础数据来源于《2019年生态环境状况公报》；指标48陕西、甘肃、青海、宁夏数据来源于《中国社会统计年鉴2019》，新疆数据来源于《新疆维吾尔自治区2019年生态环境状况公报》；指标51、指标52的数据来源于《中国社会统计年鉴2020》，为2019年数据。其他无特别说明指标基础数据均来源于《中国统计年鉴2020》。

① 《我院完成2019年陕西省草原综合植被盖度指标测算》，http://www.sxlyghy.com/plus/view.php?aid=2336；《在黄河流域生态保护和高质量发展国家战略中打好甘肃林草业组合拳》，http://lycy.gansu.gov.cn/contents/82185.html；《青海草原植被盖度达57%》，http://society.people.com.cn/n1/2020/0331/c1008-31654680.html；《宁夏将增加黄河流域林草植被覆盖度》，http://znzyt.nx.gov.cn/xwdt/mtgz/202001/t20200123_1931600.html。最后检索日期：2021年2月4日。

现程度达到90.7%和90.5%①,发展也较好。(3)西北五省区在全面建设小康社会进程中的发展弱项为"经济发展"和"资源环境"两方面,整体达到全面建成小康社会的实现程度为77.4%和66.6%,差距较为明显;同时,也反映出经济发展和生态环境保护所面临的协调发展问题,既要经济发展筑强根基,也要青山绿水增添全面建成小康社会的绚丽底色。

表7 西北地区全面建成小康社会实现程度

单位:%

省份	经济发展	人民生活	三大攻坚	民主法治	文化建设	资源环境	综合
陕西	93.7	92.8	99.6	100.0	99.7	85.9	93.4
甘肃	67.2	86.4	98.8	97.9	97.3	65.2	81.6
青海	68.6	91.3	85.8	86.0	89.0	68.9	80.7
宁夏	82.3	92.5	100	100	99.7	56.4	84.4
新疆	75.1	90.2	100	68.7	92.1	56.7	79.3
平均值	77.4	90.7	96.8	90.5	95.5	66.6	83.9

注:由于数据的可获得性限制,参照国家全面建成小康社会统计监测指标体系(2019年修订版),实际共采用二级指标44个,未纳入指标体系的二级指标有8个,分别为:指标8"战略性新兴产业增加值占GDP比重"、指标14"'十三五'以来城镇棚户区住房累计改造开工"、指标22"单位GDP生产安全事故死亡率"、指标23"广义货币供应量与国内生产总值之比"、指标26"主要污染物排放指数"、指标29"基层民主参选率"、指标30"妇女参与基层组织民主管理指数"、指标33"文化及相关产业增加值占GDP比重"。

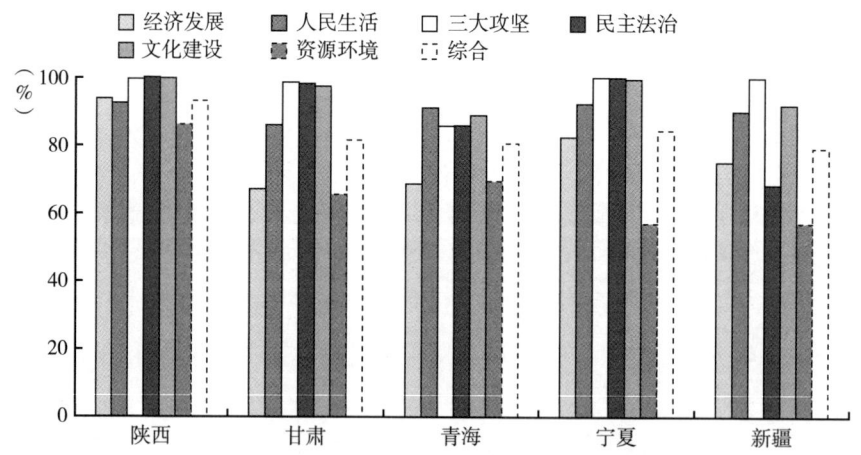

图6 西北五省区全面建成小康社会实现程度

资料来源:同表7。

① 由于数据的可获得性原因(4个二级指标缺失两个),西北五省区民主法治实现程度评估会存在偏差。

三 由全面建成小康社会迈向高质量发展的政策建议

全面建成小康社会进入决胜决战阶段，中华民族伟大复兴的第一个百年目标即将实现，在回顾发展、总结经验、反思不足、展望未来的关键时刻，面对更加复杂、更具不确定性的外部发展环境，面对更具竞争性的国内省域空间发展新布局，在国内大循环、国内国际双循环相互促进的新发展格局中，西北五省区应着力弥补短板，秉持新发展理念，推动经济社会迈向高质量发展。

（一）着力弥补短板，筑牢高质量发展的坚实基础

在全面建成小康社会的持续征程中，西北五省区经济社会快速发展，民主法治高标准推进，民生福祉显著提高，文化建设繁荣发展，生态环境持续改善。同时也要看到，西北五省区发展不足仍较为明显且改善难度持续增加。特别是"经济发展"和"资源环境"两方面存在较为明显的短板，因此，进入"十四五"发展时期，要更加着力弥补短板和突破发展桎梏，筑牢高质量发展的坚实基础。同时，要着力解决区域经济发展不平衡不充分问题。要高度重视区域间发展差距、城乡间发展差距以及"人民日益增长的美好生活需要"差距问题。要大力推进脱贫攻坚与乡村振兴有效衔接。

（二）找准发展定位，筑牢高质量发展的动力支撑

深度融入"一带一路"建设，协同推进更高水平对外开放。在国内以大循环为主体、国内国际双循环相互促进的新发展格局中，西北五省区要牢牢把握扩大内需这个战略基点，通畅生产、分配、流通、消费的各个环节，深刻认识、着力深挖内需潜力，定位大规模市场优势。第一，在改善民生中扩大内需，在满足内需中发展经济。改善民生的根本点在于促进充分就业，提升收入水平，奠定挖掘消费需求和消费能力的坚实基础。第二，增加有效投资，吸引资金投入实体经济、以投资促消费，以提高供给质量、挖掘消费潜力。第三，推动土地、资本、劳动力、技术等经济发展要素能够更加自由更加高效地流动，充分发挥市场配置资源的决定性作用，激发市场活力与竞争力。第四，紧

抓消费转型升级新趋势，促进无接触经济、带货经济、云上经济、网上教育、办公、医疗、娱乐、消费等新的消费模式和消费增长点，推动消费供给无缝对接，提振消费市场。第五，进一步提升对内对外开放的广度和深度，建设更高水平的现代化经济体系和更高质量的外向型经济体系，走高质量发展之路。

持续优化营商环境，更大激发市场活力，推动经济高质量发展。一是通过减税降费等一系列财政金融政策，大幅降低企业运营成本，形成良好发展预期。二是提升金融服务实体经济发展的能力，有效解决中小企业面临的融资难融资贵问题。三是实行统一的市场准入负面清单制度，激发各类市场主体特别是民营企业的活力。四是通过法治化手段持续优化营商环境，转变政府服务理念，优化服务流程，提升服务效率，降低企业经营风险与制度性交易成本。

（三）突出共同富裕，紧扣高质量发展的终极目标

小康社会思想脉络的历史发展及全面建成小康社会指标体系的逐步调整，无不表明一个立场：发展始终是以人民为中心的发展，始终是将增进人民福祉、促进人的全面发展、迈进共同富裕作为目标稳步前进。在全面建成小康社会的进程中，"幼有所育、学有所教、劳有所得、病有所医、老有所养、住有所居、弱有所扶"等思想深入人心，发展维度不断扩展。西北五省区在教育、就业、收入、住房、医疗、养老、社保、消费、生态环境等方面都取得了显著成效。

进入"十四五"时期，应更加突出共同富裕这一发展目标，更加注重协调发展，解决好平衡发展问题，在稳固脱贫攻坚成效，解决好脱贫攻坚与乡村振兴有效衔接这个重要现实问题的基础上，谋划好西北五省区"三农"发展的新篇章。

B.4
西北地区经济建设发展报告

热娜·艾尔肯*

摘 要: 西北地区经济建设离不开区域协调与区域高质量发展,这两方面的内容亦是近年来国家区域发展战略的核心内容。为了更好地切合国家发展战略与区域经济建设需求,本报告基于这两者的相关理论观点,论述了西北地区在国家区域协调战略中的重要性以及区域高质量发展的重要意义,进而从区域发展角度论述西北地区经济建设取得的成效以及不足,最终提出了西北地区实现高质量与协调发展的相关建议。

关键词: 经济建设 区域协调 高质量发展 西北地区

一 西北地区在中国区域协调发展战略中的重要性

改革开放后,我国制定了东部地区率先发展的区域政策,积极探索经济发展和人民富裕的有效方法,东部地区的率先繁荣与富裕也显示了非均衡发展战略在当时的正确性,也正是在这个阶段东部地区经济发展逐步与其他地区发展拉开了差距。"十五""十一五"阶段,国家先后出台了《西部大开发战略》《关于实施东北地区等老工业基地振兴战略的若干意见》《国务院关于促进中部地区崛起的若干意见》等发展规划,这些规划的出台显示了我国区域经济发展正由不均衡发展阶段向均衡发展阶段迈进,缩小区域发展差距、实现区域协调发展已经成为新时代区域经济发展的一大核心内容。2018年国务院发布

---

* 热娜·艾尔肯,经济学博士,新疆社会科学院经济所助理研究员,主要研究方向为区域与产业经济学。

了《关于建立更加有效的区域协调发展新机制的意见》，该发展意见旨在减缓区域分化现象、防止区域间的无序和恶性竞争，建立起区域协调发展机制，实现区域向更高层次、更高水平的发展。由此可见，区域协调发展已经成为国家重大发展战略，成为区域经济发展过程中不可忽视的重要内容。

随着我国进入经济发展新常态，产业处于调整转型期，区域经济呈现新的发展态势。南北分异现象凸显，表现为东南、中南、西南地区经济增速普遍提高，东北、华北、西北地区经济增速明显下滑，且这种现象呈现逐步扩大的趋势。因此，大力发展西北地区经济建设，加快经济发展增速，实现地区经济高质量发展就成为扭转区域南北分化不可缺失的一环。区域协调的实质是人均收入的均等化、基本公共服务均等化以及交通基础设施的通达性，要实现上述要求，西北地区还有很长的路要走，很多艰巨的任务去完成。2020年是全面建成小康社会的一年，2025年是基本实现社会主义现代化的一年，要实现上述目标，就需要西北地区不断提升经济发展水平，健全与其他区域的合作、互助、补偿机制，从建立有效的区域协调机制出发，实现区域的高质量发展。

二 西北地区高质量发展的重大意义

西北地区高质量发展需要从三个层面进行理解。首先从国家层面，西北地区高质量发展是缩小我国南北差异、实现区域协调发展战略的重要一环。西北地区与国家其他地区相比，还存在显著发展差距，缩小与其他地区经济发展差距，是实现区域均衡发展、区域协调战略的目标。其次从地区发展层面，实现西北地区高质量发展是注重区域内空间布局优化以及分工合作，打破现有区域内的行政和市场壁垒，保障资本、劳动力等基本生产要素的流通与流转；打破区域内"单中心"级的增长模式，促使区域内由"单中心"级增长向"多中心"联动模式转变。最后从产业发展层面，西北地区的高质量发展离不开现代产业体系的建立与完善。西北地区土地广阔、产业分布较为分散，城市之间距离远，市场规模较小，运输成本高。要实现西北地区高质量发展首先就要优化产业空间布局，发挥产业的集聚效应，以集聚之力促产业发展。构建现代产业体系就要以产业创新为引领，以技术创新为支撑，它要求整个产业体系由中、低端制造业向高端制造业转变，一般性服务业向以信息技术、通信技术为主的高端服务业转变，在整个转变过程中金融产业、技术研发部门甚至教育和职业培训都要相配套，共同协助整个产业体系的转变。要实现以上三个层次的转变，需要西北地区加快经济建设力度，调整产业转型方向，寻求合作路径，打破要素市场壁垒，构建起区域发展的新格局、新力量，从而最终实现高质量发展的目标。

三 西北地区经济发展现状与成效

（一）经济发展增速放缓，进入结构调整期

"十三五"时期是我国经济发展进入新常态时期。新常态时期意味着经济发展增速由高速转向中高速；经济结构由中低端转向中高端；经济发展动力由传统增长点转向新兴增长点。从图1中可以看出，西北五省区GDP增速与全国GDP增速趋同，"十三五"时期经济发展进入中低速平稳发展阶段，GDP同比增速保持在6.9%左右（同时期全国GDP增速同比6.6%）。在同一阶段

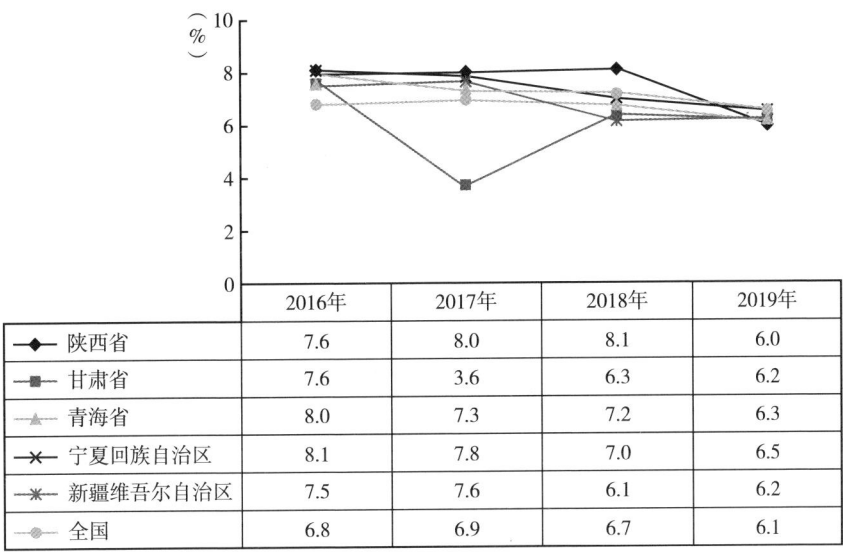

	2016年	2017年	2018年	2019年
◆ 陕西省	7.6	8.0	8.1	6.0
■ 甘肃省	7.6	3.6	6.3	6.2
▲ 青海省	8.0	7.3	7.2	6.3
✕ 宁夏回族自治区	8.1	7.8	7.0	6.5
✳ 新疆维吾尔自治区	7.5	7.6	6.1	6.2
● 全国	6.8	6.9	6.7	6.1

图1 2016～2019年西北五省区与全国GDP同比增速

资料来源：西北五省区及全国国民经济和社会发展统计公报及统计局网站。

西北地区产业结构逐步调整,三产比重显著提高,三产对经济发展的贡献率也有所提升,这些都说明西北地区与全国一道进入经济发展转型期。经济发展转型意味着西北地区需要转变地区经济发展方式,不断开拓发展领域,寻求经济发展新的驱动力量,推动西北地区走上高质量发展之路。

(二)装备制造业发展迅速,自主创新能力得到加强

装备制造业是构建现代产业体系的重要内容,也是推动区域发展的核心动力。推动装备制造业发展,是推动产业升级、提质增效和经济结构转变的主要力量。装备制造业的发展程度也是衡量一个地区经济发展水平、科技发展程度的重要指标。近年来,西北地区装备制造业发展迅速。如2016年陕西省装备制造业工业产值4780万元,2019年增至5807万元,同比增长21%。2016年甘肃省装备制造业工业产值261万元,2019年增至335万元,同比增长28%。装备制造业的发展往往伴随着自主创新能力的提升,从图2中可以看出,西北五省区创新投入力度在不断加大,有效提升了装备制造业的发展能力与水平,为装备制造业注入了创新的动力,并进一步拉动了相关产业的发展。

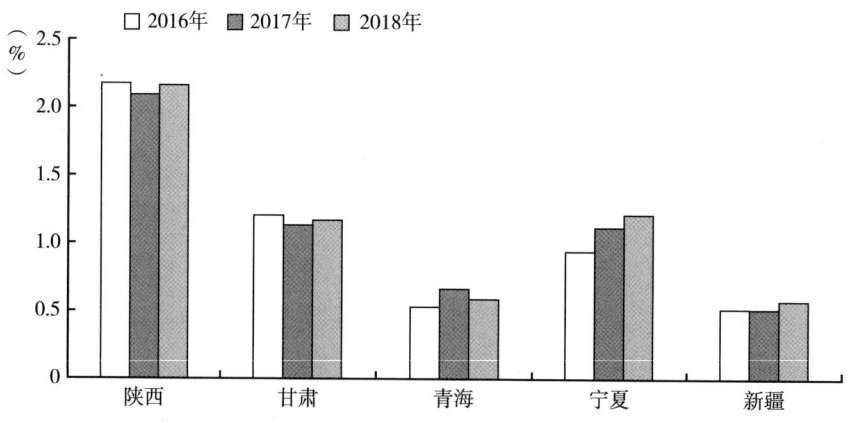

图2　2016~2018年西北五省区R&D投入强度

资料来源:中国科技统计年鉴。

（三）产业结构不断优化，经济发展效能提升

从西北地区产业结构变化来看，首先，第一产业的比重仍在持续下降，经济发展动力以第二、三产业为主，比重达90%以上，以工业、服务业和流通部门的推动效应为主。从图3可以看出，2016年陕西省第一产业比重为8.6%，到2019年下降至7.7%。2016年新疆第一产业比重为17.1%，到2019年下降至13.1%。其次，第二产业比重缩小，第三产业比重持续增加。除陕西省外，其他四省区都出现了第二产业下降，第三产业比重持续上升的情况。以甘肃省为例，2016年第二产业比重为34.84%，2019年下降至32.83%，同时期第三产业由2016年的51.55%上升到55.12%。最后，过去西北五省区二产比重高、三产比重低的局面已发生变化，大部分省区都呈现了"三、二、一"的产业结构形态。西北五省区产业结构的变化，与近年大力淘汰落后产能、推动高新技术产业的发展有关，可以说是从产业结构的合理化和高级化两方面着手，有效提升了产业结构效能，优化了产业结构层次，促进了全要素生产率的提高，为高质量的经济发展奠定了产业发展基础。

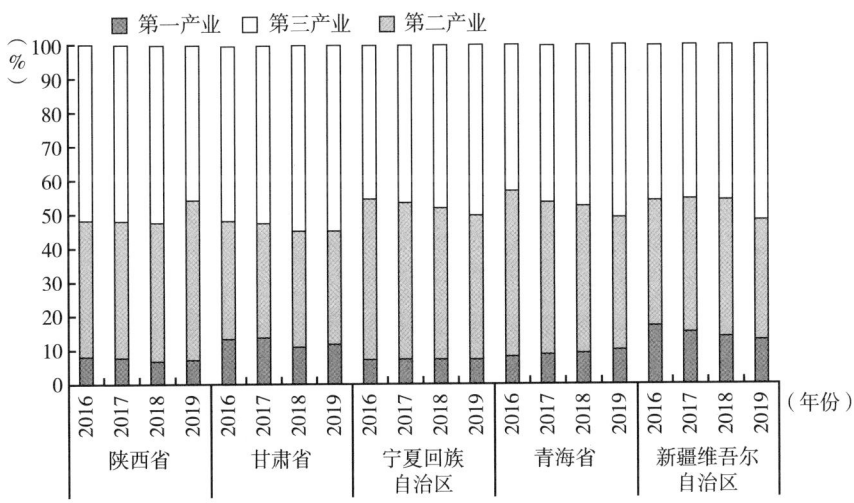

图3 2016~2019年西北五省区三次产业比重

资料来源：中国统计年鉴。

（四）城镇人口不断增加，城镇化率稳步提升

诺瑟姆曲线认为城镇化率低于30%为城镇化的初期阶段，30%～70%是城镇化的中期阶段，是城镇化的加速阶段，70%以上是城镇化的后期阶段。由图4可以看出，西北五省区都处于城镇化中期阶段，即城镇化率为40%～60%，城市人口不断增多、城市面积不断扩大、城市积聚力量不断加强的阶段。快速发展的城镇对于区域经济、社会发展都有很大的推动作用，对区域联动发展也会发挥重要作用，尤其是城市群发展战略日益成为区域经济一体化发展的关键所在。目前，西北地区正在建设的城市群包括陕西关中平原城市群、兰州—西宁城市群、宁夏沿黄城市群、新疆天山北坡城市群以及正在培育的新疆喀什城市群等，随着这些城市群的发展，西北地区空间经济发展以及区域分工、合作将呈现新的发展局面及态势。

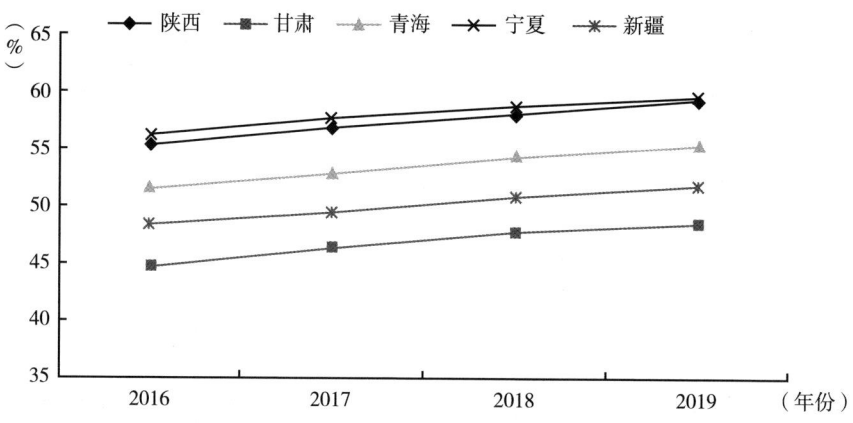

图 4　2016～2019 年西北五省区城镇化率变化趋势

资料来源：中国统计年鉴。

（五）贫困发生率显著下降，脱贫攻坚取得瞩目成就

"十三五"时期是脱贫攻坚的关键期，也是全面建成小康社会的决胜期，西北五省区贫困程度深、脱贫任务重，是我国脱贫攻坚的主战场，因而肩负着沉重的历史使命。西北五省区高度重视脱贫攻坚工作，全面部署脱贫攻坚工作

的各项任务与责任，在各方积极配合与协作下，脱贫攻坚工作取得令人瞩目的成就。首先，贫困人口急剧减少，贫困发生率降幅明显（见图5）。2016年西北五省区贫困人口达696万人，2019年贫困人口下降至159万人①，同比下降77%。以新疆为例，2016年新疆贫困发生率为12.8%，2019年下降至1.24%，降幅达90%。其次，贫困地区居民生活水平不断提高，人均可支配收入增加。各地区立足本地区资源禀赋，充分挖掘农产品市场化、商品化途径，以农业合作社和龙头企业牵头，大力实施乡村振兴项目，使贫困地区农民人均可支配收入不断增加。2016年西北五省区贫困地区农民人均可支配收入9110元，2019年达到11886元，增幅达30.5%。最后，农村基础设施和公共服务能力不断完善。2018年西北五省区自然村通公路、通电话农户比重达到100%，有线电视信号覆盖率除青海省外，都达到100%。与此同时，西北五省区也加快了社会救助体系、养老保障体系以及残疾人士和留守人员的关爱服务体系建设，极大地提高了贫困地区农民的生活质量与水平。

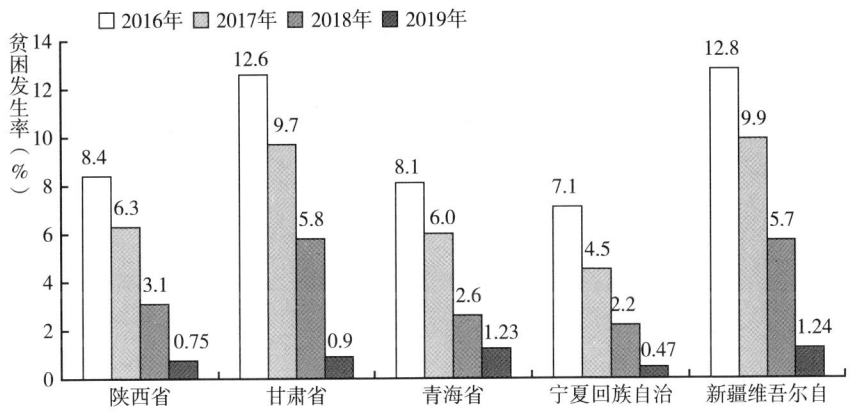

图5　2016~2019年西北五省区贫困发生率

资料来源：《中国农村贫困监测报告》及各省统计公报。

（六）"一带一路"倡议下对外开放程度不断提高

在"一带一路"倡议下，西北五省区对外开放水平不断提高，对外开

---

① 2019年贫困人数为预估值。

放领域不断拓展。首先,对外开放的空间布局正在完善。西北五省区加快了与周边国家的合作,推动了中巴、中蒙俄国际经济走廊的合作与建设;中欧班列西安、乌鲁木齐集结中心和西安航空基地综合保税区的建设都加快了西北地区国际物流大通道的构建,加快了西北地区向西开放的步伐。其次,进出口总额不断提升,对外贸易升级优化加快。以陕西省为例,2016年陕西省进出口总额达1974.8亿元,2019年进出口总额达3515.75亿元,同比增长78%,贸易方式不断优化,加工贸易比重达63.4%。最后,积极拓展开放领域,提升对外资与技术的利用水平。2019年陕西全年新批外商投资项目323个,实际利用外商直接投资金额77.29亿美元,同比增长12.9%。对外承包工程新签合同额38.19亿美元,增长10.2%。2019年新疆外商直接投资合同金额35.70亿美元,增长1.3倍;实际利用外商直接投资3.31亿美元,增长61.3%。

(七)居民收入实现持续增长,生活质量不断提高

"十三五"期间,西北五省区民生改善切实加强,人民生活水平得到了提升。从居民人均可支配收入来看,城镇居民人均可支配收入实现了稳步增长,其中陕西省与宁夏回族自治区增幅最快,增幅达30%(见图6)。城乡居民可支配收入差距缩小,以陕西省为例,2016年陕西省城乡收入比为3.03∶1,2019年

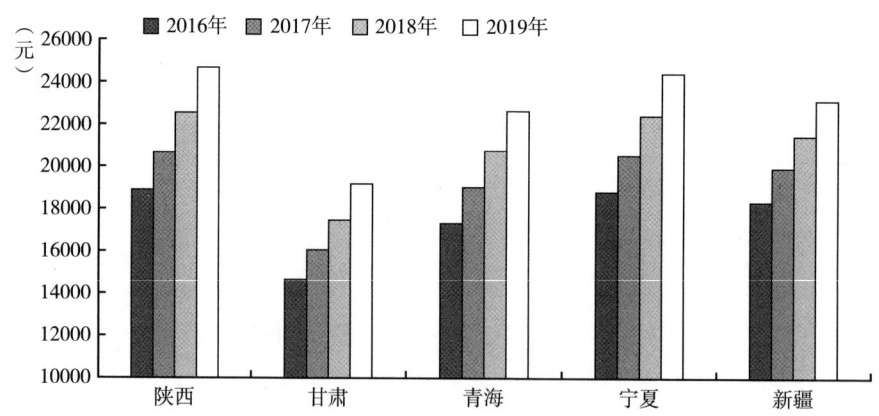

图6 2016~2019年西北五省区城镇居民人均可支配收入

资料来源:各省统计年鉴与统计公报。

下降为2.93∶1。从公共服务供给来看，西北五省区都加快了教育、医疗、养老、保险等公共服务体系的建设力度，基层服务网络建设不断完善，服务质量不断提高，服务产品逐渐丰富，为城乡居民提供了更为便捷的服务和产品，有效满足了城乡居民生活需要，提高了城乡居民生活水平。

四　西北地区高质量发展面对的问题与挑战

（一）区域经济体量不同，经济分化差异明显

"十四五"时期经济发展的最终目标是改善区域经济发展差异，实现区域协调发展，进而实现区域经济一体化目标。从四大板块来看，西部地区与其他板块还存在一定的经济发展差距，还需不断地通过产业结构调整、加大供给侧改革力度，不断缩小与东部地区的差距。从西部板块内部来看，板块内部分化已经出现，西南地区通过发展大数据、通信等高新技术产业实现了快速成长，与西北地区发展已经拉开了一定的差距。从西北五省区内部来看，西北五省区经济体量也存在很大的分化（见图7），陕西省经济体量一骑绝尘，远高于其他省份，与其他省份形成差异，甘肃、新疆经济体量形成第二梯队，青海、宁夏形成第三梯队。无论是从四大板块层面、西部地区内部层面还是西北地区层面来看，这种区域发展差异的分化都制约了经济的进一步发展、要素的自由流动、一体化市场的形成。

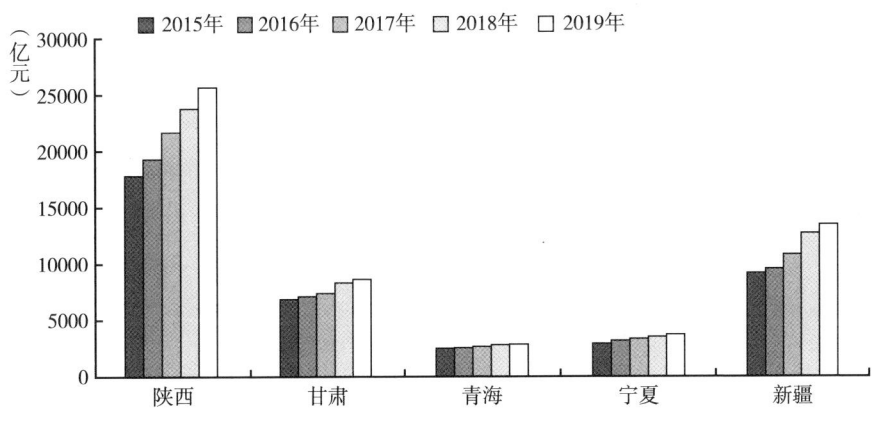

图7　2015~2019年西北五省区国内生产总值

资料来源：中国统计年鉴。

（二）高新技术产业比重小，高质量发展有效推动力量薄弱

高质量发展的重点是构建现代产业体系，现代产业体系的重点是构建以创新为引领、技术为支撑的产业体系。高新技术产业日益成为推动产业结构升级、促进高质量发展的推动力量。从四大板块区域来看，除东北地区外，西部地区高新技术产业无论是企业数还是营业收入都与东部、中部地区差距甚远，东部地区高新技术产业营业收入是西部地区的5倍多。从西北五省区内部来看，陕西省高新技术产业发展情况明显好于其他省区，2018年陕西省高新技术企业达597个，营业收入达2847亿元（见表1）。但其余省区高新技术产业明显体量小，创新力量薄弱，对经济发展的驱动效应不足。

表1 2018年"四大板块"及西北地区高新技术产业企业数及营业收入

地区	东部	中部	东北	西部	陕西省	甘肃省	青海省	宁夏回族自治区	新疆维吾尔自治区
企业数（个）	22147	6449	958	4019	597	119	44	43	52
营业收入（亿元）	110569	23975	2896	19562	2847	237	105	186	178

资料来源：《中国科技统计年鉴2019》。

（三）市场、行政壁垒严重，制约了要素的流动以及一体化市场的形成

党的十八届三中全会提出了《中共中央关于全面深化改革若干重大问题的决定》。该《决定》中指出"建设统一开放、竞争有序的市场体系，是使市场在资源配置中起决定性作用的基础"。虽然近年各级政府都在强调打破行政、市场壁垒，建立统一开放的市场，但是受一直以来行政管理的影响，这种壁垒一直存在，加之中央政府权力的下放，地方政府拥有更多对于本地区人、财、物的管理权力，地方政府出于地区发展考虑偏向本地市场和企业，这种隐形的倾斜政策使得这种壁垒效应难以消散。此外，在计划经济时代西北地区是重化工业区，都建有完整工业生产体系，以满足当时生产的需要。但随着市场经济体系确立，这种管理方式和生产体系所具有的延续性难

以根除，也进一步造成了壁垒问题。行政壁垒和市场分割使得要素和分工仅能在行政区域内进行流通和分配，市场对资源的配置效应难以得到有效发挥，市场的竞争力下降，活力不足，从而影响了区域之间的合作与一体化市场的形成。

（四）高科技人才不足，创新后劲不足

高科技人才不足主要表现在两个方面：一是本地人才明显不足。从西部大板块来看，西部地区和东北地区R&D人员都相对较少，与东部地区数量庞大的R&D人员形成了明显对比（见表2）。从西北地区内部来看，2018年西北五省区科技人员总量149324人，其中陕西省占比为64.8%，甘肃省占比为14.9%，新疆占比为10%，宁夏占比为7.4%，青海占比仅为2.9%。西北地区内部科技人员分布不均，也会影响到各自的区域创新能力，进而制约区域间的创新合作与发展。西部地区高校、科研院所数量也明显低于中、东部地区，科研人员配套设施不足，也增加了科研人员培育难度。二是人才外流问题严重。近年一些内地发达城市相继放开了落户政策，并提供优厚待遇，使得越来越多的高科技人才向中、东部地区流转，西部地区人才流失问题日趋严重。

表2　2018年"四大板块"及西北地区R&D人员统计

单位：人

地区	东部	中部	东北	西部	陕西省	甘肃省	青海省	宁夏回族自治区	新疆维吾尔自治区
R&D人员	2916696	746299	168848	549603	96710	22214	4301	11077	15022

资料来源：《中国科技统计年鉴2019》。

（五）金融体系不健全，对实体经济的有效支撑力量不足

金融体系包括金融资产、金融机构、金融市场三个方面。相对而言，西北地区金融资产较为薄弱，并且多集中在城市，农村地区匮乏；金融机构以大型商业机构为主，缺乏服务类、中介类的金融机构；金融市场明显发育不足，中小型金融机构发育缓慢，新型融资平台更是少之又少，对实体经济的支撑力度

明显不足。此外，证券市场发育薄弱，没有区域性的证券机构且上市企业数量少、融资能力差，这些都制约了西北地区金融体系的进一步完善与发展。金融体系不健全会进一步影响到地区创新能力，企业的创新活动属于高风险类活动，一般金融机构很难提供相应的服务，需要有效的风险投资或是天使融资等新型金融平台的支持。这类机构的缺乏会使企业难以获得支持创新活动的资金与服务，创新活动难以为继。

（六）物流整体水平不高，难以满足市场发展的需求

首先，从物流的发展水平来看，西北地区受到交通基础设施、信息化水平等影响，物流水平低于全国平均水平。以陕西省为例，2018年全省社会物流总费用达50718亿元，仅占全国物流总费用的1.8%，说明陕西省物流业运行的效率与全国相比仍有差距，仍需不断提高。其次，物流企业"弱、小"，业务能力差，管理水平不高，难以满足西北地区物流发展的需要。尤其是在当前"一带一路"倡议下西北地区各省份都加强了向西开放的力度，对国际道路运输、国际物流体系建设提出了更高的发展要求，这些都需要相应的物流体系与之配套，但目前这一物流发展需求难以满足。加快物流体系建设，加快物流信息化和标准化建设，推动国际大型交通、物流枢纽中心的建设和完善，已经成为物流产业发展的当务之急。

（七）区域间互动、合作不足，协调发展的机制还未建立

2018年11月国务院颁布了《关于建立更加有效的区域协调发展新机制的意见》，区域协调发展已经成为新时代国家的重大发展战略。该意见提出要建立健全区域合作机制、区域互助机制、区际利益补偿机制，以改善区域发展不平衡、不充分的问题。目前来看，西北地区的区域协调发展机制还远远不够完善，主要表现在区域之间的合作总量小、合作领域不够深入、合作层次低，远未达到资源共享、市场互通、优势互补的发展格局。尤其是目前西北地区产业结构趋同、产业项目类似，缺乏跨区域合作的产业项目，产业链延伸长度不够，招商引资方面存在相互竞争，这些都不同程度地影响了区域内分工体系的建立以及大市场、大流通的统一市场环境的形成。

五 构建西北地区高质量发展的新格局

西北地区要实现高质量发展必须要以深度融入国家发展战略为重要使命，以交通网络结构、城市群以及区域创新体系建设作为其动力系统来构建区域发展新格局。

（一）以深度融入国家级发展战略为其重要历史使命

为了加快西部地区的发展，国家先后提出"西部大开发""一带一路"国家级开发规划，2019年为了进一步拓宽西部地区发展路径，构建起西部地区陆海经济发展新格局，国家发改委发布了《西部陆海新通道总体规划》，西部陆海新通道建设成为又一个国家级发展战略。这些国家级发展战略是实现西部地区全面开放、促进区域协调发展的重要推动力量。目前来看，西部各省区在融入国家级发展战略中表现得更多的是争取本地利益的最大化，缺乏区域内部的合作与共赢，竞争关系大于合作关系，严重影响到这些发展战略的效应。因此西部各省份应该积极融入国家的各项发展战略中，将各自的区位优势、资源优势转化为经贸合作优势，将区域竞争关系转化为合作关系，通过统筹规划、战略协同、产业合理分工、机制完善，实现西部整体发展环境的不断优化。

（二）以国内市场建设为主，构建"双循环"发展新格局

在过去出口导向型发展战略下，我国国内市场与国际市场呈现分离状态，国际市场因低廉的生产成本获得快速的发展，国内市场需求与消费能力不足，难以形成一定规模与等级的市场体系。在国际形势风云难测的现今，出口导向型的发展战略已经无法满足时下的发展需求，必须充分挖掘国内市场、培育国内消费需求，建立更为完备、规范的国内市场体系以应对变幻莫测的未来发展形势。"双循环"发展新格局在继续发展国外市场循环的前提下，通过产业创新、技术创新、市场规范等方式全面提升国内市场循环的规模与等级。事实上，经济学的相关研究表明，具有更大规模的国内市场循环，是促进和提升一国对外贸易水平和产品等级的重要途径。"双循环"发展新格局下，国内市场循环与国际市场循环无疑是相辅相成、相互促进的关系。

西北地区是我国向西开放的窗口，一直以来对外贸易发挥着极为重要的作用。尤其近年"一带一路"倡议的实施与推进，中欧班列的开通，以及中欧班列西安、乌鲁木齐集结中心的建成与使用都进一步增进了西北地区对外贸易的发展。因此在"双循环"的发展格局下，西北地区应该在原有国外市场规模的前提下，大力发展区内市场，加快供给侧改革，加快产业链的升级与扩展，加快西北地区居民收入结构升级与提高，激发内需市场的规模扩大和结构优化，形成供需双向优化机制，以此形成"内外双向并举"的发展新格局。

（三）以高铁、航线建设为重点，加快西北地区综合交通网络建设

西北地区受到地理环境等因素的影响，公路、铁路、民航等交通设施发展水平都低于全国平均水平。首先，以高铁为例，与内地"四横四纵"高速铁路网分布相比，西北地区高铁建设远远落后于全国其他地区。其次表现为交通线路与资源、产业基地、旅游景区的连接不畅，从而造成了交通对区域经济的带动能力不强。西北地区是我国"一带一路"建设的主线，是我国向西开放的窗口，在我国对外贸易和区域经济建设中发挥着重要作用。目前来看，西北地区交通设施建设远远达不到规划定位的要求，以及对区域经济发展的拉动作用。因此，需加快西北地区交通网络的建设，以高铁网络建设为重点，全面提升西北地区交通运输效率与能力，并引导沿线城镇、产业、人口的合理布局，以高铁建设进一步提升西北地区经济集聚与扩散的能力。① 加快建设包（银）海、青银、兰（西）广、京兰等高速铁路通道，推进西北地区国家高速公路网建设，尽快打通国家高速公路主线待贯通路段。加快中欧班列的建设，加快中欧班列西安、乌鲁木齐集结中心的相关配套设施建设，并逐步将其打造成具有国际影响力的现代物流枢纽；加快西北地区航空建设，增加机场数量，并将西安、乌鲁木齐建成国际航空枢纽城市，通过不断完善综合交通设施建设，全面提升交通对西北地区经济发展的引领与带动作用。

（四）以"中心城市+城市群"为动力，带动区域整体水平提高

"中心城市+城市群+区域发展"是"十四五"时期区域发展的重点战

---

① 侯万峰：《"一带一路"倡议下西北地区（含周边地区）道路联通研究》，载王福生、马廷旭、董积生主编《中国西北发展报告（2018）》，社会科学文献出版社，2018。

略，它实现基于"点+线+面"的发展格局，已成为区域发展的重要推动力量。目前西北地区中心城市规模小，城市群规模小，难以形成中心+城市群发展的合力。此外西北地区土地面积大，城市之间距离远，仅凭一个中心难以带动整体区域的发展，应该建立"双核"驱动模式，形成西安、乌鲁木齐两个中心城市，提高中心城市规模等级，并以这两个中心城市为集聚与扩散中心，推进区域内基础设施、要素市场、产业分工、公共服务一体化的发展。加快西北地区城市群建设，以关中平原城市群、兰州－西宁城市群、天山北坡城市群建设为重要内容，加快工业、产业的布局与协调，实现以产促城、以城兴产、产城融合发展的目标。

（五）构建区域创新体系，打造创新驱动力量

区域创新体系是将区域内具有研发能力的企业、高校以及具有协调能力的政府机构集合起来构建的具有创新潜力的研发系统，它的内核是产业创新与技术创新，其动力是创新合作网络，其协调机制是政府的相关政策。区域创新体系本质是联合区域内具有创新潜力的机构，共同构建区域创新联盟，它是区域实现由要素驱动向创新驱动转变的关键。要构建西北地区区域创新体系首先要倚靠政府的推动，需要政府打破行政区划壁垒，从区域整体发展的角度构建与规划创新系统，出台相关福利政策，引导不同地域的企业与科研机构建立合作关系。其次要建立区域性的科技创新平台，鼓励区域内企业之间的交流合作。构建正式或非正式的创新合作网络，并建立长久合作机制，实现网络对创新的刺激效应。最后，加快自主研发。产业创新离不开自主创新，因而要加强自主创新能力的建设，尤其应加强产业链型的自主创新，以创新思维为导向，细致规划技术创新的核心任务，在产业链升级关键技术上进行突破，以关键技术为核心，形成上下游的产业技术创新联盟。

六　西北地区高质量发展的对策建议

（一）加快先进制造业发展，推动产业结构优化升级

近年来发达国家先后提出工业振兴计划，如德国"工业4.0"、美国的制造业回流计划等。这些发展规划都已重新定义工业化,重新制定适合工业化发展的战略与政策,并且相关研究表明制造业发展仍然是推动产业结构优化升级的主要力量。我国也提出进一步推进制造业升级,推动工业向新型业态发展。按照规划内容,西北地区应该加快制造业发展,逐步实现由资源加工地转向装备制造业基地,并充分利用大数据、人工智能等新兴产业形态的便利,将其与传统产业相结合,促使传统产业优化升级。信息技术、人工智能技术是未来产业发展的方向,西南地区一些省市通过发展信息技术和数据产业率先获得了发展红利,如贵州省专注于大数据的开发与利用,设立多个数据中心,逐步成为全国数据处理中心,并带动了电子设备、软件信息产业的发展,实现产业升级优化。基于此新兴数字产业、智能产业是最新一波产业革命浪潮,西北地区需要紧紧抓住此次发展机会,实现产业的提升,走出"资源诅咒陷阱",实现区域的"后发赶超"。

(二)以创新为引领,大力培育高科技人才

创新是高质量发展的第一驱动力,人才是创新发展的核心力量,没有高科技人才谈何创新。高科技人才分为企业科技人才和高校知识型人才,只有将知识型人才与实用型人才相结合才能生成"1+1>2"的效应。高校人才培养方面,要与产业发展相适应,为产业输送不同类型的技能人才。企业科技型人才培养方面,各个企业应该重视自身研发部门的组建,吸引研发人才集聚。集群或园区内可以组织正式或非正式见面会、聚餐活动来促进彼此的交流与学习。另外,要重视培育高素质、高学历人才,提高科研人员比重。政府方面在对本地人才培育的同时要注重引进人才,制定专门人才引进规划,制定人才引进战略,广泛吸引海内外高级人才来西部地区做全职、兼职或短期工作。设立各种创新人才奖项,鼓励创新人才所做出的贡献,激励更多的人才投身于创新事业。

(三)以信息技术为载体,构建城镇化高效治理体系

"十四五"时期西北地区要加快中心城镇与城市群的发展,这就需要构建高效协同的城镇化治理体系。首先需要构建区域性领导小组,西北各省区政府积极参与,组建区域性的会谈与见面机制,以打破行政壁垒、构建一体化的要素市场机制;其次制定区域性发展规划,制定产业分工配合或是城市群联合发

展的规划，进一步强化西北各省区之间、城市群之间的联系与合作；最后，以大数据为依托，构建新型空间治理体系。加大西北地区自然、生态、人口以及城市群发展相关数据的采集力度，应用大数据、云计算等计算机信息技术构建起区域内的动态智慧感知体系、智联大数据体系、智能应用支撑体系，以实现对区域的高效化治理。

（四）加快产业脱贫、乡村振兴的步伐

实现乡村振兴离不开产业脱贫的有效支持，但目前西北各省区产业脱贫项目规模小、产业项目雷同、缺乏市场竞争力，不同程度地制约了扶贫力度，扶贫效果不显著。因此，首先需要建立《产业发展项目库》，合理规划引导各省区产业脱贫项目的选择，充分熟悉和把握市场，杜绝同质化产品与重复建设，努力形成错位发展，形成具有区域特色的品牌与商品；其次要形成品牌化的经营路线。乡村地区农产品脱贫项目难以实现长久经营与发展就是因为缺乏品牌营销的理念，或是很多农产品仅满足于本地市场销售，不考虑进一步扩大对外营销渠道与市场规模。要实现品牌经营，就需要提高农产品加工技术，扩展农产品加工产业链，形成具有特色的产品，积极塑造具有鲜明特色的品牌形象，打造一批具有知名度的农产品品牌，实现品牌化、市场化的经营路线。

（五）深化金融改革，加快西北地区金融体系建设力度

创新是高质量发展的第一驱动力，同时也是高风险经济活动，需要完善的金融体系作为支撑。西北地区金融服务机构对外融资渠道少，对内资金使用效率不高，这些都制约着金融对于区域经济发展的支撑效应。因此要加快西北地区金融服务体系建设，首先就要加快金融机构信托管理机制建设。信托管理机制能够为实体经济发展提供更多的发展资金与服务，因此需要大胆创新信托管理技术，为新型产业或是具有创新精神的企业家提供更为丰富的金融产品选择和良好的服务体验，还要进一步完善信息披露机制以及监督机制，保障信托市场合理运营。加快金融信托管理人才的培育，培育出综合能力强、专业能力强的信托管理人才队伍。其次要加大金融市场的建设力度。西北地区金融市场发育程度远远要低于其他地区，金融市场开发不足、金融服务类产品少等，这些都抑制了金融行业对中小微企业的支持力度。因此，要加大金融市场服务能力

与开放力度,积极开发个性化、差异化、定制化的金融产品,为中小微企业服务,并以共建"一带一路"为契机,积极参与亚投行等金融机构的相关项目,提高与国际经贸机构接轨的能力,切实提升西北地区金融市场服务水平与能力。

(六)多措并举加快西北地区物流体系建设

要加快西北地区物流体系建设需从多方面着手。首先,降低物流成本。西北地区物流成本高,物流企业利润空间小,一直是制约西北地区物流水平提高的重要原因。要实现西北地区物流体系建设目标就要加快交通体系建设,提高综合交通运输网络效率,优化运输网络结构,实现提效率、降成本的目标。其次,大力提升物流资源整合能力。逐步完善现代化仓储、多式联运转运等物流设施,制定多式联运标准规范、服务规则,让标准化与高效化同行,打造西北地区高效、顺畅、统一的物流运作系统。最后,大力提升物流信息化水平。构建区域性的云物流服务平台,将区域内物流企业、仓储运输企业等进行整合,使企业能够方便高效地调度物流资源,也方便客户查询与了解企业资讯,从而提升整个区域内物流的集中度与服务能力。

参考文献

国家统计局编《中国统计年鉴(2019)》,中国统计出版社,2019。
国家统计局社会科技和文化产业统计司、科学技术部战略规划司编《中国科技统计年鉴(2019)》,中国统计出版社,2019。
国家统计局住户调查办公室编《中国农村贫困监测报告(2018)》,中国统计出版社,2018。
中国物流与采购联合会编《中国物流年鉴》,中国财富出版社,2019。

B.5
西北地区政治建设发展报告

郭 蓓 米克拉依·尼加提*

摘　要： 2020年西北地区在人民代表大会制度、多党合作政治协商制度、民族区域自治制度、基层政权民主建设和法治建设中取得的成就，再次证明政治建设是西北地区经济、社会、文化事业发展的重要保障。因此，西北地区必须坚持在经济、政治、文化事业的发展中把政治建设摆在突出位置，在治理体系和治理能力现代化、全面提升党的执政能力、充分发挥法治重器在治国理政中的作用、铸牢中华民族共同体意识等方面加大工作力度，这对于促进西北地区政治事业发展更上一层楼极其重要。

关键词： 政治建设　制度建设　西北地区

"政治建设是一个永恒课题"。① 改革开放40多年来，中国特色社会主义取得的伟大成就，是我党始终把握正确的政治方向，以政治制度建设与时俱进来夯实政治根基、以强化忧患意识来防范政治风险的结果。当前，西北地区与全国同步，在经济、政治、文化事业建设上取得了前所未有的发展。但是西北地区与沿海、中部地区相比，在经济建设、政治建设、文化建设、社会建设和生态文明建设等方面还存在不少问题亟待解决。在新的时代条件下，西北地区

---

* 郭蓓，新疆社会科学院法学所研究员，主要研究领域为法学理论；米克拉依·尼加提，新疆社会科学院法学所助理研究员，主要研究方向为地方立法、民商法。
① 唐淑楠：《庆祝党的97岁生日，习近平带领中共中央政治局做了什么？》，http://www.qstheory.cn/zhuanqu/2018-06/30/c_1123059890.htm，最后检索日期：2020年6月15日。

与全国同步建设小康社会，推进社会主义现代化建设，全面贯彻落实党和国家的重大部署安排，最终为中华民族伟大复兴的实现提供有力的支撑。

一 西北地区政治建设的成就

（一）人民代表大会制度不断完善与发展

1. 人大的制度化、规范化建设

人民当家作主是社会主义民主政治的本质特征，在政治发展中发挥着根基性作用。我国宪法规定人民代表大会制保障人民当家作主的政治地位。西北地区人大在政治生活中的作用与影响与日俱增，并为地区政治、经济、文化事业的发展提供了强有力的后盾。一是健全立法工作机制。各省区人大以党的创新理论为引领，结合地域特色，不断健全工作机制，为地区经济社会的发展提供了制度保障。新疆人大通过建立代表立法专业小组、建立咨询专家库、建立基层立法联系点、建立第三方评估机制、建立与人大代表座谈制度及开设"人大代表大讲堂"，积极推动人大创新工作。二是加强重点领域立法。各省区人大立足于重点领域工作提供良好的法治保障，坚持立改废并举的工作理念，更好地服务于经济发展方式的转变，促进本地区发展方式转变、经济结构优化、增长动力转换。陕西省人大围绕生态环境保护、惠民立法、弘德立法、公共文化服务及宗教事务管理等领域，前后制定颁布5个地方性条例。三是加强市级人大立法工作的指导力度。各省区省级人大注重日常工作中对市级人大常委会立法工作的指导力度，通过建立沟通协调机制，提高市级人大常委会立法工作能力，为本区政治、经济、文化事业的发展提供了有力的保障。甘肃省人大借用省市级人大协商机制，更好地指导市州人大及其常委会进一步加强立法能力建设，推动解决立法中的重点难点问题。四是强化县乡基层人大组织建设，在县乡人大自身建设不断完善机构设置、提高领导力量和工作力量等方面提出了明确要求，有效解决了长期以来制约基层人大工作和建设的一些重点难点问题。

2. 强化监督功能

监督权是宪法赋予各级人大的法定职权。西北地区各级人大及其常委会正

确认识自己监督功能的政治定位和法律定位,始终坚持强化重点问题和目标上的监督,通过监督方式的创新、程序的完善,进一步加大对重点领域的监督力度,进一步增强对重点领域监督的针对性和实效性。新疆各级人大始终紧扣贯彻落实新时代党的治疆方略,特别是社会稳定和长治久安总目标,不断加强自己的监督职能,全年内检查9部法律法规实施情况,听取审议18个专项工作报告,组织2次专题询问,开展25项专题调研,监督工作更有力度、更具实效、更加权威。甘肃省人大常委会聚焦经济高质量发展、三大攻坚战、保障民生改善和法治建设,通过探索增强实效的创新性建设,不断提高本届人大常委会的监督能力。

3. 选举制度

我国"选举制度的发展不可能是一项轻易的工作,而是一项系统性的工程,政治规则的创新将是中国选举制度发展过程中至关重要的内容"①。基层组织建设是西北地区政治制度建设中一个重要突破口。西北各省区为了规范村民委员会选举工作,制定与村委会组织建设相关的地方立法,95%的村实现村务公开,95%以上的村建立了村民会议或者村民代表会议制度。

(二)多党合作政治协商制度得到充分发展

1. 强化理论学习、确保政治方向正确

中国共产党领导的多党合作和政治协商制度是社会主义民主政治的特有形式和独特优势,在推进民主政治发展中发挥着重要作用。将政协建设成为团结教育引导各族各界代表人士的平台,就必须坚定不移地运用习近平新时代中国特色社会主义思想武装头脑,落实习近平新时代中国特色社会主义思想学习座谈会制度,健全以党组理论学习中心组为引领的学习制度体系,深化"不忘初心、牢记使命"主题教育成果。新疆各级政协班子成员和干部讲党课1171场次,开展爱国主义教育、革命传统教育、先进典型教育和警示教育1413场次,开展调查研究1670次,检视整改各类问题3116个。西北地区各省区政协通过建立常态化学习机制、建立重大专项工作委员宣讲团工作机制,引导参加人民政协的各党派团体和各族各界人士跟进学习、深入学习习近平新时代中国

---

① 汪仕凯:《选举制度与现代国家:一个比较分析》,《理论探讨》2018年第3期。

特色社会主义思想，提高工作站位，使政治协商机制成为坚持和加强党对各项工作领导的重要途径，为更好地服务于坚持和完善中国特色社会主义政治制度而做出了贡献。

2.把握中心环节，服务于经济社会发展

突如其来的新冠肺炎疫情之下的西北地区经济走势不仅关系本地区经济发展，也关系我国整体经济稳定大局。为此，西北地区各省区政协认真贯彻落实党的十九大四中全会、中央政协工作会议、全国"两会"精神，坚持稳中求进工作总基调，围绕丝绸之路经济带核心区建设、乡村振兴战略、旅游产业发展和深化改革扩大开放的关键问题，深入协商、务实监督，以"优化营商环境，推动经济高质量发展""高质量服务业体系建设""环境保护大战"为议题，通过开展多种形式的协商活动、改进调查研究工作的方式方法，健全调研选题机制，坚持调研课题与协商计划相统一，助力西北地区经济社会实现更高水平发展。

（三）民族区域自治制度得到充分贯彻

1.充分保障少数民族自治权

西北地区是少数民族自治区比例占全国民族自治地区比例最高的区域。这决定依法保障少数民族自治权，是西北地区政治发展工作的一个重点和难点。西北各省区依据《中华人民共和国民族区域自治法》最大限度保障少数民族自治权的实现，具体工作如下：一是依法保障自治权的全面执行。在西北地区少数民族聚集地方均实行区域自治制度，并且主要领导由自治民族的公民担任。新疆共有哈萨克、回、柯尔克孜、蒙古等4个民族的5个自治州，哈萨克、回、蒙古、塔吉克、锡伯等5个民族的6个自治县，还有43个民族乡。以上民族自治地方的州长、县长，均由实行区域自治民族的公民担任。二是依法保护各民族语言文字。西北各省区坚持充分尊重和依法保障《中华人民共和国宪法》和《中华人民共和国民族区域自治法》规定，在本地区生活、工作的各民族都有依法使用和发展本民族的语言文字的自由。在西藏、宁夏、新疆等自治区，少数民族语言文字均在司法、行政、教育、新闻出版、广播电视、互联网、社会公共事务等领域得到广泛使用。三是依法保护少数民族文化事业的发展。西北地区自古以来就是多民族聚居生活的地方。在历史长河中，西北地区民族文化扎根中华文明沃土,既推动了各民族文化发展,也丰富了中华文化内涵。甘肃省从2017年以来,按照《甘肃省财政专项扶贫资金使用管理实施办法(试行)》和《甘肃省省级财政专项资金管理办法》的有关规定要求,加大拨付少数民族文化事业发展专项补助资金,大力支持区内少数民族经济社会各项事业的全面发展。

2. 充分保障少数民族权力发展

一是西北地区各省区通过重点培养、选用少数民族干部,确保各级人大代表和政协委员当中有一定比例的少数民族代表、委员。新疆企事业单位中的少数民族干部已经达到42.8万人,占到新疆干部总数的50.3%。二是各民族优秀传统文化成果依法得到有效保护和传承。西北地区各省区始终坚持充分尊重差异、包容多样、相互欣赏,依法尊重和保护各种民俗文化,努力形成多元文化和谐共处的高地。西北地区各族人民群众欢度春节、藏历年、那吾鲁孜节、那达慕节、西迁节、端午节、中秋节以及肉孜节、古尔邦节、洛赛节等传统节日,并举办形式多样的文化活动来庆祝。三是基本实现城乡公共文化覆盖,群众文化蓬勃发展。西北地区城镇化比例比沿海地区偏低。城乡公共文化事业的蓬勃发展是少数民族发展权力充分保障的有效路径。据此,西北各省区高度重视城乡公共文化服务水平的全面提升,并借用城乡公共服务文化设施来更好地服务于少数民族文化水平的提升。宁夏出台《关于加快构建现代公共文化服务体系的实施意见》《基本公共文化服务实施标准(2015—2020年)》,实现区、市、县三级全覆盖,为本地区打赢乡村脱贫攻坚战提供有力的文化支撑。

(四)基层民主建设不断完善与发展

制度设计是基层政权民主建设不断完善和发展的保障。西北各省区高度重视基层民主制度建设走向制度化、规范化、程序化。在《中华人民共和国村民委员会组织法》、《中华人民共和国居民委员会组织法》及各种指导意见和地方立法的规范作用之下,基层政权利用"海选""两票制""两推一选""公推直选"等选举制度,让人民群众真正地参与选举。加强基层政权的质询、问责、经济责任审计、引咎辞职、罢免等责任制度,加强村务管理制度、村务监督制度,依法保障扩大人民群众对公共事务的参与和监督作用,不断推动基层民主建设的发展与完善。

（五）人权事业不断推进，公民权利得到保障

"党的十八大以来，以习近平同志为核心的党中央高度重视人民权利保障和发展。"① 人民的经济、社会和文化权利保护状况，是评价人权事业发展状况的一项重要观察指标。为此，西北各省区坚持落实《中共中央关于全面深化改革若干重大问题的决定》、十八届四中全会通过的《中共中央关于全面推进依法治国若干重大问题的决定》、十八届五中全会通过的《中共中央关于制定国民经济和社会发展第十三个五年规划的建议》中的人权事业发展的相关规定，充分尊重和保障公民权利、政治权利、经济权利、社会权利、文化权利，致力于西北地区人权保障事业的高质量发展，在公民生存、发展、受教育、社会公平、法治保障以及环境保护方面取得了举世瞩目的成就。尤其在突如其来的新冠肺炎疫情之下，西北五省区遵照习近平总书记提出的"始终把人民群众生命安全和身体健康放在首位"的防疫重要指示，将人民的生命健康权置于优先地位，运用各种措施保障生命健康权、基本生活水准权，在疫情中的各项人权得到了最大限度的保障，再次彰显了人权事业的不断推进、公民权利的有效保障。目前，西北五省区各族人民的人权得到充分保障，各族人民的获得感、幸福感、安全感、公平感不断增强，最大限度完善了人权和公民的权利体系。

（六）法治建设成绩斐然

法治建设具有制度功能，通过引导、保障和规范政治权力运作、协调政治架构及各方利益关系，保障民主权利的实现，促进政治生活透明理性，巩固执政基础。党的十八届四中全会通过《中共中央关于全面推进依法治国若干重大问题的决定》以来，西北地区开启了法治建设的新时代。回溯过去的法治建设改革发展之路，既为西北地区各项法治事业的全面深化提供了"固根本、稳预期、利长远"的重要保障作用，又为中国特色社会主义法治建设体系现代化在祖国西北大地全面落地生根做出贡献。

---

① 张文显：《人权事业发展的丰碑》，《法制与社会发展》2020年第4期。

1. 法治政府建设

"党的十一届三中全会以来,我国法治政府建设经历了酝酿、初创、发展与攻坚等阶段,已至深水区。"① 西北地区坚决贯彻落实党中央的依法治国基本方略,以在国务院提出的法治政府建设要求之下将政府工作全面纳入法治轨道为目标,将培育全体政府工作人员法治思维和以法治方式履行职责作为重点,全面加强政府法制工作,大力推进行政执法体制改革。西北五省区在法治政府建设中,始终把创新政府管理理念和方式当作着力点,通过健全决策、执行、监督机制,在法治政府建设中取得了前所未有的成绩,并为"一带一路"建设中的地区经济、政治、文化事业的发展提供了有力的法治保障。

2. 司法体制改革

习近平总书记指出:"司法体制改革在全面深化改革、全面依法治国中居于重要地位,对推进国家治理体系和治理能力现代化意义重大。"纵深推进司法体制改革,是守护好社会公平正义的最后一道防线。西北五省区坚持司法改革红利释放,制定实施法官检察官员额动态统筹管理办法,实施从律师、专家学者中公开选拔法官检察官机制,法院系统普遍实行"谁审理、谁裁判、谁负责"的办案机制,全面推进非核心司法业务社会化服务措施,利用新媒体平台为人民群众了解司法、参与司法、监督司法提供渠道,以多种措施推进公正司法体制改革的全面建设。

3. 法治社会建设

"法治国家、法治政府、法治社会共同构成了全面推进依法治国'三位一体'的总目标。"② 构建法治社会是以全社会树立法治意识为条件,核心内容是遵守宪法和法律。西北地区,在社会治理上具有特殊性。该地区恶劣的地理环境、特色的民族治理环境、复杂的民族价值观决定了"本区域传统社会治理中'情理法'的逻辑顺序和国家社会治理'法理情'的逻辑顺序有别。"③ 为此,西北地区坚持把党的领导贯彻到全面依法治国全过程,致力于法治建设整体推进和重点突破相结合,为法治社会的构建营造了良好的制度环境。

---

① 曹鎏:《论我国法治政府建设的目标演进与发展转型》,《行政法学研究》2020年第4期。
② 谭日辉:《推进法治社会建设四题》,《光明日报》2016年9月21日,第13版。
③ 陈思明:《新时代高质量法治的普法启示》,《广西社会科学》2020年第4期。

二 西北地区政治建设的主要经验

(一)坚持党的领导是西北地区政治建设的根本保障

"中国特色社会主义有很多特点和特征,但最本质的特征是坚持中国共产党领导。"①"新中国成立70年来,中国共产党人不忘初心、牢记使命,披荆斩棘、迎难而上,带领中国人民攻克一道道难关,取得辉煌发展成就。"②西北地区经济、社会、文化发展实践证明,党的全面领导是西北地区社会稳定,经济发展、国泰民安的根本保证。党的政治建设与国家政治建设的目标统一、主题一致、要素兼容、机理相通。简言之,坚持中国共产党的全面领导是西北地区政治建设的根本保障、政治建设发展的重要法宝。

(二)健全人民当家作主是西北地区政治建设之本质要求

在经济、政治、文化、社会和生态文明"五位一体"建设中,政治建设是人民当家作主的核心保障机制,是中国特色社会主义民主政治建设的核心。为此,西北五省区始终坚持人民当家作主,是最大限度体现社会主义民主政治的本质特征的思维模式,是不断健全人民当家作主的制度体系建设的基础。换言之,只有坚持党的领导贯穿于健全人民当家作主制度体系的全过程,总揽全局,协调各方的地位,为人民当家作主制度体系的全方位运行提供有力的保障,全体党员、领导干部才能树立立党为公、执政为民的思想认识,不折不扣地贯穿落实我党全心全意为人民服务的优良传统,更好地带领本地区各族人民群众,为中华民族伟大复兴的历史伟业献出自己的一分力量。

---

① 习近平:《中国共产党领导是中国特色社会主义最本质的特征》,http://www.qstheory.cn/dukan/qs/2020-07/15/c_1126234524.htm。
② 杨竺松、刘东浩:《党的领导是中国发展的根本保证(观察者说)》,《人民日报》2019年8月2日第8版。

(三)走中国特色社会主义发展道路是西北地区政治建设的方向遵循

"坚定不移走中国特色社会主义政治发展道路,是由我国的基本国情和中国特色社会主义政治制度的根本优势决定的,是我国历史发展的必然选择。"① 新形势下,从西北地区区情出发坚定不移地坚持党的领导,更加注重党的自身建设,依据党章从严治党、依据宪法治国理政,是我党长期以来执政实践总结的宝贵经验。西北地区的发展实践证明,只有中国共产党才能真正代表各族人民群众的根本利益,只要始终坚持党的领导,全面推进依法治国、厉行法治,才能真正实现人民当家作主的政治权力。西北地区政治建设的主要经验,归根结底是走中国特色社会主义发展道路。

三 西北地区政治建设面临的任务

(一)推进国家治理体系和治理能力现代化

国家治理体系的现代化,就是国家制度体系的现代化,也就是政治现代化。我国国家制度和国家治理体系具有多方面的显著优势,在西北地区治理的理论和实践中得到了充分的体现。同时,西北因历史积账、理念模式等原因,治理能力和治理效果居全国末位。保证政治建设与国家治理现代化的要求不脱离,是新时代西北政治建设需要把握的重点问题。西北地区因政治、经济、历史、文化、社会的特殊性,其政治建设现代化的过程也会走一条不同于我国其他地区的道路。政治发展具有高度的建设性和实践性,如果单从政治制度层面出发,往往会缺乏战略性和可控性。如果从治理视域出发,国家治理现代化旨在实现公共权力运行的制度化、规范化、民主化。治理现代化的推进将为政治发展整体层面改革提供建构资源。推进国家治理体系和治理能力现代化,西北

---

① 中共中央文献研究室《中国特色社会主义政治发展道路》课题组:《坚定不移走中国特色社会主义政治发展道路——学习十八大以来习近平关于民主政治建设的重要论述》,http://theory.people.com.cn/n/2015/0120/c40531-26415127-4.html。最后检索日期:2020年6月17日。

经济政治社会发展中的一系列问题需要直面应对，做出正确的路径选择、制定合理的体制机制与采取成熟的化解举措，这些都是治理现代化的直接成果，进而可以将其对应性地反馈至整个政治建设体系，从而使改革中政治制度的布局、内容、框架更加合理、定型与科学，为治理提供价值导向和持久动力。

（二）全面提升西北民族地区党的执政能力

政党的本质属性是政治性。中国共产党领导一切的权力也意味着对国家的一切都要负有责任，即中国共产党对国家负有全面的政治建设责任，是政治建设发展的引擎和支撑。政治建设现代化就是要坚持和完善维护党中央权威，健全提高党的执政能力，从严治党，把党的领导落实到政治建设各方面各环节。政治建设落后，一个重要原因就是不了解治党及至治国的这条政治体制改革之路的特点。西北地区的崛起程度，取决于各级党组织和广大党员干部执政能力的状况。政治新常态下，党的执政能力建设仍然存在诸多问题。其中有改革深水区的体制障碍，有经济大发展的利益诱惑，有全面建设小康的党群关系方面的问题，以及国际竞争的大国间存在的不稳定因素等。西北地区发展水平滞后、经济文化落后、少数民族聚居、社会矛盾集中、地缘背景复杂，西北地区党组织因此而担负着繁重的领导发展、维护稳定、整合社会职能。克服执政的难度，全面推进党的政治建设、思想建设、组织建设、作风建设、纪律建设，把制度建设贯穿其中，不断提高全面推进党组织建设的能力，驾驭社会主义经济发展的能力，改善构建和谐社会的能力，应对复杂局势和处理内政外交事务的能力，是政治建设最基础、最核心的内容。

（三）必须发挥法治在治国理政中的重要作用

"全面推进依法治国"已确立为推进政治建设和政治体制改革的重要任务，在西北大开发新格局建设中，西北区域法治建设也是依法治国方略新的推进点、突破口及示范区。新时代西北大开发应当法治先行，良好的法治环境使投资者感到安全、公平、便利、守信，使各族群众处于和谐、团结、稳定的氛围，西北地区才有吸引力和内聚力。西北地区的法治建设必须结合西北的特殊性和民族区域的独特性，分析自治权行使、传统观念与习惯做法、法律素养和政法队伍建设等因素，处理好重点突破和整体推进的着力点和切入点。西北法治建设一个极为重要的方向就是加快转变政府职能,处理好政策与法律的关系,全面实行重大行政决策合法性审查和普遍建立法律顾问制度,使重大决策于法有据,全面推行行政执法公示、执法全过程记录、重大执法决定法制审核"三项制度",严格执行《党政主要负责人履行推进法治建设第一责任人职责规定》,强化考核评价和督促检查,保证到2035年基本建成法治国家、法治政府、法治社会的奋斗目标实现。

(四)铸牢中华民族共同体意识

"一个承认自己拥有不同民族群体的多民族国家,只有同时培育一种各民族群体的成员都拥护并且认同的超民族认同时,它才可能是稳定的。"① 中华民族是一个利益相连、命运与共的共同体。中央第七次西藏工作座谈会和中央第三次新疆工作座谈会都强调了铸牢中华民族共同体意识。中华民族共同体意识是国家统一的基础、民族团结的关键、社会治理现代化的精神动力。尽管在新时代平等、团结、互助与和谐的社会主义民族关系已经基本确立,西北的民族宗教事务和反分裂斗争依然面临着各种固有的或新生的挑战。铸牢中华民族共同体意识,要坚持国家统一最高利益原则,将社会主义核心价值观作为主要教育内容,以领土观、中华优秀文化传统和民族团结进步教育、实践为主线,提升中华民族认同感,并尊重、承认各民族在中华民族形成中的独特贡献,全面深入营造中华民族大家庭的和谐亲密关系,清除关于民族、宗教各种错误思想和错误言论,减少群体之间的偏见和歧视,增强各族干部群众的政治辨别力和政治敏锐性,切实增强思想免疫力和反渗透能力。积极回应新时代民族工作、民族问题、民族事务等议题,促进民族政策向更有利于增进中华民族内部凝聚的方向调整。富边兴疆是铸牢中华民族共同体意识过程中的一个重要方面。"构建更具包容性的最少受惠者的利益补偿机制"②,解决好各族群众对美好生活的向往与西北地区发展不平衡之间的各类具体问题和矛盾,群众在得到实惠的基础之上就会主动地认同社会主义祖国和中华民族。

---

① 石亚洲、张方译:《多民族国家建构国家认同的关键维度与政策路径》,《中央民族大学学报(哲学社会科学版)》2019年第4期。
② 陆海发:《民族国家视域下的中华民族共同体建设研究》,《云南民族大学学报》(哲学社会科学报)2016年第2期。

四 西北地区政治建设发展具体对策建议

（一）完善发展人民代表大会制

从实现"中华人民共和国一切权力属于人民"这一基本原则出发：一是加强自身建设，严格人大代表的选任标准，完善人大代表选举的程序和机制，引入选举竞争机制，改善人民代表的构成；优化人大代表密切联系群众机制，强化人大代表议案和意见、建议办理责任；做好代表履职服务保障，完善选民对代表的监督和罢免机制。二是把人大在立法中的主导作用机制化、程序化。尤其是在确定立法项目中发挥主导作用，做到科学立项。坚持立法与改革发展同频共振、同向发力，立项要坚持地方特色，满足地方发展需要。同时推进西北五省区协同立法，建立相对统一、衔接、稳定的区域法治环境。加强涉及"六稳""六保"等重点领域立法和规范性文件备案审查。进一步健全专家论证咨询机制、立法评估机制等，做好地方立法的起草、审议和组织协调工作。三是把监督"一府一委两院"工作同支持其依法履行职责有机统一起来，增强监督工作的刚性和功效，形成加强和改进工作的合力。严格依法监督，改进监督的方式方法。可推广人大预算联网监督，实现纵向贯通，查询、分析、预警向智能审查和监督拓展。对重点执法检查实行"专题调研、执法检查、审议报告、专题询问、跟踪督办、满意度测评"监督链条管理，注重加强前期调研和后期跟踪监督。保证人大及其常委会切实行使罢免权，充分发挥人大及其党委会的问责职能。四是不断加强学习和调研，加强理论研究和实践创新。

（二）加强和改进人民政治协商工作

西北地区具有发展社会主义协商民主的宽广舞台、巨大动力和丰富资源。《关于加强人民政协工作的意见》发布后，人民政协的职能拓展到政治协商、民主监督、参政议政三项。人民政协在协商民主中成为专门协商机构，其地位价值作用逐步清晰完善。要真正提升对政治协商工作的领导力度和重视程度，将政治协商作为党委议事规则、政府工作规则，尤其是在重大事项决策程序中加以明确。协商主体从中国共产党与民主党派的协商,扩大到地方层面至基层党委、政府与各民族、各宗教群体,特别是新社会阶层的协商,以追求各阶层的利益共赢。协商内容从国家大事延伸到意识形态领域交流和民心工程的具体问题。围绕三大攻坚战、"一带一路"倡议、乡村振兴战略等深化改革扩大开放、提升西北区域发展水平的关键问题,建言资政、务实监督。协商程序方面,确立协商议事的范围、工作原则,包括平等原则、充分辩论原则等,明确采纳、落实等程序,形成责任制度和监督制度,使人民政治协商体现"大家的事情大家商量着办"的方向,并不断呈现更广泛、更多层次趋势,推动国家与社会、政府与民间、体制内外良性互动。

(三)切实落实中国民族区域自治制度

坚持和完善民族区域自治制度是发展中国特色社会主义民主政治必须长期坚持的基本经验。自治机关既是行使自治权的主体,也是行使行政权的地方政权机关,要根据本区域民族特点和地域特色,创新贯彻党和国家的方针政策,解决公共政策的普遍统一与西北民族事务区域性、多样性、特殊性的均衡,从而增强制度的韧性,使制度机制更加具有调适性、回应性和功能性。但不能将自治民族的利益置于区域发展和其他民族的利益之上,不能将民族区域自治制度理解为"建立在否认内部多样性和外部联系性的基础之上"① 的封闭的民族自治,以维护族群内部认同和文化传统为名阻碍民族交往交流交融,更不能以本民族内部事务为名破坏国家统一、领土完整和民族团结。做到统一和自治、民族因素和区域因素"两个结合",是民族区域自治的制度伦理,也是确保实现国家利益与西北地区利益的前提。民族区域自治权本质上是一种法治化的权力。当前,民族区域自治制度传统的政策"单核"结构正在向"政策—法律"良性互动的"双核"结构发展。显然民族区域自治法治化还有很大的提升空间,尤其要适应少数民族权利意识提高后的新要求。如进一步对自治立法权限进行明晰,在社会、文化以及民族传统文化和传统知识衍生的经济活动方面,鼓励行使立法权尤其是变通权,不但是少数民族行使管理本民族内部事务的权

---

① 周少青:《"非均质化民族自治"——多民族国家处理民族自治问题的一种新范式》,《当代世界与社会主义》2013年第5期。

力，也在法制统一的基础上增加了灵活性，使得国家法律影响力和约束力扩大到西北边远地区。

（四）不断推进基层公民有序政治参与

基层群众自治体现了我国民主的广泛性和真实性。政治参与是基层直接民主的核心，健全充满活力的基层群众自治制度要求公民有序参与政治生活。政府要逐步健全与基层群众自治制度相配套的参与制度，持续培育公民意识，担负起培育相关社会组织和基层自治组织的任务，如发展农民组织，培育农民利益"代言人"，使阶层之间的社会矛盾、民族间的隔膜和矛盾在自治组织中趋于缓和甚至化解；建立有效的利益表达机制、参与保障机制，畅通治理监督渠道，强化基层群众的主体地位和民生表达意识，使各个群体更加自觉地影响公共政策，避免和改变西北地区农民非制度政治参与较突出的问题，理性化地表达诉求，并通过制度化途径有效传送到政治体系中。基层党委要不断强化决策领导能力和统筹协调能力，树立多元治理理念，加强"三治融合"（自治、法治、德治）的顶层设计，科学设置管理体制与组织架构。依照村民自治法、村委会组织法、基层工作条例等，健全以村民（代表）大会、职工代表大会为基本形式的企事业单位民主管理制度，落实民主决策和民主协商；以强化选举监督和基层政务公开、透明为切入点，为监督提供有效的制度保障和参与机制，使群众认识到选举、监督等是与自己生活息息相关的权利。

参考文献

信春鹰：《坚持和完善人民代表大会制度》，《人民日报》2019年11月23日。

陈宏宇、刘学军：《新时期我国基层民主实践困境与完善路径》，《党政研究》2019年第4期。

黄爱教：《中国共产党与疫情防控中的人权保障》，《南开学报》（哲学社会科学版）2020年第4期。

俞可平：《走向善治——国家治理现代化的中国方案》，中国文史出版社，2016。

郑毅：《论民族区域自治法治发展的"因地制宜"和"与时俱进"》，《云南社会科学》2019年第6期。

B.6 西北地区文化发展报告

牛学智 徐哲[*]

摘　要： 2020年，西北地区文化建设经受住了新冠肺炎疫情的考验，长期向好的基本趋势没有改变。志愿精神进一步弘扬，公共文化服务进一步向基层延伸，文旅产业逐步恢复，新业态不断涌现。但文化资源转化率不高、文化产品质量不优、人才队伍不足等长期存在的"顽固"问题仍制约着西北地区文化建设的深入推进。为进一步繁荣发展西北地区的文化，在"十四五"规划中开好头、起好步，还有必要在培育践行社会主义核心价值观、提升公共文化服务的精准度、推进区域特色文化的创意转化、完善文化建设人才队伍等方面下功夫，讲好西北故事，提升西北地区文化影响力和竞争力。

关键词： 文化建设　创新举措　西北地区

　　2020年是极不平凡的一年，是全面建成小康社会之年，也是"十三五"规划收官之年，更是脱贫攻坚的决胜之年。在这一关键时刻，新冠肺炎疫情的突发增加了任务完成的难度。但从总体上来说，疫情只是一段插曲，虽使西北地区文化建设产生一定波动，却也催生了一些文化新业态，西北地区文化繁荣发展的基本趋势没有改变，人民对文化和旅游的消费需求依然强烈。下一步，西北地区仍需坚持和完善繁荣发展社会主义先进文化制度，坚持以人民为中

---

[*] 牛学智，宁夏社会科学院文化研究所所长、研究员，主要研究方向为文化与文学批评；徐哲，博士、宁夏社会科学院文化研究所副研究员，主要研究方向为文化与文化产业。

心，做好文化发展规划编制，深入挖掘、持续转化丝路文化、黄河文化以及各地区的特色文化，以创新为核，以人民的文化需求为靶，精准发力，持续推动后疫情时代西北地区文化和旅游健康发展。

一 2020年西北地区文化建设现状

（一）文化"战疫"，发挥好文化鼓舞精神、温暖人心、提振信心的作用

面对突如其来的疫情，西北地区紧跟党中央步伐，以内容丰富、形式多样、"保持安全距离"的宣传文化活动，安定民心，增强信心。

坚持防控宣传普及到人，帮助群众科学抗疫。疫情期间，为进一步落实习近平总书记和党中央做好宣传教育和舆论引导工作的指示，提升群众对疫情防控的知晓率，西北地区各级党委、政府坚持将宣传触角延伸到基层，充分利用现有宣传平台，丰富宣传内容，切实提高群众对疫情防控政策和科普知识的知晓率。在宣传平台的使用上，从传统媒体到新媒体，实现了全方位、立体化的宣传。陕西共有53个县1602个行政村的10389个大喇叭终端，按照当地政府要求播放疫情防控宣传引导信息。① 宁夏统一开通应急广播系统覆盖的120个乡镇、930个村的6000个音柱、4000余个"大喇叭"、50000个入户音箱，定时播讲防疫知识，发布权威信息。另外，还借助城市内各式各样的电子屏、宣传栏，滚动提示相关信息，打出相关标语，提振群众信心。② 充分利用网络和抖音、快手等短视频平台，以图文稿件、漫画、短视频、视频博客等多种形式进行疾控宣传，增强接受度、扩大接受面。"如意甘肃"抖音官方公众号策划制作的《不做2B人》动画科普短视频播放量达到1301万次，点赞69.8万次，转发5.2万次。③ 此外，各地市方言版的宣讲"段子"，也使防控知识以贴近群众生活

---

① 《"大喇叭"走向主战场 秦声秦韵宣传疫情防控》，《陕西日报》2020年1月28日，第3版。
② 《众志成城 依法战疫》，《宁夏日报》2020年2月21日，http://www.nxnews.net/zt/2020/2020kjfy/2020kjwztt/202002/t20200221_6599116.html，最后检索日期：2021年2月3日。
③ 《全国省级文旅新媒体传播力指数TOP10出炉，"如意甘肃"抖音位居第5位》，甘肃省文旅厅网站，http://wlt.gansu.gov.cn/gswlyw/32069.jhtml，最后检索日期：2021年2月3日。

的方式"飞入寻常百姓家"。

打造线上文化活动,丰富群众居家生活。疫情居家期间,为丰富群众生活,西北地区将惠民文化活动搬到了网上,以"云服务"的形式,在安全距离中满足群众的文化生活需求。新疆、陕西等省区打造图书馆类 App,开通云阅读,让居家读者获取丰富的精神文化食粮。另外,还有影视精品线上看、名师免费导学、线上舞蹈慕课等各类线上文化惠民活动,满足居家群众精神文化需求的同时,有效助力疫情防控。

创作主题文艺精品,弘扬正能量。面对新型冠状病毒感染的肺炎疫情,西北地区的文艺工作者以诗歌、书法、美术、曲艺、音乐、摄影等多种形式的文艺作品,凝心聚力,鼓舞斗志,为打赢疫情防控阻击战贡献力量。陕西的抗疫歌曲《忠诚》被"学习强国"等众多平台转载,美术作品《不朽丰碑》《万众一心》,青海的抗疫歌曲《有你有我》等,这些文艺作品紧扣时代主题,饱含文艺工作者的时代担当,记录了人民战"疫"中的大爱瞬间,礼赞英雄,播撒温情。

(二)弘扬志愿精神,践行社会主义核心价值观

志愿精神与中国传统文化一脉相承,与社会主义核心价值观相契合,是衡量社会文明的标尺。[1] 志愿服务是"奉献爱心的重要渠道"[2],是社会主义核心价值观"外化于行,内化于心"的重要载体。改革开放 40 多年来,我国的志愿服务事业有了重大的进步。志愿服务在抗险救灾等重大活动中发挥了重要作用。面对来势汹汹的新冠肺炎疫情,志愿服务者做出了积极贡献。西北地区的志愿者与全国各地区的志愿者一样,在危险时刻走出家门,积极参与到打赢疫情防控总体战、阻击战的队伍中。甘肃共组织动员 100 万名志愿者投入疫情防控工作中[3],参与到文明引导、疫情咨询、特殊群体帮扶、应急救援等志愿服

---

[1] 《习近平致中国志愿服务联合会第二届会员代表大会的贺信》,新华网,http://www.xinhuanet.com/politics/leaders/2019-07/24/c_1124792815.htm,最后检索日期:2021年2月3日。

[2] 《习近平在天津考察》,新华网,http://www.xinhuanet.com/politics/2019-01/18/c_1124009647.htm,最后检索日期:2021年2月3日。

[3] 《甘肃省文化和旅游厅参加新冠疫情防控优秀志愿者服务组织、优秀志愿者和第一季度甘肃好人"云"发布活动》,甘肃文旅厅网站,http://wlt.gansu.gov.cn/gswlyw/32309.jhtml,最后检索日期:2021年2月3日。

务活动中。陕西各地积极部署,广泛动员志愿者和志愿组织,教育引导群众科学有序参与,在线上咨询,在社区门口服务,在高速路口登记……各个角落的"红马甲"们以微薄的力量构筑起了战"疫"的红色防线,是弘扬践行社会主义核心价值观的典范和样板。①

(三)公共文化服务向数字化推进,服务触角向基层延伸

随着疫情防控常态化,西北地区公共文化服务在向标准化、均等化努力的同时,开始致力于"云端"发展。公共文化服务"上云端""下基层"的双向动作标志着西北地区的公共文化服务渐趋成熟,"十三五"期间公共文化建设成果显著。

公共文化服务"上云端"。在疫情防控常态化下,为丰富人民群众的文化生活,"互联网+公共文化"成为文化惠民活动的常态化模式。甘肃的"春绿陇原"文艺展演登上"学习强国"平台,以线上形式开展大规模舞台艺术精品展演活动,集中展示甘肃近30年舞台艺术事业的成果。这些精品成果走上网络平台,不仅能够扩大惠民的服务面,还能推动甘肃文化"走出去",提升甘肃文化的影响力。青海的35支大美青海文艺轻骑兵编排51个节目,在"黄河·河湟文化"惠民消费季中,集中放置在网络平台展演。宁夏利用网络搭建了数字化的"文化大篷车",以"菜单式"网络点播的形式将优秀秦腔、京剧、话剧等送到基层。除了以网络平台为载体开展文化惠民活动外,陕西等地还开设了公共文化数字化培训班,有针对性地为公共文化数字化发展培养人才,提升基层公共数字文化服务人员的综合能力。

公共文化服务"下基层"。近年来,西北地区着力加强市县乡镇村的公共文化服务体系建设,已经取得了一定成果。截至2020年初,陕西建成村(社区)基层综合性服务中心18652个,甘肃建成1160个社区综合性文化服务中心,能够较好地将文化服务送到群众家门口。② 为进一步提升基层公共

---

① 《战"疫"中的那抹"志愿红"》,陕西文明网,http://shx.wenming.cn/yaowen/jj/202002/t20200226_5442732.shtml,最后检索日期:2021年2月3日。
② 《守正创新 陕西文化做强做靓——陕西扎实加强文化建设》,人民网,http://sn.people.com.cn/GB/n2/2020/0227/c378288-33832758.html,最后检索日期:2021年2月3日。

文化服务水平，保证公共文化服务的标准化、均等化，西北地区还针对薄弱环节，有目标、有计划地加大财政投入，采取有关措施，升级基层公共文化服务基础设施，着力将公共文化产品送到群众"家门口"，公共服务的基层触角进一步延伸。

（四）深入挖掘区域文化，着力推进文化的创新性发展、创造性转化

区域文化是在特定空间中产生、发展并传承下来的人文精神活动的总称。[1] 区域文化具有鲜明的地域特征，它脱胎于这一区域内人民的生产生活实践，易为生活在这一区域的群众所认同，更能转化为推动区域社会发展的精神动力和智力支持。同时，区域文化也具有差异性，是一个地区区别于其他区域的人文标识，由其转化而来的创意产品、旅游项目是吸引消费者的重要"卖点"。在西北地区，丝路文化、黄河文化、民族风情、边塞文化、敦煌文化、大漠文化等蕴含深厚历史底蕴，带有神秘色彩的文化基因是当下西北地区着力打造特色文化品牌的内容根基。为培树区域文化品牌，西北地区梳理盘点区域内文化资源，深入挖掘区域文化内涵，推进文艺精品和文化产品的生产，使区域文化在传承中发展壮大。

第一，摸清文化资源"家底"，为创新性发展、创造性转化打下坚实的资源基础。不论是传承区域文化，还是创作文艺精品、培育文旅项目，都需要摸清区域文化资源的"家底"。只有了解清楚自己有什么，才能有进一步的作为。青海组织开展全省非遗基础性数据汇总，全面普查"青绣"资源，全方位、全覆盖，不漏村镇、不漏线索、不漏艺人、不漏资源，摸清非遗家底。陕西初步完成秦岭文化遗产资源调查，涉及省内秦岭地区的46个区县，基本完成陕西秦岭区域内世界文化遗产、全国重点文物保护单位、省级文物保护单位和市县级文物保护单位的资料名录整理。[2] 这些文化资源摸查、编目工作为文化创新性发展、创造性转化奠定了基础。

---

[1] 孔翔：《地方认同、文化传承与区域生态文明建设》，科学出版社，2016，第57页。
[2] 《陕西首次开展秦岭文化遗产资源调查》，陕西省文物局网站，http://wwj.shaanxi.gov.cn/sy/dtyw/dsdt/202004/t20200428_1989887.html，最后检索日期：2021年2月3日。

第二,依托区域特色文化资源,融入现代时尚元素,创作文艺精品。西北地区文艺工作者坚持文艺为民服务的根本导向,吸收现代元素,推陈出新,打造重点文艺项目,以新形式阐释区域文化主题,以新内容焕发传统文艺形式活力,繁荣文艺创作,提升文化软实力。在习近平总书记"保护传承弘扬黄河文化"重要指示的指导下,陕西、宁夏、甘肃、青海等省区的文艺工作者创排文艺作品,阐释黄河文化,弘扬时代精神,为推动黄河文化在新时代发扬光大贡献力量。青海着力打造舞剧《大河之源》,切实呈现"天下黄河青海清""一江清水向东流"的上游风貌。甘肃的音乐剧《花儿与少年》以崭新阵容再次走上舞台。陕西近年来大力推进传统秦腔艺术的复兴,复排传统剧目,"旧曲谱新词",吸纳声、光、电等现代舞台艺术,唱出地方传统文艺的时代新声。

第三,聚焦非遗文化资源,开发创意产品,助力脱贫攻坚。西北地区有着丰富的文化遗产资源,既需要妥善保护文化遗产本体、内涵和价值,又需要做好文化遗产所承载的文化、精神的传承弘扬,在保护中开发,在开发中传承,使文化遗产以参与到人民生活中去的方式延续生命、衍生价值。例如,在脱贫攻坚中,非物质文化遗产资源的经济效益、社会价值就被充分重视。2020年是脱贫攻坚的决胜之年,西北地区持续发力,推动非物质文化遗产创造性转化,助力脱贫攻坚。新疆的骨雕、手工乐器、桑皮纸、维吾尔族刺绣,青海的"青绣"、唐卡、泥塑、黑陶、藏香,甘肃临夏砖雕等都转化为文化创意产品。特别是在阿里巴巴、京东、苏宁、拼多多等电商平台的支持下,这些非遗创意产品成为脱贫攻坚的新助力。

(五)强化主题开发,推动文旅高质量发展

随着疫情趋向平稳和疫情防控的常态化,文旅行业逐渐复苏,在"限流、预约、错峰"的情况下,西北地区深入推进文旅融合,打造区域特色项目,不断提升文旅产业的发展质量。

首先,加大政策支持力度,推动文旅产业复苏。为保护文旅企业,在疫情防控常态化下恢复文旅行业的活力,西北五省区党委、政府紧急出台优惠政策,支持文旅行业复工复产。一是提高财政支持力度与精准度。陕西出台《关于支持文旅企业应对疫情恢复发展的意见》(陕文旅发〔2020〕9号),以

整合现有专项资金、适当调整使用方向等方式，精准解决企业恢复发展的难点。二是以鼓励政策激发企业干劲。甘肃深耕文旅市场，只要旅行社能够引来游客，即可奖励，以此激发旅游从业人员的信心。宁夏出台《宁夏回族自治区文化和旅游厅关于促进文化创意产品和特色旅游商品发展奖补办法》以奖代补，促进创意产品的研发。三是做好全面统筹保障文旅产业发展。宁夏党委办公厅、政府办公厅联合印发《关于加快推进文化产业高质量发展的实施意见》，从深挖宁夏特色文化旅游资源、深入推进"文化+"和"旅游+"、聚焦专业化人才培养、减税降费、提高财政支持力度等方面全面系统地为宁夏文旅产业的发展做好顶层设计，切实推进文旅产业的高质量发展。四是以政银合作帮助企业稳住基本盘。青海省文化和旅游厅为需要贷款的文旅企业和银行搭建桥梁，促成合作，稳定文旅企业。

其次，深度挖掘区域IP，打造重点项目。IP是区域文旅产业的核心，它能催生出相应的产业链，也是吸引消费者的焦点。近年来，西北地区深挖区域文化精髓和特色，并以此为核心开发文旅项目，切实实现了文化旅游产业的主题化发展。陕西借助2019年大火的影视剧《长安十二时辰》，策划了"文化+电商+城市"概念的"十二时辰长安秀"，以科技、景观、优质产品再现大唐盛世，展现古都文化魅力。甘肃对敦煌、黄河、《读者》等地标性文化进行再阐释、再生产，创新打造相应文旅项目。

最后，新业态不断涌现，文化产业载体更加丰富。在保持安全距离的要求下，文旅行业的一些新业态逐渐萌生。具体来说就是文旅"上云端"。疫情期间，跨省游暂停，大众出行减少使各地开始以直播、"云展览"、"云旅游"、"VR"赏景等形式举办文旅活动。例如，陕西在西安城墙、兵马俑、钟鼓楼等著名景区以直播镜头展现文化、历史、美景等。甘肃借助"如意甘肃"官方抖音号，以场景化、趣味化包装，打造体验式营销内容，影响颇大。从本质上来说，"云旅游"实则是更直观、更立体、更具吸引力的宣传方式，在逐渐恢复跨省旅游后，这一宣传的效果逐渐显现出来。

（六）借力主题文化，区域协作进一步深化

2020年来西北五省区不断深化区域合作，充分借助人文相通、资源互补、地缘相近等优势共同发展，不断提升文旅品牌的竞争力，扩大文旅产业的影响

力。丝路文化是西北五省区共有文化主题，是五省区加强文化旅游合作的内容基础。2020年，在西北五省区政府和兵团的支持下，西北旅游协作区秘书处联合国内外近30家媒体共同发起"丝路中国·西北风"，宣介西北山水美景、旅游线路、文化故事，助力西北文旅产业的恢复。甘肃借助丝路文化主题，举办了为期一周的"环西部火车游/1+5"活动，以绿皮火车的形式将甘肃的文化资源、旅游资源带出去，同时深耕市场，"引客入甘"，不仅与陕、青、宁、新等西北省区加强合作，还联通陆上、海上丝路，与西部其他省区通力合作，加快文旅经济复苏。

二 西北地区文化建设存在的短板

（一）文化资源转化率有待进一步提高

文化资源是文化事业、文化产业、文旅融合的驱动要素①，具体来说，有历史遗迹、民族风情、民俗文化、故事传说、自然风光等。西北地区以独特的自然风光、丰富多彩的民族风情和神秘的地方历史，吸引着追求差异化体验的消费者。但西北地区整体文旅产业发展水平相对落后，这与文化资源的开发转化率相对较低有着极大的关系。一是可供转化的文化资本有待进一步发掘。目前西北地区着力开发的文化资源还相对集中，比如黄河文化、丝路文化、古城文化、敦煌文化以及民族风情等，但西北各省区仍有许多值得开发的历史文化资源尚在闲置，例如边塞文化、武侠元素、大漠风情等。二是受资金、技术等因素限制，目前正在开发的一些文化资源也仍有较大开发空间。黄河文化是2020年西北地区着力建设和发展的重点文化主题，但对区域内黄河文化内涵的解读、定位仍需深入。同时，对能够进行创意转化的黄河文化符号也需进一步筛选提炼。

（二）文化产品质量有待进一步提升

目前，在西北地区的文化建设中，不论是公共文化产品还是文旅项目，质量都需要进一步提高。首先，跟风、同质化现象严重。例如，自从故宫文创产品

---

① 佟东：《文化产业结构安全论》，北京交通大学出版社，2018，第51页。

火起来后，各地博物馆、文化馆都开始将馆中的文化元素融入办公用品、生活用品等，开发创意产品。当大部分博物馆都开始以这样的形式开发产品后，出现了一些文化元素与承载物品之间不匹配、文化主题总结不到位，以及雷同、同质化的问题等，严重影响了产品开发，也降低了产品的投入产出效益。其次，与大众需求尚存在一定的距离。当前，西北地区文化生产与消费之间存在一定的错位，有学者、从业人员认为生产者生产什么消费者就消费什么，不能被消费者"牵着鼻子走"。但当下丰富多彩的产品为消费者提供了多样的选择，消费者的主观意愿对生产的能动反作用明显，消费者的消费意愿势必要重视。特别是公共文化服务产品，作为公益性的文化事业，其目的就是满足人民群众的文化需求，只有充分了解民意，才能推动公共文化服务向均等化、精准化发展。

（三）文旅融合有待进一步深化

推进文旅真融合、深融合是推动西北地区文旅产业高质量发展的重要措施。自文旅行政班子整合后，西北地区也采取了多种方式方法来推进文旅融合，但从目前来看，在文旅的真融合与深融合上仍存在可作为之处。首先，"文化为魂，旅游为体"，在具体落实中出现将文化作为标签附着于旅游的简化动作。显然，这是对文旅融合的内涵认知存在一定偏颇，文旅融合不是简单的文化与旅游的相加，也不是在某旅游项目上附着上文化就可以称为文化旅游。文旅项目的开发需要扎根于区域文化中，从文化资源的"有"结出文旅产业的"有"。因此，在项目规划的出发点上存在一定的偏颇。其次，在文旅融合过程中，出现了"重旅游、轻文化"的倾向。其原因大致可做如下探索。一是文化是一个模糊不清、难以界定的概念，这就加大了着手处理文化的难度，而旅游却是一个可触碰的、实实在在的概念，以旅游项目为抓手来推动文旅融合具有一定的可操作性，这就难免造成重旅游的倾向。二是文旅两套班子融合之后，原来从事旅游的行政管理者和从业者相对缺乏文化管理的相关知识，同时，文化产业的投入产出比低于旅游，故而旅游成为当下文旅相关部门的主要抓手，文化产业发展相对滞后。

（四）人才队伍建设不足

能够服务地方文旅产业、文化事业的人才队伍是推动区域文化建设的第一资源。由于经济社会发展相对落后，西北地区普遍存在自主培养力量弱、引才留才困难的问题。

首先，在利用地方高校、职业院校的教育资源培养服务地方的文化建设人才方面，存在专业设置杂乱、资金支持力度不够、输出人才数量不足、就业难等问题。国内的学科中并没有相应的文化学学科，因此在高校专业设置时就出现了一定的纷乱。受学科培养的限制，各个学科所培养的人才难以满足市场需求。当然这一问题并不仅仅是西北地区的问题，还具有一定的普遍性。尤其是在文旅融合后，学科培养的限制更加明显。文化相关学科的学生并没有接受旅游专业的教育，反之亦然，这自然影响了地方高校对文旅行业人才的供给。此外，对于学生来说，因为薪资待遇等问题，大多数毕业生并不选择从事旅游行业或者文化管理行业，这就更影响文旅行业的人才队伍建设。

其次，引才、留才难。西北内陆相对于东部沿海，在人才引进上存在明显劣势。一是除省会城市外，引才留才依然困难。近年来，西北地区出台了一些引才政策，对省会城市像西安、兰州、银川等的引才留才具有积极意义，取得一些成绩，但其他城市引才依然困难。二是文化创意及其相关学科引才尤为困难。近年来，西北地区的创意产业发展相对落后，这些学科的从业环境、就业机会也自然弱于其他地区，这些学科的人才引进就显得更加困难，对加强西北地区文旅人才队伍建设造成一定的阻碍。

（五）文化消费有待进一步激发

文化消费属于更高层次的消费需求，在各消费类型中，最先被压缩的消费就是文化消费，只有物质消费得到充分满足时消费者才会考虑文化消费。根据中国人民大学创意产业技术研究院、四川文化创意产业研究院共同研发的"中国西部文化消费指数"来看，由于经济发展水平相对滞后，西北地区的文化消费水平明显落后于全国平均水平。在经济发展相对落后、贫困人口相对集中以及疫情的持续影响下，如何提升西北地区群众的文化消费意愿有待深入研究。

综上，2020年西北地区文化建设抵抗住了疫情的强势冲击，但也依然存在很多短板和弊端，需要立足西北地区文化生态、社会发展实际等综合考虑切实可行的文化建设路径。

三 后疫情时期西北地区文化建设新业态、新形势的预测展望

2021年，西北地区将与全国其他省区一起进入"十四五"发展时期。在新的发展时期，西北地区面临着疫情防控常态化的挑战，也有"一带一路"、新一轮西部大开发、推进黄河流域生态保护和高质量发展等的机遇。在机遇与挑战中，西北地区文化建设领域内的新业态、新形势将得到进一步发展。

线上生产、营销势在必行。疫情加速了线上行业的发展，对文化生产来说，不论是公共文化产品还是创意产品，旅游项目都已经走上"云端"。在公共文化服务方面，随着县级融媒体建设的深入，"互联网+公共文化服务"将使公共文化的触角更加向基层延伸，"文化惠民"的覆盖面更加广泛，服务的供需对话更加便捷，公共文化服务的均等化、精准化将加速实现。对文旅产业来说，"云宣传""云展销""云旅游""直播带货"等方式加速了区域文旅产品"走出去"的脚步，提升了文旅行业的知名度。另外，文旅项目的实地建设中，数字化发展也将加快进程。疫情防控措施改变了消费者的消费方式和消费模式，刷脸通行、扫码入景区等无接触的数字化方式满足了消费者外出旅游与安全防护的双重需求，因此数字化建设将进一步推进。

"沉浸式"体验或将成为文旅产业发展的重要靶向。随着文旅融合的推进、旅游与其他产业协同发展的加速以及旅游消费主体的代际变化，文化旅游消费者对旅游体验的期待已经从教育、娱乐、审美、移情等提升到"沉浸式"。所谓"沉浸式"就是个人精神完全投注于某种活动的感觉，给个人带来高度的兴奋和充实感。文旅行业中纳入"沉浸式体验"实则就是借助文化IP，打造故事情节，营造虚拟场景，让消费者深度参与。2020年，西安开发的一些文旅项目已经开始强化"沉浸式体验"，比如，游客在大唐不夜城内穿唐服、赏唐景、品尝唐朝美食，为游客营造妙趣横生的"唐朝梦"，使游客"沉浸式"地融入大唐文化中。可以说，"沉浸式"体验能够将难以触摸的文化进行仿现实还原，增强消费者的文化旅游体验，是在文化资源基础上开发出的文化旅游项目，是推进文旅真融合、深融合的有效途径。

志愿服务行业也将加速发展。在来势汹汹的疫情面前，各行各业的志愿

者为保障人民群众的生命安全拉起了一道"红色防线"。志愿者在防疫中贡献的力量和发挥的作用，充分说明发展、完善、规范志愿服务行业不仅是社会文明进步的需要，也是完善基层治理的需要，尤其是基层志愿服务队伍将会加速发展。

乡村文化旅游仍将在巩固脱贫攻坚成果、推进乡村振兴中发挥重要作用。2020年是决胜脱贫攻坚之年，但这并不意味着扶贫工作的结束，"因病返贫""因学致贫"等问题仍然存在，"空心村"的问题尚未解决，乡村振兴也还有很长的路要走。在巩固脱贫成果、实现乡村振兴中，乡村文化旅游是重要抓手。2020年，文旅部发布《关于统筹做好乡村旅游常态化疫情防控和加快市场复苏有关工作的通知》等文件，以设置专项资金、线上线下融合等方式促进乡村旅游的复工复产。着力推进乡村文化旅游发展依然是西北地区为乡村留住人、吸引人、巩固脱贫攻坚、实施乡村振兴的重要项目抓手。

总的来说，在新一轮西部大开发的战略机遇下，在新业态、新形势的引领下，西北地区的文化事业、文旅产业发展形势将持续向好。

四 西北地区推动文化创新发展的着力点与举措

（一）在落细、落小、落实上下功夫，坚持社会主义核心价值观内化于心、外化于行

人无精神不立，国无精神不兴。要推进西北地区经济建设、政治建设、文化建设、社会建设、生态文明建设，需要发挥好社会主义核心价值观凝心聚力的作用，不断增强人们奋发向上的精神动力。

要激发社会主义核心价值观最持久、最深刻的力量，需要将社会主义核心价值观融入人们的日常生活。作为一种价值观念，社会主义核心价值观只有融入人们的日常生活，才能真正发挥作用。具体来说，就是要通过舆论宣传、教育引导、具体实践等形式，营造社会主义核心价值观充盈生活的氛围，让人民群众从"认可"到"熟知"再发展到"无意识的存在"，这是一个"内化于心"的过程，是"春风化雨""润物无声"的过程。只有当"内化于心"这一过程完成，社会主义核心价值观才能转化为群众生活工作的精神灯塔。

要激发社会主义核心价值观最持久、最深刻的力量，需要借助优秀传统文化的力量。一是提炼优秀传统文化的智慧，为涵养社会主义核心价值观提供智力支持。优秀传统文化中的诚信、爱敬、忠恕、知耻、和、自强不息、诚实守信、助人为乐、孝老爱亲、勤俭节约等传统美德与社会主义核心价值观一脉相承且历史悠久，沉淀在一代代中华儿女的内心深处，唤醒这些精神文化记忆，潜移默化地影响人们的思想观念、价值判断、道德情操，能够为社会主义核心价值观的涵养提供助力。二是借助传统文艺形式，丰富社会主义核心价值观的载体。依靠新技术，结合社会发展新需求，推进对优秀传统文化的创造性转化，并以这些文化产品和文艺形式，承载社会主义核心价值观，以更生动有趣、贴近民心的形式弘扬社会主义核心价值观。

（二）坚持以人民为中心的文艺生产与文化服务，向精准化的文化供给迈进

人民的需要是文艺生产、公共文化服务等文化事业存在的根本所在。只有坚持以人民为中心，才能创作出无愧于伟大民族、伟大时代的优秀作品，才能进一步推进文化供给侧结构性改革，精准施策。

坚持以人民为中心的文艺生产与文化服务，首先需要了解群众之所需、所思、所想。对于西北地区的文化从业者来说，不论是从事文艺创作还是提供公共服务，首先都需要做好充分的调查研究，了解群众需求与喜好。目前，随着科学技术的发展，大数据为更清晰地了解群众喜好、需求提供了全面、便捷的技术支持。

为最大限度地满足消费者的需求，还需要区分受众群体，面向不同的受众打造不同的文化产品，以增强消费者文化体验感。当下社会，文化发展呈现多元化、碎片化的状态，出现了诸如森系、小清新、小资、"80后"、"90后"等文化标签，标签后是文化需求不同的消费群体。要以体验为抓手，实现文旅深度融合，就要根据不同的文化群体、不同的文化层次区别性地规划旅游方案，从而吸引更多消费者，使不同消费者都能充分获得体验感。

（三）以创意为核，持续推动文化的创新性发展、创造性转化

创意是文化建设最鲜活、最具创造力的元素，是文化进行资本转化的有力

方法。什么是创意？"所谓'创意'就是我们平常说的'点子'、'主意'或'想法'"，"一般源于个人创造力、个人技能或个人才华"。① 这样的概念总有捉摸不定的缥缈感。故宫博物院前院长单霁翔对创意的解释更具象，更有可操作性。他认为，创意就是研究人们的日常生活，让文物适应人们的生活，还要有点趣味。

首先，创意的实现离不开对文化主题内涵和精髓的把握。要在区域文化历史中总结这一区域特色文化意蕴、文化价值、文化品格，这是区域文化符号的精神要义和核心价值。符号"要跻身文化行列，条件应是获得文化意蕴、文化价值和文化品格。它们或者体现民族生活的特色，或者记录民族历史的脚步，或者透露着民族的行为规范和价值取向，或者传递着民族的生存经验和生存理想，总之能告诉人们一些提升精神、完美人类的信息。"② 也就是说，要进行区域文化符号的编码。以宁夏为例，宁夏的历史是以移民为主题的发展史，移民带来的是多元文化的碰撞与融合，涵养了宁夏文化多元性、包容性的品格。这些典型的文化品格、意蕴，都是宁夏文化的独特之处，是进行区域文旅产业品牌开发的基础，是需要借助符号进行具象化的精神内涵。

其次，创意的实现离不开现代科技的支持。开发文化产品离不开现代技术的支持。VR技术、数字灯光技术、立体科技为建设现代智慧景区提供了技术支持，也增加了景区的体验感、浸入感，成为吸引游客的重要手段。例如，各省区的影视城、影视基地在进一步建设开发中就可以利用现代技术，使经典片段的场景"活起来"，尽可能地让消费者体验他们所熟悉的影视剧情节，改变平面的、浏览式的景观设计。此外，灯光技术、数字技术等也是现代科技建设旅游景观的手段之一。冬季漫长的北欧利用灯光等打造城市艺术节，将文化符号以灯光技术、数字技术进行展示，在增加城市魅力的同时，也宣传了城市文化。

（四）强化政策支持力度，鼓励文艺生产，刺激文化消费

2020年，为了平稳快速地推动文化事业、文旅产业复工复产，西北各省

---

① 上海市经济委员会、上海创意产业中心编《创意产业》，上海科学技术文献出版社，2005，第3页。
② 白春仁：《融通之旅　白春仁文集》，黑龙江人民出版社，2007，第221页。

区出台了相应的政策，支持企业发展，促进消费。但为进一步帮助企业缓解疫情影响，刺激文化消费，还需要进一步加强政策支持。根据西北地区发展实际，完善文旅相关政策体系，发挥政策的支持作用。

在文化生产方面，要在以下方面进行完善。一是立足文化建设现状，有针对性地出台相应政策，精准施策。例如，除了现有的减税降费、专项资金、创意产品开发等方面的政策外，还可以在推动产学研一体化、科技创新、提高产品质量、打造文艺精品等方面出台相应的鼓励政策。二是评估现有政策效果，查漏补缺。组建相关团队，研究制定相应的政策评估体系，从政策落地的实效出发，修改完善现有政策，提高政策的科学性、实效性。

在文化消费方面，受经济社会发展水平等的限制，西北地区要拉动经济消费，需要在政策上做文章，刺激大众的消费意愿，并在一定程度上减轻大众的消费负担。一是可以与企业、银行建立PPP合作模式，为消费者提供更多的消费优惠，吸引消费者购物。二是加大文化惠民活动的支持力度，为开展更多、更优文化活动提供资金、人才支持。

（五）加强队伍建设，发挥"第一资源"的作用

"人才资源是第一资源，也是创新活动中最为活跃、最为积极的因素。"文旅融合发展离不开人才队伍的建设。为适应文旅融合发展，需要建设怎样的人才队伍，在学校教育中如何紧跟文旅融合脚步培养专门人才等，都是建设文旅人才队伍所面临的问题。

第一，合理配置人才队伍梯队，充分发挥不同人才的价值与作用。为促进西北地区文化建设，需要建立好专家团队、产业管理人才、创意人才、技能人才等几支队伍。首先，专家团队主要由地方历史文化研究人员、旅游研究人员组成。在以往的项目开发中，西北地区常聘请其他地区规划专家进行文化产业、旅游项目规划，但遗憾的是，他们对地方历史文化并不熟悉，在设计中对区域文化的精髓与特色往往把握不够。这就需要发挥长期从事地方历史文化研究的专家学者的作用，深入挖掘区域文化特色，提炼区域文化精髓。其次，文旅产业、文化事业的发展还需要复合型的管理人才，他们既明确文化产业、文化事业的运营规则，也熟悉旅游业的发展规律，从而在运营开发中实现二者的融合。再次，创意人才还是文旅融合不可缺少的一类人才，

他们能够将我们现有的文化资源进行资本转化，将旅游景观设计得更具体验性，从而满足人民群众对文旅的消费、审美需求。最后，技能型人才也是这支人才队伍的重要组成部分，具体包括科技人才、服务型人才等为文旅项目提供技术支持的人才队伍。

第二，打破学科壁垒，推动知识体系耦合，为地方文旅产业培养专门人才。发挥文化旅游研究者的作用，促进文化学科与旅游学科知识的耦合，为人才培养奠定基础。发挥地方高校、职业院校作用，为文旅融合发展培养复合型人才，作为智力保障。打破学科壁垒，破除学科界限，在高校教育培养目标中实现文旅知识融合，建立文化旅游人才的联合培养机制，解决专业杂乱的问题。建立文化相关产学研实践基地，文化、旅游的从业者需兼具理论素养与实践经验，这就需要高校与企业、景区建立合作关系，让学生能更多地接触实践，在理论与实践中提升能力。

第三，优化就业环境，加大引才力度。目前，西北地区既需要加大文化旅游高层次人才的引进力度，以更多优惠政策吸引文化产业、旅游业的高层次人才，提升人才队伍层次，还需要优化就业环境，鼓励相关人才投入文化建设中。高校毕业生不从事文旅相关工作，归根结底还是从业待遇不够，相比于房地产行业、物业管理行业，这些毕业生在旅游行业中的收入难以达到他们的预期。只有从工资待遇、居住条件等方面提供一定的支持政策，才能为高校毕业生参与文化建设提供更多保障。

参考文献

张江主编《建设新时代社会主义文化强国》，中国社会科学出版社，2019。

〔英〕斯蒂芬·威廉斯、〔美〕刘德龄：《旅游地理学——地域、空间和体验的批判性解读》，张凌云译，商务印书馆，2018。

张廉、段庆林、王林伶主编《黄河流域生态保护和高质量发展报告（2020）》，社会科学文献出版社，2020。

桂榕：《重建"旅游-生活空间"：文化旅游背景下民族文化遗产的可持续保护利用研究》，中国社会科学出版社，2016。

B.7 西北地区生态建设发展报告

罗 哲*

摘 要： 中国特色社会主义进入新时代，以习近平同志为核心的党中央从实现中华民族伟大复兴和永续发展的全局出发推动生态文明建设新实践，围绕生态文明建设提出了一系列新思想、新观点，实现了我国生态文明建设理论体系和实践体系的发展与完善。西北地区是我国西部的重要生态屏障，对西北区域环境与现实发展的关注和研究，将推动西北地区生态环境综合治理与区域经济绿色转型发展。本文结合习近平生态文明思想，详细探讨西北地区绿色发展与生态文明建设的现状、问题以及具体路径，通过科学论证提出了西北区域环境绿色转型发展的新理念和新思路，希望能为相关实践工作的开展提供借鉴。

关键词： 生态建设 绿色发展 西北地区

生态文明建设关乎人民福祉，是中国特色社会主义"五位一体"总体布局的重要内容，也是西部地区和中华民族永续发展的千年大计。习近平总书记多次强调，要坚持节约资源和保护环境的基本国策，像保护眼睛一样保护生态环境，像对待生命一样对待生态环境，这为西部地区生态建设提供了根本遵循。为全面贯彻落实"绿水青山就是金山银山"的生态文明思想，西北地区

---

* 罗哲，理学博士，甘肃省社会科学界联合会副主席、研究员，甘肃省社会科学院特聘研究员，主要研究方向为区域经济与城市经济。

特别是黄土高原区、荒漠风沙区和青藏高原高寒区等重点生态功能区域，以及城市工矿采挖治理区，需要继续围绕山水林田湖草综合治理，不断推动生态保护修复和高质量发展。

一 发展现状

生态文明建设旨在实现人与自然、人与社会的和谐共生和可持续发展。西北地区是我国重要的生态屏障和生态功能区，承担着优化生态安全屏障体系的重大任务，在沿海、沿江（长江流域）、沿黄（黄河流域）"三沿"发展战略中具有独特的生态地位。推进西北地区生态文明建设不仅能够促进本地区经济可持续发展，同时对于国家经济高质量发展也具有重要意义。

（一）主体功能区建设持续推进

不同地区的环境承载能力和发展潜力等因素是各不相同的。西北地区由于其特殊的地理环境和气候条件，成为国家国土空间开发新格局形成的重要功能区域①。从重点开发区建设看，西北地区所辖西安市、兰州市、银川市、西宁市、乌鲁木齐市等省会城市，发展的基础条件和潜力较好，人口集中分布，自然与经济状况呈现均衡发展，资源环境综合承载能力进一步提升，新型工业化和新型城镇化呈现良性互动发展格局②。分析区域内部不难发现，2011～2018年陕西的工业增加值处于西北首位，青海和宁夏的工业增加值较低。2019年以来，西北各省区工业增加值增速虽然波动变化，但相较于2011年，均实现了不同程度的增长。以农产品生产为主的限制性开发区③自然条件约束明显。近5年来，各地主要依托比较优势因地制宜，通过种植农产品保障了国家粮食安全，实现了群众增收致富。陕西省延安市的洛川苹果，甘肃省定西市的马铃薯，新疆吐哈盆地的哈密瓜等，不仅明显提升了本地区的农业综

---

① 冯翠月、米文宝、侯雪、杨显明、李建华：《基于西北地区主体功能区划的产业政策研究》，《经济地理》2010年第11期。
② 刘汉初、周侃、卢明华：《重点开发区域工业空间格局、集疏差异及影响机制——以福建沿海地区为例》，《人文地理》2020年第1期。
③ 陈映：《限制开发区域配套政策的国际经验及启示》，《经济体制改革》2016年第4期。

合生产能力,而且促进了各地区之间的协调发展。数据显示,2011~2018年,西北各地区的农林牧渔业均取得了较大发展,陕西和新疆的农林牧渔业增加值最高,甘肃次之,宁夏和青海的最低,但整体仍呈现波动上升趋势。在其他各种类型的自然文化保护区,西北地区不断加强生态保护建设,尤其重视自然保护区生态修复。截至2019年,陕西省已建自然保护区61处[①],甘肃省已建自然保护区56处[②],宁夏已建自然保护区14处[③],新疆已建自然保护区28处[④]。

(二)生态环境建设成效显著

良好的区域生态环境为人们提供生存基础条件,也为新时期经济社会高质量发展奠定了基础。西北地区的荒漠化问题、水土流失问题较为严重,生态环境较为脆弱,这也使得西北地区成为生态环境建设过程中的重要目标建设地区。近年来,西北地区结合国家"三大攻坚战"中的蓝天保卫战,通过植树造林、水土流失治理、城乡环境综合整治等,为建设美好家园提供了生态底色。就空气质量改善状况而言,截至2019年,经过统计调查,西北地区的空气质量相比2018年已经出现了显著改善。其中,各省区的平均空气质量优良天数同比2018年均有所增加,宁夏和甘肃的空气质量优良天数同比增加较为明显,分别为15.28%和12.44%,这两个省的空气质量显著优化。新疆维吾尔自治区优良天数同比增加较小,为2.15%,说明该地区仍需要进一步加强对空气污染的治理力度。从水环境质量看,西北地区地理气候环境决定的水时空分布不均以及由此带来的水灾害问题较为严重,加之水资源短缺、水生态损害、水环境污染使得新老问题相互交织,给区域治水提出了新课题。截至2019年,西北地区各省区的水环境建设取得了良好成效,各省的Ⅰ~Ⅲ类水质断面比例显著增加。其中,青海增加得较为明显,同比2018年增加11.28%;Ⅳ~Ⅴ类水质断面比例则相反,呈现下降趋势。其中,呈现明显下降趋势的是青海省,同比2018年下降74.81%。劣Ⅴ类重度污染水质断面比

---

① 陕西省生态环境厅:《2019年陕西省生态环境状况公报》,2020。
② 甘肃省生态环境厅:《2019年甘肃省生态环境状况公报》,2020。
③ 宁夏回族自治区生态环境厅:《2019年宁夏生态环境状况公报》,2020。
④ 新疆维吾尔自治区生态环境厅:《2019年新疆维吾尔自治区生态环境状况公报》,2020。

例也在不断下降。其中,下降较为明显的是新疆维吾尔自治区,相较2018年下降50%。

(三)生态产业体系加快构建

推进生态文明建设,实现经济发展和生态环境保护之间的双赢局面,根本途径就是发展生态产业,实现绿色崛起。在构建现代化经济体系中,西北地区面对环境资源约束,探索出了颇具特色的生态产业发展之路。其中,为统筹发展生态产业,甘肃省2018年提出发展培育十大类绿色生态产业,包括清洁生产、节能环保、清洁能源、先进制造、文化旅游、循环农业、数据信息等,并投资8200多亿元建立265个重大工程项目库。生态产业的良好开局,为此后绿色发展奠定坚实基础。数据显示,2019年甘肃省十大生态产业实现增加值2061.9亿元,比上一年增长7.8%,占GDP的23.7%。其中,文化旅游业迅速发展,接待境内外游客3.7亿人次,比上年增长24.0%;总收入2680亿元,比上年增长30%;清洁能源生产和输送能力提高,中核汇能甘肃矿区黑崖子5万千瓦风电项目和敦煌大成光热发电示范项目建成并网,全省弃风率下降到7.6%,弃光率下降到4.3%。数据信息技术应用实现突破,建成国际互联网数据专用通道和两个大数据中心。

陕西省也积极谋划,通过科技创新促进生态产业发展。2019年陕西省建成重点产业创新链32个,关键技术创新点289个,新增高新技术企业首次超越1000家,对传统产业实施重点技术改造127个,建成国家级绿色工厂13个。战略性新兴产业增加值增长约8%,其中,新一代信息技术产业增长12.6%,高级装备制造业增长11.4%,新能源企业增长7.7%,生物产业增长5.7%,新材料产业增长3.9%。此外,部分高新技术项目建成运营,如奕斯伟硅材料项目进入调试、新舟700飞机全面试制、百度云计算中心和华为中国区运营商总部落户,5G网络建设和规模化商用逐步推进。在文化旅游产业发展方面,陕西省2019年接待境内外游客人数7.07亿人次,增长12.2%;旅游总收入7211.21亿元,增长20.3%。农业生态化发展积极推进,新增国家现代农业产业园2个,设施农业面积增加29万亩,苹果新增和改造面积83万亩。优化调整能源结构,2019年淘汰落后煤炭产能3700多万吨。

宁夏回族自治区多措并举、生态产业增长稳定,2019年规模以上工业增加值增长7.6%，制造业增加值增长9.9%。其中，专用设备制造业增加值增长10.3%。特色优势农业发展迅速，2019年宁夏高标准农田建设达149万亩，特色优势农业占比约87.4%。旅游业加快发展，2019年接待境内外游客4011.02万人次，同比增长19.92%；旅游总收入340.03亿元，同比增长15.00%，西夏区、沙坡头区成为国家全域旅游示范区。宁夏积极推动科技创新，促进产业结构调整，实施了"创新驱动30条"、科技创新"五大行动"、"人才18条"政策，培育了122家"专精特新"企业，新增50家国家高新技术企业，对吴忠金积工业园、宁东基地进行低成本绿色化改造。宁夏注重能源结构调整，2019年淘汰落后产能409万吨，提高清洁能源使用比例，水电、风电等可再生能源发电量322.1亿千瓦时，增长6%，新能源装机规模突破2000万千瓦。2020年9月，宁夏为实现经济高质量发展，对全区重点特色产业进行部署，将电子信息产业、新型材料产业、绿色食品产业、清洁能源产业、文化旅游产业、葡萄酒产业、枸杞产业、奶产业、肉牛和滩羊产业九大特色产业作为宁夏经济未来发展的引擎，重点培育发展，逐步促进产业结构优化升级。

为促进生态产业发展，青海省2018年提出"一优两高"的战略，并逐步形成以生态、循环、数字、飞地"四种经济形态"为引领的经济转型发展新格局。数据显示，2019年青海省制造业增加值增长8.8%，规模以上工业增加值增长7.0%。其中，规模以上工业中，新材料行业增加值增长30.8%，新能源行业增加值增长8.9%，装备制造业增加值增长26.5%。旅游业迅速发展，2019年青海省接待国内外游客5080.17万人次，增长20.8%，旅游收入561.33亿元，增长20.4%。青海省积极调整能源结构，加快培育新能源，2019年淘汰落后产能60万吨，清洁能源装机容量达2776万千瓦，发电量占比达86.5%，外送清洁电量166亿千瓦时，同时重视可再生资源回收利用，钾资源综合回收率超过75%。

新疆维吾尔自治区加快技术进步，产业结构不断优化升级，2019年战略性新兴产业增加值增长6.9%，高新技术制造业增加值增长7.8%。交通运输、仓储和邮政业快速发展，2019年增加值达953.72亿元，增长34.3%。特色农业优质化发展，农业产业化水平提高，2019年棉花种植面积3810.75万亩，总产量500.2万吨，占全国比重84.9%；林果总产量786.5万吨，增长2.3%，南疆林果产品首次成批量走出国门，销往国外；农业装备和机械化水平进一步提升，新增高效节水灌溉面积227万亩。旅游业保持快速增长，全域旅游、文旅融合深度推进，2019年接待国内外游客2.09亿人次，增长41.6%，旅游总收入3452.65亿元，增长40.4%。新疆积极调整能源结构，2019年淘汰落后煤炭产能144万吨，水、风等清洁能源发电量同比增长14.8%，占发电量的比重为22.9%，光电、风电装机容量2981.73万千瓦，占装机总容量的32.30%。

（四）生态建设的体制机制日趋完善

建立系统完整的生态文明制度体系，用制度保护生态环境，关键在于健全法律法规。在这一方面，甘肃省突出生态环境保护领域立法，2018年7月28日甘肃省人大修订通过《甘肃省实施〈中华人民共和国防沙治沙法〉办法》，强调治沙应遵循生态规律，依靠科技进步，明确了沙区禁止性活动；之后陆续修订《自然保护区管理条例》8项法规，废止《林业生态环境保护条例》等4项法规，明确规范自然保护区的划分、建立和管理；2018年11月29日甘肃省人大会议通过《甘肃省大气污染防治条例》，划定高污染燃料禁燃区，规定在禁燃区内应使用清洁能源。2019年11月29日，甘肃省人大修订通过《甘肃省石油勘探开发生态环境保护条例》，明确了责任承担、信息公开、环境监测和监督管理等方面的规定；2019年9月26日甘肃省人大会议通过《甘肃环境保护条例》，在排污申报登记、排污费征收等方面进行了修改；对生态保护补偿、生态保护红线等制度和措施进行了全面补充；制定长城保护条例，着重长城及其环境风貌的保护、抢救、利用、管理；废止了部分条款已不适用的资源综合利用、农业生态环境保护等条例。完善生态环境监管制度，2019年甘肃省挂牌成立大熊猫祁连山国家公园甘肃省管理局，理顺尕海－则岔国家级自然保护区管理体制，新组建黄河首曲国家级自然保护区管理局，省市县乡村五级河（湖）长制体系全面建立。

为深化生态环境保护体制机制改革，2019年陕西省成立了生态环境保护委员会，统筹协调省内生态环境保护重大问题。2019年陕西省审议修订《陕西省煤炭石油天然气开发生态环境保护条例》，构建源头联动防控体系；2019年9月27日陕西省人大修订通过《陕西省秦岭生态环境保护条例》，促进秦岭生态环境治理方式转变和治理能力现代化；修订重污染天气应急预案，编制应急减排清单，并将7675家涉气工业企业、3605家扬尘源纳入应急减排清单，防治大气污染；制定实施渭河等 8 个重点流域"一河一策"的治理方案，防治水污染。完善地方标准体系，发布污水排放标准（《陕西省黄河流域污水综合排放标准》《农村生活污水处理设施水污染物排放标准》）和大气污染排放标准（《锅炉大气污染物排放标准》《关中地区重点行业大气污染物排放标准》）。健全生态环境监管制度，推进排污许可制改革，核发排污许可证，将 3.7 万家排污单位纳入固定污染源管理。在加强统计监测方面，全省建成了 188 个空气质量自动监测站、257 个水环境质量监测网和 1163 个土壤环境质量监测网。为完善生态环境损害赔偿制度，制定《陕西省生态环境损害赔偿磋商办法（试行）》和《陕西省生态环境损害鉴定评估办法（试行）》两个办法。

宁夏回族自治区重视生态文明立法。2020 年 1 月 4 日宁夏回族自治区人大会议通过《宁夏回族自治区水污染防治条例》，明确水污染防治的基本原则和主体责任，规定了政府及有关部门的监督管理职责等内容。2019 年 7 月 17 日宁夏回族自治区人大会议通过《宁夏回族自治区河湖管理保护条例》，进一步明确河湖管理保护名录、生态评估、考核和激励问责等规定。2019 年 1 月 1 日施行《宁夏回族自治区生态保护红线管理条例》，划定调整生态保护红线，公布管控和处罚措施，要求严守资源环境生态红线，做到源头严防、过程严控、全程严查、后果严惩。修订《宁夏回族自治区环境保护条例》，明确了各级政府的监管责任，规定了排污许可证的发放及处罚标准。

青海省作为"中华水塔"在我国生态建设中地位突出。2019 年青海省出台"中华水塔"保护行动纲要，明确 2020 年将实施冰川冻土雪山保护、交通沿线生态恢复工程、地质灾害风险预警评估等工作。持续强化水污染防治，建立五级河湖长制工作体系。持续推进生态文明建设，构建"天空地"一体化生态网络监测体系，协同开展第二次青藏高原综合科学考察，基本完成自然保护地本底调查，三江源草地整体退化趋势有效遏制。推进国家公园体制建设工作，完成三江源国家公园国际评估，三江源国家公园设园条件更趋完备。实施三江源二期、祁连山、青海湖等重点生态工程，绿色勘察取得新突破，自然保护区矿业权退出和补偿进展顺利。

新疆维吾尔自治区将生态环境保护放在全区发展的重要位置，认真贯彻落实中央有关规定，实行最严格的生态保护制度、水资源管理制度，坚决守住生态红线。新疆严禁"三高"项目，对于能源和矿产资源的开发施行"一支笔"审批制度；在河湖管理方面，实施河长制、湖长制，明确相关部门责任。2017年3月1日新疆维吾尔自治区人民政府印发《新疆维吾尔自治区土壤污染防治工作方案》，提出十大类33项具体措施，确保土壤资源永续利用。建立体现生态文明要求的考核办法，积极落实国家政策，完善责任追究制度。2017年6月17日新疆印发《新疆维吾尔自治区贯彻落实〈生态文明建设目标评价考核办法〉工作方案》，同年新疆维吾尔自治区党委办公厅、自治区人民政府办公厅印发《自治区实施〈党政领导干部生态环境损害责任追究办法（试行）〉细则》，开展生态文明建设年度评价，安排部署生态文明建设目标考核工作，强化生态文明建设主体责任。2019年11月1日，新疆维吾尔自治区人大批准的首个开发区生态环境保护条例——《昌吉回族自治州准东经济技术开发区生态环境保护条例》施行。2019年新疆制定区域空间生态环境评价工作实施方案，提出要加快"三线一单"的编制。2020年新疆按照国家法律规定，在本地区推进排污许可制度，明确了企业的排污责任。

二 主要问题

（一）生态环境仍然比较脆弱

西北地区地处亚欧大陆腹地中心，地域辽阔，属于干旱和半干旱地区，降雨量小，水资源匮乏且分布不均，植被覆盖率低，自然灾害频发，对全球气候变化反应敏感，抗干扰能力较弱。受自然地理条件约束、全球气候变暖和人们不科学的生活方式（排放污染物、无度抽取地下水、砍伐树木、滥垦荒地、过度开采资源等）的影响，土地荒漠化和水土流失情况严重，水资源短缺且循环利用率低，人口迅速增长的趋势又使得人均耕地面积严重缩小且耕地质量下降。生态环境脆弱和生态自我修复能力较低直接影响了地区的可持续发展进程。与中国中东部发达省区相比，西北地区经济发展水平相对较低，生态基础更为薄弱，人口、资源和环境发展不协调，在完成提高环境承载力、建立国家生态安全屏障、夯实绿色发展基础等生态建设任务中，面临的环境治理及改善问题的复杂性与难度更大。

（二）发展不平衡不充分矛盾突出

随着乡村振兴战略的深入实施，西北地区城市化速度加快，城市在不断优化市民生活环境、美化市容的同时，也导致了城乡发展和生态环境治理的矛盾突出。城市污染性产业和部分生活垃圾向乡村转移，工业废水、废气、废渣的排放和有害垃圾的焚烧填埋，进一步恶化了乡村环境。同时，西北地区农村面积占比较大，农村生态环境依然是短板，乡村生态建设依然是区域生态文明建设的主战场。

（三）产业结构优化升级有待加强

西北地区经济总量增加长期依赖高能耗和高水耗产业，以资源型工业和传统农业为主要经济结构，其中工业结构以煤炭、石油开采和有色金属冶炼为主，传统农业结构具有生产技术和经营管理落后、抵抗防御灾害能力弱、农业生态系统功能低等缺点。农牧业比重较大、工业化基础薄弱、第三产业发展滞后等产业结构不合理现状不仅使得地区经济发展后劲不足，并且具有"高碳"特征的工业发展模式带来的环境压力也成为西北地区实现可持续发展的最大阻碍。此外，工业化程度较低，极大地限制了西北地区承接产业转移，第三产业滞后又无法满足开放型经济的需求，经济结构失衡将会对西北地区的产业转移造成负面影响。

（四）经济发展对资源依赖程度较高

西北地区有丰富的自然资源，伴随着城镇化、工业化的迅速发展，该地区由于地理位置、气候条件等因素的制约，其发展滞后于东部沿海地区，且经济差距逐渐扩大，为提高生活质量、满足生活需要，经济发展对自然资源依赖程度高，由此导致该区域衍生出绿地面积增加难度大、地下水位下降、生物物种多样性保护难度大等一系列生态问题。同时，资源综合利用技术落后、资源转化利用率低、承接低污染性产业困难，对环境承载能力和自然资源的科学开发仍需进一步加强，尤其是水资源匮乏、环境保护和经济发展的矛盾突出，仍然比较明显地制约着区域生态建设和高质量发展。

(五)区域创新驱动能力明显不足

科技创新是区域发展的活力之源,生态文明建设离不开体制机制创新和技术理念创新。数据显示,2017年西北地区科学技术支出占财政一般预算支出的1.16%,2018年占1.18%,同年规模以上工业企业有效发明专利数增长了17.99%,发展态势向好。但相对于东部发达地区,该地区的科技投入和规模以上工业企业有效发明依旧处于弱势。绿色环保创新投入不足、科技人才流失、相关政策不完善等导致创新环境较差,进而削弱了科研人员创新的积极性和主动性,推动生态建设的创新动力不足。

三 重点任务

应紧紧抓住黄河流域生态保护和高质量发展国家战略、新时期推动西部大开发和构建以国内循环为主体、国际国内双循环协调推进新发展格局的机遇,全面加强生态环境保护修复、水资源节约集约利用、生态产业发展和节能减排,不断推动区域产业结构优化升级和区域创新驱动能力不断提升,实现人口、资源与环境永续发展。

(一)全面加强生态环境保护修复

环境保护是实现生态文明建设的基础和前提,推动生态文明建设,重在保护,要在治理。西北地区的自然条件相对复杂,地域条件千差万别,应从生态学、地理学等角度出发,因地制宜对西北地区的生态环境进行治理并保护。在沙漠边缘地带,应主要种植耐寒强的乔木、灌木等沙生植物,防风固沙,防止沙丘移动;在干旱农业区,正确处理好农、林和牧,即种植业、林业和养殖业之间的关系,三者相互促进,种植业和养殖业相互为彼此提供饲料和生存保障,林业能很好地抵御风沙,保护农田,为种植业的发展提供良好环境,甚至可以治理水土流失;以小流域治理为单元,以修建水平梯田和沟坝地为主,以工程措施、生物措施和耕作措施相结合,综合治理水土流失。贯彻落实国家公园体制方案,推进实施一批重大生态环境保护、修复和建设工程,推动山水林田湖草生态修复,促进西北地区生态系统健康,提高生物多样性,创造更多生态产品和经济效益。除此之外，西北地区还需要在政府、社会、个人等方面，提高生态环境的保护意识。在肯定市场对资源配置的决定性作用的同时，强调政府在生态建设中的核心引领作用，完善相关制度安排，为西北地区生态建设提供保证。鼓励民间环保组织的创办，积极发挥其独特的影响力，利用新闻舆论的宣传力度和监督力量，大力宣传生态文明建设思想，倡导低碳生活方式，让保护生态、绿色发展理念渗透进企业、社区、学校、农村，充分调动社会力量，使人与自然和谐发展理念深入人心，引领社会进步。同时，提高广大人民的环保意识和环保素质，让每个公民明白保护环境是其应尽的义务，树立节约意识，从点滴做起，从自身做起，从小事做起，积极参与垃圾分类、"光盘行动"等活动。

（二）建立环境治理监管长效机制

西北地区生态环境问题频发和生态建设成效不显著，与环保法律体系和监督管理制度不完善密切相关。生态建设作为一场耗时长、涉及面广的战役，涉及的部门包括计划、农业、林业、水利等行业主管部门，以及财政、金融、国土资源和科研等许多相关部门，为加强各有关部门之间的协调配合、分工合作，有必要建立生态建设的治理－监督－保护长效机制。为此，要确立党和政府在生态文明建设中的核心引领作用，充分发挥其推进生态文明建设的职能，解决西北地区重治理、轻保护，各生态环境保护及治理部门管理缺位、监管不力、职能交叉、职责不清等问题，明晰各单位权责，鼓励多方协作发力。从税收、生态补偿、环保财政制度等入手管控企业污染性生产，强度和总量控制双管齐下减少污染物排放。加快建立完善行之有效的生态法律体系，落实生态环保准入机制，明确效率考核标准，通过源头预防、过程控制、追责赔偿等措施建立环境督察及管理制度，建立和完善环境治理－监管－保护的长效机制。

（三）加快完善生态产业发展体系

西北五省区应坚持在经济发展中保护生态，在保护生态中寻求发展。以水资源为最大刚性约束，以产业生态化和发展生态产业为途径，避免承接环境污染严重的产业转移，大力推进节能降耗和淘汰落后产能，加强工业集中区生态

化建设，克服重工业化弊端，走新型工业化道路，促进工业结构优化升级。依据国家主体功能区规划，在重点开发区域推进工业化、城镇化良性互动开发；在限制性开发区域进行农业产业化和现代化发展；在禁止开发区进行生态修复。通过优化国土空间开发格局，深化供给侧结构性改革，探索三产融合发展的有效路径，逐步提升西北地区产业结构优化水平，以产业发展质量与效率为重点，打造现代化产业体系，使经济增长方式由粗放式向集约型转变。同时，西北地区需要充分利用其独特的自然风光，构建西北生态文明旅游带，借力"一带一路"为其带来的基础设施便利，把生态旅游业作为西北地区战略性主导产业，让生态保护和经济发展协同并进。

（四）不断完善能源保障体系

在"五位一体"的总体布局中，生态环境的保护和治理成为重中之重。西北五省区分布着丰富的煤炭、石油、天然气等能源，在避免长期处于全球价值链低端层次的同时，应当立足于当地的生态环境和产业基础现状，积极探索资源节约型及环境友好型发展道路。加快发展安全、可持续的现代能源，大规模开发和采用清洁型的可再生能源，充分利用非化石能源，以合理配置水资源为重点，实现对自然资源的高效、循环利用。借助低碳工业园区政策，优化调整能源消费结构，推动能源结构优化。建立健全能源安全应急管理、监测预警、运行协调的保障体系。

（五）实施创新驱动发展战略

现代科技为环境保护和生态文明建设提供了新的途径。西北地区应注重人才培养，加大人才引进力度，为生态建设创新型发展提供强有力的人才支撑。利用多渠道筹措资金，强化资金支持，引导更多社会资本流向绿色产业，鼓励绿色科技创新，激励低碳技术研发，加快技术进步，提高科技转化率，培养地区内生发展的绿色动力，培育高新技术产业，推动大数据产业聚集区建设，发展数字经济①。通过搭建绿色技术创新平台，利用"互联网+"、人工智能、

---

① 冯翠月、米文宝、侯雪、杨显明、李建华：《基于西北地区主体功能区划的产业政策研究》，《经济地理》2010年第11期。

云计算等，策划出新的绿色项目，对已有的绿色项目进行甄别和筛选，选出投入成本少、生态效益高的项目。绿色技术的创新有助于更快地实现绿色经济，为经济增长新动能积蓄力量，要充分发挥科学技术对生态建设的杠杆作用，实施创新驱动生态建设发展战略。

（六）推动区域实现高质量发展

解决西北地区经济和生态环境矛盾的重要途径是加快生态建设和坚持走可持续发展道路，区域经济社会的发展离不开坚实可靠的生态保障和环境支持，实现高质量发展的核心内容之一是良好的生态环境，高质量的发展也势必降低资源和生态环境压力，从而形成良性循环。西北地区应以国家提出的"一带一路"倡议、乡村振兴战略、黄河流域生态保护和高质量发展战略、推动形成新时代西部大开发新格局和"双循环"发展新格局等为支撑，坚持生态优先、绿色发展，最终实现西北地区生态保护与高质量发展良性互动。

四 对策建议

（一）发挥政府核心引领作用

政府作为最有权威性、最具公信力的组织，在生态文明建设中，应当充分发挥核心引领作用，整合社会资源，凝聚社会力量，共同推进生态文明建设。为此，政府要加强自身对生态建设的意义和路径的认识与思考，只有自身足够重视，理解足够深刻，才能领导各方共同建设生态文明。及时进行宏观调控与干预，弥补市场机制的缺陷，协调各方利益平衡，稳步推进生态建设。要加强西北地区各省市政府间的政策协调，营造适合西北地区生态文明建设的政策环境。建立健全法律法规与行政机制，让生态建设有法可依、有制可循。发挥政府职能，让政策、资金、知识等要素协同推进生态文明建设。尤其需要重视知识与科技的力量，不仅要充分利用大数据、云计算等让其为生态建设发挥作用，各地政府还需要重视人才，引进并留住人才，为西北地区生态建设提供技术与人才支撑。

（二）健全生态法律体系

健全生态法律体系，需要确立与时俱进的指导思想，让生态法律体系为生态文明建设服务。为此，突出污染防治，以惩戒污染环境、滥用资源的行为为主，增强对潜在环境污染的管制，完善环境保护方面的法律法规。推动生态法律协同发挥作用，对生态环境产生整体综合的保护作用，而非各自为战，甚至互相冲突。[①] 健全生态法律体系，完善地方性法律法规。从法律层面明确各主体的责任与义务，让生态建设走上法制化轨道。健全反馈监督体系，完善问责制度，让生态建设有法可依，发现问题可以依法上报依法解决，违规行为违法必究，努力减少生态建设中权责模糊、准则不明的现象。

（三）出台相应的激励政策

大力推动经济、行政政策的实施和运行，并综合运用财政、税收、价格等经济手段，鼓励企业和社会组织采取有利于生态建设的经济行为，实现经济建设与生态环境保护协调发展。地方政府可采取灵活的财政转移支付政策，重点补贴节能减排、绿色生产的企业，或对集约生产、妥善排污的企业予以税收优惠，激励企业进行技术革新，探索低碳生产方式。同时，利用政策激励吸引社会资金力量，鼓励民间环保组织的建立与运行，鼓励创办绿色基金，让政府、企业、社会团体、公众勠力同心，共同为生态文明建设而奋斗。

（四）建立跨区域生态治理协调机制

为了防止各辖区各自为战，行政区域交界处权责模糊、推卸责任等现象的发生，西北地区应当联合治理，搭建生态文明建设的跨区域合作平台，适当以财政政策鼓励各地政府利用平台解决区域间生态环境治理的碎片化问题，共同协商解决多方交错的生态环境问题。[②] 同时，创新政府管理机制，签订协议以

---

① 许珂、周伟：《区域生态环境治理中地方政府合作的困境与突破》，《领导科学》2020年第4期。
② 刘汉初、周侃、卢明华：《重点开发区域工业空间格局、集疏差异及影响机制——以福建沿海地区为例》，《人文地理》2020年第1期。

明确权责、治理标准、奖惩制度、生态补偿方式等,将生态治理的效率与成果纳入干部政绩考核,多方协商治理,监督落实。[①]

(五)实施绿色发展系统工程

从西北地区的资源禀赋出发,对自然资源的开采、使用进行合理的规划,采用以需供求的方式进行资源配置的重构。完善绿色税费制度,调整绿色税收范围,开征如碳税等新税种。同时,科学调整制定税率,对现有的"绿色"性质税种征收加以合理调整,使其更好地发挥作用。西北五省区是我国的生态屏障区,地理上独特,地位上重要,可以设置有典型区域性差异的生态税费制度,扩大资源税征收对象的范围,如增加水资源税,对非再生、稀缺性资源开征重税,利用税收杠杆提高环境保护质量,提升资源利用率,推进生态文明的建设。[②] 此外,立足于西北地区独特的区位条件,推进水利工程建设,充分发挥"中华水塔"的战略作用,合理利用黄河、青海湖等重要水资源,根据客观实际修筑水库堤坝,蓄水引水,持续推进阿尔塔什水利枢纽工程、东庄水利枢纽工程等项目。以农业资源禀赋、区位条件为发展基础,以市场为导向,开发研究适合本地区的生态农业产品,减少不必要的资源浪费与污染,并建立先进的经营方式,形成"种植-加工-销售"的产业链,利用互联网经济,开拓网络销售渠道,让生态建设与经济发展齐头并进。[③] 发展生态工业与服务业,重点发展节能环保、信息技术、清洁能源等战略性生态产业。

(六)加强国内外交流合作

西北地区应充分利用"一带一路"倡议对外合作交流的契机,加强与沿线国家尤其是与自然条件相近的国家之间的交流,借鉴生态建设的成功经验,结合我国西北地区的具体实践,取其所长,为我所用。鼓励企业与国内外先进

---

① 王允端:《"一带一路"背景下西北地区生态文明建设的困境和破解》,《开发研究》2018年第4期。
② 孙鑫祯:《面向生态的西北地区水资源合理配置问题初探》,《甘肃农业》2020年第3期。
③ 张红丽、温宁:《西北地区生态农业产业化发展问题与模式选择》,《甘肃社会科学》2020年第3期。

技术企业合作，深度进行技术与人才的交流，促进技术的进步，提高生产力来减少资源能源的不合理消耗以及对生态环境的破坏，进而实现生态建设和经济建设共赢。充分利用国家投资打造富有吸引力的西北生态经济带，吸引沿线国家资金投入，实现互惠共赢。① 大力扶植绿色基金，为绿色产品开发、绿色项目创新提供更加专业化的扶持，借助绿色基金大力推动西北地区绿色软实力的培育和提升。② 利用绿色金融引导推动西北地区形成绿色、协调、可持续发展的集约型产业结构，发展现代化、集约化的农牧业，以绿色金融支持制造业转向低能耗、高效益、低排放、低污染的生产方式。

参考文献

刘涛：《牢记"三个最大"重大要求，推进青海生态文明建设》，《中国环境报》2020年9月25日。

---

① 孙鑫祯：《面向生态的西北地区水资源合理配置问题初探》，《甘肃农业》2020年第3期。
② 楚金存：《新时代西北地区生态文明建设研究》，《兵团党校学报》2018年第6期。

脱贫攻坚决战决胜篇

Reports on The Battle Against Poverty

B.8
打赢新疆深度贫困区脱贫攻坚战

李 婷*

摘 要： 文章基于在深刻认识打赢深度贫困区脱贫攻坚战的重大意义背景下，分析南疆四地州贫困基本状况、致贫原因、脱贫做法及成效，总结了新疆深度贫困区脱贫攻坚的主要经验，即坚持党对脱贫攻坚工作的全面领导，坚决落实精准脱贫方略，加大投入，凝聚各方力量，推进脱贫攻坚，坚决打赢深度贫困区脱贫攻坚战。最后提出了推进乡村"五大振兴"、巩固南疆四地州深度贫困区脱贫成果的对策建议。

关键词： 深度贫困区 脱贫攻坚战 南疆四地州

---

* 李婷，新疆社会科学院农村发展研究所副研究员，主要研究方向为农村发展与农业经济。

一 深刻认识打赢深度贫困区脱贫攻坚战的重大意义

(一)打赢深度贫困区脱贫攻坚战为全面建设社会主义现代化国家打下坚实基础

党的十九大报告明确提出,坚决打赢脱贫攻坚战。贫困人口全部脱贫是全面建成小康社会的一个标志性指标,是中国"十三五"时期的重大战略任务。贫困人口完成脱贫既能够实现党和国家对世界人民承诺的全面建成小康社会,又能为全面建设社会主义现代化国家打下坚实基础和积累丰富经验。新疆南疆四地州是国家确定的"三区三州"深度贫困地区之一,贫困人口规模接近"三区三州"的一半,自然禀赋差、基础设施薄弱,是全疆脱贫攻坚的难点和重点。新疆认真落实习近平总书记要求,把脱贫攻坚作为经济社会发展的头等大事,坚持把南疆四地州深度贫困地区作为主战场,打好脱贫攻坚战,为全面建设社会主义现代化国家开好局、起好步。

(二)打赢深度贫困区脱贫攻坚战是贯彻以人民为中心的发展理念的具体体现

党的十九大报告指出了坚持人民主体地位以及立党为公、执政为民的必要性,并且明确确立了我国现阶段的核心发展理念是以人民为中心的发展理念。① 此理念既直接体现了中国共产党的党性,又满足了中国特色社会主义的最根本要求。南疆四地州不仅是边疆地区、民族地区,同时也是集中连片特困地区,贫困程度深、致贫成因复杂、脱贫难度大,脱贫攻坚任务比较重。新疆坚持以人民为中心的发展思想,紧紧抓住深度贫困地区这一牛鼻子,紧紧围绕各族人民安居乐业,全力保障和改善民生,多渠道促进就业,不断增强各族人民的获得感和幸福感,使各族人民感受到党的关怀和大家庭的温暖。

---

① 孙大海:《始终坚持以人民为中心的价值追求》,《人民日报》2017年10月23日。

(三)打赢深度贫困区脱贫攻坚战是贯彻以习近平同志为核心的党中央治疆方略的重要举措

实现新疆社会稳定和长治久安,是以习近平同志为核心的党中央为新疆工作确定的总目标,打赢脱贫攻坚战尤其是使南疆四地州深度贫困地区彻底全面脱贫,是实现新疆社会稳定和长治久安的关键。新疆位于我国西北边疆地区,新疆尤其是新疆南疆四地州打赢精准脱贫攻坚战,有利于维护西北边疆经济社会稳定,同时还有利于维护新疆地区民族团结,促进各民族共同发展、共同繁荣。新疆维吾尔自治区党委切实提高政治站位,紧紧围绕社会稳定和长治久安总目标,坚持"两手抓、两手都要硬",既抓"乱根",又拔"穷根",正确把握经济社会稳定发展与脱贫攻坚之间的有机关系,通过实现脱贫攻坚促进经济社会稳定发展,通过经济社会稳定发展为脱贫攻坚营造良好的发展环境。

二 新疆深度贫困区贫困基本状况及原因分析

(一)基本状况

截至 2020 年 11 月,新疆现行标准下 308.9 万农村贫困人口全部脱贫、3666 个贫困村全部出列、32 个国定贫困县全部摘帽,新疆告别了绝对贫困的历史。[①] 其中,2018 年,新疆共有 53.7 万贫困人口实现脱贫、513 个贫困村退出,其中南疆四地州占 92.3%,贫困发生率由 2017 年底的 11.57% 下降至 2018 年底的 6.51%。2019 年,新疆共有 64.57 万人实现脱贫,12 个贫困县的 976 个贫困村陆续脱贫摘帽,它们是:和田地区和田市、和田县,喀什地区疏附县、疏勒县、岳普湖县、塔什库尔干塔吉克自治县、麦盖提县、巴楚县、喀什市,克孜勒苏柯尔克孜自治州阿图什市,阿克苏地区柯坪县、乌什县,贫困发生率降至 1.24%。2020 年,新疆最后 10 个贫困县摘帽,它们是:和田地区墨玉县、皮山县、于田县、洛浦县、策勒县,喀什地区莎车县、伽师县、叶城

---

① 曹志文:《有的放矢:确保新疆高质量打赢脱贫攻坚战》,《人民日报》2020 年 11 月 18 日。

县、英吉沙县，克州阿克陶县。至此，新疆32个贫困县全部摘帽，"两不愁三保障"突出问题基本解决，贫困家庭义务教育阶段孩子因贫失学辍学实现动态清零，贫困人口基本医疗保险、大病保险参保率均达100%，易地扶贫搬迁任务全面完成，贫困群众生产生活条件得到大幅改善，标志着这片占中国陆地面积约1/6的西北土地以及这里2500多万各族人民告别了绝对贫困。

（二）原因分析

1. 生态环境脆弱

南疆深度贫困区处于塔克拉玛干沙漠边缘的干旱地区，自然条件非常恶劣，戈壁、沙漠占区域面积的90%以上，平原区绿洲面积仅为9.2%。自然资源禀赋尤其是水资源极度匮乏，同时气候相对恶劣，频繁出现沙尘暴、大风以及干旱等一系列自然灾害，盐碱化、沙化、荒漠化严重，生态环境极其脆弱，在脆弱的绿洲生态环境约束下南疆区域经济发展对各种资源，例如旅游、工业、能源、矿物等的依赖性极强，导致发展与生态环境建设的矛盾日益突出。

2. 南疆农村劳动力转移困难

一方面，由于南疆四地州少数民族普遍掌握运用国家通用语言水平能力弱，社会发育程度相对比较低，受语言障碍制约突出，加之受文化、风俗和历史传统等方面的束缚等各种因素影响，大多数南疆农民不愿意离土离乡、外出务工就业，使得南疆农民转移就业能力弱。另一方面，南疆农村贫困人口受教育程度低，劳动技能匮乏，农村富余劳动力转移就业渠道窄、质量低、稳定性差等问题突出，目前南疆四地州普遍存在就业难和招工难矛盾。

3. 产业发展滞后，产业带动脱贫能力不强

南疆农业相对薄弱，传统农业比重高、效率低，具有特色优势的农业规模小，缺乏科学管理，标准化生产推广难度较大，基本上是粗放经营。龙头企业和农民专业合作组织的带动能力不强，多数农产品仍停留在初加工阶段，精深加工转化率不高，产业链短，优质不优价，带动农民增收能力弱。

4. 农民内生动力不足

受南疆深度贫困区地理位置偏远、自然环境相对恶劣、农民文化程度普遍低等因素影响，部分农牧民群众自我发展意识还没有树立，"等、靠、要"思

想严重，甚至还存在"小进则满、小富即安"的落后观念，虽然采取国语学习、技能培训、宣传教育、典型引导、信息化助力脱贫和张贴"红黑榜"等扶志扶智措施，大多数贫困群众的内生动力得到激发，但还有个别贫困群众"等、靠、要"的思想仍然存在，就业务工不主动，发展生产不积极，争着抢着要低保等现象依然存在，激发贫困群众脱贫致富的内生动力仍需要长期培养、巩固和坚持。

三 新疆深度贫困区脱贫攻坚做法及取得成效

（一）主要做法

1. 强化产业扶贫，增强"造血"功能

南疆四地州作为我国深度贫困地区，通过发展特色产业增加经济收益，并通过产业链的延伸，切实增加商品附加值。南疆四地州坚持把产业扶贫工程作为贫困家庭增收最现实的基础，立足贫困地区资源环境禀赋，纷纷发挥各自所长，利用自身优势，从农牧业工业转型升级、农副产品精深加工、旅游业、商贸物流业等多方面入手，把特色优势产业做得风生水起，促进深度贫困地区"能力脱贫"，为后续深度贫困地区推进乡村振兴提供内生动力。一是深化产业扶贫工程。特殊的自然条件、区位优势、民俗文化、政策帮扶，使得南疆四地州一批产业在发展壮大的同时，仍保留着独特魅力。特色优势产业不仅是南疆的一张张宣传名片，也是脱贫攻坚的重要平台。南疆四地州加大产业扶贫力度，同时，非常注重特色产业发展在构建具有竞争力的现代产业体系中发挥的作用。南疆四地州坚持以水定地，以产定销，摸清全部行政村特别是贫困村产业底数，按照"一县一主导产业、一县一主要特色、一县一主打品牌"和"一乡一业、一村一品、一片一特色"的要求，因地制宜规划建设一批蔬菜、畜禽、林果专业乡村，确保每个行政村都有一项主导产业。二是关注自身农产品特色优势，创建绿色发展理念，借助发展农产品精深加工行业对农产品产业链条进行延伸，直接增加产品附加值，推动农产品转为高端农产品。三是深入推进"四个一"产业工程，加快农民专业合作社、保鲜库、畜牧良种繁育中心、乡村车间建设和巩固提升，重点完善机制，规范运行、发挥效益、助力脱贫。四是加强招商引资，组建若干招商引资小分队，主动承接对口援疆省市产业梯度转移，引导农产品精深加工企业向主导产业县市聚集，重点发展核桃、红枣、巴旦木等精深加工，蔬菜烘干、制干以及牛羊肉质屠宰、分割、熟食等农产品加工业，逐步推广"扶贫龙头企业+农民专业合作社+农户"的现代产业扶贫模式。

2. 着眼贫困群众增收脱贫，加强转移就业扶贫

习近平总书记强调，"要更加关注就业问题，创造更多的就业岗位，落实和完善援助措施，通过鼓励企业吸纳、公益性岗位安置、社会政策托底等多种渠道帮助就业困难人员尽快就业"。新疆就深度贫困地区劳动力就业难的情况，发挥以政府为主导的有组织转移就业工作优势，形成就地就近、疆内跨地区转移和有组织转移内地企业就业三种渠道，以及城镇、企业、园区就业，"卫星工厂""扶贫车间"就业，小微创业带动就业等三种方式，着力提高深度贫困区贫困群众就业和劳务输出的组织化程度。与自治区国资、住建、工信等部门建立联席会议机制，积极开发国有企业纺织服装劳动密集型企业和建筑施工企业项目就业岗位，促进疆内跨地区就业。同时组织人员赴内地开展劳务对接，开发内地转移就业岗位，在协商一致的条件下，推动向内地企业转移就业。2018年至2019年9月，通过"六个一批"渠道，转移22个深度贫困县建档立卡贫困家庭劳动力14万人。其中2018年转移7.5万人，2019年截至9月底转移6.5万人。同时，针对南疆四地州深度贫困地区劳动力技能低、观念落后等问题，制定实施南疆四地州深度贫困地区就业扶贫培训促进计划，分级分类开展培训，由输出地组织开展包括国语、法律等内容在内的基本劳动素质培训，提高就业适应能力。通过组织订单式技能培训与岗前培训，切实提升贫困群众的业务能力，进而拓宽就业渠道，提升就业层次，并且针对少数民族贫困家庭劳动力开展"国语+技能+创业"培训，提高贫困群众发展内生动力。

3. 着眼"拔穷根、换穷业"，加快实施易地搬迁项目

习近平总书记在十八届五中全会上指出，自然环境恶劣的地区"三通"成本都较高，同时由于自然禀赋匮乏，也出现一方水土养不活一方人。因此，为实现这一类地区的贫困人口脱贫，就要推进实施易地搬迁工作。南疆四地州是中央统筹重点支持的"三区三州"之一，解决荒漠化等区域贫困问题尤为艰难。南疆四地州生态环境脆弱，水资源匮乏，土地贫瘠，人均资源占有量少,基础设施、公共服务短板突出。新疆坚持以搬迁为手段、脱贫为目的、产业为途径,既尊重群众意愿,又考虑长远发展,按照"搬得出、稳得住、有事做、能致富"的要求,严格按照国家易地扶贫搬迁政策要求和规范标准,科学选择安置点,合理确定安置方式,扶贫搬迁与新型工业化、城镇化、乡村振兴和生态保护相结合,建设移民新村,依托城镇、产业园区、旅游区进行安置,开展就业技能培训,实施劳务输出,确保搬迁户有1人就业,扎实做好易地扶贫搬迁工作。

4. 综合社会保障措施兜底为特殊困难群体编织"保障网"

习近平总书记指出,在全体贫困人口中,有2000万~2500万人完全或者部分丧失劳动能力,所以"五个一批"工程内部的前四个不能帮助上述贫困人口脱贫,这时就需要借助社会保障完成兜底性帮扶。当前,地方低保标准与国家扶贫标准具有一定的差距,因而要推进"双线合一",切实发挥社会保障的兜底作用。为贯彻落实总书记的重要指示精神,近年来,新疆民政厅党组加强与财政部门的沟通协调,持续提高农村低保标准,实现与扶贫标准的有效衔接。2018年提高到每人每年3456元,略高于自治区扶贫标准,2019年又提高到了每人每年3732元,实现了低保兜底标准和扶贫标准的有效衔接,保障了深度贫困地区兜底脱贫对象的基本生活。

5. 坚持生态扶贫,实现生态环境与贫困人口"双受益"

南疆四地州的面积约为新疆总面积的35%,地处我国西北边疆,并与6个国家毗邻,是我国在丝绸之路经济带与中巴经济走廊上的重要桥头堡。同时,南疆四地州自然资源匮乏,不仅是深度贫困地区之一,也是我国生态环境脆弱地区之一。新疆落实国家新一轮草原生态保护补助奖励和生态公益林扶持政策,增加草原管护员和生态护林员岗位,吸纳贫困人口参与防沙治沙、防护林建设等工程,通过生态补偿扶持一批,主要是在贫困户中选聘草原的管护员、生态护理员,已经带动5.8万人稳定脱贫。

6. 突出"三保障",加强教育医疗扶贫

一是新疆通过专项教育扶贫巩固提升"三保障"。新疆加大政策支撑以及资金帮助,推进专项教育的软硬件建设,并且对贫困学生进行精准帮扶,推进南疆四地州深度贫困地区教育扶贫工作的深入推进。为促进教育公平,"补齐"新疆教育发展"短板",新疆针对南疆四地州,尤其是南疆22个深度贫困县(市),

开展纵深推进教育扶贫专项工作。从2015年至今，累计投入37.2亿元，帮助南疆四地州实现15年免费教育全覆盖，并同时完成对所有贫困生的精准资助，包含全部学段。此外，由于国家以及新疆逐渐增加对南疆四地州的教育投入，南疆学前三年教育和义务教育实现更大范围和更高质量的普及，硬件、软件同步提升。二是加大健康扶贫力度，推进医保和医疗救助脱贫。自治区按照每年人均缴纳186元保费的额度，每年安排3亿元财政专项资金，为162.75万贫困人口参保补充医疗保险，各类保险联动将贫困人口纳入其中，以实现医疗救助在更大范围内惠及更多人民群众。县、乡两级定点医疗机构全部实现住院治疗先诊疗后付费、一站式结算，基本做到小病不出乡村、大病不出县。三是住房安全有保障。南疆四地州农村住房安全性认定和危房鉴定已全部完成。

7. 强化基础设施建设，补齐公共服务短板

南疆深度贫困地区始终坚持以"实事求是、因地制宜、分类指导、精准脱贫"为指导，把基础设施建设摆在优先位置，压紧压实各项举措，全力打好农村基础设施和基本公共服务项目建设攻坚战。一是加大基础设施建设力度。党的十八大以来，南疆四地州在党和国家对新疆特殊政策的关怀下，实施城乡基础设施建设，改善公共服务条件，极大地改善了城乡居民出行、用水、用电、居住、教育、卫生、文化和农业生态环境，城乡面貌焕然一新。二是实施农村安全饮水工程。新疆继续推进脱贫攻坚，推进南疆四地州农村饮水安全建设，农村饮水安全工程共改造176处，新建54处。截至2020年，农户饮水的水质、水量、方便程度、保障率四项指标均达到标准，实现了安全饮水全覆盖。三是改善了行政村通行条件，村组道路互联互通，入户巷道通行方便，行路难问题得到解决。南疆四地州县乡（镇）场、行政村公路通达率达到100%，班线客运通村率达到100%，硬化的柏油路通到各家各户。四是生产生活用电有保障。大力实施农村电网改造提升工程，加大无电地区电力建设，实现贫困户100%能用上电。五是电话、网络实现行政村全覆盖。推进电话、互联网等信息基础设施建设，建设宽带等安全的信息基础设施，确保全村各处都能连接网络，且每个村都可以实现网络信息化交流。六是村村通广播电视。推进广播电视村村通、户户通工程实施，累计完成安装村村通设备和户户通设备，实现农村地区有线网络广播电视全覆盖，充实了农牧民群众精神生活。人民生活水平得到显著提高，精准扶贫工作成效显著。

(二) 取得成效

1. 解决区域性整体贫困迈出坚实步伐

新疆聚焦深度贫困地区集中发力,将脱贫攻坚工作的重心放在南疆四地州22个深度贫困县、1488个深度贫困村、77万深度贫困人口中,实施切实有效的方案,给予其大力帮助,开展更加精细的工作,在精准施策、统筹力量、防止返贫等九方面聚力攻坚,努力做到了攻难点、抓重点、补短板、强弱项,严格落实六个精准的基本要求,扎实推进七个一批、三个加大力度,切实做到精准扶贫精准脱贫,解决了区域性整体贫困问题,贫困区的面貌发生了巨大的变化。截至2018年,新疆地区共有22个深度贫困县实现脱贫目标,其中脱贫人数达到了48.62万人,已经脱贫的村数达到了444个,与前一年相比,贫困率降低了9.57个百分点。2019年又完成脱贫64.57万人,截至2020年11月,新疆累计308.9万现行标准下贫困人口全部脱贫。

2. 新疆乡村治理成效逐步显现

全区贫困村实现第一书记、"访惠聚"驻村工作队全覆盖,自治区厅局向南疆深度贫困村选派1289名第一书记、高校选派1名助理,助力脱贫攻坚。在扶贫成就与农村治理方面取得明显的效果,促进了农村的全面深化改革、培养锻炼了一大批干部、提升了对南疆深度贫困村的治理水平。经过扶贫治理体系的建立与完善,贫困户在安全保障、参与权利和机会平等方面的脱贫效应得到显现,南疆四地州贫困户对多项扶贫举措的满意度非常高。通过健全现代乡村治理体系、加强农村思想道德建设、丰富乡村文化生活,通过精准帮扶、共建共享、宣传引导,贫困人口内生动力被充分激发,各族群众精神面貌明显改善,农业农村面貌有了很大的改变。

3. 加快推进农业农村现代化

通过三个加大力度,南疆四地州着力解决了基础设施短缺和农村基本公共服务等问题,加快补齐农业农村发展短板。根据各地自然地理条件、资源要素禀赋、经济发展水平等发展特色农业,帮助解决小农户生产经营面临的困难,促进贫困农户与现代农业发展的对接,为贫困人口尽可能参与乡村振兴创造条件,帮助小农户对接大市场,提高风险承受能力,架起了农村向现代化迈进的桥梁。

四 新疆深度贫困区脱贫攻坚的主要经验

（一）坚持党的领导、强化组织保障

习近平总书记指出，在开展脱贫攻坚工作的同时，要提高对党组织领导的重视，表明脱贫攻坚的根本保证是加强党的组织领导。自治区党委强化自治区负总责、地县抓落实、乡村抓落地的工作机制。自治区党委书记带头走访，50位省级领导干部联系35个贫困县和43个非贫困县，各级党政领导同志深入一线，了解情况，发现问题解决难题。各级党委、政府把脱贫攻坚作为硬任务、一场必须打赢打好的硬仗来抓，认真履行政治责任。抓实"双组长"制，主要负责同志主动担责，班子成员齐抓共管，各部门各单位密切配合，特别发挥县市委脱贫攻坚一线指挥部、县市委书记一线总指挥的关键作用，脱贫攻坚责任上肩、任务在手，全区五级书记抓扶贫，全党动员促攻坚，有力推动了各项政策措施的落地。

（二）坚持因地制宜，在精准施策上聚焦发力

习近平总书记表示，要取得脱贫攻坚的胜利，关键之处在于精准，其直接影响脱贫攻坚战的胜败，说明脱贫攻坚的核心就是要实施精准策略，各级党组织都应该坚定不移地开展精准扶贫，严格按照相关策略开展扶贫工作。南疆四地州紧扣"两不愁三保障"，落实"六个精准"，聚焦深度贫困地区，推进"七个一批"，同时做到脱贫和防返贫，结合不同地区的实际情况，实施适合本地区的脱贫政策，精准扶贫，将扶贫工作落实到具体的家庭、具体的群众，做到扶贫到根。截至2020年，全区脱贫人口共计达到308.9万人，这部分人不仅住上了富民房，而且喝到干净的饮用水，当地适龄儿童还可以享受为期15年的免费教育。新疆脱贫攻坚工作的实施为该地区带来了深远的影响，当地居民生活水平有了明显的提升。

（三）坚持加大投入，强化资金支持

习近平总书记指出，要将部分重心放在脱贫开发方面，这一方略的实施有

助于脱贫攻坚战的胜利,两者是相辅相成的,并表示要将大量资金放在脱贫攻坚的工作开发中,确保脱贫攻坚得以顺利进行。新疆地区党委组织坚持党的领导,政府加大资金投入力度,在市场经济中起到了主导作用,支持社会各种形式的资金投入。中央专项扶贫资金投入规模超级空前,从自治区到地县投入逐年增加,各类资金整合发力,使"更加精准"成为减贫脱贫的"助推剂"。特别是2016年以来,新疆累计投入各类扶贫资金957.58亿元。其中,专项扶贫资金441.83亿元,实施扶贫项目1.95万个,解决了一系列影响脱贫攻坚的重大难题,不断提高了贫困群众的参与度和幸福感、获得感、安全感。

(四)坚持社会动员,凝聚各方力量

习近平总书记指出,扶贫开发是全党全社会的共同责任,这充分强调了各方参与是脱贫攻坚的工作方式。自治区党委学习借鉴闽宁扶贫协作的宝贵经验,坚持充分发挥政府和社会两方面力量作用,更加广泛、更加有效地动员和凝聚各方面的力量,深入推进19个省市对口援疆扶贫、17家中央单位和自治区235家单位定点帮扶、33个经济强县区内协作扶贫、1240家企业和683个社会组织帮扶,构建起专业扶贫、行业扶贫、社会扶贫、援疆扶贫等互为补充的大扶贫格局,进一步凝聚起全方位参与脱贫攻坚的强大合力。

(五)坚持从严要求,促进真抓实干

习近平总书记指出,实行最严格考核评估是党中央的重大决策和制度安排。这充分强调了从严从实是脱贫攻坚的关键要领。自治区党委规范督察检查和考核工作,认真落实常态化约谈制度,深入开展扶贫领域腐败和作风问题的专项整治,将重心放在监管不严、不作为、乱作为等严重不负责的问题中,大力整治脱贫攻坚工作中的形式主义、官僚主义,扎实开展"基层减负年"活动,针对党组织中出现的贪污、冒领、克扣等行为严格处理,保证脱贫攻坚工作能够顺利进行,相关扶贫政策能够有效落实,最终脱贫攻坚战能够取得胜利。

(六)坚持群众主体,激发内生动力

习近平总书记指出,脱贫攻坚的对象是贫困群众,他们也是致富的主要对

象，只有通过自己的努力劳动，才能实现脱贫致富，才能过上好日子，生活水平才能提高。这充分强调了群众动力是脱贫攻坚的重要基础。自治区党委坚持扶贫与扶志、扶智相结合，加强教育引导，全面激发贫困群众的积极性、主动性和创造性，改进帮扶方式，支持贫困群众用自己辛勤的劳动脱贫致富，强化技能培训，变"要我脱贫"为"我要脱贫"，使脱贫具有可持续性的内生动力。贫困群众感党恩、听党话、跟党走，一心一意把心思放在改善生活上、聚精会神把精力放在脱贫致富上，思稳定、盼和谐、求发展成为主旋律。

五 推进乡村"五大振兴"巩固深度贫困区脱贫成果的思考

（一）促进乡村产业振兴巩固脱贫攻坚成果

习近平总书记明确指出，要打好脱贫攻坚战，首先应该明确这是一个持久战，了解这是一个艰巨且严肃的任务，要有长期战争的心理准备。但有的地方缺乏长远扶贫战略思考和全局协调发展思维，仅就目前产业发展而言，一些扶贫产业发展具有盲目性，同质性明显，农村信息基础设施薄弱、电商从业人口缺乏、缺少顶层设计，且农村项目样式少，竞争力弱，无法实现长期稳定的持续进步和发展。因此，必须以协调发展理念加强扶贫资源整合。一是南疆深度贫困区要强化各项帮扶措施，推动林果业等特色优势产业提档升级，以农村二、三产融合推动产业转型升级，鼓励引导工商资本投资现代农业，领办或创办农产品加工企业和农民合作社，通过订单合同、按股分红、利润返还等方式，强化新型经营农体与小农户的利益连接，让小农户分享增值收益。二是要结合农村区域实际，立足资源、市场、人文旅游等优势，选择具有明显优势的产业作为主导产业，大力拓展农业多功能，发展休闲农业、观光农业，打造农业产业集群，加快当地资源优势向产业优势转化。三是通过引入产业发展要素，采用参与式扶贫理念，鼓励贫困人口参与生产经营，进一步优化劳动力、土地、技术等要素配置，强化扶贫对象主体地位和主导作用，大力促进农业龙头企业的发展，通过多种方法将其和贫困户联系到一起，促进农业发展的同时实现扶贫助脱贫，建设绿色有机化蔬菜基地，促进贫困地区经济发展。四是完善落实激发扶贫对象自主脱贫的政策举措，充分利用科技发展成果，搭建"互联网+"等新平台，推动大众创业、万众创新，积极探索以创新为重要动力的扶贫模式。

（二）促进乡村人才振兴巩固脱贫攻坚成果

国家的建设、产业的发展都需要人才，因此，要吸引更多人才到基层建设中，为脱贫攻坚培养强有力的人才后备军，促进农村经济、文化的进步和发展。一是大力培育农业人才。加大对专业大户、家庭农场经营者、合作社领班人的培训，开展职业农民职称评定。制定并执行有效的长期培训计划，强化国家通用语言文字教育，培育一批知识型、技能型、创新型的新型职业农民队伍，从而优化农业从业者结构及改善农村人口结构。二是选择引进并培养更多的农业人才，并加强对农民群众的培训，使其掌握更多农业方面的专业知识，开展切实有效的扶持工作。此外，要加强对县城区域的农业人才进行选用，优化农村服务体系，吸引更多高校人才进入农村基层建设中，确保这部分人才能够得到相应的薪资福利等保障。三是建立多元联合发展机制，要引导农业人才之间联系与合作，鼓励其牵头或参与组建合作社、协会或联盟、现代农业联合体，鼓励其与专业大户、家庭农场建立稳定利益联结机制，提高组织化程度。

（三）促进乡村文化振兴巩固脱贫攻坚成果

习近平总书记指出，帮助贫困人口脱贫，应促进其通过自己的努力劳作来实现，且要从思想上进行扶持，而不是单一的扶贫，不仅要救急纾困，也要促进其内生脱贫，并结合当地的风俗习惯，加强乡村文明建设，促使村民们养成良好的生活习惯。南疆深度贫困区是全国脱贫攻坚的主战场，贫困人口多、贫困程度深，致贫因素复杂特殊，扶贫成本高，脱贫难度大，为了让更多贫困户摆脱精神上存在的"等、靠、要"思想，必须按照党中央和自治区党委的部署要求，在扶贫的同时，突出做好扶志工作，助力人穷志不短，引导激励贫困群众靠自己的努力改变命运。一是加大政策宣传。利用主题日、干部走访住户等，开展感恩教育，引导贫困群众看清收入变化、生活变化，明白"惠在哪里""惠从何来"。必须坚持扶贫与扶智相结合，着力改变贫困地区群众的精神面貌，提升他们文化素质和脱贫致富的能力。南疆

四地州宗教极端思想传播时间长、范围广、根子深，需要经过较长时间的正面教育引导，才能破除错误思想的禁锢，因此必须大力开展去极端化宣传教育，引导贫困群众摆脱暴力恐怖主义影响，摆脱极端思想的束缚、摆脱常规陋习禁锢，在精神和情绪上向世俗化、现代化靠近。二是实现文化活动的多样化。文化扶贫主要通过开展各种文化服务项目进行，因此，要增强对公共文化基础设施的建设，不断优化相关服务制度，实现乡村生活多样化。三是要注重扶贫对象在脱贫攻坚中的作用，在此情况下实施的脱贫项目要密切结合贫困对象，以实现贫困群众的需求为目标，争取最终实现脱贫致富，过上好日子。目前，部分贫困户"等、靠、要"思想严重，"干部干、群众看""等钱要物、坐等观看"等现象依然存在，必须教育引导贫困群众克服"等、靠、要"的思想，培育健康文明生活方式，培养贫困群众依靠双手来实现脱贫致富的意识。

（四）促进乡村生态振兴巩固脱贫攻坚成果

习近平总书记明确指出，开展扶贫开发工作时要注重对生态环境的保护，要发展和生态共同进行，结合不同地区的实际资源情况，通过开展可持续生态项目进行扶贫，努力将绿水青山转化成金山银山，也要维护好生态的可持续发展，开发特色旅游等项目，帮助精准脱贫，既可以使当地贫困人群脱贫，也可以保护生态环境。因此，要围绕农民生产生活需要，加强基础设施和公共服务设施建设，实施高标准农田、高效节水、乡村公路改造提升等工程，加大美丽乡村建设、人居环境整治力度。结合当地乡村的实际情况，掌握其可用资源情况，争取发展特色产业，发挥该地区独特的优势，避免不同乡村之间出现相同的项目，导致竞争力下降，不利于脱贫攻坚与乡村振兴的衔接。

（五）促进乡村组织振兴巩固脱贫攻坚成果

基层党组织，是打赢脱贫攻坚战、实施乡村振兴战略的"主心骨"，要把夯实农村基层党组织同推进乡村振兴、脱贫攻坚紧密结合起来，关键在党。一是加大力度抓党建，确保脱贫攻坚工作顺利开展，促进乡村经济的发展，切实有效地落实"一抓双促"的党建项目，选择并培养优秀的开展基层工作的党组织带头人，严格管理基层党员的工作，构建更加规范化的村部建设，为脱贫攻坚战打下牢固的基石。做好党员干部结对帮扶工作，充分发挥驻村工作队和扶贫第一书记抓党建、帮增收、促脱贫的作用。二是要健全防止返贫监测和帮扶机制，加快建立简捷、高效、精准的工作机制和政府管理服务平台，抓实边缘人口动态监测和及时帮扶，加强兜底保障，切实筑牢返贫防线。三是注重对村后备干部人员的选择和培养，将其放在最适合的岗位中开展相关工作，加强对高校毕业生的引进，从退伍军人和本地区居民中选出人才进行培养，注重在脱贫攻坚一线提拔使用干部，充分激发脱贫攻坚一线干部工作潜力。四是健全和创新村党组织领导的充满活力的村民自治机制，强化法律权威地位，让德治贯穿乡村治理全过程。

参考文献

杨世伟：《脱贫攻坚与乡村振兴有机衔接：重要意义、内在逻辑与实现路径》，《未来与发展》2019 年第 12 期。

阿班·毛力提汗、曹兹纲：《脱贫攻坚战，新疆一定打得赢——2019 年新疆脱贫攻坚报告》，《新西部》2020 年第 Z1 期。

陈建忠：《高水平助推受援地打赢脱贫攻坚战》，《今日浙江》2018 年第 6 期。

弯海川：《新疆：聚焦深度贫困区 坚决打赢脱贫攻坚战》，《中国财政》2019 年第 9 期。

习近平：《坚持依法治疆、团结稳疆、文化润疆、富民兴疆、长期建疆 努力建设新时代中国特色社会主义新疆》，新华网，2020 年 9 月 26 日。

B.9
精准扶贫视域下陕西省农村集体产权制度改革的探索与实践

张 敏*

摘　要： 按照中央部署和要求，全国要在2021年底基本完成农村集体产权制度改革任务，通过深化农村集体产权制度改革激活乡村的内在发展活力，将成为持续巩固脱贫攻坚成果和实施乡村振兴战略的重大举措。本文在探讨农村集体产权制度改革重大意义的基础上，进一步分析改革工作助力精准扶贫精准脱贫的内在逻辑，并以整省试点陕西省为例总结经验做法，提出持续深化改革的对策建议。

关键词： 精准扶贫　农村集体产权　制度改革　陕西省

党的十九大报告提出，实施乡村振兴战略要"深化农村集体产权制度改革，保障农民财产权益，壮大集体经济"。继家庭联产承包责任制、农村土地"三权分置"（土地所有权、承包权和经营权）等重大制度创新之后，农村集体产权制度改革是中央部署的又一项深化农村改革的重大举措，通过实施清产核资、成员身份界定、资产量化、股权设置等改革环节后成立的新型农村集体经济组织，为今后凝聚各方力量、实施乡村振兴战略提供了重要的组织载体，对巩固党在农村的执政基础、实现农民共同富裕具有重大意义。2016年底，印发了《中共中央、国务院关于稳步推进农村集体产权制度改

---

* 张敏，博士，陕西省社会科学院农村发展研究所助理研究员，岚皋县农业农村局副局长（挂职），主要研究方向为农业经济管理。

革的意见》，对农村集体产权制度改革工作进行了总体部署，明确了工作步骤和时间节点。①目前全国已经探索开展了五批改革试点，涉及28个省、89个地市、442个县（区），74.5%的村已经完成改革工作。②按照中央2021年底前基本完成农村集体产权制度改革的要求，2021年是全面铺开、加快推进改革的关键之年，如何找准巩固提升脱贫攻坚成果与农村集体产权制度改革有机衔接的切入点，为实现共同富裕探索有效路径已成为当前亟待研究解决的重大课题。

本文在探讨农村集体产权制度改革重大意义的基础上，进一步探讨农村集体产权制度改革与精准扶贫精准脱贫的内在联系，并以第二批全国农村集体产权制度改革整省试点陕西省为例，总结提炼好的经验做法和典型案例，提出持续深化农村集体产权制度改革的对策建议。

一 深化农村集体产权制度改革的重大意义

（一）巩固社会主义公有制的必然要求

我国《宪法》第六条规定，"中华人民共和国的社会主义经济制度的基础是生产资料的社会主义公有制，即全民所有制和劳动群众集体所有制"，集体所有制是我国社会主义公有制的重要组成部分，深化农村集体产权制度改革是巩固社会主义公有制的必然要求。改革开放后我国进行了农村经济体制改革，最终确立了以家庭承包经营为基础、统分结合的双层经营体制。在当时的社会经济发展背景下，这一制度符合生产力发展的要求，迅速打破了平均分配、吃"大锅饭"的局面，有效激发了农民的劳动热情，极大地解放了农村生产力，对农村经济社会发展起到了巨大的推动作用。但是，随着工业化、城镇化的快速发展，城乡差距日益明显，农村人口逐渐向城市转移，农村集体经济组织逐渐被弱化和边缘化，乡镇企业改制后农村集体经济发展停滞不前，与同属于公

---

① 《中共中央 国务院关于稳步推进农村集体产权制度改革的意见》，http://www.gov.cn/xinwen/2016-12/29/content_5154592.htm，最后检索日期：2020年3月25日。
② 《农民变股东 要迈三道坎》，http://www.xinhuanet.com/fortune/2020-08/31/c_1126431892.htm，最后检索日期：2020年9月30日。

有制经济组成成分的国有经济相比，差距巨大。数据显示，全国国有企业资产总额为210.4万亿元，① 而截至2019年底全国集体账面资产仅为6.5万亿元，② 差距显而易见。农村集体产权制度改革的根本目的是通过重塑农村集体经济组织，完善其政治功能、经济功能、社会功能，增强集体成员的认同感、归属感和参与感，巩固和发展社会主义公有制。

（二）完善农村基本经营制度的重大举措

2019年我国城镇化率已经突破60%，预计2030年我国城镇化率将达到70%。③ 随着农村青壮年劳动力持续外流，妇女、儿童、老人组成的"386160"部队成为农村留守的主要人口，农村空心化、老龄化等问题日益突出，土地撂荒现象严重，直接影响着农村家庭承包经营制度的根基。习近平总书记在十二届全国人大一次会议江苏团会议上指出："当时中央文件提出要建立统分结合的家庭承包责任制，实践的结果是，'分'的积极性充分体现了，但'统'怎么适应市场经济、规模经济，始终没有得到很好的解决。"④ 农村集体产权制度改革是新时代下对农村"统分结合、双层经营"基本经济制度的进一步完善，强化了"统"在农村基本经营制度中发挥的作用，能够有效破解贫困地区土地经营细碎化、分散化、荒芜化导致经济效益低下的问题，更能适应我国农业农村现代化建设的发展趋势和要求。

（三）实施乡村振兴战略的有效抓手

中国特色社会主义进入新时代，城乡发展不平衡、农村发展不充分是当前最大的不平衡和不充分，党的十九大首次提出的乡村振兴战略是解决发展不平衡、不充分的行动指南和根本遵循。但是，在农村集体经济发展严重滞后的现

---

① 《国务院关于2018年度国有资产管理情况的综合报告》，http://www.npc.gov.cn/npc/c30834/201910/9b41e133a8cb45abaebbb44893a2eb55.shtml，最后检索日期：2020年5月20日。
② 《农民变股东 要迈三道坎》，http://www.xinhuanet.com/fortune/2020-08/31/c_1126431892.htm，最后检索日期：2020年9月30日。
③ 《蓝皮书：预计2030年我国城镇化率将达到70%》，http://www.cssn.cn/zx/bwyc/201910/t20191030_5023315.shtml，最后检索日期：2020年5月30日。
④ 《壮大集体经济要处理好"统""分"关系》，http://theory.people.com.cn/n1/2018/0423/c40531-29943310.html，最后检索日期：2020年5月15日。

精准扶贫视域下陕西省农村集体产权制度改革的探索与实践

实条件下,过去被边缘化的农村集体经济组织发挥的作用与农业农村现实发展的要求不匹配,导致乡村社会失去凝聚力,如果仅仅依靠小农户单打独斗,没有形成规模经济,在市场经济条件下小农户生产出来的农产品必然还是价值链的最低端,乡村振兴战略实施必然面临诸多困难和阻碍。党的十九大报告提出的乡村振兴是产业振兴、人才振兴、文化振兴、生态振兴、组织振兴的全面振兴,涉及农村的方方面面、家家户户,只有通过开展农村集体产权制度改革,建立新型农村集体经济组织,才能为实施乡村振兴战略提供重要的支撑点和着力点,只有依托农村集体经济组织把广大农民群众组织起来抱团发展,才能统筹推进农村经济、政治、文化、社会、生态文明建设和党的建设,真正实现乡村全面振兴的战略目标。

二 农村集体产权制度改革助力精准扶贫精准脱贫的内在逻辑

深化农村集体产权制度改革,探索农村集体经济的有效实现形式,是保障农民享有集体资产权益、最终实现共同富裕的重大制度创新。从中央出台的一系列政策措施和全国各地试点实践来看,通过农村集体产权制度改革推动集体经济发展壮大已经成为带动贫困户脱贫增收的重要途径,贫困地区集体经济"薄弱村""空壳村"通过改革盘活了集体"沉睡"资产,进一步激活了农村生产要素,实现了资源变资产、资金变股金、农民变股民。截至 2019 年底,全国近一半的村集体经营收益达到 5 万元以上,比 2016 年提高了 23.2%,集体成员累计分红接近 4000 亿元。① 以贵州六盘水"三变"改革为典型代表的贫困地区改革实践,深刻反映了农村集体产权制度改革助力精准扶贫精准脱贫的内在逻辑,即"明晰集体产权关系—建立农村集体经济组织—盘活集体资源要素—发展壮大集体经济—增加农户收入(集体收益优先对贫困户兑付分红)",具体体现在以下几个方面。

一是进一步明晰了集体产权关系,能够确保改革成果人人共享。农村集体

---

① 《农村集体产权制度改革取得阶段性重要成效》,http://www.gov.cn/xinwen/2020-08/21/content_5536464.htm,最后检索日期:2020 年 10 月 20 日。

产权制度改革的客体对象是集体资产，包括资源性资产、经营性资产和非经营性资产，通过全面开展清产核资工作，不仅摸清了集体的"家底"，最重要的是重新界定了集体资产的权属关系，所有权属于农村集体经济组织的资产通过开发、运营产生收益后，集体成员依法享有收益分配权，尤其是开展脱贫攻坚以来，建档立卡贫困户普遍享受了政策的倾斜和支持，对集体股权收益享有优先分配权，农村集体产权制度改革使集体资产从过去"人人有、人人没份"转变成"人人有份、人人有"的局面。

二是进一步发展壮大了集体经济，能够持续巩固提升脱贫攻坚成果。从全国各地实践来看，通过农村集体产权制度改革探索发展壮大集体经济的路径主要有四种:① 利用未承包到户的集体"四荒"地、果园、养殖水面等资源发展现代农业项目，打造特色农业产业基地；利用良好的生态资源优势发展休闲农业和乡村旅游业，促进一产和二、三产联动发展，实现三产融合；利用闲置的房产设施、集体建设用地等发展物业经济，获得固定收益；利用集体积累和政府帮扶资金以入股、参股、合作经营等方式与其他经营主体共同开发建设，形成风险共担、利益共享的经济共同体。脱贫攻坚工作开展以来，政府帮扶资金对贫困地区集体经济"薄弱村""空壳村"进行了大力扶持，推动基层党组织建设、产业发展、集体经济组织运行管理全面提升，形成了农村集体经济长效发展机制，带动村集体和农户尤其是贫困户稳定获得集体的资产收益。

三是进一步完善了利益联结机制，能够激活乡村内在发展动力。维护广大农民群众根本利益、带动农民群众实现共同富裕，是农村集体产权制度改革的根本出发点和落脚点，农民群众是集体资产开发、经营的管理主体和受益主体，其合法权益不能受到任何损害。改革后的新型农村集体经济组织建立健全了成员（代表）大会、理事会、监事会等内部治理结构，完善了民主决策、经营管理、收益分配、风险防范、资产管理、财务管理等一系列规章制度，使集体成员真正享有对集体重大事务的知情权、参与权、决策权和监督权，有效增强了村集体经济组织的向心力和凝聚力，充分调动了集体成员参与村内公共事务的积极性。在当前农村面临空心化、老龄化的现实困境下，农村集体产权

---

① 《农业农村部介绍农村集体产权制度改革进展情况》，http://www.gov.cn/xinwen/2018-06/19/content_5299654.htm#1，最后检索日期：2020年7月19日。

制度改革从顶层设计上将集体和农民的利益"捆绑"在一起,重塑村庄共同体,激活了乡村发展的内生动力。

三 陕西省农村集体产权制度改革的实践

(一)改革成效

近年来,陕西省委、省政府高度重视农村集体产权制度改革工作,在部分县(区)开展试点的基础上,紧紧抓住第二批全国农村集体产权制度改革整省试点的机遇,先试先行,不断创新举措,通过聚焦清产核资、成员身份界定、集体资产股权量化、成立集体经济组织等关键环节,加快推进改革步伐,探索集体经济发展新路径。全省各地依托资源禀赋、区位优势和产业特色,不断创新发展模式,采取资源开发、合作共赢、资产经营、服务创收等多种形式盘活集体"沉睡"资产,取得了显著成效。

截至2019年底,陕西省基本完成农村集体产权制度改革清产核资工作,共计清查乡、村、组三级集体单位14.4万个,清查出资源性资产2.27亿亩、经营性资产474.2亿元、非经营性资产1199亿元,摸清了集体家底,厘清了集体资产归属;① 完成农村集体经济组织成员资格界定的村有17030个,占应改革村总数的88%;完成股份量化的村有16596个,占应改革村总数的85.7%;建立农村集体经济组织的村有16853个,占应改革村总数的87%;实现了县级农村产权交易中心全覆盖,出台产权交易管理办法的县(区)有91个,累计开展农村产权交易9850宗,涉及151万亩土地,交易金额达19.8亿元;探索开展农村产权抵押担保贷款业务的县(区)有17个,放贷金额达8.9亿元;全省各地累计整合涉农资金和扶贫资金58亿元用于发展壮大农村集体经济,撬动社会资本43亿元,1.4万个村集体经济发展得到有效增强,其中,仅3988个村集体分红总额就达8.57亿元。② 截至2020年上半年,全省

---

① 《陕西加快农村集体产权制度改革》,http://sannong.cnwest.com/snyw/a/2019/12/17/18278281.html,最后检索日期:2020年10月30日。

② 吴彩鑫:《陕西农村产权改革经验》,http://journal.crnews.net/ncjygl/2020n/d7q/jtcqzdgg/137360_20200717103005.html,最后检索日期:2020年8月17日。

97%的村已经全面完成改革任务，62%的村有经营收益，较改革前提高了20%，① 为实施乡村振兴战略奠定了坚实基础。

（二）县（区）典型实践

1. 陕北地区：榆阳模式

榆林市榆阳区位于陕西省北部，2017年被确定为第二批全国农村集体产权制度改革试点单位。在赵家峁村等一批重点村先试先行的基础上，榆阳区以农村集体产权制度改革试点为契机，大胆探索改革路径，因地制宜夯实产业基础，充分释放农业农村发展的新活力和新动力，逐渐成为全省乃至全国的改革典型。目前，榆阳区317个行政村中，完成农村集体产权制度改革的村有303个，成立集体经济合作社405个、乡镇合作联社6个，1/3的村实现集体经济"零突破"，1/4的村集体经济年收入超过20万元。②

榆阳区在推进农村集体产权改革过程中，紧紧抓住"确权于农、还权于民、赋能于股"三个关键，因地因村制宜推广"三条路径"，统筹推进改革工作和农业农村产业发展。仅用两年时间，榆阳区就全面完成了107万亩耕地的确权登记颁证工作，并结合集体林权确权到户、宅基地"一户一宅、腾旧建新"等措施实现确权于农；通过准确核定集体经济组织成员身份，科学设置股权类型和持股比例，完善股份经济合作社章程和"三会"制度，实现还权于民，保障农民群众的基本权益；探索建立区、乡、村三级农村产权交易平台，开展股权抵押、担保、贷款等业务，实现赋能于股，激活农村金融市场。同时，榆阳区针对不同区位条件和资源优势，在南部山区、北部滩区、城中村和城郊村分别重点推进土地股份合作制、资源性资产股份制、集体经营性资产股份合作制三条路径，通过政策引导、项目扶持，打破传统种养殖业态和经营模式，积极探索农村集体经济发展壮大的新模式，仅2018年全区农村集体经济组织收益就达2.37亿元，其中，44个股份经济合作社、1.32万户农户分红

---

① 《陕西农村集体产权制度改革经验在全国交流》，http://nyt.shaanxi.gov.cn/www/nyyw1141/20200824/9730343.html，最后检索日期：2020年9月26日。
② 《榆阳：深化农村集体产权制度改革 释放农业农村发展活力》，http://www.sanqin.com/2020-02/25/content_8454605.html，最后检索日期：2020年3月25日。

总额达 9533 万元。①

2. 关中地区：华州模式

渭南市华州区位于陕西关中平原东部，2017 年被确定为第二批全国农村集体产权制度改革试点单位。华州区以特色优势产业为依托、以新型经营主体为平台、以农村集体产权制度改革为纽带，在集体"三资"管理、土地确权、农村产权交易等方面先试先行，创新开展工作，被评为全国农村集体"三资"管理示范县，为全省推进改革进行了有益的探索和实践。目前全区 135 个村（社区）均已完成清产核资、成员身份界定、股权设置和股份量化工作，并成立了农村集体经济组织，1/3 以上的村集体确立了特色产业和发展方向。

华州区以加快推进农村集体产权制度改革为契机，在高塘镇先行试点的基础上，全面开展农村集体"三资"管理和华州区农村产权交易中心建设工作，全区 10 个镇（办）均成立了农村集体"三资"管理服务中心和产权交易服务站，形成了区、镇、村三级农村产权交易服务体系，135 个村（社区）分别与 10 个镇（办）服务中心签订了委托代理协议，实现了农村集体"三资"管理规范有序、运行高效灵活、监督有力有效。华州区农村产权交易中心共发布土地供求信息 65 期次，组织土地流转交易 63 宗，涉及土地 11700 亩、合同交易金额 936 万元，同时协调金融机构发放"农权贷"共计 810 笔 5100 万元，② 有效破解了集体和农户发展产业贷款难、贷款贵的制约瓶颈，进一步推动集体经济发展壮大、农户收入持续增加。

3. 陕南地区：岚皋模式

安康市岚皋县位于陕西南部秦巴山区，2018 年被确定为第三批全国农村集体产权制度改革试点单位以来，始终将农村集体产权制度改革作为决胜脱贫攻坚、实现乡村振兴的重要抓手，紧扣改革目标，严把政策标准，积极创新实践，以聚焦产业发展、资产安全、典型示范、制度保障为抓手，推动农村集体产权制度改革赋能活源，实现了贫困户稳定脱贫增收、农村特色产业快速发

---

① 《农村集体产权制度改革的榆阳探索》，http://www.yl.gov.cn/xwzx/tpxw/54525.htm，最后检索日期：2020 年 9 月 20 日。

② 《华州区强势开启农村"三变"改革破冰之旅　扎实推进农村集体产权制度改革》，https://www.ndrc.gov.cn/fggz/nyncjj/zdjs/201710/t20171013_1095559.html，最后检索日期：2020 年 11 月 20 日。

展、集体经济持续壮大的目标。目前全县134个村（社区）均已成立了股份经济合作社，通过"一村一品"产业项目、异地置业、三产融合等多种形式不断发展壮大集体经济，带动1万多户贫困户脱贫，贫困群众、村集体三年累计分红近900万元，村均增收6万余元，集体经济"空壳村"全面消除。①

岚皋县在夯实农村集体产权制度改革每一个环节的基础上，充分运用改革成果探索发展壮大集体经济的有效路径，大力推广"村集体经济+职业经理人""村集体经济+能人带动""村集体经济+反租倒包""村集体经济+投资收取固定收益"四种典型模式，在集体和成员之间形成了有效的利益联结机制，为全县集体经济发展起到了引领示范作用，并带动魔芋、猕猴桃、茶叶、畜牧等特色优势产业进一步做强做大。为防控资金风险，确保财政资金安全，岚皋县强化制度建设，创新财务管理，在全市率先推出"政银合作"代理记账模式，同时制定出台了集体经济发展专项资金管理办法、财务管理办法、收益分配管理办法、管理人员激励性补助报酬办法等一系列文件，使村集体经济组织财务活动有据可依、按章办事，并通过运用农村集体资产管理平台进行核查和验收，实现了对集体"三资"的有效监管。

四 深化农村集体产权制度改革的对策建议

（一）坚持党建引领，强化思想认识

农村集体产权制度改革是国家持续深化农村改革的顶层设计和根本性制度改革，是完善乡村治理体系、加快农业农村现代化进程、实施乡村振兴战略的重要支撑。《关于稳步推进农村集体产权制度改革的意见》明确指出改革要坚持五大原则，其中之一就是坚持党的领导，围绕巩固党在农村的执政基础来谋划和实施改革工作。各级各部门要从政治高度和全局角度出发，进一步提高思想认识，夯实责任，主动作为，在改革过程中始终坚持党建引领，充分发挥农村基层党组织在落实党的政策、带领集体增收与农民致富等方面的作用，尤其是贫困地区要注重发动广大党员干部以及"四支队伍"的影响力，就地开展

---

① 数据和资料由陕西省安康市岚皋县农业农村局提供。

农村集体产权制度改革相关政策宣讲，提升群众对改革重大意义的认识，把群众动员起来、组织起来、团结起来，把力量聚焦到农村集体产权制度改革和发展壮大集体经济中来，为乡村全面振兴凝心聚力。

（二）坚持民主公开，尊重成员意愿

维护广大农民群众的根本利益、带动农民群众实现共同富裕，是国家开展农村集体产权制度改革的根本出发点和落脚点。摸清集体家底的数量、明晰集体资产的归属、成立农村集体经济组织的最终目的是让集体资源要素能够有效地进入市场经济，实现资源变资产，但前提条件是集体成员的合法权益不能受到损害，不能把农民群众的财产权利改少了甚至改没了。农民群众是集体资产的经营管理主体和受益主体，这就要求在开展农村集体产权制度改革过程中始终要坚守法律政策底线，始终坚持公开、公平、公正的原则，充分尊重农民群众的意愿，不允许少数干部替农民群众做主。凡是涉及集体的重大事项，必须严格执行"三会一章程"制度，按照议事规则和程序召开成员（代表）大会进行讨论，把选择权交给农民，保障农民群众的知情权、参与权、表达权、决策权和监督权。

（三）坚持问题导向，推动建章立制

加快推进村委会和农村集体经济组织"政经分离"是巩固农村集体产权制度改革成果的关键举措，也是当前深化改革工作的难点、重点所在。一是要制定集体资产移交办法，明确移交的内容、程序及参与人员，保证集体资产移交工作的规范性、合法性。二是建立农村集体经济组织财务管理制度和收益分配制度，规范会计核算，强化财务公开和民主监督，切实维护集体和成员的合法权益。三是健全农村集体资产管理制度，包括资产清查制度、台账登记制度、评估制度、承包租赁和出让制度、保管制度等，防止集体资产流失。四是不断提高监管能力和水平，充分运用集体"三资"监管平台和农村产权交易平台，形成远程有效监管，提前预判和防控经济风险，确保集体资产增值保值。

（四）坚持正向引导，探索激励措施

积极探索建立农村集体经济组织与成员之间的利益联结机制，鼓励农户采取土地入股、劳务入股、技术入股、农机入股等方式参与村集体产业发展，充分激发农村集体经济组织和集体成员的内生动力。建立健全有效的薪酬激励制度和约束机制，探索将管理人员和村干部的绩效报酬与农村集体经济组织运行产生的效益挂钩，进一步激发管理人员和广大干部干事创业的热情，同时可以采取"年薪＋提成"的形式向社会聘请职业经理人，吸引优秀的经营管理人才、技术人才加入农村集体经济组织，为集体经济发展出谋划策。充分利用涉农整合资金和扶贫资金的杠杆作用，撬动社会资本参与，引导大学毕业生、返乡人员、企业家以资本、技术和管理经验入股、参股，与农村集体经济组织共同开展项目合作，形成市场经营主体、集体和农户三方共同受益的经济共同体。

（五）坚持因地制宜，创新发展模式

坚持因地制宜，按照宜农业则农业、宜工业则工业、宜商业则商业的发展思路，鼓励农村集体经济组织充分挖掘资源优势禀赋，科学合理谋划村集体中长期发展规划，夯实集体经济发展的基础。根据区域特点和发展基础差异，整合有效资源，大力推动农村集体经济组织抱团发展，鼓励和支持村村联合、村企合作、强弱结对等"抱团"发展模式，破解单个村集体经济组织实力薄弱、资源要素有限、专业人才缺乏、项目建设实施难等问题，实现资源共享、优势互补、互惠互利。引导农村集体经济组织以三产融合发展为基本路径，在做强特色农业产业的基础上，大力发展农产品加工业，创新发展农村服务业，牵头成立各种专业合作社、专业服务公司等，开展技术指导、物资供应、产品加工、贮藏物流、市场营销等生产经营服务，拓宽集体增收途径。

参考文献

夏英、钟桂荔、曲颂、郭君平：《我国农村集体产权制度改革试点：做法、成效及推进对策》，《农业经济问题》2018年第4期。

丁波：《乡村振兴背景下农村集体经济与乡村治理有效性——基于皖南四个村庄的实地调查》，《南京农业大学学报》（社会科学版）2020年第3期。

B.10
甘肃省脱贫攻坚历程回顾及展望

王建兵 马潇*

摘　要： 新中国成立以后，扶贫开发始终是苦甲天下的甘肃省的重大任务。在不同的历史时期，甘肃省确定了不同的扶贫战略，制定相应的政策体系，不断探索新的扶贫开发路径，扶贫开发不断取得新成就。党的十八大以来，习近平总书记提出了实施精准扶贫的国家战略，甘肃省扶贫开发进入扶贫脱贫攻坚新阶段。本文以甘肃省的扶贫开发工作为切入点，深入分析甘肃省的扶贫脱贫攻坚历程，在此基础上归纳甘肃省在解决农村温饱问题、完善农村基础设施和推进农村社会事业方面所取得的一系列显著成效，总结了甘肃省在扶贫开发过程中的主要经验，并对未来的治理相对贫困工作提出了对策建议。

关键词： 精准扶贫　脱贫攻坚　甘肃省

在以习近平同志为核心的党中央坚强领导下，甘肃省各地坚持以脱贫攻坚统揽贫困地区经济社会发展全局，贫困地区呈现出新的发展局面，贫困地区经济活力和发展后劲明显增强，生态环境显著改善，贫困户就业增收渠道明显增多，基本公共服务日益完善，农村基层党组织凝聚力和战斗力增强，农村基层治理能力和管理水平明显提高。脱贫攻坚取得了决定性进展和历史性成就，基

---

* 王建兵，博士，甘肃省社会科学院农村发展研究所所长、研究员，主要研究方向为贫困问题、县域经济和农村发展；马潇，甘肃农业大学管理学院硕士研究生。

西北蓝皮书

本实现"两不愁三保障"目标,贫困村实现了全部退出,广大人民群众特别是农村贫困群众获得感、幸福感普遍增强。

一 甘肃脱贫攻坚历程

改革开放之初,甘肃农村贫困人口有1254.42万人,79.6%的人口处于贫困线以下。十一届三中全会以后,在历届省委、省政府的坚强领导下,全省广大干部群众创造并发扬"人一之,我十之;人十之,我百之"的甘肃精神,领导苦抓,群众苦干,社会苦帮,通过"三西"农业建设,开展大规模的扶贫开发,使甘肃省贫困面貌发生了翻天覆地的变化。甘肃脱贫攻坚历程,大致可分为以下三个阶段。

(一)解决温饱阶段(1983~2000年)

1. 开创"三西"建设

"三西"是指甘肃河西地区、以定西为代表的中部干旱地区和宁夏西海固地区。1982年7月18~28日,国务院主要领导及有关部门提出了"河西和定西,河套和西海固,联系起来考虑"的战略构想,1982年12月10日上午,国务院召开会议,产生了"中央财经领导小组讨论加快甘肃河西商品粮基地和中部干旱地区农业建设问题"纪要。

2. "两西"建设历程

1982年12月21日,甘肃省委、省政府制定了"兴河西之利,济中部之贫"的战略方针;提出了"有水走水路,无水走旱路,水旱路不通另找出路"的工作思路①;确定了"三年停止破坏,五年解决温饱,两年巩固提高"的10年奋斗目标。

1983年"两西"农业指挥部河西处编制了《甘肃省河西地区农业建设规划(草案)》,指出河西农业建设要一手抓粮,一手抓多种经营,促进农、林、牧、副、渔全面发展。

---

① 贝小苏:《甘肃省两西地区扶贫开发工作情况汇报》,《甘肃农业》1997年第6期,第9~13页。

1992年中部地区贫困群众温饱问题、人畜饮水问题、农业生产基本条件未彻底改善。基于此,甘肃、宁夏两省区向中央、国务院提出延续"三西"农业建设的请求,国务院予以批准。

2007年底国家同意继续延续"三西"资金投入到2015年,并且将资金量增加到3亿元(其中甘肃"两西"2亿元),以帮助甘肃加快农村建设步伐。

3. "两西"建设取得辉煌的成效

1983~1992年甘肃省提出"另找出路"的发展思路,确定"三年停止植被破坏,五年解决温饱,两年巩固提高"的奋斗目标;1992~2000年提出"修梯田、打水窖、铺地膜"的发展思路,确定"基本解决农村贫困人口温饱问题"的奋斗目标;2000~2008年提出"整村推进、整合资源、整体规划、分步实施"的发展思路,确定"巩固和提高温饱成果"的奋斗目标;2008~2015年确定解决制约区域发展的瓶颈问题。在省委、省政府的坚强领导下,"两西"地区发生了历史性的变化,"两西"建设取得辉煌的成效。

4. "四个一"的扶贫模式

1986年陇南地区西和县探索创造了"一人一亩基本农田,一户一亩林果园,一户出售一头商品畜,一户输出一个劳动力"的"四个一"扶贫开发模式,在全省扶贫开发中起到了引领带动作用。"四个一"正是适应了当时农村所处的自然条件和生产力水平,把扶贫开发规划与千家万户的生产经营活动有机地结合起来,每个农户都明确了自己的奋斗目标,使广大群众看到了希望,鼓舞了干劲,增强了信心,因而激发了群众活力与干劲,在整个解决温饱阶段发挥了十分重要的作用。

5. "四七"扶贫攻坚计划

甘肃根据国家"八七"扶贫攻坚计划精神,结合当时农村实际,制定了甘肃省"四七"扶贫攻坚计划[①],用7年时间确保实现全省农村400万贫困人口基本解决温饱。

贫困人口基本解决温饱的标准是实现"四有",即有水喝、有饭吃、有衣穿、有房住。量化标准为:(1)贫困户年人均纯收入达到300元(1990年不变价)以上,粮食300公斤以上,钱粮可以互补;(2)贫困村85%的贫困人

---

① 魏胜文:《反贫困的探索与实践》,《甘肃金融》2011年第6期,第8~12页。

口（不含社救护）解决了温饱；（3）贫困户90%以上的行政村解决了温饱；贫困县100%的乡、95%的行政村、85%的贫困人口解决了温饱。组织保障措施为"四到村、三到户"，即领导联系到村、计划分解到村、对口帮扶到村、资金安排到村；扶持措施到户、项目覆盖到户、扶贫效益到户。

为了确保实现"四七"扶贫攻坚计划，省委、省政府采取了十大扶贫行动：一是基本农田建设行动，二是支柱产业开发行动，三是科技扶贫行动，四是教育扶贫行动，五是连片攻坚行动，六是强化基础设施行动，七是劳务输出行动，八是卫生扶贫行动，九是对口帮扶行动，十是加强基层组织建设行动，并制定了《全省农村贫困人口解决温饱验收办法》。

通过"两西"建设和"四七"扶贫攻坚计划，全省农村贫困人口由1982年底的1254.42万人减少到2000年底的68万人，贫困面由94.83%下降到3.36%。

（二）整村推进阶段（2001～2010年）

1. 探索并不断完善参与式整村推进

参与式整村推进是在政府的引导和支持下，依靠贫困群众和社会各界广泛参与，对贫困村经济和社会发展统一规划、综合开发、整体推进的扶贫方式①。这种扶贫方式被国务院扶贫办确定为新阶段扶贫开发的重要方式。

具体做法是：在政府主导上实行"一体化服务"；在资金配套上力争项目资金和群众贷款"双渠道筹资"；在项目实施和管理上采取村委会负责实施、协会组织经营、农户自负盈亏的"三元化管理"；在村级规划和项目选择上兼顾生产条件、生活条件、社会发育条件和农民增收"四位一体设计"；在工作指导上坚持参与式整村推进与退耕还林、支柱产业开发、小康建设、科技示范园区建设、计划生育"五个结合"。

2. 按要素分配扶贫资金的"阳光计划"

要素分配法就是按照国家财政扶贫资金管理办法，结合省情实际，按照扶贫工作重点县、贫困乡、贫困村各占10%，贫困人口占50%，扶贫工作成效占20%为主要要素，并将其指数化，再根据各个重点县所占指数的比例，测

---

① 王居仁、任世军：《参与式整村推进——扶贫开发的有益创新——来自定西市的调查》，《甘肃农业》2003年第12期，第20~21页。

算分配扶贫资金。要素分配法保证了扶贫资金跟着扶贫任务走、任务大则资金多，扶贫资金跟着工作走、工作好则能多得扶持，既体现了资金分配客观、公正的原则，又体现了"扶贫工作重点县重在工作"的要求。

3. 制定扶贫开发工作《考核办法》

针对贫困地区对文化教育、医疗卫生等投入不足的问题，甘肃制定《扶贫开发工作考核办法》。

制定《考核办法》的初衷是解决这样几个问题：一是全面贯彻实施《国家扶贫开发工作重点县管理办法》；二是切实解决扶贫开发工作中存在的突出问题；三是在扶贫开发工作中实行奖优罚劣的激励机制；四是为"定期确认，适时调整制"提供依据；五是解决扶贫资金不能按时到位问题。

（三）精准扶贫阶段（2011年至今）

甘肃省委、省政府深入贯彻落实习近平总书记2013年初视察甘肃的重要指示精神，展开了精准扶贫精准脱贫的攻坚战、大决战。

一是注重战略谋划。省委、省政府把实施精准扶贫精准脱贫作为顶层设计进行战略谋划，统筹聚合各方面的资源、资金、项目和力量，形成精准扶贫精准脱贫的整体合力。

二是注重精力聚焦。省委、省政府主要领导率先垂范，把主要精力和心思聚焦到扶贫开发上，带头深入调研，带头谋划指导，带头督促检查，带头狠抓落实，在全省树立了鲜明的工作导向，传递了强烈的攻坚信号。

三是注重组合出拳。按照习近平总书记"用一套政策组合拳，确保在既定时间节点打赢扶贫开发攻坚战"的指示要求，出台了"纲""目"结合、系统配套的一揽子政策措施，凝聚形成了一套精准扶贫精准脱贫的组合拳。

四是注重自我加压。确定了分两步走路线：第一步从2015~2017年确保减贫300万人以上，贫困地区农村居民人均可支配收入达到7000元以上，其中扶贫对象人均可支配收入达到4000元以上；第二步从2018~2020年稳定实现"两不愁三保障"，消除绝对贫困。

五是注重方式转变。探索财政扶贫资金、社会帮扶资金等折股量化给贫困户，使其按股分红；与国开行签订为期5年的800亿元授信贷款协议，支持贫困地区基础设施和饮水工程建设。2015年又为贫困户提供5万元以内、3年以

下免抵押免担保的精准扶贫专项支持。

六是注重难点重点。对112万需要搬迁的群众，每户落实5万元以内、贴息3年的优惠贷款。2015年已投入资金40.64亿元、开工建设435个安置点；贫困家庭考入高职（专科）、本科院校的学生每年解决8000元的生源地信用助学贷款，由政府贴息；2015年起按照每生1000元/年标准免除贫困家庭幼儿保教费，同时开工建设297所行政村幼儿园；基本建成8个国家级试点县电商服务中心，启动建设225个试点村电子商务服务站。

七是注重保障配套。制定《考核办法》，建立正向激励机制；对不认真进行脱贫攻坚工作的党政领导进行组织调整或问责；已从省直单位选派33名副厅级干部、25名正处长级干部挂职贫困县副书记；从高校及科研单位选派58名科技专业干部到贫困县担任科技副县长；选派1099名干部到贫困村担任党支部第一书记。

八是注重狠抓落实。抽调省直相关部门人员组成专项督察组深入14个市州，不定期进行暗访检查，促进各项措施落到实处。

二　甘肃扶贫开发的主要成效

1. 整村推进扶贫模式的探索及实践

1998年6月全省扶贫工作会议决定在全省10个地州市各选一个县的一个村，开展扶贫开发综合试点。1999年又安排了13个"整村推进"项目。2000年又确定实施了99个"整村推进"项目，同时进行探索试验。2001年9月，国务院扶贫办在兰州召开"整村推进"村级规划会，甘肃全面介绍了"整村推进"试点情况。与会同志一致认为，"整村推进"是项目管理与到村到户扶贫模式的最佳结合，是21世纪扶贫开发可选择的主要模式，可以进行全面推广。之后，国扶办就如何搞好"整村推进"扶贫开发做出了全面部署。

（一）农村温饱问题有效解决

1. 解决"吃饭难"问题

改善农业生产基本条件，提高粮食产量，是解决群众吃饭问题的前提和基础，而在甘肃，兴修梯田是发展农业生产的基本功。全省梯田面积由1982年的807万亩增加到2015年的3095万亩。

河西地区是历史悠久的内陆河灌溉农业区。河西地区通过"两西"建设，从1998年起每年提供商品粮由10亿斤增加到20亿斤，中部地区的返销粮由过去的5.7亿斤减少到不足1亿斤。在河西商品粮基地的强力支撑下，全省贫困地区按照"四七"扶贫攻坚计划的要求，通过"修梯田、铺地膜、打水窖、兴科技"，全力推进"温饱工程"，基本解决了农村贫困群众的温饱问题。

2. 解决"燃料难"问题

甘肃中部地区燃料、饲料、肥料"三料俱缺"的状况长期影响群众生活。解决"燃料难"问题主要做法：一是营造以灌木为主的薪炭林；二是发展沼气，推广太阳灶；三是推广省柴节煤灶和节能炕。

3. 解决"增收难"问题

"两西"地区围绕种植业、养殖业和矿产等资源优势，结合当地群众的传统习惯和技术技能，因地制宜兴办了一批覆盖面大、辐射带动千家万户增加收入的支柱产业。河西地区已成为粮、油、糖、棉花、瓜果、蔬菜、肉类加工的生产和出口基地。1995年以后，全省有24个县（市、区）被省政府先后确定为全省"发展农林特产、培植地方财源"重点县，扶持重点建设项目91个。

农村劳动力培训转移也是增加农民收入的一条重要渠道。从20世纪90年代开始，甘肃省采取政府组织、市场运作的办法，开展劳务培训，建立劳务基地，拓宽劳务市场，每年输出劳动力都在230万人次以上，人均纯收入2000元左右。

通过大力发展农民合作社、培育引进龙头企业，建立完善利益联结机制，在贫困地区初步构建起了"市场牵龙头，龙头带合作社，合作社联农户建种养基地"的生产组织体系，为持续稳定增收建起了长效机制。

（二）农村基础设施极大改善

1. 解决"行路难"问题

省委、省政府在制定出台的《关于扎实推进精准扶贫工作的意见》和17个一揽子专项配套实施方案中进行了精心部署。在短短的两三年间，已建设建制村通畅工程20047公里，占规划建设里程的40%。截至2019年底全省农村公路12.09万公里（其中县道2.42万公里，乡道2.74万公里，村道6.93万公里），所有乡镇和具备条件的建制村均通了硬化路和客车。

2. 解决"用水难"问题

1979~1999年全省用于解决农村人畜饮水的资金累计达10.8亿元，共建成各类工程95.09万项，其中水窖、小电井、分散工程90.5万项，解决了900万人的饮水困难。

2000~2004年全省投入建设资金18.05亿元，建成各类人畜饮水工程25.94万项，其中集中供水工程4687项，水窖和小电井25.32万眼。全省农村自来水的普及率24.87%。

2016~2019年累计完成投资87.6亿元，巩固提升集中供水工程3313处，分散供水工程4.67万处，受益人口1161万人，其中建档立卡贫困人口37万户、154.9万人。

通过"两西"资金扶持，先后兴建了一批大中型水利项目，如景电二期、引大入秦、海潮坝水库等，特别是利用黄河的水能发电，以电提水，浇灌旱塬，发展灌溉农业；省政府大规模地实施了"121雨水集流工程"，新修及改造旧窖52万眼，建成集流场3716万平方米，解决了250多万人、280多万头牲畜的饮水问题。"121雨水集流工程"被联合国授予"联合国国际雨水集流利用技术"金奖。截至2019年底，全省建成运行集中供水工程9440处，覆盖1907万人；农村集中供水率达到91%，自来水普及率达到88%。至此全省人畜饮水困难基本解决。

3. 解决"生存难"问题

从1983年开始先后向河西地区远距离迁移24.16万人（含县内移民），向沿黄灌区、大灌区及有条件的县内就近安置37.95万人，向省外输出劳务移民42.6万人。共计有100多万人走出原来的"穷窝"，易地安家落户，走上了脱贫致富之路。2001~2010年共投入易地扶贫搬迁资金15.3亿元（其中国家安排易地扶贫搬迁专项资金14.3亿元，省级配套资金1亿元），对35.3万贫困人口实施易地扶贫搬迁。至2019年底，全省累计投入中央和省级补助资金174.1亿元，支持174.9万户农村群众完成危房改造任务，有效解决了全省近700万人住房安全问题。

4. 解决"用电难"问题

自1998年以来，全省先后实施一、二期农网改造、无电地区电力建设工程、农网改造升级工程等多轮次农村电网的建设改造,为实现甘肃省农村地区脱贫工作注入强大能量。全省农村电网综合电压合格率由网改前的80%提高到2019年底的99.823%,农村供电可靠率由网改前90%提高到2019年底的99.7%;2013~2014年,大力实施无电地区电力建设工程,解决了0.6万户、2.77万人口的通电问题,甘肃大电网延伸范围内实现"户户通电";2015~2016年累计解决28万低电压用户,完成了全省891个贫困村(2404个贫困自然村)动力电延伸覆盖工作,实现了省委、省政府确定的6220个贫困村通动力电;截至2019年底,全省并网光伏扶贫项目容量126.82万千瓦、带贫户数18.8万户,为贫困群众带来了持续稳定增收渠道①。

(三)农村社会事业得到长足进步

1. 解决"上学难"问题

21世纪初先后实施了农村教育"一费制""两免一补"等政策;2006年全部免除农村义务教育阶段学生学杂费,全省有150万农村贫困家庭学生享受免费教科书,近102万名贫困家庭学生免交杂费。

2014~2018年累计投入资金238.62亿元,完成五年规划总投入任务的102.21%,惠及12132所义务教育学校,惠及260万名学生。

据教育部2019年10月通报,甘肃省全面改薄项目进度并列全国第1位,各地义务教育学校达到国家"20条底线"要求。2019~2020年投入资金63.86亿元,改善3407所义务教育学校条件;筹措资金21.28亿元,加快建设乡镇寄宿制学校633所、乡村小规模学校1396所。

2. 解决"看病难"问题

卫生健康是一项关乎国计民生的公益事业,是构建和谐社会、促进经济社会发展、保障人民群众身体健康的重要支撑。

2017~2018年甘肃省出台一系列文件,形成了甘肃省贫困人口基本医疗、大病保险和医疗救助三种医疗报销保障体系,全省贫困人口合规医疗费用报销比例达到89.82%,切实减轻了贫困人口就医负担,减少了因病致贫返贫的发生。

---

① 《扶贫攻坚大决战——解读"1+17"精准扶贫》,《甘肃农业》2015年第12期,第9~15页。

2019~2020年75个贫困县应设置的14080个村卫生室、1158个乡镇卫生院和县级公立医院全部达到分类建设标准并配备合格医生，基本消除了乡村医疗机构和人员"空白点"，在实现贫困人口有地方看病、有医生看病方面取得了显著的成效。

3. 解决"贷款难"问题

2015年以全省97万户、417万建档立卡贫困人口为扶持对象，通过建立贫困户贷款风险补偿基金，解决贫困群众"贷款难""贷款贵"的问题；省财政厅和省农行通力合作，通过财政资金撬动信贷资金，创造性地推出了"精准扶贫贷款"，解决了农民群众特别是贫困农户"贷款难"的问题。

4. 解决"帮扶难"问题

一是东西部扶贫协作。1996~2016年，天津、厦门、福州和青岛四市陆续开始对口支援甘肃省部分贫困县区，实现了东部四市39个区县对甘肃省58个贫困县结对帮扶全覆盖。

二是中央单位定点扶贫。1994年至今，共有36个中央单位定点帮扶甘肃43个国家扶贫工作重点县。

三 甘肃脱贫攻坚的主要做法

（一）实施开发式扶贫

1. 以"五挂钩"为原则，精准投放到户种养产业扶持资金，解决贫困群众"没钱干"问题

2018年至2019年10月底，全省共落实扶持资金155.6亿元，其中，81亿元直接到户用于发展种养产业，占52.1%，74.6亿元入股合作社或龙头企业带动发展产业，占47.9%。共扶持贫困户109.4万户。为确保到户产业扶持资金用在刀刃上，及时提出"五个挂钩"原则：即与"一户一策"挂钩；与"农民意愿"挂钩；与"真种真养"挂钩，与"见钱见物"挂钩；与"奖勤罚懒"挂钩①。

---

① 王朝霞：《甘肃产业扶贫夯实脱贫基础》，《甘肃日报》2020年5月21日。

2. 以带贫益贫为导向，发展壮大新型农业经营主体，解决贫困群众"不会干"问题

一是大力发展农民专业合作社。用三年时间分两步走：第一步是2017～2020年下达扶持资金5.96亿元，扶持合作社5597家，贫困县在1979个没有合作社或只有1个合作社的贫困村扶持新建合作社2173个；第二步是实施合作社能力提升工程。全省组建起6500人的市、县、乡三级辅导员队伍，开展"万人培训"计划，及时总结推广"政府主导组建国有农发公司带动合作社发展"的"庄浪模式"、"合作社联合控股，民营、国有企业参股组建富民公司，带动村办合作社联合发展"的"宕昌模式"和党建引领合作社发展的"舟曲模式"，并按照"运营规范、运营较规范、运营一般、未运营、注销吊销"五种类型，对合作社进行分类规范。截至2019年底，全省贫困地区共有3.64万个合作社，运营规范和较规范的达到75%以上①。二是大力引进和培育龙头企业。2017～2019年用于扶持龙头企业资金1.05亿元，扶持龙头企业127家，在此基础上，出台了支持龙头企业的1000亿元特色产业工程贷款和500亿元农产品收购贷款的专项贷款扶持政策，累计发放特色产业贷款1039亿元、农产品收购贷款397亿元，支持农业市场经营主体发展；采取轻资产引进、多元化自建等方式，鼓励和支持龙头企业发挥自身作用，创新完善与合作社、贫困农户的利益联结机制，涌现出了"蓝天模式""中天羊业""中盛农牧"等带贫益贫突出的龙头企业；通过订单种植、保底价收购、土地流转、承包地入股、提供贷款担保、吸收劳动力就业等多种形式带动合作社发展、贫困户增收，走上了"扶贫项目资金跟着贫困户走、贫困户跟着合作社走、合作社跟着龙头企业走、龙头企业跟着市场走"的路子。

3. 以卖个好价钱为目标，加强产销对接和冷链物流体系建设，解决贫困群众"闷头干"问题

针对特色农产品"卖难"问题，省政府指导组建了甘肃省农业产业扶贫产销协会和马铃薯等9个特色产业产销协会，扶持建设并培育出了安定区马铃薯、定远高原夏菜2个国家级专业批发市场和一批特色农产品产地专业市场，

---

① 周宁宝、唐延昌、强博等：《推动产业扶贫　坚决打赢脱贫攻坚战》，《甘肃日报》2020年5月26日。

初步构建起了连接产地与终端大市场的销售网络体系;贫困村两年新建成果蔬保鲜库1019座,购置移动保鲜库222辆,新增储藏能力35.4万吨,贫困村农产品冷链物流设施条件得到有效改善;组织带领各地加工企业和经销商参加各类产销对接洽谈会20多次,省政府联合农业农村部连续两年举办甘肃特色农产品贸易洽谈会和"三区三州"贫困地区农产品产销对接会,组织甘肃省龙头企业、产销协会和合作社与省外经销商成功签约223.8亿元,其中贫困地区74.8亿元[1];加强与4个扶贫协作市的产销对接,2019年四市采购甘肃省特色农产品17.96亿元,截至目前已销售23.32亿元,累计帮助销售甘肃省农产品41.28亿元,产销对接取得了显著成效。同时,2019年全省引导201家东部企业在甘肃省贫困地区投资兴业,带动13.68万贫困人口增收,2020年引导159家东部企业落户贫困地区,带动4.16万建档立卡贫困人口增收,产业合作取得了显著成效。

4. 以化解自然和市场风险为目标,支持有意愿的贫困户应保尽保参加农业保险,努力保障贫困群众"不白干"

甘肃省为扶贫产业稳定发展和贫困户稳定脱贫提供一揽子风险保障,建立了"覆盖大宗种养殖、区域性优势品种、地方性特色产品"和"传统成本保险、新型价格指数保险、天气指数保险"的"3+3"农业保险保障体系。截至2019年底,全省共安排农业保险财政补贴资金22.8亿元,累计实现签单保费28.2亿元,累计赔付18.7亿元,从中直接受益农户达235.9万户。甘肃省推进农业保险的举措被农业农村部评为全国产业扶贫十大机制创新典型案例。

5. 依托农村"三变"改革,大力发展壮大村级集体经济,努力消除村集体经济"空壳村"

结合"三变"改革,甘肃各地采取资产盘活型、项目带动型、多元合作型等多种模式,通过资源有效利用、资产租赁、折股量化、订单合作等多种方式发展壮大村级集体经济。2018年全面消除了贫困村村集体经济"空壳村";2019年,全省贫困村村级集体经济总收入3.06亿元,村均4.22万元;2020年力争所有贫困村村集体经济年收入达到2万元以上。

---

[1] 周宁宝、唐延昌、强博等:《推动产业扶贫 坚决打赢脱贫攻坚战》,《甘肃日报》2020年5月26日。

6. 以扶贫与扶志、扶智相结合，强化技术培训和指导服务支撑，贫困群众"怎么干"的问题逐步解决

省直相关部门坚持把培训课堂办在农业龙头企业、农业科技示范基地和农民专业合作社等生产现场，不断提高培训的针对性和实效性。2018～2019年已培育新型职业农民6.7万人，其中培训合作社带头人2万多人，完成一户一个"科技明白人"全覆盖培训34.34万人；按照每个贫困村有1名农技人员的要求，从省、市、县农口系统及乡镇选派6385名农业专业技术人员，充实到6222个贫困村驻村帮扶工作队，开展农业技术服务；省、市两级成立专家组，开展巡回技术指导，为全省贫困户提供免费技术指导服务；在75个贫困县7864个村建立了贫困户产业发展指导员制度，聘请产业指导员1.24万人，开展入户技术指导与政策宣讲等15.6万场次。

7. 以人力资源开发为基础，提升自我发展能力，实现由"苦力型"向"技能型"转变

加快脱贫致富步伐，最根本的是要增强贫困群众的市场意识、创业能力和致富本领。一是针对劳动力不同年龄段和文化层次，分类制定和实施教育培训计划；二是积极整合培训资源，扩大培训的覆盖面，制定统一规划，由县政府对辖区内各类培训资源进行实体化整合，实现贫困地区劳动力培训鉴定输转一体化；三是强化责任分工，搞好协调配合。

（二）社会力量扶贫

1. 教育扶贫

义务教育有保障是"两不愁三保障"的重要内容，直接关系全省全国脱贫攻坚和全面建成小康社会的大局。

一是学前教育加快普及。2017年以来投入学前教育专项资金25.39亿元，在75个贫困县新建、改扩建4821所行政村幼儿园。

二是职业教育助推脱贫成效明显。全省每年有7万余名贫困家庭学生接受免费中职教育、5万余名贫困家庭学生在省内高职（专科）院校接受免费高职（专科）教育，近年来全省每年开展职业技能脱贫培训65万人次。

三是高等教育扶贫优势有效发挥。2016年以来累计录取贫困家庭学生5.8万名，2019届贫困家庭大学毕业生初次就业率达到80.5%，2018年累计参与

"万名大学生进农村"扶贫行动的师生近20万人。

四是东西部协作教育扶贫扎实推进。2017年以来全省累计派出近5000名教师赴东部四市挂职锻炼和交流学习，东部四市选派1700余名骨干教师支教送教，并与甘肃省对口帮扶地区2230所中小学确定结对关系。

五是推普脱贫攻坚成效显著。2018年全省普通话普及率达到81%，其中临夏州普通话普及率73.8%，甘南州普通话普及率76.5%。

2. 卫生扶贫

一是加强医疗基础建设。2016～2018年甘肃省累计投入近6亿元，先后新建、改扩建103所乡镇卫生院、2930个村卫生室，为7560个村卫生室配备健康一体机；2019年共投入项目资金达23.64亿元；完成了1801个村卫生室分类建设任务，为1154个行政村配备了合格乡村医生。

二是实施"组团式"健康扶贫和东西部协作。省级9家医院和12个市级医院，整体托管帮扶35个深度贫困县县级医院；2018年东部专家指导各县区开展新适宜技术216项、新项目146项，建设特色专科58个；2019年四市共派出442名医疗卫生人才在甘肃省10个市州及58个县区开展蹲点帮扶和巡回诊疗，甘肃省10个市州共选派690名各领域技术骨干赴四市进修培训。

三是加强医疗卫生人才队伍建设。全省各级医疗机构自主引进人才794名，2016年以来遴选了6673名村医人员；派驻972名具有执业资格的人员到村卫生室承担村医工作；全省90.48%的在岗村医购买了养老保险，97.37%的离岗村医发放了养老补助；全省执业（助理）医师比例提高了20%，大专以上学历提高了13%。

四是实施"互联网+"医疗健康。2019年甘肃省稳步推进居民电子健康卡创新应用试点建设工作，全省累计发卡达1536.56万张，通过电子健康卡在线挂号2239.15万次、取药3019.29万次、缴费2045.37万次。2019年底，国务院办公厅对甘肃省电子健康卡推广应用典型做法给予表扬。目前全省共接入1535家医疗机构，实现与省外300余家医院、15000余名专家资源的对接，累计开展远程会诊3757例，远程培训566次共计3.6万余人次。

五是落实大病救治政策。甘肃省按照国家要求将大病专项救治病种数量由9种逐步扩大到30种。截至2020年5月13日全省贫困人口中罹患国家确定的30种大病患者总人数为62490人，已救治人数为62415人，救治覆盖率99.88%。

六是推进慢性病管理。将四大类45种疾病纳入城乡居民基本医保门诊慢性特殊疾病补偿范围，此外还加强甘南州、临夏州专项疾病防控工作；全省组织4.5万名医疗专家和医务人员为贫困人口精准制定"一人一策""一病一方"健康帮扶措施，并通过"健康甘肃"手机App动态监测工作进展。

3. 文化扶贫

一是加大贫困乡村文化设施建设力度，推进贫困村公共文化服务中心建设；二是加快广播电视事业发展，不断提高贫困村服务保障水平；三是健全贫困村文化体育设施，适时更新光碟、图书等文化产品，及时维修更换体育健身器材；四是支持贫困地区发展民间文化艺术，为地方性优秀传统文化产品建设"乡村舞台"；五是坚持"送文化下乡"活动，不断满足群众日益增长的精神文化需求。

4. 科技扶贫

一是加强农村科技队伍建设，为贫困村提供便捷有效的服务；二是加强农村科技服务工作，为农民提供全方位服务；三是加强农村科技指导，推进农科教、产学研结合；四是加强农村科技推广工作，免费为贫困群众提供信息咨询等服务；五是大力支持农村科技创新，推进农业产业化发展。

5. 生态扶贫

一是推进农村环境整治项目。省生态环境厅于2016年、2017年分别安排省级环保专项资金2340万元、2310万元，分别完成项目78个、77个，项目村人居环境明显改善；2018年、2019年先后安排省级环保专项资金4310万元、4990万元，分别完成项目105个、110个；2020年已切块下达省级环保专项资金5440万元。

二是推进病险淤地坝除险加固工程、坡耕地水土流失综合治理工程、黄土高原塬面保护工程、水土保持重点工程。2016年以来先后安排中央资金19.71亿元，截至2020年4月治理与控制水土流失面积2730.92平方公里，对202座病险淤地坝进行了除险加固。

三是推进土地整治项目。2016年至今安排中央及省级土地整治资金共计40亿元（不含东部百万亩土地整治重大工程项目资金），省级立项贫困地区土地整治项目206个，建设规模67793.32公顷，新增耕地4576.58公顷，总投资12.9亿元。

四是推进地质灾害防治项目。2016年至今共安排地质灾害防治资金20.11亿元；安排地质灾害搬迁避让资金3.79亿元；中央资金安排800万元到贫困地区项目2个，省级资金1800万元安排到贫困地区项目4个；2016年至今省级资金向临夏州、陇南市等8个贫困市州安排地质灾害应急能力建设项目，资金1060万元。

五是推进退牧还草工程。2016~2020年累计安排退牧还草工程围栏建设1110万亩、退化草原改良170万亩、人工饲草地建设120.1万亩、建设舍饲棚圈2.7万户、黑土滩治理50万亩、毒害草治理49万亩，累计落实中央投资97460万元。

六是推进农牧交错带已垦草原综合治理工程。2016~2018年国家共安排综合治理工程任务207.75万亩，落实中央投资4.155亿元。2016~2018年工程建设任务全面完成，项目资金全部落实到位。

七是实施省级财政林果产业发展项目。2016~2019年甘肃省累计安排项目资金21150万元，新建林果示范基地178131.9亩、完成提质增效58167.3亩。全省建成了以平凉、庆阳为主的陇东黄土高原优质红富士苹果产业带，以河西和中部地区为主的优质梨生产基地等林果产业基地。

6. 实施"金融"扶贫

一是制定政策，让金融力量更"倾斜"。省金融监管局出台相关政策文件，着力引导金融机构将金融资源向贫困地区倾斜。近三年累计投放支农（扶贫）再贷款近600亿元，同时推出扶贫小额信贷、农产品收购贷款等扶贫信贷产品50多个。截至2019年底全省金融机构共投放涉农贷款6700亿元。

二是强化保障，让金融支持更"有力"。截至2020年6月末甘肃省累计发放扶贫小额信贷621亿元，累计回收404亿元，贷款余额217亿元，逾期贷款仅有1370万元，贷款逾期率低至0.06%；构建了"中央补贴品种、省级补贴品种、市县补贴品种"相互补充的风险保障体系。截至2020年8月14日，全省农业保险实现签单保费14.87亿元，各保险机构已支付赔款7.83亿元。

三是创新方式，让金融服务更"贴心"。建立"甘肃省农牧户信用信息管理系统"，为全省90%以上的农户建立了信用档案，各金融机构累计投放贷款2749.14亿元；银行机构开发推出"陇原农担贷""蓝天贷"等一系列扶贫专属信贷产品；保险期货机构积极探索"期货+订单""保险+期货"等新型扶贫模式，目前全省累计提供风险保障近2亿元，累计赔付932万元，受益农户4600余户。

四是做强平台，让金融基础更"坚实"。省金融监管局指导督促各地加快推动农金室建设，同时各级政府和金融机构加快推进"农金室"标准化建设。全省行政村建成"农金室"15553个，1392个乡镇设立了"农金站"；"农金室"工作人员达到43764名，"农金站"工作人员达到3292名。

7. 实施驻村扶贫

一是深入宣传党的路线方针政策、国家法律法规，指导、督促中央和省委、省政府决策部署深入贯彻落实；二是认真听取群众意见和诉求，了解群众生产生活状况；三是对群众反映强烈的问题做好调查研究和法律法规及政策解释，协助当地做好矛盾纠纷排查调处工作；四是指导基层加强党建工作，落实党建工作责任制，提高基层党建工作科学化水平；五是发现、总结典型经验和成功做法，充分发挥典型引领和带动作用。

8. 实施"兜底保障"专项扶贫

甘肃贫困面大且程度深，因灾、因病、因学等原因致贫返贫率很高。近年来甘肃省民政系统坚持保基本、可持续、兜底线、重公平、求实效的原则，努力做到应保尽保、应兜尽兜，有力保障了全省132.8万农村低保对象和9.26万农村特困人员的基本生活。

9. 实施就业扶贫

甘肃省"多措并举帮助贫困劳动力稳岗就业"，被国务院扶贫开发领导小组列为"典型经验做法"之一。

一是建立完善就业扶贫工作政策支撑体系。省人社厅出台了重要政策文件，提供了全面的政策支撑；省委、省政府先后召开重要会议，全面推进各项工作责任落实；持续加大对深度贫困地区就业补助资金倾斜支持，2020年下达35个深度贫困县6.9亿元。目前全省已发放鼓励企业吸纳就业奖补和务工补贴2.6亿元。

二是全面推进就业扶贫重点工作。第一，始终坚持把提高组织化程度作为重中之重，2019年全省劳务组织化程度提高到73.5%；第二，创新劳动力培训方式，截至2020年8月底全省开展线上培训9369人次；第三，稳步推进扶贫车间建设，2018年以来甘肃省把发展扶贫车间作为促进就业、实现稳定增收的重要举措;第四,就业兜底,持续开发乡村公益性岗位,2019年开发了12259个岗位,完成计划指标的122.6%,2020年共开发5.3万个乡村公益性岗位(其中临时岗位2.34万个);第五,深化东西部扶贫劳务协作,连续三年举办劳动用工现场招聘会,提供数万个就业岗位;第六,积极支持农民工返乡创业,甘肃省先后确定22个省级农民工返乡创业示范县,累计给予4000万元资金扶持,2020年全省已新发放贷款81.25亿元。

四 工作展望

(一)提高扶贫质量,满足人民群众对美好生活的需要

脱贫攻坚与乡村振兴实现有机衔接的重要任务之一是确保已脱贫人口不返贫,甘肃脱贫人口中有相当数量的群众刚刚越过贫困线,暂时解决了温饱问题,这部分群众内生动力不足,实现持续稳定增收的能力不强,存在一定的返贫风险。脱贫攻坚只是以消除绝对贫困为目的,重点是实现了"两不愁三保障",但是在实现脱贫后,人民群众在公共服务、文化教育、社会参与等方面有了更多更高的需求。因此,通过实施乡村振兴战略,推动从特惠性、外源性扶持转向普惠性、常态化支持,满足已脱贫人口多样化的发展需求,实现人民群众对美好生活的需要,是现阶段扶贫工作的重点内容。统筹推进乡村振兴战略,就是要准确把握脱贫攻坚与乡村振兴的交汇过渡,做好规划、政策、观念等方面的有效衔接,聚焦产业兴旺、生态宜居、乡风文明、治理有效、生活富裕的乡村振兴目标,总结提炼脱贫攻坚的典型做法,打破体制机制性障碍,完善配套支持性政策,真正让农业成为有前景的产业,让农民成为有奔头的职业,让农村成为人们安居乐业的幸福家园。

(二)调整社会动员机制,从超常规向常态化转型

推进脱贫攻坚与乡村振兴的有效衔接,需要充分利用脱贫攻坚积累的组织经验和人才资源,以增强基层党组织能力为抓手,以人力资本开发为切入点,重构农村基层社会动员机制,增强贫困地区发展的内生动力。脱贫攻坚将扶贫开发作为第一要务,形成了一种"超常规"的社会动员机制,脱贫攻坚成效

的获得是社会主义制度优越性的具体体现。一方面，聚焦贫困村、贫困户派驻第一书记、驻村工作队，整合帮扶单位、企业、社会组织等全社会力量共同攻坚。另一方面，政府通过"超常规"方式组织动员社会各方资源。脱贫攻坚任务完成以后，需要形成有效调动社会资源和整合社会力量的动员机制，为确保脱贫工作的连续和脱贫质量的巩固提升，可以分步骤、分批次设置驻村工作队、包村责任制等在2020年之后的退出接续机制，避免"断崖式"退出现象。同时继续将东西部合作机制内容进行拓展，从扶贫协作拓展至乡村振兴其他领域，为创新推动乡村振兴战略的各项任务，构建起常态化的社会动员机制。

（三）实现特惠性与普惠性兼容的减贫治理机制

因为反贫困具有长期性和持久性特征，所以2020年后现行标准下绝对贫困的消除不等于扶贫工作的终止，脱贫攻坚任务完成后，减贫工作将重点转向相对贫困治理。《中共中央关于坚持和完善中国特色社会主义制度、推进国家治理体系和治理能力现代化若干重大问题的决定》中明确指出，"坚决打赢脱贫攻坚战，巩固脱贫攻坚成果，建立解决相对贫困的长效机制"。治理相对贫困是一项长期性和战略性任务，要在完善减贫治理体系和提升减贫治理能力方面下功夫。在精准扶贫开始阶段，受对贫困群体的识别方式限制，许多由于家庭人均纯收入略高于识别标准而未被纳入建档立卡户的农户自我发展能力相对较弱，没有得到有关部门的政策、资金支持，因此在解决相对贫困问题时，要促进扶持方式的转变，由直接发钱发物式支持向采用生产奖补、劳务补助、技能培训、就业支持等方式转变。一方面要做好产业培育与产业升级的衔接，发挥好贫困地区在资源环境、品种特色等方面的优势，以市场为导向开展生产经营活动，将乡村产业打造成为持续增收的源泉；另一方面要全力推进就业扶持，精准施策做好就业服务，激发相对贫困人群特别是贫困边缘户的内生动力，实现特惠性政策与普惠性政策兼容。

（四）在投入保障机制上促进持续性与均衡性兼顾

近年来各级政府将精准扶贫作为第一要务，形成了政府专项扶贫资金、相关涉农资金、社会帮扶资金等多元化投入格局，不仅投入规模大，而且增速快。脱贫攻坚任务能够持续有效推进，离不了强大的投入保障机制。完成脱贫

攻坚任务后，在实施乡村振兴战略中，农村基础设施、住房改善、产业发展等方面的资金投入需求依然强烈，为保障脱贫项目的持续运行并发挥长效作用，需要兼顾好以前减贫投入的持续性和今后乡村振兴战略投入的均衡性，不断提高财政资金使用效率，并且充分引导金融资本和社会资本投入乡村振兴战略。

（五）要建立扶贫开发的多元支撑体系

贫困问题的影响因素并不单一，大多是多种原因共同作用的结果，因此要从多个方面共同发力扶贫攻坚。通过创新要素的聚合方式，形成扶贫开发的集聚效应。要集聚扶贫信息，强化扶贫决策的信息化平台支撑；要集聚整合相关政策，强化扶贫项目的资金支撑；要集聚适用人才，坚持扶贫与扶志、扶智相结合，不断激发扶贫对象的主观能动性和参与积极性。一方面要注重扶志，让贫困人群从根本上树立脱贫靠奋斗的思想，加强对贫困群体的思想文化和道德法律教育，大力弘扬自力更生、艰苦奋斗、勤劳致富的价值观；另一方面要注重扶智，加强对贫困人口的文化知识与技术教育，使其成为有本领、懂技术、肯实干的劳动者，强化扶贫的智力和技术支撑。要集聚内外部的各种扶贫力量和资源，一手抓扶贫资源的拓展，一手抓自力更生、艰苦奋斗精神的强化，强化扶贫的力量支撑；要集聚各类媒体，强化扶贫攻坚的舆论支撑；通过建立多元支撑体系，最大限度地挖掘、整合并运用各方面的资源和力量，构建全社会参与扶贫开发的多元格局。

（六）继续紧抓关键领域，推动重大项目建设

重大项目在脱贫攻坚和乡村振兴中发挥着牵引带头作用，是脱贫攻坚和实施乡村振兴战略的重要支撑。由于缺乏科学规划，部分贫困地区在扶贫投资上存在一哄而上、盲目投资等问题，导致脱贫攻坚与乡村振兴领域的项目配套性不强，需要加强对重大项目的系统梳理，对交叉重复、性质雷同、用途相近的重大投资项目进行有效整合。一是基础设施建设要按照目标任务和时间节点要求，抓好对重点项目的建设、运营和管理；二是对已经建成的重点扶贫项目，健全长效管护机制，落实后续管护责任，提高建成项目使用率；三是重点实施精准扶贫专项贷款工程，用好风险补偿基金政策，发展村级互助资金和抵押担保，建立和完善市场化、可持续的信贷渠道；四是对于剩余贫困人口，进一步

精准施策并制定一对一帮扶计划，重点加强保障体系建设，用好用活兜底政策，通过低保、特困救助、扶贫助残、社会福利等渠道为特殊贫困群体提供兜底保障，全面实现剩余贫困人口和贫困村脱贫，确保全面打赢脱贫攻坚战。

（七）加快涉农领域改革力度

把深化改革作为推进精准扶贫、精准脱贫的重要着力点，把扶贫领域的改革工作摆在首要位置。一要加快贫困县、贫困村土地承包经营权确权颁证、依法规范流转；二要提升贫困群众就业创业能力，鼓励贫困人口在城镇落户；三是创新投入方式，强化金融支持，发挥政策性金融和商业性金融作用，利用精准扶贫专项贷款，解决贫困户就业创业的资金需求；四是充分发挥驻村帮扶工作队作用，建立对口帮扶常态化机制；五是借鉴脱贫攻坚中形成的较成熟的项目建设和考核评价机制，健全完善乡村振兴战略中项目计划、执行、监督、评估等运行机制，充分发挥项目在农村经济社会发展中的带动作用。

B.11
宁夏决战决胜脱贫攻坚问题研究

李保平　徐东海*

摘　要： 按照党中央和宁夏回族自治区党委部署，宁夏坚持党建引领脱贫攻坚，扎实推进脱贫攻坚工作，建立了脱贫攻坚责任监督问责体系，脱贫攻坚工作取得了决定性成就，农村居民收入持续增加、贫困群众生产生活发生重大变化。在脱贫攻坚中，宁夏也面临许多新的挑战，需要在接下来的时间里探索巩固脱贫成果，推进脱贫攻坚可持续发展，有效衔接乡村振兴的路径。

关键词： 脱贫攻坚　乡村振兴　宁夏

2020 年是宁夏与全国同步全面建成小康社会的收官之年，也是脱贫攻坚决战决胜之年。2020 年 3 月在决战决胜脱贫攻坚座谈会上，习近平总书记强调，到 2020 年现行标准下的农村贫困人口全部脱贫，是党中央向全国人民做出的庄严承诺，必须如期实现。2020 年 6 月习近平总书记视察宁夏并强调："脱贫、全面小康、现代化，一个民族都不能少"，对脱贫工作提出新的明确要求。

一　宁夏脱贫攻坚取得历史性的成就

（一）党建引领脱贫攻坚的经验越来越实

党的领导是中国特色社会主义最本质的特征。长期以来，宁夏各族人民紧密

---

* 李保平，宁夏社会科学院社会学法学研究所研究员，主要研究方向为民族法学、法社会学和社会稳定问题；徐东海，宁夏社会科学院社会学法学研究所助理研究员，主要研究方向为社区发展、贫困治理。

围绕党中央的各项路线、方针、政策,增强"四个意识",坚定"四个自信",做到"两个维护"。在脱贫攻坚领域,形成了"依托扶贫抓好党建,抓好党建促进扶贫"的良好态势。结合"不忘初心、牢记使命""两学一做""三强九严"等党建工程,扎实开展"三大三强"行动、"两个带头人"工程等。一是选优配强了农村基层党支部班子。围绕"党建+"的组织设置模式,健全并逐步完善了以农村基层党组织为核心的精准扶贫组织体系,让农村基层党支部和党小组与扶贫链、产业链、金融链相互融合、相互促进。二是不断增强农村基层党支部、村"两委"、驻村工作队的服务能力。越来越多的乡村技术带头人、协会负责人、脱贫示范人等"能人"进入村"两委"班子,以先富带后富,共同发展,取得骄人成绩。

(二)建立健全脱贫攻坚责任体系、政策体系、工作体系、监督问责体系

2017年6月,《中国共产党宁夏回族自治区第十二次代表大会报告》提出,要"大力实施脱贫富民战略,增强人民群众的获得感和幸福感"。要"坚决打赢脱贫攻坚战……把打赢脱贫攻坚战作为民生工作的重中之重"。为落实十二次党代会精神,自治区政府专门制定了《宁夏回族自治区脱贫攻坚责任制实施细则》,从自治区各厅局到5市再到22县区直至乡镇、村庄,层层传导压力、级级压实责任;围绕"扶持谁、谁来扶、如何扶、怎么退"这一关键,宁夏制定了"十三五"脱贫攻坚规划、年度脱贫攻坚实施方案、危房危窑改造、产业扶贫、技能培训、金融扶贫、教育扶贫、健康扶贫等政策性文件,构筑起宁夏精准扶贫精准脱贫的政策体系;充分发动全社会共同参与脱贫攻坚,组织选派区直机关优秀干部到深度贫困村驻村帮扶、选派优秀年轻干部到县乡挂职、广大党员干部与贫困群众结对帮扶、闽宁协作及央企帮扶等扎实推进,凝聚了脱贫攻坚的各方力量;同时,还制定了《宁夏回族自治区脱贫攻坚督查巡查工作办法》,进一步以精准考核和严格问责倒逼脱贫攻坚责任扎实有效落地。经过不懈努力,脱贫攻坚领域成效显著。截至2019年末,"按照每人每年2300元(2010年不变价)的农村贫困标准计算,年末全区农村贫困人口1.88万人,比上年末减少10.3万人;贫困发生率0.47%,比上年下降2.53个百分点"。[①]

---

① 宁夏回族自治区统计局、国家统计局宁夏调查总队:《宁夏回族自治区2019年国民经济和社会发展统计公报》,2020年4月30日。

（三）坚持精准扶贫的精准导向，防漏评、防错退

精准扶贫、精准脱贫方略的关键在于落实实施，宁夏严格按照国家相关评定标准精准识别贫困对象。一是通过严格按程序执行确保精准。结合全区实际，严格按照"两不愁三保障"的标准，通过层层把关精准识别贫困对象、精准退出贫困人口，一把尺子量到底。二是在操作层面，台面上说、阳光下办，确保精准。在脱贫攻坚领域，严把宣传动员、群众评议、公开公示等关键环节，把问题摆在台面上说、把事情放在阳光下办，接受各方的监督检查，在公平公正的基础上确保精准。三是通过严明的纪律检查确保精准。坚持把责任压实在干部身上，严肃脱贫攻坚工作纪律、严把质量关，进一步确保脱贫攻坚的精准度，有效防止了漏评和错退。

（四）农村居民持续增收

全区各市、县（区）高度重视脱贫攻坚事业，大力推动县（区）、乡镇、村庄经济发展，农村居民实现持续增收。一是农村居民增收步伐加快。2016年、2017年、2018年、2019年，全区农村居民人均可支配收入水平绝对值为9851元、10738元、11708元、12858元，增幅分别为8.0%、9.0%、9.0%、9.8%[①]。二是农村居民增收渠道拓宽。通过特色种养、劳务输出、旅游发展、金融扶贫、资产收益、经营性收益、互助资金、转移性收入等，使贫困群众的增收渠道越来越多。

面对新冠肺炎疫情，全区各市、县（区）积极克服疫情影响，"四查四补"工作扎实推进，挂牌督战既督又战，消费扶贫积极开展，防止返贫致贫监测和帮扶机制逐步健全，社会扶贫不断深化。截至2020年9月，全区返岗务工贫困劳动力23万人，是上年人数的105.4%；扶贫龙头企业复工270家，复工率98.54%，扶贫车间开复工318家，除季节性扶贫车间外，开复工率达到100%，共吸纳贫困人口就业1.1万人；扶贫项目开复工1.2万个，开复工率99.9%。2020年1~8月，扶贫小额贷款累计发放37.8亿元、覆盖率达73.6%，完成年度任务的84.1%。全区共推荐、认定1023个产品，涉及19个

---

① 根据历年《宁夏回族自治区国民经济和社会发展统计公报》公布数据整理。

县区、311个供应商,商品价值量约99.6亿元,实现销售总额13.96亿元,比上年同期增长64.24%。①

(五)贫困群众生产生活基础越来越实

2020年,宁夏牢牢扭住"两不愁三保障"这个重中之重,多次实施扶贫开发领域的"回头看",在决战决胜脱贫攻坚和坚决打赢新冠肺炎疫情防控阻击战的关键之年,围绕脱贫攻坚各项工作开展"四查四补"。通过"查"和"补","两不愁三保障"成果得以进一步巩固、"两不愁三保障"短板得以进一步暴露和弥补。发展和壮大村集体经济则成为"补"的手段、成为巩固"两不愁三保障"成果和补齐"两不愁三保障"短板的方式方法。除建档立卡户外,全区已界定边缘易致贫人口2.59万人(含2019年2.2万人),脱贫不稳定人口1.47万人(含2019年1.3万人),占建档立卡贫困人口的5.36%。2020年农村低保标准每人每年提高760元,达到4560元,1.2万未脱贫人口被纳入低保、占未脱贫人口的64%。闽宁对口扶贫协作第24次联席会议顺利召开,签署了11个部门协作协议、35个经贸合作协议,计划投资总额157.3亿元。9家中央单位直接投入帮扶资金7641万元,引进帮扶资金1726万元。通过推动区内定点帮扶和"百企帮百村"行动,汇聚各方力量,助力脱贫攻坚。②

二 宁夏决战决胜脱贫攻坚面临的问题

(一)啃下剩余贫困"硬骨头"难度大

截至2019年末,"按照每人每年2300元(2010年不变价)的农村贫困标准计算,全区农村贫困人口1.88万人"③,是真正的贫中之贫、困中之困,啃下这

---

① 部分数据及相关资料来自宁夏脱贫攻坚工作推进会发布信息,http://fpb.nx.gov.cn/news_57/news_pic/202009/t20200914_21139.html。
② 部分数据及相关资料来自宁夏脱贫攻坚工作推进会发布信息,http://fpb.nx.gov.cn/news_57/news_pic/202009/t20200914_21139.html。
③ 宁夏回族自治区统计局、国家统计局宁夏调查总队:《宁夏回族自治区2019年国民经济和社会发展统计公报》,2020年4月30日。

块"硬骨头"的难度非常大。一是部分群众"等、靠、要"思想依然存在,受文化程度低、文化素质不高影响,一些贫困群众思想观念、生活方式相对陈旧,自我发展动力较弱,自我致富意识淡薄,自主发展产业和就业积极性不高,贷款自主创业和发展产业的意愿不强,依赖思想严重。二是产业组织化程度不高。在发展产业方面没有固定的合作组织,没有形成可持续发展的农业产业链。一些涉农扶贫产业依然存在扶贫带动作用不突出,贫困户参与率低等问题,"造血式"产业帮扶项目不多,贫困户依靠产业脱贫的基础不牢固。贫困群众直接从事产业经营的参与度不高,贫困户除了分红拿钱外,与企业合作社的利益联结不够紧密。三是贫困群众"两不愁三保障"问题虽然已经解决,但存在返贫风险,有待进一步巩固提升。

(二)作风问题有待深挖实纠

一是脱贫攻坚中的形式主义和官僚主义造成资源浪费。突出表现在考核频繁且要面对各类表格,各类数据需经多部门填写,多次核对,工作量大。二是乡村基层干部队伍建设亟须加强。一些县乡党员干部背着思想包袱,怕违规、违纪、怕谈话、处分;一些村"两委"缺乏带动农民致富奔小康的能力和动力,有的甚至存在内部矛盾和软弱涣散现象,基层社会治理服务农民的功能没有完全发挥出来;驻村干部由于扶贫工作无严格分工容易发生工作越位且不落好现象等。三是帮扶责任人帮扶工作有待进一步加强。部分帮扶人对政策知识掌握还不到位,少部分还停留在"走过场"式入户,对帮扶户教育引导力度不够,对精准扶贫结对帮扶重视程度不足。

(三)新冠肺炎疫情影响劳务输出

一是劳务输出力度不够强。因受疫情影响,全区各地市、县(区)、乡镇第一季度劳务输出基本处于停滞,虽通过各项措施推进,在第二季度中后期逐渐回归正常,但由于部分劳动力出现滞留,对群众家庭务工收入造成影响,劳务输出及创收较上年有所下降。二是劳务经纪人及劳务经纪公司管理不够到位。部分县乡劳务经济人及劳务经纪公司较多,能够有效带动劳动就业,但各劳务经纪人及劳务经纪公司相互之间联系较少,多为临时性劳务输出,长期固定的劳务输出较少,同时部分劳务经纪人及劳务经纪公司与乡镇工作脱节,造成群众务工就业数据不够精准。三是劳动就业基础性工作还不够扎实。宣传工作还不够到位,农村剩余劳动力观念转变仍是多数县乡就业工作的瓶颈,广大群众还没有完全形成创业致富的思想。

（四）脱贫攻坚有效衔接乡村振兴路径有待探索

一是引导农村脱贫群众和低收入群体致富奔小康还有很长的路要走。2020年宁夏将全面建成小康社会，但我们也清醒看到，与全国发达地区相比，宁夏的脱贫工作还面临许多瓶颈。截至2019年第四季度，全区农村居民人均可支配收入水平绝对值为12858.39元，海原县、泾源县、红寺堡区、同心县、隆德县、西吉县、固原市、彭阳县、原州区、中卫市、盐池县、西夏区的农村居民人均可支配收入水平均低于全区水平；与全国农村居民人均可支配收入水平绝对值16021元相比，宁夏的差值在3100多元，在各县（市、区）中仅灵武市、利通区、兴庆区略高于全国平均水平。二是相对贫困将成为宁夏主要面对的贫困问题。长期以来，宁夏扶贫开发取得了巨大成就。尤其是"十三五"（2016～2019年底）时期，宁夏共有58.12万人口摆脱贫困，贫困发生率从14.5%下降到0.47%，绝对贫困问题基本解决。解决相对贫困将成为未来宁夏在一个相当长时间段内扶贫工作的重心。解决相对贫困，不仅需要有脱贫攻坚的魄力，也要有防范和应对风险冲击、统筹城乡贫困治理的能力。三是城市贫困问题日益突出，城乡贫困治理亟须统筹推进。截至2019年末，宁夏城镇居住人口为415.81万人，城镇化率达到59.86%。伴随区域协调发展战略的扎实推进，城镇化率仍将进一步提升。城市人口中有一部分基本生活困难的群众还在依靠分散的救助力量生活。他们没有享受到农村建档立卡户那样的帮扶。今后，要坚持扶贫工作城乡融合发展，把城镇贫困与乡村贫困作为一个有机整体，协调推进各项政策措施无缝对接和有效接续，优化配置城乡人力、科技、资本、资源等要素，让城镇和乡村成为彼此的支撑和互惠的命运共同体。

三　宁夏决战决胜脱贫攻坚的思考与建议

（一）坚决完成当前最紧要的硬任务[①]

2020年9月，宁夏脱贫攻坚工作推进会强调：要"落实持续发力防松劲、

---

① 数据及相关资料来自宁夏脱贫攻坚工作推进会发布信息，http://fpb.nx.gov.cn/news_57/news_pic/202009/t20200914_21139.html。

严把标准防闯关、巩固成果防返贫'三防'要求,深化'四查四补',攻坚责任再压实、脱贫摘帽再冲刺、工作力度再加大,全力以赴确保脱贫攻坚战圆满收官。一是抓紧解决影响收官的各种问题,解决思想松懈的问题,持续抓好挂牌督战,确保实现'两不愁三保障'全面清零,规范扶贫资金使用管理,抓紧整改各类反馈问题。二是持续开展'四查四补',在动态查、深入找、精准补上再用力,即查即改存在问题,健全长效整改机制。三是扎实做好移民搬迁后续扶持,完善移民后续扶持政策,切实解决好劳务移民突出问题,多措并举发展产业。四是切实做好贫困劳动力稳岗就业,持续推进东西部劳务协作,拓展就地就近就业渠道,落实好就业扶贫政策,开展精准脱贫能力培训,规范管理公益岗位。五是继续紧抓产业扶贫,进一步完善减贫带贫机制,持续做好金融扶贫工作,规范光伏扶贫,做好扶贫资产管理。六是积极开展消费扶贫行动,推进'三专一平台'建设,加强扶贫产品质量监管,组织好'消费扶贫月'活动,确保完成年度目标任务。"

(二)重视县乡领域劳务输出工作

一是加大对劳务派遣公司及劳务经纪人的回访工作。加强联系,通过协调来完善劳务经纪带头人的档案资料,同时严格执行区、市、县各级相关劳务输出的稳工补贴,鼓励劳务经纪人及劳务经济公司带动乡村劳务输出。二是稳固原有创业带头项目。继续加强创业小老板扶持培育力度。开辟新的就业渠道,通过加大投入,强化联系,结合培训,提高就业输转比例。进一步完善创业就业服务信息和村信息网建设,发挥致富能人的带头作用,使创业就业从数量和质量上同时取得突破。三是加强劳务经济人培训和培养工作。每个村培育3~5个带动能力强的劳务输出组织(或劳务经纪人),促进移民及时就业、就地就业。统筹整合各类培训资源,组织有培训意愿的贫困家庭劳动力参与岗前培训、订单培训和岗位技能提升培训,按规定落实职业培训补贴政策。

(三)坚决巩固好"两不愁三保障"成果

要推进巩固好"两不愁三保障"工作与"四查四补"、挂牌督战相结合,通过巩固成果填补工作漏洞。一是巩固好"不愁吃"成果。通过加强耕地建设保护和发展庭院经济满足部分食品及时令季节叶菜等供应的自给自足；通过建立健全完善粮食现代物流体系和迅速响应重大突发事件机制解决主要食品供应应急保障；通过合理膳食知识引导构建合理营养饮食结构；通过加强食品卫生和品质监管确保城乡食品安全工程一体化推进；通过逐户摸排贫困群众自来水供水管道接通入室情况、接通入院保温设施建造情况、备用水源设置情况，排查输水管网和机电设备运行状况、消毒和水质净化情况、有效范围内的集中供水情况，进一步确保饮水安全，堵住季节性缺水漏洞。二是巩固好"不愁穿"成果。要详细掌握贫困群众是否有应季衣物、换洗衣物、过冬衣物和棉被，保障安全过冬；另外，对于以捐赠为主要来源的衣物，要弄清源头，预防疾病传染。三是巩固好"义务教育有保障"成果。要把重点放在适龄儿童入学和控辍保学上，确保适龄儿童百分百入学率；严格监控辍学学生重新返学情况，通过心理干预辅助和合理教育补助确保其不再因厌学辍学或因贫辍学；进一步关注乡村义务教育质量，通过优化一体推进城乡师资和教育教学设备设施配置，着力提升偏远乡村的师资力量及教育教学设备设施，筑好新时代乡村义务教育之梦，有序推进缩小城乡义务教育质量差距；大力开展农村扫盲工作，通过扫盲树立并强化乡村重视教育之风，为更长久的控辍保学和提升乡村义务教育质量奠定基础。四是巩固好"基本医疗有保障"成果。用好用活健康扶贫政策，保障好摸排出的患有慢性病、大病建档立卡群众、边缘群众、兜底群众基本医疗，做到农村居民医保全覆盖，严防因病返贫或致贫现象发生；适时适度推广商业补充医疗保险；严格控制住院医疗费用自费部分比例；落实落细家庭医生签约和健康体检服务；适度提高失能弱能补助标准；大力开展乡村医生技能培训，进一步提升乡村医生医护技能和医疗服务水平；进一步推进"互联网+医疗"实施，推动更多大医院与县乡基层医院及卫生院捆绑。五是巩固好"住房安全有保障"成果。加大力度按时、保质、保量完成好住建部门鉴定为C级、D级的贫困户房屋维修改造任务；对住建部门鉴定为A级、B级的贫困户房屋开展摸排，对存在疑似C级、D级的房屋要重新鉴定并及时维修改造，通过强化工程监理提高危房改造质量，确保住房安全；关注贫困户家庭成员的人均住房面积，确保人均住房面积达标；建立贫困户、边缘户住房改造意愿台账，引导他们根据实际情况合理推动住房改造计划实施，严防因住房改造大额举债，留下返贫或致贫隐患。

（四）探索有效路径，着力推进脱贫攻坚有效衔接乡村振兴

1. 牢牢把握住乡村振兴战略实施给贫困治理带来机遇

一是系统推进乡村振兴，奠定治贫工作新基础。要围绕立法先行，为乡村全面振兴和解决相对贫困问题提供基础性的法律和制度保障；要有效动员并协调全社会力量参与乡村振兴战略实施和相对贫困问题应对的全过程，让企业、社会组织、科研院所等社会主体的资本、人力、科技发挥作用。二是做好乡村振兴规划，通过顶层设计，为乡村振兴提供基本遵循，防止一哄而上，盲目发展。三是瞄准乡村振兴发展重点，在基础设施、公共服务、产业发展等方面下功夫，聚集人流物流产业流，为乡村振兴夯实基础。

2. 大力促进扶贫政策、过渡期政策与乡村振兴战略实施有效衔接

一是坚决克服官僚主义和形式主义，保持政策稳定性，强化制度性供给。突出政府的助贫服务职能，通过搭建平台、法治保障、应急处置等方式，逐渐减少对农村贫困的微观干预，严格核定助贫主体、助贫运行过程监管，引导助贫公平正义社会氛围，强化公共服务体系建设；强化制度性供给，围绕农村土地制度改革、集体产权制度改革、城乡融合发展、金融服务等方面探索增加农民资产性收益，破除城乡二元壁垒的有效办法。二是把握好过渡期的时机，严格落实"四个不摘"，巩固脱贫攻坚成果。对确无劳动能力和发展可能的兜底，对边缘户、监测户继续实施发展扶持；通过表彰和奖励自我发展突出的非贫困户彻底扭转农村低收入群体"等、靠、要"行为和以贫为荣的思想；通过查、补建设并适时升级乡村基础设施；通过完善容错机制减轻县乡党员干部思想包袱；通过培训和优化村"两委"干部配置提升村干部能力；通过严格履行职责和明确分工释放驻村干部不该承受的压力。三是有效衔接乡村振兴战略实施。以行政村为单位，各县（市/区）结合当前"四查四补"工作，对标乡村振兴战略规划 2020 年目标值追差距、谋整改，总结经验吸取教训，提前谋划部署 2022 年目标值的达成工作。

3. 在解决相对贫困问题和乡村振兴过程中突出市场导向

一是强化扶贫产业与市场的契合度，增强市场竞争力，让产业扶贫持续发力。突出政府的服务职能，通过搭建平台、法治保障、应急处置等方式逐渐减少对扶贫产业的直接干预。进一步促进扶贫产业优化升级，打好宁夏特色牌，淘汰技术缺乏、管理不善、市场发展困难、发展与预期增收效果差距大的产业，培育科技要素突出、管理有序、市场前景大、增收效益好的涉农扶贫产业。主动对接相关行业的大型企业和龙头企业，积极争取与这些企业在产业项目方面的合作、提质增效，与他们建立紧密利益联结机制，有效发挥规模企业带动减贫作用。二是发挥科技要素的支撑作用。借助科技优种选育，调优种植结构。通过现代科技掌握集约式养殖全过程技术，绿色高效，提升养殖效益。科学优化生鲜物流配送链，完善农产品收储、精深加工程序，打造宁夏在全国乃至全世界的农副畜禽产品品牌。通过"政府/企业+院校+院所"形式力促科技人才下沉基层，创新专职科技特派员制度，解决宁夏贫困地区科技人才匮乏的同时培养本土发展型人才。打通农产品产学研壁垒，畅通农业科技成果转化为扶贫产业的渠道，促进科技扶贫资源在全区范围的共享。三是注重农产品销售渠道搭建。通过对接大宗采购销售商家，把贫困地区、贫困群众、涉农扶贫企业及合作社的农产品分销至社区供应点、便利店、超市、农贸市场便捷销售。搭建本土生鲜电商平台和助推本土平台与大型电商平台有效对接或嵌入，拓宽农副畜禽渔以及涉农扶贫产业产品销售渠道。实时关注扶贫农产品销售情况，建立滞销扶贫农产品信息发布制度，加大滞销农产品线上线下推销力度。四是强化培训，促进创业就业相互带动，繁荣扶贫产业市场，实现农村低收入群体持续增收。通过对接龙头企业用工需求，以订单式技能培训方式对农村劳动力进行技能训练、培养，在此过程中精准、科学制定培训时长和方案，有效为企业提供高质量农村劳动力。

4. 积极构建政府、市场、社会协同推进的相对贫困治理大格局

一是突出本土力量的作用。加强基层社会治理，发挥村"两委"和能人带动效应，服务农民奔小康。结合"三大三强"工作进一步完善"两个带头人"培养机制，线上线下相结合充分发挥新时代农民讲习所的潜移默化示范作用，大力培养本地能人，让他们成为产业扶贫领域的领跑者，通过乡间产业扶贫领域的领军人物和合作社的示范效应，积极鼓励广大贫困群众充分参与扶贫产业，共同发挥有区别的作用，按贡献、按技能配股，定期培训，按期分红。二是强化社会组织的参与。要巩固好不断深化的闽宁对口扶贫协作和中央单位定点扶贫成效。在此基础上，政府主导寻找、对接优质公益资源、公益组织、公益基金，盘活并引导本土涉农助贫资源为本土优秀公益组织所用，让他

们参与到涉农助贫领域并发挥作用，吸引优质公益基金助力涉农助贫事业；加快政府部门相关职能合法有效转移进程，拟定贫困治理领域的购买服务目录，确定购买服务计划，指导监督购买服务工作，将其纳入财政预算，调动有资质、有能力的社会组织参与贫困治理积极性，通过市场化竞标、中标，让他们提供相应涉农助贫服务。三是引导社会工作和志愿服务的介入。引导区内外专业社会工作和志愿服务力量积极扎根乡村社区，有序参与扶贫开发，为宁夏后小康时代农村贫困治理做出积极贡献。

参考文献

李保平、杨永芳执行主编《宁夏社会发展报告（2020）》，宁夏人民出版社，2020。

习近平：《习近平谈治国理政 第三卷》，外文出版社，2020。

习近平：《在决战决胜脱贫攻坚座谈会上的讲话》，人民出版社，2020。

徐东海：《实现全面小康社会后宁夏建立解决相对贫困长效机制研究》，《名汇》2020年第2期。

杨永芳、陈通明、徐东海：《宁夏决胜脱贫攻坚与乡村振兴转型发展探论》，《贵州民族研究》2020年第6期。

B.12 青海省决胜脱贫攻坚的成效和经验

马起雄 杨军 任妍妍*

摘　要： 2016年决战决胜脱贫攻坚战打响以来，青海全省上下深学笃用习近平总书记关于扶贫工作的重要论述，始终坚持把脱贫攻坚作为头等大事和第一民生重点工程，紧紧围绕"两不愁三保障"脱贫标准，坚持精准，强化合力，尽锐出战，攻坚克难，在决战决胜脱贫攻坚中摸索出了一套丰富且具特色的实践经验，脱贫攻坚工作取得了显著成效。截至2019年底，青海省实现了绝对贫困"清零"目标，是全国第二个贫困县和贫困人口实现"双双清零"的省区，积累了民族欠发达地区实现精准脱贫、全面建成小康社会的有益经验，为实现乡村振兴和全面小康奠定了坚实基础。

关键词： 脱贫攻坚　乡村振兴　全面小康　青海省

回顾新中国成立以来70多年的扶贫开发历程，中国在扶贫减贫的良性互动中成功走出了一条中国特色扶贫开发道路，第73届联合国大会通过决议，以中国扶贫减贫实践为基础，构建了消除农村贫困问题基本政策框架，联合国秘书长古特雷斯表示，精准扶贫方略是帮助贫困人口脱贫、实现2030年可持续发展议程设定的宏伟目标的唯一途径，中国的经验可以为其他发展中国家提供有益借鉴。青海省情特殊，集中了西部地区、高原地区、民族地区、贫困地

---

* 马起雄，青海省社会科学院副院长，主要研究方向为政府经济学；杨军，青海省社会科学院科研处副处长，副研究员，主要研究方向为青海经济史；任妍妍，青海省社会科学院经济研究所研究实习员，主要研究方向为区域经济学。

区所有特征,脱贫攻坚任务艰巨。改革开放以来和西部大开发战略实施以来,尤其自党的十八大以来,在党中央国务院的正确领导和大力关怀下,在青海省委、省政府和全省各族人民的共同努力下,青海省通过一系列精准措施大力实施脱贫攻坚工程,脱贫攻坚工作取得了显著成效,并积累了民族欠发达地区实现精准脱贫、全面建成小康社会的有益经验。

一 青海省脱贫攻坚基础概况①

2015年,青海省扶贫开发局按照党中央国务院部署要求,将除西宁4个区以外的42个县(市、区、行委)全部纳入新时期脱贫攻坚主战场,识别贫困村1622个,占全省行政村总数的40%。同时,以贫困群众家庭收入为主要标准,采取"五看法",识别认定贫困人口52万人,贫困发生率13.2%,高于全国7.5个百分点。地域分布差距大、致贫原因交织复杂、少数民族占比较高、自我发展能力较弱是青海省脱贫攻坚任务面临的主要特点。

(一)重点在东部、难点在涉藏六州,地域分布差距较大

2015年识别认定的贫困人口中,西宁、海东两市共有贫困人口24.9万人,占总贫困人口的47.9%;涉藏六州27.1万人,占总贫困人口的52.1%。8个市州中,海东市17.26万人,贫困人口全省最多,贫困发生率12.7%;玉树州11.21万人,贫困发生率全省最高,达到31.1%,海西州贫困人口6563人,贫困发生率3.4%,贫困人口和贫困发生率均为全省最低。

(二)致贫因素复杂多样且相互叠加

对青海省2015年识别认定的52万贫困人口的主要致贫因素进行分析得知,因病、因残致贫的约占25.5%,缺少发展资金的约占27.2%,缺劳动力的约占17.3%,缺技术的约占12.3%,因学致贫的约占4.1%,因婚、因丧致贫的也较为突出,占到了1.2%。总体来看,青海省贫困人口致贫原因交织复杂。

---

① 注:青海省脱贫攻坚基础概况部分的数据由青海省人民政府研究室提供。

(三)少数民族贫困人口占比较高

青海省是全国除西藏之外最大的藏族聚居区,全国10个藏族自治州有6个在青海。2015年识别认定的贫困人口中少数民族占比72.2%,其中,藏族25.8万人,占49.6%;回族7.6万人,占14.6%;土族1.9万人,占3.7%;撒拉族1万人,占1.9%;蒙古族0.8万人,占1.5%,其他少数民族贫困人口占比0.9%。贫困少数民族占比较高是青海省脱贫攻坚工作的突出特点。

(四)贫困人口自我发展能力较弱

2015年青海省识别认定的52万贫困人口中,女性24.9万人,占比47.9%;16岁以下儿童14.77万人,占比28.4%;60以上老人6.55万人,占比12.6%。同时,贫困群众受教育文化程度较低,初中以下文化程度(不含初中)28.5万人,占比54.8%。青海省贫困人口中无劳动能力和弱劳动能力群众占比较高,这些群体的自我发展能力较弱。

二 青海脱贫攻坚主要做法和取得的成效

自从脱贫攻坚战打响以来,青海省强化精准扶贫、精神脱贫、对口扶贫,截至2019年底,青海省42个贫困县(市、区、行委)、1622个贫困村全部脱贫退出,全面完成15个深度贫困县、559个深度贫困村和24.1万深度贫困人口减贫任务,实现53.9万建档立卡贫困人口全部"清零"①。青海省绝对贫困和区域整体性贫困问题得到历史性解决。

(一)聚焦决战决胜,持续加大投入力度

青海省积极构建专项扶贫、行业扶贫、社会扶贫、援青扶贫"四位一体"扶贫资金投入体系,落实"六个精准"要求,制定具有青海特色的"1+8+10"扶贫政策体系,聚焦攻克深贫堡垒,形成符合实际的"2+5+N"攻坚政策体系。2016年以来,全省累计投入各类扶贫资金1265.85亿元,其中,累计

---

① 石晶:《青海:光伏扶贫累计建成超73万千瓦》,《经济日报》2020年6月9日。

投入财政专项扶贫资金227.51亿元（深度贫困地区115.37亿元），易地扶贫搬迁专项资金80亿元，行业扶贫资金835.3亿元，援青资金78.18亿元，东西部扶贫协作资金11.19亿元，中央定点扶贫资金7.22亿元，其他社会帮扶资金26.45亿元。累计投入的财政专项扶贫资金相当于"十二五"时期的238%，为青海省打好打赢脱贫攻坚战提供了有力支撑。

（二）聚焦稳定增收，产业扶贫深入推进

青海省全面构建到县、村、户产业扶贫体系，大力发展乡村旅游、民族手工艺、村级光伏、牦牛、青稞等高原特色扶贫产业。目前已实现39个贫困县扶贫产业园，1622个贫困村互助资金、光伏扶贫电站，2358个有贫困人口的非贫困村集体经济扶贫资金，49.2万有意愿和有能力的贫困人口到户产业"五个全覆盖"，产业收入达到贫困户经济收入的40%①。1622个贫困村光伏扶贫电站全部并网发电，310个"扶贫车间"解决就业岗位2.18万个，91.3%的村实现集体经济收入"破零"。大力培育"拉面经济"和"青绣"等特色产业，省内外开办的3.2万家拉面店带动就业19.1万人、增收近70亿元，"青绣"从业人员达30万人。全力推动"五大特色扶贫产业"的发展，为青海省贫困人口就业增收创造了有利条件。

（三）聚焦潜力挖掘，生态扶贫稳步实施

青海省地处三江之源，承担着生态保护的重大责任，充分挖掘生态潜力，让全省人民吃上"生态饭"也是脱贫攻坚工作的一项重要举措。全省落实光伏扶贫指标73.36万千瓦，每年扶贫收益5.7亿元②，带动贫困群众8.7万户，收益长达20年。将深度贫困人口作为主要扶贫对象，为4.99万名贫困群众开发提供了生态公益性管护工作，占全省建档立卡贫困户的32.4%，户均年最高收入达2.16万元③，严格落实各项生态补奖政策，实现了增绿与增收、生态与生计共赢。

---

① 罗连军：《聚焦深度贫困 确保"基本消除"》，《青海日报》2019年5月27日。
② 石晶：《青海：光伏扶贫累计建成超73万千瓦》，《经济日报》2020年6月9日。
③ 孙海玲：《壮美高原 小康路宽》，《农民日报》2020年6月19日。

青海省决胜脱贫攻坚的成效和经验

（四）聚焦思想转变，精神脱贫初显成效

围绕"扶贫先扶志，治穷先治愚"的方针，持续开展感恩教育，着重讲清"好日子是怎么来的，是谁带来的"。通过建立 3000 万元省级励志资金，每年对"脱贫光荣户"进行表彰。全面开展精神脱贫，省扶贫办印发了《开展扶贫扶志行动的实施意见》，组织开展"推动移风易俗、提升乡风文明"行动，积极倡导婚事新办、丧事简办，鼓励引导宗教人士正面发声，通过广泛倡议引导、强化政策约束、简化宗教仪轨、控制场次规模、严格建设审批制度等措施，努力减轻信教群众负担，引导信教群众发展生产、过好今生。加强道德教化等措施，着力解决宗教隐形负担、薄养厚葬、高额彩礼、惜杀惜售等问题，引导贫困群众集中精力谋经济、抓发展，不断攻克精神贫困束缚，激发自主脱贫内生动力，使其生活水平明显好转，精神面貌发生了较大转变。

（五）聚焦深度贫困，扶贫模式因地制宜

为全面贯彻党中央国务院和省委、省政府决策部署，按照"四年集中攻坚，一年巩固提升"的总体思路，青海在全省审慎确定了 15 个深度贫困县、559 个深度贫困村、24.1 万深度贫困人口，研究制定了深度攻坚政策举措进行强力攻坚。按照"三个新增"要求，将新增财政专项扶贫资金的 70%、对口援青和东西部扶贫协作资金的 80% 统筹用于深度攻坚①，完成《青海省深度贫困地区脱贫攻坚三年行动方案》中计划投资额的 131%，全面完成深度攻坚九大专项扶贫工程涉及的 2339 个项目，累计落实各类扶贫资金 332 亿元。泽库县牧民变股东的"拉格日"模式，为藏区群众增收致富和全省生态有机畜牧业发展探索了一条可复制、可推广的经验。海东市的"拉面扶贫"模式和海南州的党建引领脱贫攻坚"同德模式"，为青海乃至其他贫困地区提供了可借鉴经验，能够有效增强贫困地区、贫困人口的"造血"能力。青海省聚焦深度贫困积极探索，因地制宜创新形成了具有青海地方特色的扶贫开发新模式。

---

① 孙海玲：《壮美高原 小康路宽》，《农民日报》2020 年 6 月 19 日。

（六）聚焦民生保障，凝聚合力补齐短板

青海省坚持抓党建促脱贫，五级书记作表率、全省动员齐攻坚，聚焦民生保障，凝聚扶贫合力，先后分两批选派第一书记和扶贫驻村干部共计1.49万名，不断充实了一线帮扶力量，且以多种形式凝聚社会帮扶的强大合力。在实现"两不愁"的同时，下大力气解决"三保障"以及饮水安全等短板问题，制定落实青海藏区15年免费教育政策，截至2019年底，全省义务教育巩固率达96.9%，贫困群众基本医疗参保率达100%，贫困群众住院政策内自付比例稳定控制在10%以内①，5.2万户易地扶贫搬迁和20万户农牧民危旧房改造任务全面完成并实现入住，30.14万贫困群众饮水安全问题得到有效解决，具备条件的行政村道路硬化率、客车通达率、光纤宽带率均达到100%②。贫困群众人均可支配收入从2015年年底的2199元增长到2019年的8921元，年均增长42%③，比全国平均水平高出9个百分点。青海省通过定资金、定责任、定项目，着力补齐了基础设施和公共服务短板，提升了民生水平。

三 青海省决胜脱贫攻坚的主要经验

在与全国同步建成小康社会的实践中，青海省坚决以习近平总书记精准扶贫思想为指导，有力有序推进脱贫攻坚各项任务，从省情实际出发，加大扶贫投入，创新扶贫方式，出台系列重大政策措施，实施重点工程，扶贫开发工作取得了一系列显著成效，积累了诸多良好的经验。

（一）坚持把理论武装贯穿始终，坚决扛起脱贫攻坚政治责任

一是不断深化理论武装。青海省委、省政府自觉跟进学习习近平总书记扶贫开发重要论述，先后制定脱贫攻坚相关重要实施意见文件，每年组织万名干部下乡活动，宣讲中央1号文件和脱贫攻坚政策举措，推动思想武装向基层和

---

① 孙海玲：《壮美高原 小康路宽》，《农民日报》2020年6月19日。
② 罗连军：《聚焦深度贫困 确保"基本消除"》，《青海日报》2019年5月27日。
③ 咸文静：《青海：聚力脱贫攻坚 打赢决胜之战》，《青海日报》2020年10月17日。

群众延伸。二是注重抓好转化运用。结合青海实际，研究制定"1+8+10"脱贫攻坚精准施策行动路径，配套完善脱贫攻坚责任体系、投入体系、动员体系、监督体系、考核体系，以清单式明确细化具体责任，细化完善每年的攻坚目标和帮扶举措，逐户逐村逐项开展补短板、强弱项"回头看"，制定印发《青海省脱贫攻坚绝对贫困"清零"行动方案》，着力解决"两不愁三保障"和基础设施建设方面存在的突出问题。三是不断压实攻坚责任。严格落实"省负总责、市县抓落实"的脱贫攻坚工作机制，以"双组长"制压茬推进脱贫攻坚各项工作落实。8名省委常委包"战区"，38名省级领导联点到县，每年逐级签订脱贫攻坚责任书，将市（州）脱贫攻坚考核权重提高到12%，县级考核权重提高到70%，强化五级书记抓扶贫，坚持"小财政办大民生"，建立省级财政扶贫资金每年20%以上的投入增长机制①。

（二）开展东西部扶贫协作和对口支援，全方位、多层次支援帮扶

一是项目方面向基层、农牧区、贫困人口倾斜。对口支援工作中，实施各类援青项目2200余项，累计投入39.71亿元支持脱贫攻坚，改善8.2万户群众住房条件，解决28万人、141万只牲畜安全饮水和1.3万户、5.1万人用电问题②。二是在人才智力支援方面采取"组团式"帮扶，拓宽了援青路径。青海省主动与援青省市对接，"组团式"选派对口援青专家，协商确定旅游发展、医疗卫生、基础教育、人才服务等领域的"组团式"人才帮扶试点项目24个。清华大学等11所重点院校"团队式"帮扶青海高校提高办学水平，在各援青省市开设异地高中班、中职班，建成西宁果洛中学、海东玉树中学。2000余名干部和技术人才赴支援方进行挂职锻炼，各支援方帮助受援地培训各类人员12万人次，有效提升了青海藏区干部人才队伍建设水平，增强了藏区的发展活力和后劲。三是突出青海特色抓脱贫攻坚，不断提升东西部扶贫协作和对口支援工作水平。挖掘青海省特色优势，加大产业扶贫合作力度，通过在资金、技术、管理和市场等方面进行有效衔接，实施了一批产业支援项目，例如持续开展经贸洽谈和商品展销等消费扶贫援青活动，有效带动青海省文化

---

① 孙海玲：《尽锐出战　决战决胜》，《青海日报》2019年10月17日。
② 石晶：《青海：光伏扶贫累计建成超73万千瓦》，《经济日报》2020年6月9日。

旅游、特色农牧等产业的快速发展，实现了促进就业和增收的目的。四是纵深开展"携手奔小康"行动，营造支援帮扶和合作交流的浓厚氛围。建立健全以县乡结对帮扶为主线，以部门、产业园区、医院、学校、企业等多领域帮扶为补充的多层次全覆盖的结对帮扶体系，各类结对累计达950个，签署结对帮扶协议536个，捐赠各类物资11.7亿元。对口援青的巨大成就，充分彰显了共产党领导下的中国特色社会主义集中力量办大事的政治优势和制度优势。

（三）审慎确定深度贫困县、村和深度贫困人口，坚决攻克深度贫困堡垒

一是形成深度贫困地区"2+5+N"攻坚政策体系。5个有深度攻坚任务的市州同步制定《三年行动方案》，各行业部门先后配套出台了深度贫困地区《健康扶贫三年行动计划》《教育脱贫攻坚实施方案（2018~2020年）》《社会救助兜底脱贫专项行动实施方案》《金融扶贫规划（2018~2020年）》等一系列行业配套攻坚方案。二是关心关爱特困群体。紧盯省内6.4万特殊困难群体，持续加大专项帮扶力度，提高低保标准，将农村低保标准由2016年的2970元提高到2020年的4800元。深度贫困地区敬老院建设、养老服务设施能力提升、残疾人无障碍设施改造及康复救助、托养服务、技能培训等工作都得到持续加强。截至2019年底，全省特困群体已全部脱贫。

（四）严格按照"两不愁三保障"脱贫标准，着力解决突出民生问题

一是着力解决农牧区群众安全住房问题。青海省在"十三五"期间全面完成5.2万户、20万人易地扶贫搬迁和20万户农牧民危旧房改造任务①。高度重视拆旧复垦工作，通过产业发展、转移就业、综合保障等举措，将工作重心从"搬得出"逐步转向"稳得住"。二是着力解决教育扶贫问题。持续加大控辍保学力度，全面落实推普脱贫攻坚行动要求，通过集中学习、互帮互学、办班培训等方式，带动推普工作进村、入户、到人。三是着力解决健康扶贫问题。扎实推进健康扶贫"三个一批"和深度贫困地区"六大攻坚"行动，"十

---

① 孙海玲：《壮美高原 小康路宽》，《农民日报》2020年6月19日。

三五"期间 1971 所村级标准化卫生室改建任务全面完成。四是着力解决安全饮水和基础设施建设问题。青海省在 2018 年底全面完成建档立卡贫困人口的饮水安全任务,实现了绝对贫困人口饮水安全"清零"目标,"十三五"期间全省 30.14 万贫困群众安全饮水保障水平进一步提升。在全省贫困地区具备条件的行政村通硬化路、通客车、通光纤宽带。

(五)着眼促进贫困群众稳定脱贫和贫困地区持续发展,不断增强发展后劲

一是注重发展特色产业。在省委、省政府的大力支持下,青海用于产业扶贫的资金占到中央和省级财政专项扶贫资金的 68%,构建多维产业扶贫体系,即县有扶贫产业园、村有集体经济、户有增收项目等。制定牦牛和青稞产业发展三年行动计划,安排资金 3 亿元,重点实施牦牛产业示范园、青稞良种培育和牦牛良种繁殖基地、生态畜牧业合作社扶持、冷链物流等项目。208 个村通过发展乡村旅游扶贫,带动贫困群众 5.54 万人稳定增收。建设 310 个"扶贫车间"发展民族手工艺产业,提供 2.18 万个就业岗位。二是注重强化就业扶贫。青海省始终坚持应训尽训原则,2016 年以来,累计接受培训的贫困农牧民约 12 万人次,通过扶贫就业培训真正找到工作的人员占到 70% 左右,其中,稳定就业率达到 60% 以上。抓住实施国土绿化三年提速行动等有利时机,促进生态保护与脱贫攻坚实现共赢发展,为帮助贫困群众实现就地转岗,增加收入,青海省大力开发水利、林业、湿地生态等公益性管护岗位,成效显著,目前全省共计 4.99 万贫困群众从事生态管护工作。三是注重培育村集体经济。为防止贫困村与非贫困村之间的"悬崖效应",在全省有贫困人口的行政村每村投入 100 万元,用于扶持发展村集体产业,全省 4146 个行政村集体经济全面"破零"。截至 2020 年 7 月,青海省村集体经济总收入 10.78 亿元,村均 26 万元①。四是注重强化后续巩固。保持市(州)和县级党政正职、第一书记和驻村干部结对帮扶关系稳定,强力推进"九大后续巩固行动"。将有致贫返贫风险的人口及时纳入民政救助体系,实行低保渐退制度,帮助实现稳定脱贫。与太平洋保险公司合作,开展"精准防贫保"试点,进一步织密织牢防止返贫"安全网"。

① 咸文静:《青海:聚力脱贫攻坚 打赢决胜之战》,《青海日报》2020 年 10 月 17 日。

（六）针对深度贫困地区脱贫攻坚新形势、新需求，全面提升攻坚质量

一是制定出台抓党建促攻坚一系列政策举措。在深度贫困地区产业相近、位置相邻、资源互补的村之间组建联村党组织，促进抱团发展、联动脱贫。结合村"两委"换届调整，选准配强"领头雁"，整顿软弱涣散基层党组织，实施"党员带富"行动，打造"永远不走的工作队"，把党员培养成致富能手、把致富能手培养成合格党员。先后分两批选派第一书记和扶贫干部共计1.49万人，坚持实战化培训导向，不断提升基层干部攻坚能力。二是争取各方扶贫汇合力量支持。建立各级干部联点、定点帮扶、结对帮扶、"一联双帮三治"等工作机制，实行了挂钩扶贫模式。10.9万名党员干部与16万贫困户结对认亲，13家中央定点扶贫单位、2500家省市县定点扶贫单位与1824个"三类村"建立帮扶对子，716家民营企业（异地商会）与887个贫困村建立结对帮扶关系，累计投入各类帮扶资金近17亿元①。推进"互联网＋社会扶贫"活动，鼓励引导更多社会爱心人士参与脱贫攻坚。三是坚持扶贫与扶志、扶智相结合，让"自主脱贫、我要脱贫"成为贫困群众精神脱贫新动力。针对深度贫困地区薄养厚葬、高额彩礼、相互攀比、惜杀惜售等问题，组织开展"精神脱贫集中宣讲"活动，积极传播党的惠民政策和脱贫攻坚举措。建立3000万元省级励志资金，每年对"脱贫光荣户"进行集中表彰。制定《关于开展扶贫扶志行动的实施意见》，以深度贫困地区为重点，组织开展"精神脱贫"试点，通过榜样示范带动、完善村规民约、加强道德教化、减轻宗教负担、严格奖惩激励等措施，改变陈规陋习，树立文明新风，将试点成效在全省推广。

四 当前青海省决胜脱贫攻坚存在的主要问题和困难

青海省情特殊，是全国扶贫开发重点县域全覆盖省份，发展不充分、不平衡问题突出，全省整体脱贫质量相比全国还处在较低层次，持续巩固脱贫成果、整体提升脱贫质量的任务仍然十分艰巨。还需全省上下共同努力，逐步缩

---

① 孙海玲：《壮美高原 小康路宽》，《农民日报》2020年6月19日。

小发展差距,补齐发展短板,奋力实现生态环境有效保护,经济高质量发展和人民高品质生活。

(一)致贫因素交织叠加、返贫风险高

青海省90%的国土面积为禁止或限制开发区域,在统筹经济社会发展和生态环境保护、将生态优势转化为经济优势和发展优势方面还具有一定的挑战。农牧区资源禀赋差,深度贫困地区自然条件严酷、生态环境脆弱、自然灾害频发,医疗卫生等公共服务水平相对较低,因病、因灾等致贫因素叠加、复杂多样,返贫压力大、风险较高。

(二)扶贫产业弱、后续巩固压力大

青海脱贫产业偏小偏散,项目同质化问题突出,生产经营方式简单粗放,全省仍有359个行政村无稳定经济收入,"造血"功能基础薄弱。青海认定扶贫产品507个,价值113亿元,但销售金额只有1.3亿元,仅占总价值的1%。农牧区大多数已脱贫群众受教育程度低,就业创业能力仍然不足,牧区贫困人口经营性收入占比不到20%,转移性收入占比高达60%以上,收入结构不合理,收入预期不稳定。

(三)思想转变慢、精神脱贫难

部分群众观念仍然落后,"等、靠、要"思想尚未根除,薄养厚葬、高额彩礼、相互攀比、惜杀惜售等问题在一些深度贫困地区依然存在,少数贫困群众不善理财、不会理财,有钱乱消费、没钱等帮扶的问题还需长期关注,扶志、扶智任重而道远。

五 进一步持续巩固脱贫成果的对策建议

在全面打赢脱贫攻坚战的同时,全省上下仍需从全面加强党的建设,加快推进精准防贫机制建设,构建脱贫攻坚与乡村振兴战略有效衔接,以特色产业、新兴产业全力助推经济高质量发展等方面入手,在确保青海与全国同步全面建成小康社会的基础上,加快补齐民生领域短板弱项,持续改善和提升人民生活水平。

（一）进一步全面加强党的政治建设

脱贫攻坚成果的进一步巩固还需坚持以党建为统领。一是强化政治建设。多渠道、多形式深入学习习近平总书记脱贫攻坚工作系列重要讲话精神和党的最新理论成果，在政治立场、政治方向、政治原则、政治道路上同以习近平同志为核心的党中央保持高度一致，严格执行党内政治生活各项规定。二是强化廉政建设。脱贫攻坚资金量大、项目多，社会各界高度关注，要持续把全面从严治党要求贯穿脱贫攻坚全过程，充分发挥部门监管职能，坚持阳光扶贫、廉洁扶贫导向，健全完善定期通报等工作制度，盯紧看牢每一分扶贫资金，确保扶贫项目发挥应有效益。三是强化干部队伍建设。突出实干标准，持续在脱贫攻坚实践中考察、识别、选任干部，着力打造忠诚担当、敢打敢拼的攻坚队伍，培养优秀年轻干部挑起大梁的能力，同时要建立相对合理的容错机制，激发干部人才的干劲和闯劲。四是强化作风建设。扎实开展扶贫领域作风问题专项治理，持续认真解决干部队伍中"四风"问题。

（二）加快推进精准防贫机制建设

坚持脱贫攻坚责任、帮扶、政策、监管"四不摘"，以解决突出问题为重点，加大政策倾斜和扶贫资金整合力度，加快健全精准防贫长效机制。一是加大对特殊困难群体的帮扶力度。继续实施开发式和保障性相统筹的扶贫模式，建立以社会保险、社会救助、社会福利制度为主体，以慈善帮扶、社工助力为辅助的常态化综合保障体系。持续完善低保对象认定、医疗救助、特困供养、防灾减灾等相关制度及相互衔接，将因病、因残致贫家庭及时纳入农村低保和特困供养保障范围。稳步提高最低生活保障、孤儿基本生活最低养育、困难群体补助和重度残疾人生活补贴标准。对留守儿童、留守老人、精神障碍患者等特殊人群，建立政府与社会共同关爱机制，推广邻里互助，将符合条件的老弱病残特困群体进行集中供养。构建社会助困众筹体系，建成一批官方助困众筹平台，引导民间公益类众筹活动，实现社会慈善资源与特殊困难群体的精准对接。完善免费医疗健康保障机制，实施"三专一免"健康扶贫模式。对易地搬迁后未实现就业的贫困家庭，按照城市最低生活保障标准给予临时生活救助，并积极开展各类技能培训，尽快实现就业。重视解决好城市困难群体的生活，对具有一定劳动能力的，通过职业培训、开发安置社区公益性岗位等解决就业问题；保障退役军人和重点优抚安置对象合法权益，深化市（州）县镇村四级复退军人服务体系建设，推进相关制度的改革完善和有效衔接。二是建立健全稳定脱贫和防范返贫的长效机制。相对贫困治理是"后小康时代"民生发展的一个重要难题。要聚焦脱贫不稳定人口、边缘易致贫人口以及因疫情或其他原因收入减少或支出骤增人口，加强动态监测，一户一策，进行针对性帮扶。对青南地区和东部干旱山区返贫高风险地区与人群，要持续用力，确保扶持政策在2020年后一定时期内稳定不变，避免发生脱贫前后政策的"悬崖效应"。乡村振兴的资金投入、项目安排、政策举措，优先支持退出村和脱贫人口，统筹解决好贫困边缘人口发展问题。重视防范因病、因灾、因意外事故致贫返贫风险，从源头上防止出现新的贫困和已脱贫人口返贫。

（三）脱贫攻坚与乡村振兴有效衔接

脱贫攻坚成果来之不易，深化和巩固脱贫攻坚成果的有效路径是实施乡村振兴战略，党的十九届五中全会对我国"十四五"时期的目标要求中强调，要优先发展农业农村，全面实施乡村振兴战略。脱贫攻坚与乡村振兴的有效衔接体现在多个方面：一是有效衔接产业扶贫与产业振兴。积极发展特色种植、生态农牧、民族用品加工、乡村旅游等产业，进一步做优做强"青海拉面""青绣"等品牌，持续推进村集体经济"破零"工程，促进扶贫产业发展壮大。二是有效衔接扶贫队伍与人才振兴。巩固提升扶贫队伍的"雁阵效应"，创新乡村人才工作体制机制，实施乡村振兴人才培育工程，加强农村创新创业服务平台建设，引导农民工、大中专毕业生、退役军人、科技人员等返乡入乡创新创业，培养更多的"田秀才""土专家""乡创客"，打造一支懂农业、爱农村、爱农民的"三农"人才振兴队伍。三是有效衔接扶智、扶志与文化振兴。传承弘扬乡村优秀传统文化，深入开展精神脱贫，切实加大扶志扶智、移风易俗力度，斩断思想"穷"根，消除精神贫困，最大限度激发致富内生动力。四是有效衔接生态扶贫与生态振兴。将生态补偿和扶贫措施紧密结合，继续实施生态扶贫，加大重大生态工程对贫困劳动力的吸纳力度，在动态调整中保持脱贫群众生态公益性管护岗位总体稳定。培育发展生态经济，探索生态产品价值实现机制，推动生态优势向经济优势转化。

（四）以特色产业、新兴产业助推经济高质量发展

在"后小康时代"，青海要始终秉持发展是解决民族地区一切问题的总钥匙的理念，立足资源禀赋，抢抓机遇，以"五个示范省建设"为抓手，加快发展生态产业和以数字经济为核心的新兴产业，全面提升全省经济发展质量和效益。一要更加注重特色产业发展。加快构建以畜牧业为主体多种产业竞相发展的现代化产业体系，精心打造兼具地域特色和产业特色的农牧主打招牌，使特色农牧产业成为乡村产业振兴的重要支撑。大力发展生态旅游、生态农牧、中藏医药、生态康养、特色餐饮等特色生态产业。二要加快创新驱动发展。加大科技投入力度，加快发展战略性新兴产业，培育壮大新一代信息技术、生物技术、新材料、高端装备、新能源汽车、绿色环保、数字创意等产业，要特别关注生命健康、新能源与智能汽车、人工智能、数字经济四大产业的发展，加快战略性新兴产业发展。三要打造全域生态经济体。依照资源分布优势和环保严格程度，将全省打造成以西宁国家生态工业示范园为支点、以西宁、海东、海西、海北、海南"两化融合"为引领，以玉树、果洛、黄南"生态产业化"为支撑的"一园五两化三生态"全域生态经济体。四要完善工业产业链。依照"两头在外"属性由弱到强排序，将工业产业链划分为"重点""一类""二类"三类，分别以"占领高端、强化配套""保证生存、徐图发展""适度对接、民生兜底"为发展原则施以不同扶持和招商政策。实行"链长负责制"，针对性采取"一链一策"措施，实时追踪各链发展实况，同时协调好省内各区域、各园区产业发展。五要培育数字经济新业态。加快推动社区电商齐全化、自媒体电商产业化、消费刺激数字化、在线商务平台一体化，向下引进数据采集、数据标注、话务呼叫、电商客服等人才门槛较低的信息产业，向上开发集数据存储、云计算、终端应用等各类数字服务，使本地数字经济业态尽快补齐，提升数字资源的运用效率，有效深化三产供给侧结构性改革。

（五）确保与全国同步全面建成小康社会

与全国同步全面建成小康社会，是新时代赋予青海各族人民的神圣使命，是必须完成的重大任务。一是强化脱贫后续巩固。健全防止返贫机制，聚焦脱贫不稳人口和边缘人口，开展实时监测，聚焦短板，持续攻坚。二是强抓生态环境整治。深入实施木里矿区及祁连山南麓青海片区环境综合整治三年行动，统筹抓好采坑回填、渣山复绿、边坡治理、植被恢复等各项工作。三是持续加快重点领域攻坚任务。加快推进研发经费投入与科技创新、战略性新兴产业等新动能培育、新型城镇化、非公经济发展等领域攻坚任务，全力推进城乡基本医疗服务能力、教育供给水平、困难群众住房条件、农牧区群众出行条件、农牧区用能稳定性等领域攻坚任务。四是扎实推进文化事业进步。推动长城、长征国家文化公园青海域内建设，支持精品艺术创作，强化文旅产业发展等领域各项攻坚任务。五是优化调整完善各市州小康评估指标体系。建议统计部门在全省统一的指标体系基础上，根据各地区主体功能、产业分工等差异，对不同地区各项指标赋予差异化权重及目标值，特别是突出群众能切身感受到的生态环境、公共服务等领域指标，切实推动各市州同步建成各具特色的小康社会。

"十三五"规划收官篇

Reports on The End of The 13th Five Year Plan

B.13 新疆"十三五"规划主要目标完成情况评估报告

宋建华*

摘 要： 2020年是"十三五"规划的收官之年，也是打赢脱贫攻坚战、决胜全面建成小康社会决战之年。世界百年未有之大变局进入加速演变期，国际环境日趋错综复杂，经济全球化遭遇逆流，给未来发展前景带来巨大不确定性、不稳定性。国内经济正处在转变发展方式、优化经济结构、转换增长动力的攻关期，经济下行压力不断加大。当前和今后我国仍处于重要战略机遇期，面对宏观经济运行面临的新情况、新趋势，本文科学评价新疆"十三五"规划重点任务实施和主要目标完成情况，为今后新疆经济社会发展提出基本思路和重点方向。

关键词： 新疆"十三五" 经济社会 脱贫攻坚

---

* 宋建华，新疆社会科学院经济研究所所长、研究员，主要研究方向为区域经济学、产业经济学。

回顾"十三五"时期，新疆深入贯彻党的十九大和十九届二中、三中、四中、五中全会精神，贯彻落实新时代党的治疆方略，坚持新发展理念，推动高质量发展，以供给侧结构性改革为主线，扎实推进"1+3+3+改革开放"重点工作，扎实做好"六稳"工作，① 全面落实"六保"任务，补短板、强弱项、固根本，高起点、高水平、高效益推进新型工业化、信息化、城镇化、农业现代化，全力做好稳增长、促改革、调结构、惠民生、防风险、保稳定各项工作，社会大局持续稳定，经济保持平稳健康发展，改革开放迈出重要步伐，人民生活水平显著提高，"十三五"规划目标任务已经完成，全面建成小康社会胜利实现，即将开启全面建设社会主义现代化新疆新征程。

一 新疆"十三五"规划重点任务推进情况

（一）稳定大局持续向好

新疆坚持依法治疆、团结稳疆、文化润疆、富民兴疆、长期建疆，② 坚定不移聚焦总目标，打好组合拳，保持了社会大局持续稳定，宗教极端思想蔓延渗透得到有效遏制，民族团结氛围更加浓厚，基层党组织战斗堡垒作用全面加强，社会大局实现一年稳定、两年巩固、三年基本常态、连续四年没有发生暴力恐怖事件，为改革发展创造了良好环境。稳定红利充分释放，有力促进了经济社会发展，各族干部群众的安全感明显增强，对社会稳定和长治久安的信心明显增强，呈现社会稳定、人民安居乐业的良好局面，为迈向长治久安奠定了坚实基础，为经济社会高质量发展营造了和谐稳定的社会环境。

（二）综合实力显著增强

2019年新疆GDP达到13597.11亿元，年均增速达到6.2%，地区生产总

---

① 《2019年新疆政府工作报告》，《新疆日报》2020年1月12日，http://www.xjdaily.com.cn/c/2020-01-12/2095077.shtml。
② 《习近平在第三次中央新疆工作座谈会上强调 坚持依法治疆团结稳疆文化润疆富民兴疆长期建疆 努力建设新时代中国特色社会主义新疆》，新华网，2020年9月26日，https://baijiahao.baidu.com/s?id=1678892626515475884&wfr=spider&for=pc。

值迈上万亿元台阶。核心区建设加快发展，现代产业体系加快构筑，经济发展质量和效益明显提升。农业基础地位不断巩固，粮食、棉花、特色林果向优质化发展，农村一、二、三产业加快融合。工业经济稳中有进，规模总量持续扩大，动能转换不断加快。工业战略性新兴产业增加值和高技术制造业增加值分别增长8.4%和11.4%。第三产业增加值7019.86亿元，增长8.0%，以电子商务、商贸物流为重点的现代服务业快速发展，对经济增长的贡献进一步提升。特别是旅游业保持快速增长态势，全区接待境内外游客首次突破2亿人次，实现旅游收入3632.58亿元，年均增长42.0%和40.8%。① 新型城镇化稳步推进，常住人口城镇化率达到了51.87%，年均增长1.2个百分点。

（三）三大攻坚战成效显著

新疆防范化解重大风险攻坚战取得预期成效，实现了各级政府零违规举债，隐性债务化解任务全面完成，守住了不发生系统性金融风险的底线。精准脱贫攻坚战取得决定性进展，南疆四地州脱贫攻坚迈出坚实步伐，推进"七个一批""三个加大力度"，集中力量攻坚，万众一心克难，2020年新疆最后10个贫困县摘帽，至此，全区308.9万现行标准下贫困人口全部脱贫，3666个贫困村全部退出，32个贫困县全部摘帽，新疆绝对贫困问题得到历史性解决。② 污染防治攻坚战取得重大进展，坚决执行能源、矿产资源开发自治区政府"一支笔"审批制度，环境保护"一票否决"制度，严禁"三高"项目进新疆，全面开展了蓝天、碧水、净土、农村人均环境整治四场标志性战役，生态环境质量明显改善，能耗和主要污染物排放量持续下降。

（四）"四化"建设步伐加快

加快推进新型工业化，促进产业转型升级。国家大型煤炭煤电煤化工基地稳步推进，国家大型油气生产加工和储备基地建设取得积极进展，国家大型新能源基地建设加快，国家能源资源陆上大通道建设积极推进。传统产业转型升

---

① 《2019年新疆政府工作报告》，新疆维吾尔自治区人民政府网，2020年1月13日，http://www.xinjiang.gov.cn/xinjiang/gzbg/202001/caadb525b77f44e6b3b9ce9df44f94eb.shtml。
② 《新疆最后10个贫困县摘帽》，央广网，2020年11月15日，http://m.cnr.cn/news/20201115/t20201115_525329896.html。

新疆"十三五"规划主要目标完成情况评估报告

级持续加快推进，钢铁行业已实现扭亏为盈，有色工业逐步向高技术含量、高附加值的深加工方向发展，传统建材产品优化升级加快推进，新型建材产业加速发展，纺织服装产业大力发展，农产品精深加工业不断做大做强。积极培育战略性新兴产业，新能源产业能源装备制造业发展迅猛，电力输变电装备、分布式电网、光伏单晶硅和多晶硅片、逆变器及配套产品、大型风力发电机组及关键零部件研发制造全球领先，光伏系统集成能力位居全国第一，光伏电站装机容量位居全国第二。园区产业集聚能力有效提升，产业集聚效应、区域带动作用、就业吸纳能力日益凸显，园区实现工业增加值占到全区工业增加值的比重达到50%以上，其已成为新疆工业经济发展的重要推动力。

加快推进农业现代化，促进农业提质增效。积极推进农业供给侧结构性改革和农业发展方式转变，农产品供给质量和市场竞争力不断提高，一二三产融合发展初见成效，农业现代化进程加快推进。农业结构调整进一步优化，粮食安全保障水平稳步提高，棉花生产布局进一步优化，特色林果品质进一步提升，林果业精深加工加快发展，林果品牌知名度、美誉度不断提升，畜牧业发展速度和质量稳定提高，标准化、规模化养殖加快推进，积极支持特色农牧业发展成效明显，培育形成了一批特色养殖加工品牌。实施"百县千乡万村"试点示范工程，开展电子商务进农村综合示范，启动国家农村产业融合发展示范园创建。农业现代化支撑体系建设加快，持续开展农产品质量安全标准化行动，国家级棉花等育制种基地和区域性良繁基地建设加快，主要农作物良种基本实现全覆盖，启动国家重点研发计划"智能农机装备"专项，主要农作物生产已基本实现全程机械化，实施"互联网+"现代农业行动，开展农业农村大数据、农业物联网、数字农业建设试点示范。

加快新型城镇化进程，促进城乡统筹发展。加快推进以人为核心的新型城镇化进程，城镇空间布局进一步优化，农业转移人口市民化有序推进，城镇基础设施和公共服务设施不断完善，城镇综合承载能力大幅提升。丝绸之路城镇发展带建设加快，"五大中心"建设稳步推进，对外开放新格局加快形成，乌鲁木齐城市发展活力进一步凸显，新疆霍尔果斯、阿拉山口等口岸城市发展加快，乌鲁木齐市已完成城市公共基础数据库、城市公共信息平台、智慧园区、智慧商贸等项目建设，加快实施城镇供水、排水、污水垃圾处理、供气、供热、道路、园林等市政基础设施项目，农村环境综合整治力度加大，实施了污

水收集、垃圾处理、畜禽养殖污染防治、饮用水源保护等环境综合整治项目，农村环境进一步改善。

加快推进信息化建设，提升经济社会发展水平。信息基础设施建设扎实推进，光网新疆工程、宽带新疆工程加快实施，丝绸之路信息大通道建设积极推进，启动全程免费WIFI城市示范试点建设，网络扶贫成效明显，贫困村宽带网络覆盖率已达到规划目标（90%）。信息化与经济社会发展加快融合，电子政务外网实现网络全覆盖，深入落实《自治区"互联网+工业"实施方案》，自治区"社区信息化综合管理"平台建设加快推进，积极推进实施"天山云"计划，乌鲁木齐、克拉玛依云计算产业基地建设加快，企业"两化"融合试点示范加速推进，推动自治区工业云平台试点建设，云服务能力和水平进一步提升，中小企业信息化水平大幅提升。

（五）基础支撑更加夯实

高标准建设和完善了一批水利、交通、电力等重大基础设施，现代化基础设施体系逐步完善，为自治区经济社会发展夯实了发展基础。基础设施补短板成效显著。北屯至阿勒泰、克拉玛依至奎屯、库尔勒至格尔木铁路建成投运。和田至若羌铁路开工建设，阿勒泰至富蕴至准东铁路加快推进，环塔里木盆地、准噶尔盆地铁路环线加快形成；京新高速明水至哈密段全线贯通，打通了第二条出疆公路大动脉，和田至墨玉高速公路建成通车，全区所有地州市迈入高速公路时代，莎车等三个机场新建通航，全区民用运输机场达到21个，成为全国机场最多省区。卡拉贝利等九座中型水库建成使用，阿尔塔什、大石门等一批大中型水库开工建设，玉龙喀什水利枢纽获国家批复，疆电外送第二条特高压输电通道建成投运，南疆750千伏电网延伸补强工程全线贯通。

（六）创新能力不断提升

深入实施创新驱动发展战略，坚定不移贯彻新发展理念，推动大众创业、万众创新，培育创新发展新动力，拓展创新发展新空间，构建产业创新发展新体系，经济发展质量和效益不断提高。

创新消费方式。培育新消费热点，实施宽带新疆，新型智慧城市建设加快推进,"电化新疆"工程进展顺利,南疆煤改电项目有序推进,疆内电力消纳能力不断提高。创新投资方式。通过"银税互动"、银团贷款等对符合国家政策的丝路产业加大了支持力度,精准扶贫和农村金融服务"村村通"工程加快实施,南疆四地州的信贷支持力度进一步加大。创新出口方式。推动加工贸易梯度转移,重点支持综合保税区、边境经济合作区和纺织服装"三城七园一中心"及重点发展县市,加工贸易实现大幅增长,专项支持新疆扩大引进先进技术设备和资源型产品,边境贸易加快发展,跨境电子商务发展加快,积极支持企业"走出去"有重点开展合作开发。

创新区域发展新空间不断拓展。启动丝绸之路经济带创新驱动发展试验区建设,启动乌鲁木齐高新区(新市区)国家双创示范基地建设,整合资本、技术、人才、市场等要素,搭建了各类创新创业公共服务平台。科技创新驱动战略深入实施。新疆重大科技专项、重点研发项目实施力度加大,国家级重点实验室建设加快,实现自治区省部共建国家重点实验室"零突破",关键核心技术取得重要突破,几十项重大科技成果获得国家级科学技术奖励,近千项科技成果获得自治区级科学技术奖励,农业科技园区加快建设,企业创新能力进一步提升。

服务业创新发展加快。生产性服务业优化发展,生活性服务业积极发展,三次产业比重由 2015 年的 16.7∶38.6∶44.7 调整优化为 2019 年的 13.1∶35.3∶51.6,服务业对经济增长的贡献率达到 66.7%。① 乌鲁木齐国际陆港区、中欧班列集结编组中心、中铁集装箱中心、乌鲁木齐铁路口岸等重大项目建设加速推进,乌鲁木齐市获全国共同配送试点城市称号,物流业转型升级和创新发展加快推进,东联西出通道进一步畅通,打通了霍尔果斯口岸"西出"第二通道,开辟了乌鲁木齐—连云港—新德里公铁海联运航线,实现"丝绸之路经济带"与"21 世纪海上丝绸之路"大贯通,物流节点加快布局,物流基地建设积极推进,开发多式联运电子交易平台,探索企业、金融物流合作模式,拓展集装箱运输和全程物流服务,促进铁路与其他交通运输方式顺畅衔接。推进商贸服务业发展,商品市场体系进一步完善,乌鲁木齐、伊宁、喀什、库尔勒、霍尔果斯等商贸中心建设项目加快推进。

---

① 《2019 年新疆 GDP 达 13597.11 亿元 同比增长 6.2%》,中国经济网,2020 年 1 月 22 日,http://www.chinaxinjiang.cn/zixun/xjxw/202001/t20200123_582876.htm。

(七)人民生活明显改善

践行"以人民为中心"的发展思想,大力实施九项惠民工程,民生支出占一般公共预算支出的70%以上,4年累计实现乡镇新增就业188.73万人,转移就业农村富余劳动力1061.5万人次,城镇登记失业率控制在3.5%以内,提前一年完成南疆四地州3年10万人转移就业计划目标任务。大力发展国家通用语言文字教育,提前两年实现学前和义务教育阶段国家通用语言文字教育全覆盖,15年免费教育政策全面落实。实施城乡居民免费健康体检,全民参保计划深入推进,累计建成城镇保障性住房和农村安居富民住房98.43万套和88.2万户,320万农村居民安全饮水问题得到解决,居民生活质量有效提升。人口自然增长率由11.06‰下降到3.69‰,人口过快增长趋势得到有效控制。

(八)生态环境明显改善

着力开展大规模生态建设工程。塔里木盆地周边防沙治沙工程全面推进,天然林保护二期工程有序开展,天山北坡谷地森林植被保护与修复工程建设任务全面完成,伊犁河谷百万亩生态经济林建设与生态修复工程提前完成规划任务,塔里木河流域胡杨林拯救专项行动深入开展,草原生态保护工程深入实施,重点流域湿地保护工程全面加强,生物多样性保护体系不断完善,全面推行"河长制"取得积极进展,生态文明建设示范创建工作稳步推进。

主体功能区建设全面推进。严格执行规划和建设项目环境影响评价制度,优化生产、生活和生态用地布局,不断优化城乡空间布局,统筹协调城乡建设用地新格局。

环境保护和治理力度持续加强。水污染防治大力加强,开展全区集中式饮用水水源地环境保护专项行动,持续推进流经城市河流污染治理工作,开展水污染防治中重点行业专项治理,完成重点行业清洁化改造工作,大气污染治理稳步提升,突出重点区域大气污染防治,加强"乌-昌-石-五"区域、"奎-独-乌"区域联防联控,加强克拉玛依、库尔勒、伊宁等城市区域复合型大气污染防治,开展和田、喀什等南疆城市沙尘型污染综合治理,实施"煤改气""电采暖"工程,推进土壤污染修复与治理,环境风险防控明显提升,环保监管体制改革有序推进,实现了自治区级空气自动站联网。

低碳循环发展体系逐步完善。支持建设城镇污水和垃圾处理设施、节能、节水、循环经济和资源综合利用等项目，推动循环经济试点工作，完成全区重点企业温室气体排放盘查与稽查工作，节能减排与应对气候变化工作积极推进，稳步推进碳市场建设。

（九）改革开放进一步深化

供给侧结构性改革扎实推进，"三去一降一补"成效显著，"放管服"改革全面推行，营商环境明显改善，乌鲁木齐国际陆港区建设不断提速，中欧班列实现规模化、常态化开行，"集拼集运模式"被国务院作为自贸试验区改革试点经验，在全国复制推广。成功举办两届中国亚欧博览会，承接东部地区产业转移取得积极进展，为新疆发展增添了新动力、新活力。

（十）对口援疆深入推进

19个援疆省市加强全方位对口支援，2014~2019年，累计投入援疆资金（含兵团）946亿元，实施援疆项目1万余个，引进援疆省市企业到位资金16840亿元，中央企业投资超过7000亿元。坚持援疆资金项目向基层倾斜、向贫困地区倾斜、向保障和改善民生倾斜，实现了一批安居富民、定居兴牧以及特色种养殖等民生扶贫项目，支持发展纺织服装、电子产品组装、农产品加工等劳动密集型产业。积极开展教育医疗人才"组团式"援疆，组织"开展万人游新疆活动"，加强青少年及各民族各阶层交往交流交融，对口援疆综合效益不断提高。

二 新疆"十三五"规划主要目标完成情况

"十三五"规划提出了经济发展、创新驱动、民生福祉、资源环境等4个方面33项43个指标。其中：预期性指标18项，约束性指标25项。截至2019年底，从规划主要目标完成情况看，总体向好，43个指标中有31个达到规划目标进度，主要目标完成率达到72%，其中10项提前完成目标，占32%；未完成规划目标的12项。从指标属性看，预期性指标达到规划目标的有8个，预期性指标完成率为44%，约束性指标达到规划目标的有23个，约束性指标

达标率为92%，未完成规划目标的12个指标中预期性指标有9项，占到未完成规划指标的75%。分类别看，民生福祉目标完成情况好，10项指标均完成规划目标，其中6项指标提前完成目标。资源环境目标和创新驱动目标完成情况都较好，完成率分别为82%和80%，并且都有1项指标提前完成目标。经济发展目标完成情况一般，11项指标中仅3项达到规划目标进度。

（一）经济发展指标完成情况

经济发展领域11个预期性指标中，共有地区生产总值、服务业增加值比重、农村居民人均纯收入3个指标达到规划目标进度。工业增加值、全社会固定资产投资、一般公共预算收入、社会消费品零售总额、外贸进出口总额、城镇化率（常住人口城镇化率、户籍人口城镇化率）、城镇居民人均可支配收入等8个指标均未达到规划目标进度。主要指标进展情况见表1。

（二）创新驱动指标完成情况

创新驱动领域涉及5个指标，其中两化融合发展指数、每万人发明专利拥有量、互联网普及率（固定宽带用户普及率、移动互联网用户普及率）等4个指标达到规划目标进度，占80%；科技进步贡献率指标未达到规划目标进度。具体指标进展情况见表2。

（三）民生福祉指标

民生福祉领域10个指标分别是人口自然增长率、城镇登记失业率、城镇新增就业人数、九年义务教育巩固率、高中阶段毛入学率、基本养老保险参保率、城乡住房（城镇保障性住房、城镇棚户区改造、农村安居富民工程）、农村贫困人口脱贫人数等，全部达到规划目标进度，其中人口自然增长率、城镇登记失业率、九年义务教育巩固率、高中阶段毛入学率指标、基本养老保险参保率、城镇保障性住房指标6个提前完成规划目标；具体指标进展情况见表3。

（四）资源环境指标

资源环境领域17个指标中，耕地保有量、新增建设用地规模、农业灌溉水有效利用系数、万元GDP用水量下降、森林发展（森林蓄积量）、万元生产总值能耗降低、单位生产总值二氧化碳排放降低、主要污染物（化学需氧量、氨氮、二氧化硫、氮氧化物）排放量降低、非化石能源占一次能源消费比重、地表水质量（达到或好于Ⅲ类水体比例、劣Ⅴ类水体比例）等14个指标达到规划目标进度；森林发展（森林覆盖率）、空气质量［细颗粒物（PM2.5）未达标地级及以上城市年均浓度下降］、空气质量（地级及以上城市空气质量优良天数比率）等3个指标未达到规划目标进度。具体指标进展情况见表4。

三 新疆"十三五"规划实施中存在问题与困难

（一）反恐维稳形势依然严峻

以美国为首的西方反华势力"以疆制华"变本加厉，境内外"三股势力"对新疆社会稳定的影响依然严峻，意识形态领域反分裂斗争激烈复杂，影响安全稳定的因素交织叠加，反恐维稳还需持续推进，社会治理能力和治理水平亟须进一步提升。

（二）经济转型增长动力不足

经济下行压力增大，投资拉动作用持续减弱，投资增速持续下行，消费支撑作用不强，传统消费动力明显减弱，新兴消费拉动动力不足，进出口规模偏小，外贸依存度不足全国平均水平的1/3。新旧动能转换乏力，工业结构不合理，能源资源工业占工业比重超过90%，战略性新兴产业占比仅为6.9%，工业初级产品多，产业链条不完整。生产性服务业、专业服务业等新增长点有待培育，生活性服务业品质有待提升，新业态新模式发展不足，创新发展能力薄弱。R&D经费投入强度不及全国平均水平（2.13%）的1/4，每万人口拥有R&D人员数在全国排名第30位。

（三）基础设施有待加强

立体综合交通网亟待完善，铁路网密度仅为全国平均水平的28.2%，连通境外的四大国际铁路通道建设亟待推进，高速铁路建设亟待布局；国省干线中二级及以上公路比重较低，高速公路对县级行政节点的覆盖率仅为65%，低

表 1 "十三五"期间新疆经济发展的主要指标完成情况评估

指标名称	2015年实际值	2020年目标值	年均增长目标值（%）	2016年实际值、增速	2017年实际值、增速	2018年实际值、增速	2019年实际值、增速	2016~2019年完成情况	属性
1. 地区生产总值（亿元）	9235.57	13078	7左右	9511.93（7.5）	10881.96（7.6）	12199.08（6.1）	13597（6.2）	可以完成	预期性
2. 工业增加值（亿元）	2762.06	3952	8左右	2682.4（4.0）	3254.2（6.1）	3743.9（3.9）	3861.7（4.5）	未完成	预期性
3. 全社会固定资产投资（亿元）	10729.3	18908	12	9983.86（-6.9）	11795.64（20.0）	8823.14（-25.2）	9043.72（2.5）	未完成	预期性
4. 一般公共预算收入（亿元）	1331	1824	6.5以上	1299（-2.4）	1467（12.8）	1531（4.5）	1578（3.0）	未完成	预期性
5. 社会消费品零售总额（亿元）	2605.96	4197	10	2825.9（8.4）	3044.58（7.7）	3187（5.2）	3361.6（5.5）	未完成	预期性
6. 外贸进出口总额（亿美元）	196.8	289	8	179.6（-8.7）	206.6（17.1）	2001.1（-2.7）	237.1（18.5）	未完成	预期性
7. 城镇化率 常住人口（%）	47.23	58	[10.75]	48.35	49.38	50.91	51.87	未完成	预期性
7. 城镇化率 户籍人口（%）	41.71	45	[3.25]	41.81	42.1	—	—	未完成	预期性
8. 服务业增加值比重（%）	44.7	48.5	3.3	45.2	45.9	50.4	51.6	提前完成	预期性
9. 城镇居民人均可支配收入（元）	26275	38606	8	28463（8.3）	30775（8.1）	32764（6.5）	34664（5.8）	未完成	预期性
10. 农村居民人均纯收入（元）	9425	13004	8	10183（8.0）	11045（8.5）	11975（8.4）	13122（9.6）	提前完成	预期性

注：1. 带［］为五年累计数。2. 预期性指标是政府期望的发展目标，主要依靠市场主体的自主行为实现。政府要创造良好的宏观环境、制度环境、市场环境，并适时调整宏观调控的方向和力度，综合运用各种政策引导社会资源配置，努力争取实现。约束性指标是在预期性基础上进一步明确并强化了政府责任的指标，是政府在公共服务和涉及公共利益领域提出的工作要求。政府要通过合理配置公共资源和有效利用行政力量，确保实现。

资料来源：新疆维吾尔自治区 2015 年、2016 年、20117 年、2018 年、2019 年《国民经济和社会发展统计公报》。

表 2 "十三五"期间新疆创新驱动的主要指标完成情况评估

指标名称	2015年实际值	2020年目标值	年均增长目标值(%)	2016年实际值、增速	2017年实际值、增速	2018年实际值、增速	2019年实际值、增速	2016~2019年完成情况	属性
1. 两化融合发展指数(%)	58	68	[10]	59.8	62.8	—	—	可以完成	预期性
2. 科技进步贡献率(%)	50	60	[10]	51.8	52.5	—	—	未完成	预期性
3. 每万人发明专利拥有量(件)	1.32	2.5以上	[1.18]以上	1.59	1.86	1.5	1.43	可以完成	预期性
4. 互联网普及率	固定宽带用户普及率(%)	13.8	19	[5.2]	19.8 (45.5)	23.8 (20.2)	—	—	提前完成	预期性
	移动互联网用户普及率(%)	63.5	95.5	[30.1]以上	69.2 (9)	78.6 (13.6)	—	—	可以完成	预期性

资料来源：新疆维吾尔自治区经济和信息化委员会、新疆维吾尔自治区科学技术厅、新疆维吾尔自治区通信管理局。

表 3 "十三五"期间新疆民生福祉的主要指标完成情况评估

指标名称	2015年实际值	2020年目标值	年均增长目标值(%)	2016年实际值、增速	2017年实际值、增速	2018年实际值、增速	2019年实际值、增速	2016~2019年完成情况	属性
1. 人口自然增长率(‰)	11.66	11.6以内	—	11.08	11.4	6.1	3.7	提前完成	约束性
2. 城镇登记失业率(%)	4以内	4.5以内	4.5以内	3.2	3.41	3.3	3.1	可以完成	约束性
3. 城镇新增就业人数(万人)	46.43	—	[220以内]	45.5	47.56	47.6	48.1	可以完成	预期性
4. 九年义务教育巩固率(%)	93	95	[2]	93.2	93.69	94.2	95	提前完成	约束性
5. 高中阶段毛入学率(%)	88	90	[2]	89.86	94.19	97.3	—	提前完成	约束性
6. 基本养老保险参保率(%)	82	95以上	[13]以上	85	88	90	95	提前完成	约束性

续表

指标名称		2015年实际值	2020年目标值	年均增长目标值(%)	2016年实际值、增速	2017年实际值、增速	2018年实际值、增速	2019年实际值、增速	2016~2019年完成情况	属性
7.城乡住房	城镇保障性住房(万套)	[79.15]	[8.24]	—	2016年至2018年共完成8.24万套			19.79	提前完成	约束性
	城镇棚户区住房改造(万套)	[64.74]	[119.08]	—	15.3	38.29	21.47	14.69	可以完成	约束性
	农村安居富民工程(万户)	—	[135.65]	—	30	30	30	30	可以完成	约束性
8.农村贫困人口脱贫人数(万人)		—	—	[261]	截至2020年11月308.9万现行标准下贫困人口全部脱贫				可以完成	约束性

资料来源：2016年、2017年、2018年、2019年《新疆统计年鉴》；《新疆维吾尔自治区2019年国民经济和社会发展统计公报》；《新疆最后10个贫困县摘帽》，央广网，2020年11月15日，http://m.cnr.cn/news/20201115_525329879 6.html。

表4 "十三五"期间新疆资源环境的主要指标完成情况评估

指标名称	2015年实际值	2020年目标值	年均增长目标值(%)	2016年实际值、增速	2017年实际值、增速	2018年实际值、增速	2019年实际值、增速	2016~2019年完成情况	属性
1.耕地保有量(万公顷)	519.89	428.74(含兵团)	—	521.65	523.96	524.23	—	提前完成	约束性
2.新增建设用地规模(万亩)	[276]	[352]	—	45.8923	29.6543	—	—	可以完成	约束性
3.农业灌溉水有效利用系数	0.52	0.57	[0.05]	0.53	0.542	0.553	0.566	可以完成	约束性
4.万元GDP用水量下降(%)	—	[33]	—	—	17.8	22.8	26.2	可以完成	约束性

续表

指标名称		2015年实际值	2020年目标值	年均增长目标值(%)	2016年实际值,增速	2017年实际值,增速	2018年实际值,增速	2019年实际值,增速	2016~2019年完成情况	属性
5.森林发展	森林覆盖率(%)	4.7	5.6	[0.9]	4.87	五年普查更新一次	五年普查更新一次	五年普查更新一次	未达标	约束性
	森林蓄积量(亿立方米)	3.67	4.08	[0.41]	3.92	五年普查更新一次	五年普查更新一次	五年普查更新一次	可以完成	约束性
6.万元生产总值能耗降低(%)		[-1.68]	[-10]	—	-3.2	-0.89	-4.04	-1.56	可以完成	约束性
7.单位生产总值二氧化碳排放降低(%)		[-13.4]	[-12]	-2.52	2016~2017年累计下降5.1	—	—	—	可以完成	约束性
8.主要污染物排放总量降低	化学需氧量(%)	[2.6]	[1.6]	—	0.6	2017~2019年下降3.08	2017~2019年下降3.08		可以完成	约束性
	氨氮排放量(%)	[2.2]	[2.8]	—	0.7	2017~2019年下降5.36	2017~2019年下降5.36		可以完成	约束性
	二氧化硫(%)	[14.8]	[3]	—	0.8	2017~2019年下降5.8	2017~2019年下降5.8		可以完成	约束性
	氮氧化物(%)	[15.25]	[3]	—	1.6	2017~2019年下降6.7	2017~2019年下降6.7		可以完成	约束性
9.非化石能源占一次能源消费比重(%)		8.6	6.4	1.28	9.5(10.5)		11.5(21)		可以完成	预期性
10.空气质量	细颗粒物(PM2.5)未达标地级及以上城市年均浓度下降	—	控制在国家下达指标内	—	—	下降3	—	未下降6.1	未达标	约束性
	地级及以上城市空气质量优良天数比例(%)	—	控制在国家下达指标内	—	—	68.2	—	未达到69.8	未达标	约束性
11.地表水质量	达到或好于Ⅲ类水体比例(%)	87.2	91.5	1.06	—	—	89.4	—	可以完成	约束性
	劣Ⅴ类水体比例(%)	4.3	4.3	—	—	—	4.3	—	可以完成	约束性

资料来源：2016年、2017年、2018年、2019年《新疆统计年鉴》，新疆维吾尔自治区发展和改革委员会，新疆维吾尔自治区资源环境保护厅，新疆维吾尔自治区水利厅，新疆维吾尔自治区林业和草原局。

于全国平均水平20个百分点；机场密度仅为全国平均水平的55%，国际客运航线网络亟待拓展。水利基础设施仍较薄弱。水资源配置和调蓄能力不足，重点流域防洪标准偏低，农业灌排设施能力不强。

（四）生态环境约束增强

打赢污染防治攻坚战任务艰巨，"乌昌石""奎独乌"等重点区域冬季大气污染，南疆沙尘天气污染问题仍较突出；部分尾闾湖劣Ⅴ类水体治理难度大，跨境河流环境防控风险高，部分地下饮用水水源保护区保护整治难度大；农村垃圾、污水以及面源污染治理亟待推进。水资源短缺制约明显。用水结构不合理，部分地区地下水严重超采。节能降耗压力大。工业能耗增长仍未得到有效遏制，受能耗双控及生态环境容量限制，重大能源资源加工转化项目落地困难。

（五）民生福祉短板突出

脱贫成果巩固基础还不牢固。部分已脱贫人口收入来源单一，政策性收入占比高，存在返贫风险。就业矛盾仍较突出。农村富余劳动力文化素质、就业技能和国家通用语言水平普遍较低，转移就业困难。教育医疗质量亟待提升。城乡义务教育优质教育资源分布不均，乡村医疗机构标准化建设仍待推进，基层教育医疗人才短缺。城乡居民收入水平依然偏低。人才短缺、人才流失问题突出，技能型人才匮乏，企业用工供给不足。

四 "十四五"时期新疆经济社会发展的重点方向

"十四五"时期，是我国由全面建成小康社会迈进全面建设社会主义现代化国家的关键时期，也是全面开启社会主义现代化强国建设新征程的重要机遇期。世界正处于百年未有之大变局，国际国内环境发生深刻变化，我国经济由高速增长阶段转向高质量发展阶段，应贯彻落实第三次中央新疆工作座谈会精神和第十九届五中全会精神，把握机遇，迎接挑战，立足当前，谋划未来，为新疆"十四五"开好局、起好步。

(一)"十四五"时期新疆经济社会发展环境与形势

1. 国际环境与形势

世界百年未有之大变局进入加速演变期,国际环境日趋错综复杂。一方面,新冠肺炎疫情大流行影响广泛深远,经济全球化遭遇逆流,中美贸易摩擦不断加剧,排外主义、保护主义、霸权主义对世界和平与发展构成威胁,国际经济、科技、文化、安全、政治等格局都在发生深刻复杂变化,给未来发展前景带来巨大不确定性、不稳定性。全球经济调整趋于长期化,外需乏力成为常态,我国经济发展面临风险加大。另一方面,和平、发展、合作、共赢的时代潮流没有变,以信息技术和数字技术为代表的新一轮科技革命和产业变革深入发展,数字化、信息化、智能化加速推进重塑全球产业分工和竞争格局,"一带一路"倡议国际影响力和号召力日益增强,互联互通、产能合作、能源战略合作将加快推进。面对国际环境的剧烈变化,新疆应积极融入国内国际双循环的新发展格局,抓住"一带一路"倡议的重大机遇,高质量推动丝绸之路经济带核心区建设,加快构建面向丝绸之路经济带沿线国家的产业体系,着力推进产业创新升级,力争在全球产业链、供应链、价值链重构中赢得先机。

2. 国内环境与形势

我国经济正处在转变发展方式、优化经济结构、转换增长动力的攻关期,劳动力等生产要素低成本优势持续减弱,投资消费进出口需求持续低迷,经济下行压力不断加大。"十四五"时期,是我国实现第二个百年奋斗目标进入新发展阶段、开启全面建设社会主义现代化国家新征程的第一个五年,继续发展具有多方面优势和条件,也面临不少困难和挑战。2020年我国是全球唯一恢复经济正增长的主要经济体,我国工业化、城镇化正在加速推进,城乡、区域发展还不平衡,仍有巨大发展空间;对外开放不断扩大,改革红利持续释放,营商环境全面优化;特别是三大攻坚战有效补齐发展短板,增强发展的稳健性,经济长期向好的趋势没有改变。经济增长更趋向于创新驱动,消费拉动、改革推动,新动能新产业加快成长、数字经济加快发展,东中部地区劳动密集型和资源密集型产业向西部转移态势不断加剧。为应对宏观经济运行面临的新情况、新趋势,"十四五"时期,新疆应抢抓东中部地区产业转移机遇,打造产业承载转移示范区,加快发展动力转换,积极培育新增长点,保持经济平稳健康发展。

3. 新疆环境与形势

"十四五"时期，新疆实现长期稳定的基础不断巩固，高质量发展的社会环境不断优化，正处在工业化、信息化、城镇化、农业现代化的加速期。"三基地一通道"能源产业及基础设施将加快布局，旅游业继续保持高速增长，劳动密集型产业加快聚集，资源开发高效利用稳步推进。新型城镇化步伐加快，区域中心城市聚集辐射功能进一步提升。丝绸之路经济带核心区建设高质量加快推进，沟通欧亚、衔接内地的立体交通网络加快形成，交通枢纽、商贸物流枢纽加快建设，进一步推动新疆开放型经济体系加快构建。但产业基础薄弱、绿色发展缓慢、创新发展能力不足、新旧动能转换艰难等发展的矛盾挑战仍突出尖锐，是"十四五"时期需要重点突破和克服的难点和关键。

（二）"十四五"时期新疆经济社会发展基本思路

深入贯彻党的十九大和十九届二中、三中、四中、五中全会精神，以习近平新时代中国特色社会主义思想为指导，完整准确贯彻落实第三次中央新疆工作座谈会精神特别是习近平总书记重要讲话精神，全面贯彻新发展理念，坚持高质量发展，聚焦社会稳定和长治久安总目标，坚持稳中求进工作总基调，以创新驱动发展和改革开放为动力，加快建设现代化经济体系，高质量实施丝绸之路经济带核心区建设，深入推进乡村振兴、旅游兴疆、生态强区三大战略，推动产业结构转型升级，做实、做强、做优实体经济，抓重点、补短板、强弱项，促进经济发展与人口、资源、环境相协调，培育新动能、构筑新高地、激发新活力、彰显新形象，筑牢发展基础、优化发展环境、提升发展质量、实现强区升位，全面提升区域综合整体竞争力，主动融入以国内大循环为主体、国内国际双循环相互促进的新发展格局，开启全面建设社会主义现代化国家新征程，奋力谱写中华民族伟大复兴中国梦的新疆篇章。

（三）"十四五"时期新疆经济社会发展的重点方向

1. 坚持创新驱动发展，加快建设创新型新疆

把创新作为引领发展的第一动力，深入实施创新驱动发展战略，持续增加创新投入，拓宽创新发展空间，推进创新成果转化应用，释放人才创新创业活力，加快构建良好的创新环境。

（1）优化创新发展布局。积极争取国家在新疆围绕特色优势领域布局建设国家级创新平台和大科学装置。加快推动丝绸之路经济带创新驱动发展试验区、乌昌石国家自主创新示范区等创新载体建设。大力提高产业关键技术和集成技术创新能力，重点发展新一代信息技术、高端装备制造、生物医药、新材料、新能源、节能环保、数字创意等战略性新兴产业，培育发展智慧安防、智慧农业、智慧旅游及现代服务业。建设一批创新能力强、创业环境好、特色突出、集聚发展的战略性新兴产业示范基地。

（2）提升技术创新能力。增强科技创新引领作用，推动形成线上线下结合、产学研协同、大中小企业融合的创新创业格局。围绕石油、煤炭、矿产、农副产品等优势资源，加快建立一批面向市场需求的产业技术新型研发机构，加强产业技术创新联盟建设。支持上下游企业联合组建创新联合体，依托行业龙头组建行业创新平台。推进中小企业技术创新和改造升级，大力发展众创空间，激发创新创业活力。

（3）强化创新开放合作。坚持"引进来"与"走出去"并重，集聚国内外高端创新资源，将新疆建成丝绸之路经济带科技创新中心和创新网络的重要节点。深入参与"一带一路"科技创新行动计划，推进"中国—中亚科技合作中心"总部、"一带一路"国际创新园、国际工业合作产业园等建设。强化科技援疆力度，深化东西部科技创新合作，打造协同创新共同体。

2. 大力发展实体经济，加快构建现代产业体系

坚持把发展经济着力点放在实体经济上，把扩大内需与深化供给侧结构性改革有机结合，着力提升供给体系对国内需求的适配性，抓重点、补短板、强弱项，聚集传统优势产业改造升级和战略性新兴产业创新发展，加快新旧动能转换，形成需求牵引供给、供给创造需求的高水平新局面，持续推进产业向创新发展、绿色发展、开放发展、融合发展、高质量发展转型升级，提高经济质量效益和核心竞争力。

（1）推动工业转型升级。加快推进"三基地一通道"建设，以建设"多元、稳定、高效、清洁"的能源开发利用体系为目标，以"西联东进、疆能外送、服务全国"为发展方向，持续推进国家大型油气生产加工和储备基地、大型煤炭煤电煤化工基地、大型风电基地和国家能源资源陆上大通道建设。推动传统产业改造升级，深入推进"补链强链"工程，促进传统产业向信息化、

集群化、绿色化、高端化、循环化发展，继续实施农产品加工业提升行动，制定实施绿色化工发展行动计划，完善"煤电盐化"一体化循环经济发展模式。

（2）加快发展战略性新兴产业。继续实施战略性新兴产业发展推进计划，突破一批制约转型升级和高端发展的关键技术，围绕先进装备制造、新材料、生物制药、新一代信息技术、新能源汽车产业，形成一批有新疆特色的品牌产品。重点发展光伏发电设备、智能化输变电装备和风电装备，积极推进农业机械、石油及化工、纺织装备等先进装备及智能化，优先发展硅基新材料、铝基新材料、化工新材料、生物基新材料。

（3）大力发展劳动密集型产业。聚集扶贫产业、突出南疆主战场，用足用好国家和自治区优惠政策，着力发展纺织服装、电子产品组装等劳动密集型产业。首先，围绕打造纺织服装全产业链，继续做大做强棉纺织产业，推动产业转型升级和数字化、智能化发展，打造具有全球竞争优势的优质棉纱生产基地，加快建设外向型服装家纺产业集聚区，大力发展外向型服装、服饰、家纺等终端产品。

（4）大力发展现代服务业。深化服务业供给侧结构性改革，大力培育服务业新产业、新业态、新模式，提高服务效率和服务品质，努力构建优质高效、布局优化、竞争力强的服务产业新体系，不断满足产业转型升级需要和人民美好生活需要。一是推动生产性服务业转型升级。以现代物流业、金融服务业、电子商务业、信息服务业、科创服务业、商务服务业为重点，加快配套基础设施建设，实施"互联互通"工程，加快互联网、大数据、云计算等信息技术与物流业、金融业、电子商务等深度融合。二是提高生活性服务业质量水平。顺应城乡居民消费结构升级趋势，以旅游产业、现代商贸产业、文化服务业、体育服务业、养老服务业、健康服务业、家政服务业、教育服务业、社区服务业为重点，推动生活性服务业便利化、精细化和高品质发展，全面提升生活性服务业的质量和效益，不断增强消费对经济的拉动作用。

3. 推动高质量绿色发展，努力建设美丽新疆

坚持节约资源和保护环境的基本国策，坚持可持续发展战略，打造多元共生的生态系统，构建生态文明体系，健全完善生态文明统筹协调机制，努力实现经济社会发展和生态环境保护协同共进，建设人与自然和谐共生现代化。

（1）推进形成绿色空间格局。坚持以新疆主体功能区规划为统领，以统

筹生产、生活、生态空间布局为主线，以完善空间规划体系、强化生态环境管控为抓手，推进生产空间集约高效、生活空间宜居适度、生态空间山清水秀、人与自然和谐共生大发展格局。

（2）推进产业结构绿色转型。要加快建立健全以产业生态化和生态产业化为主体的生态经济体系。新疆绿色发展，不仅要加强环境污染治理，还要形成新的消费升级动能、经济增长动能和创新发展动能，坚持传统制造业改造与新兴产业培育并重、扩大总量与提质增效并重，抓好生态工业、生态农业、生态旅游，促进一二三产业融合发展，让生态优势变成经济优势。要持续推动化解落后和过剩产能，坚决淘汰和退出污染重消耗大的落后产能。要推进产业体系绿色升级，推动"生态+农业"新模式的发展，发展先进制造业，打造服务业竞争新优势。

（3）推进生产方式绿色转型。要构建绿色技术创新体系，高效集聚绿色技术创新资源，加强绿色制造技术研发，加强绿色技术成果转化。要全面节约和高效利用资源，实行资源总量和强度双控，严格水资源管理，严格节约用地制度，推动能源生产和消费革命。要推动绿色低碳循环发展，完善循环经济制度体系，选择重点领域率先突破。

（4）加快形成绿色生活方式。要大力推动绿色示范创建，鼓励绿色出行，要增加绿色产品和服务供给，大力发展绿色物流。倡导绿色低碳的生活方式，倡导环保意识、生态意识，构建全社会共同参与的环境治理体系，倡导尊重自然、爱护自然的绿色价值观念，让天蓝地绿水清深入人心，形成深刻的人文情怀。

（5）持续改善环境质量。坚决打好蓝天、碧水、净土保卫战，深入开展农村人居环境整治，持续推进污染防治，全面改善城乡环境质量。建立产业准入负面清单，严禁"三高"项目进新疆，建立能源、矿产资源开发自治区政府"一支笔"审批制度，实行环境保护"一票否决"制度。

4. 加快丝路经济带核心区建设，提升高水平对外开放

发挥新疆区位优势，积极融入国内国际双循环，以改善民生为根本，以促进通道建设为重点，以建设一港两区口岸经济带为抓手，以推进丝绸之路经济带核心区建设为驱动，坚持引进来、走出去并重，不断提高区域基础设施建设水平，把新疆自身的区域性开放战略纳入国家向西开放的总体布局中，丰富对

外开放载体，扩大对外开放的领域和层次，创新开放型经济体制，打造内陆开放和沿边开放的高地以及新疆参与国际竞争新优势。

（1）完善开放平台建设。要发挥好区域现有平台作用，积极开展地方政府间定期磋商，推进贸易与投资便利化，探索建立与周边国家的区域合作机制，积极搭建"一带一路"地方经贸合作创新型开放平台，拓展对外开放深度和广度。推进新疆陆路边境口岸"大通关"建设，加强与中亚国家服务贸易的合作，提升贸易便利化程度和水平，简化通关流程，缩短通关时间。

（2）加大引进和培育人才资源。推动对外经贸人力资源开发和人才队伍建设，为"丝绸之路经济带"建设和新疆对外开放提供人才智力保障。充分发挥市场在人力资源配置中的决定性作用，以产业引导、政策扶持和环境营造为重点，实施引进高层次创业创新人才计划、留学人员来疆创业支持计划和青年专业技术人才支持办法等，开辟海外高层次留学人才回国工作绿色通道，为新疆外向型经济发展提供优质的人力资源服务。

（3）继续完善"南来北往"通道建设。依托现有新亚欧大陆桥和交通干线，在原有"东联西出、西来东去"基础上继续完善"南来北往"通道建设。强化铁路建设，形成中线、南线和北线的向西开放空间格局，畅通新疆与内地及周边国家铁路运输通道。加强高速公路建设，进一步改善通往国家重要陆路口岸的通行条件，提升公路交通公共服务。优化机场网络结构，加强枢纽机场和干线机场建设。加快信息基础设施建设，推进通信枢纽建设。积极推进物联网、大数据等新技术的应用，促进电子商务发展，建成覆盖范围广泛、服务功能齐全的物流信息网络和电子商务交易平台，为跨境电子商务提供支持。

（4）高质量推进喀什、霍尔果斯两个经济开发区及塔城重点开发开放试验区建设。充分发挥新疆两个经济开发区及塔城重点开发开放试验区的特殊区位优势，密切与内地的联系，提升新型工业化、新型城镇化、农业现代化水平，促进产业聚集，不断提高服务能力和服务水平，着力推进与中亚、南亚、西亚等周边国家地区的经贸合作，构建科学合理、协调发展的空间布局体系，逐步将三地打造成为我国向西开放的窗口和沿边开发开放的重要示范区，打造新疆对外开放新优势。

5. 改善人民生活品质，提高社会建设水平

（1）提高人民收入水平。采取扩大就业、农民减负增收、严格执行最低工资制度，提高低保标准等多种方式，提高低收入者收入水平。提高劳动报酬在初次分配中的比重，建立工资合理增长机制和最低工资定期调整机制。完善公务员工资正常增长机制，全面改革事业单位工资制度，提高专业技术人才和技能人才的工资水平。

（2）强化就业促进力度。完善积极的就业政策，持续加大促进就业资金投入，形成公共财政保障、社会多元化投入的机制。突出企业就业、农村富余劳动力转移就业、新业态就业和鼓励创业四大重点，注重支持民营企业、小微企业和劳动密集型企业；支持农村经济实体和农牧民专业合作社发展产业带动就业，支持电商、快递、休闲农业等新业态带动就业，健全高校毕业生就业创业服务体系，满足高校毕业生多样化服务需求。

（3）积极推进教育现代化。推进学前教育普及普惠发展。构建"广覆盖、保基本、有质量"的学前教育服务体系，巩固"应建尽建"的农村学前教育成果，加快扩大城市普惠性学前教育资源供给，构建"自治区学前教育公共服务体系"。推进义务教育均衡发展。在义务教育供需矛盾突出的地区有序增加义务教育供给，有效解决"大班额"问题。加快高中阶段教育普及。加快高中阶段教育普及攻坚，推动普通高中与职业高中融通发展改革试点，统筹普通高中和中等职业教育协调发展，继续办好内地新疆高中班。大力发展职业教育。构建产业人才培养培训新体系，健全产教融合发展的办学体制机制，培养高素质的实用型、技能型、工匠型人才。加强教师队伍建设。实施教师教育振兴行动计划，着力加强乡村教师队伍建设，坚持以南疆四地州为重点，切实解决好教师、教材、教学管理等方面存在的突出问题，持续推动中小学"十百千"名优骨干校长队伍建设工程等培训项目。

（4）健全多层次社会保障体系。坚持兜底线、织密网、建机制，加强城乡社会保障体系建设，推动基本公共服务向基层延伸、向农村覆盖、向边远地区和生活困难群众倾斜，全面建成覆盖全民、城乡统筹、权责清晰、保障适度、可持续的多层次社会保障体系。完善社会保险体系。继续推进全民参保计划，加强基本医保、大病保险和医疗救助的有效衔接，建立与全国统一的社会保险公共服务平台相衔接的自治区服务平台，推动跨地区、跨部门、跨层级社

会保险公共服务事项统一经办和数据共享；促进社会福利事业发展。以扶老、助残、救孤、济困为重点，提高各族群众福利水平，积极应对人口老龄化，建立以居家为基础、社区为依托、机构为补充的城乡统筹、设施齐备、功能完善、布局合理的多层次养老服务体系，鼓励社会资本参与养老服务；完善社会救助体系。健全完善最低生活保障、特困人员供养、受灾人员救助及医疗、教育、住房、就业、临时救助制度和社会力量参与的政策措施。

（5）持续保障和改善民生。坚持把保障和改善民生放在突出优先位置，确保80%以上援疆资金用于民生改善、用于县及县以下基层。坚持就业优先，健全完善与援疆省市劳务输出常态化合作机制，向内地企业转移就业机制，探索推广订单式就业技能培训。深入实施健康扶贫工程，完善村卫生室和乡镇卫生院基础设施达标建设，推进"互联网＋医疗健康"。协调对口援疆省市加大对村（社区）基层组织建设的支持力度，支持基层反恐维稳能力建设，努力把基层组织建设成为服务群众、维护稳定、反对分裂的坚强战斗堡垒。

B.14
陕西省"十三五"时期经济社会发展评估与展望

裴成荣 顾菁*

摘　要： "十三五"时期，陕西坚持以"四个全面"战略布局为统领，坚持以"创新、协调、绿色、开放、共享"发展理念为引领，坚持以"追赶超越、转型发展"为主线，统筹推进"稳增长、调结构、促改革、惠民生、防风险、保稳定"各项工作，经济社会发展迈上了新台阶。展望"十四五"，陕西仍处于上升发展机遇期，虽然面临矛盾叠加、风险隐患增多的严峻挑战，但总体上机遇大于挑战。要抢抓历史机遇，积极应对挑战，保持战略定力，全力推进"追赶超越"与高质量发展，努力开启新时代陕西社会主义现代化新征程。

关键词： "十三五"绩效评估　"十四五"展望　陕西省

陕西省"十三五"规划提出，坚持以"四个全面"战略布局为统领，坚持以"创新、协调、绿色、开放、共享"的发展理念为引领，坚持以"追赶超越、转型发展"为主线，提出了"十三五"发展的具体目标：一是经济保持中高速增长，经济结构持续优化，产业迈向中高端水平，现代产业体系基本形成，改革开放新高地建设获得重大突破。二是人民生活水平和质量进一步提升，现行标准

---

* 裴成荣，工学博士，陕西省社会科学院经济研究所所长、二级研究员，主要研究方向为城市与区域经济、产业经济；顾菁，管理学博士，陕西省社会科学院经济研究所助理研究员，主要研究方向为城市经济、区域经济。

下农村贫困人口全部脱贫，医疗教育保障体系更加完善，"和谐陕西"的建设工作迈上新台阶。三是治理体系和治理能力更加现代化，"法治陕西"的建设工作扎实推进，政府管理的各方面制度更加健全。四是社会文明程度显著提升，文明创建活动蓬勃开展，特色文化的影响力持续扩大。五是生态环境质量明显提升，主要污染物排放量显著下降，人居环境进一步优化，三秦大地展现出美丽新景象。

一 陕西省"十三五"经济社会主要指标实现程度评价

对标"十三五"规划提出的主要指标，评估分析"十三五"主要指标实现程度，陕西省"十三五"时期经济社会发展具有以下特点。

（一）经济实力稳步增强，经济运行保持中高速增长的压力增大

一是经济运行总体保持中高速增长，但距离预期目标有一定差距。2015～2019年陕西经济增幅均值保持在7.58%，与国内发达地区的相对差距在逐步缩小。（见图1）。但是，2019年陕西经济增速同比增长6.0%，低于全国增速（6.1%），出现了阶段性的回落。2020年要实现预期生产总值达到3万亿元的目标有一定困难，生产总值增速保持在8%左右的目标难以实现。

二是人均生产总值不断提升，成功实现从低收入省份向中高收入省份的跨越。2019年人均生产总值达到66746元，是2015年的1.4倍，是全国平均水平的94.0%（见图2），接近"十三五"规划（到2020年人均生产总值超过1万美元）的预期目标①。

三是财政实力明显增强，但财政目标难以实现。陕西财政收入显著提高，2019年陕西地方财政收入2287.73亿元，同比增长2%，是2015年的1.11倍，呈稳步增长趋势（见图3）。但是，2020年陕西财政收入达到3300亿元的预期目标较难实现。

四是城镇化进程快速推进，预期目标可以实现。2019年陕西城镇人口

---

① 国家统计局：《中华人民共和国2019年国民经济和社会发展统计公报》，国家统计局网，http：//www.stats.gov.cn/tjsj/zxfb/202002/t20200228_1728913.html，最后检索日期：2020年8月28日。

陕西省"十三五"时期经济社会发展评估与展望

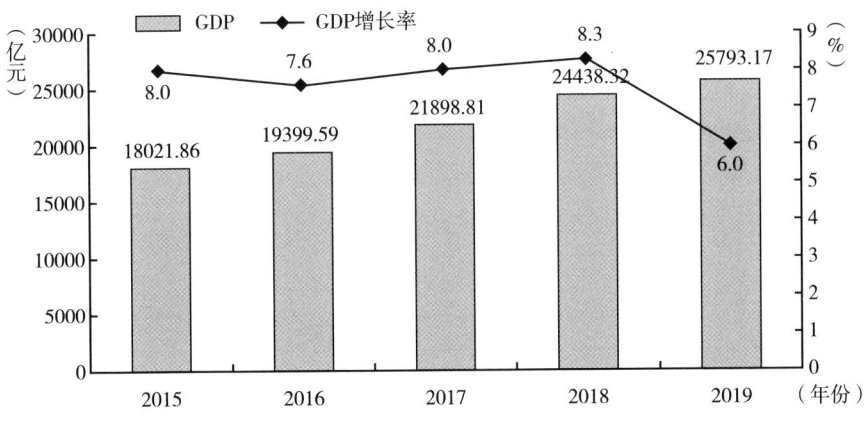

图 1　2015～2019 年陕西生产总值及其增长速度

资料来源：《陕西统计年鉴（2019 年）》；《2019 年陕西省国民经济和社会发展统计公报》，http：//snzd.stats.gov.cn/index.aspx？menuid=6&type=articleinfo&lanmuid=20&infoid=3490&language=cn。

说明：GDP 增长率根据不变价格计算得出。

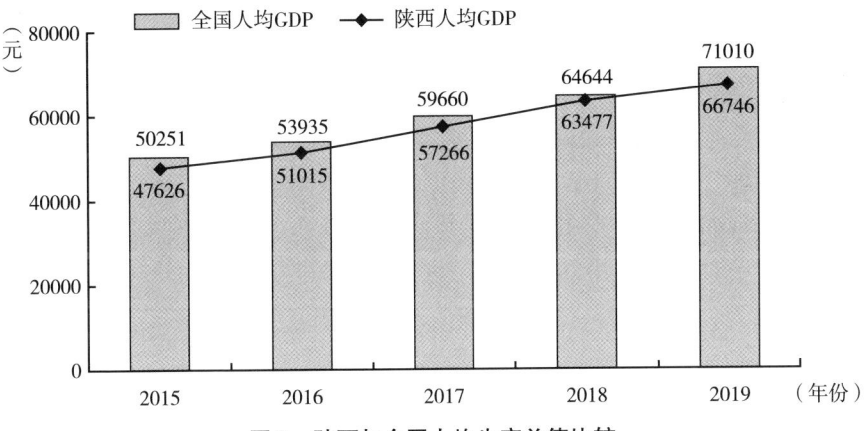

图 2　陕西与全国人均生产总值比较

资料来源：《陕西统计年鉴（2019 年）》；《2019 年陕西省国民经济和社会发展统计公报》，http：//snzd.stats.gov.cn/index.aspx？menuid=6&type=articleinfo&lanmuid=20&infoid=3490&language=cn。

2303.63 万人，城镇化率 59.43%（见图 4），正处于城镇化进程的中后期。2010年至今，陕西城镇化率提高了 12.39 个百分点，年均增速位居西部地区前列，为陕西经济社会发展增添了强劲动力。预期 2020 年可以实现 60% 的目标。

227

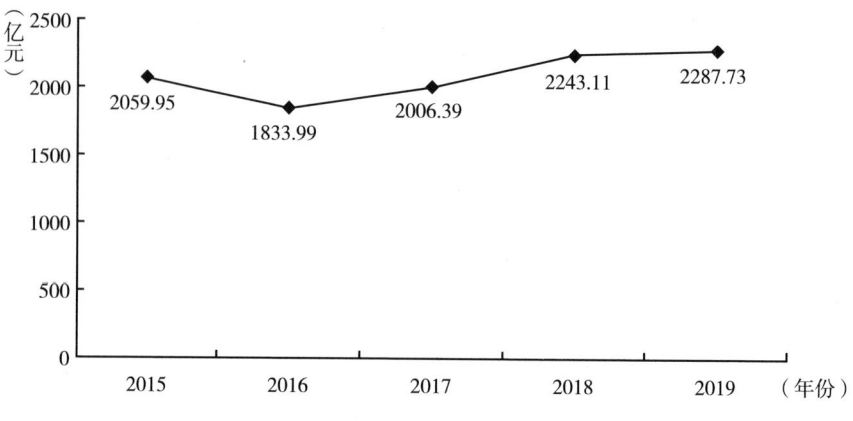

图 3　2015～2019 年陕西财政收入情况

资料来源：《2019 年陕西省国民经济和社会发展统计公报》，http：//snzd. stats. gov. cn/index. aspx？ menuid = 6&type = articleinfo&lanmuid = 20&infoid = 3490&language = cn。

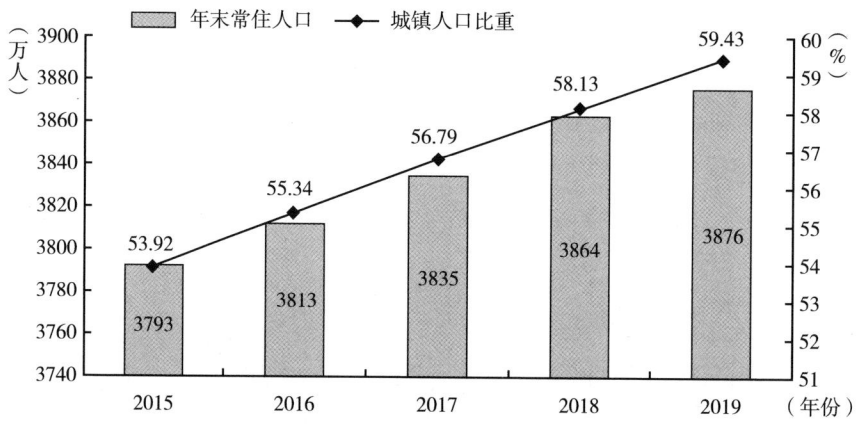

图 4　2015～2019 年陕西常住人口及城镇人口比重

资料来源：《陕西统计年鉴（2019 年）》；《2019 年陕西省国民经济和社会发展统计公报》，http：//snzd. stats. gov. cn/index. aspx？ menuid = 6&type = articleinfo&lanmuid = 20&infoid = 3490&language = cn。

（二）产业结构不断优化，现代化产业体系正在形成

"十三五"时期，陕西产业结构升级步伐加快，能源化工产业向高端化发展，其中，煤制油、煤制烯烃产能已经居全国第一方阵。第一、二产业比重不

断下降，第三产业比重持续上升。服务业活力不断增强，产业结构日益优化，经济结构趋于合理。2019年，陕西三次产业结构比为7.7∶46.5∶45.8[①]，服务业增加值占比超过45%，提前完成"十三五"规划预期目标。

一是现代化农业发展成效显著。现代化农业园区规模不断扩大，建成4个国家现代农业产业园、8个国家农业科技园区、362个省级现代农业园区[②]，基本形成省、市、县梯次推进的现代农业园区发展格局。园区功能不断拓宽，已扩展到农业生产、示范展示、加工贸易等农业各个领域。

二是战略性新兴产业逐步成为陕西经济的重要支柱产业。陕西战略性新兴产业占生产总值的比重逐年稳步提升，2019年达到10.7%，增加值同比增长8.1%，高于全省生产总值增速2.1个百分点。战略性新兴产业工业增加值增长8.4%，增速高于全省工业增加值3.2个百分点。

三是服务业发展质量不断提升。2019年陕西服务业增加值增长6.5%，其中，软件、信息、金融等现代服务业增长加快。2019年软件和信息技术服务业营业收入增长24.3%（1~11月），电信业务总量增速达52.1%。社会物流总额同比增长8.3%，高于全国增速2.4个百分点。全年金融业增加值增长7.1%，较2018年加快1.8个百分点。

（三）创新能力不断提升，创新驱动走在前列

"十三五"期间，陕西以"追赶超越"为目标，推进大众创业万众创新，开创"创新强省"建设的新征程。2019年，陕西拥有两院院士71名，中青年科技创新领军人才147人，科技创新创业人才50人，入选科技部重点领域创新团队15家，创新人才培养示范基地8家。实施重点产业创新链32个、关键技术创新点289个。拥有各类科研机构1340家，国家级园区平台324家，国际创新合作平台71家，各类孵化载体达到1451家。连续三年作为"实施创新驱动发展战略、推进自主创新和发展高新技术产业成效明显的省份"受到国

---

① 陕西省统计局：《2019年陕西省国民经济和社会发展统计公报》，陕西省统计局网，http：//snzd. stats. gov. cn/index. aspx? menuid = 6&type = articleinfo&lanmuid = 20&infoid = 3490&language = cn，最后检索日期：2020年8月28日。（如无特别说明，引用数据皆出于此）

② 陕西省统计局：《陕西现代农业园区发展研究》，陕西省统计局网，http：//tjj. shaanxi. gov. cn/site/1/html/126/131/138/8470. htm，最后检索日期：2020年8月28日。

务院表彰奖励。

研究与试验发展经费投入不断增加,科教优势进一步得到释放。2018年陕西研究与试验发展经费投入强度排名全国第7。综合科技创新水平指数由2014年的60.73%增长到2019年的67.04%,居全国第9位;技术合同交易额由2014年的639.98亿元增长到2019年的1467.83亿元,打造了丰富的创新平台及科技港,累计孵化企业近4000家。

管理创新全面推进。深化"放管服"改革,优化营商环境,取消、下放或委托行政审批事项。市民服务热线和"秦务员"App等信息网络服务及监管体系实现全省覆盖,600多项省级事项实现"掌上可办",省级行政审批总量精简达67.25%。通过"最多跑一次"改革打造高效的营商环境;通过"互联网+政务服务"推进数据的整体协同高效运行。营商环境各项指标大幅提升,市场活力大大激发,截至2019年底,各类市场主体达394.66万户,100多家世界500强企业在陕落户。

(四)开放型经济加快发展,改革开放新高地取得重大进展

对外经贸合作方面,虽然复杂的内外部环境迫使陕西外贸进出口承压前行,增速呈低位增长,但外商投资企业数仍保持了较高速度的稳步增长,旅游市场也保持了良好的发展势头。2019年,陕西进出口总值3515.75亿元,是2015年的1.85倍,对外贸易依存度为13.6%,较2015年上升了2.7个百分点。实现进口总值1642.48亿元,高于全国平均水平12.9%,居全国第8位;出口总值1873.27亿元,低于全国14.8%,居全国第28位。外贸主体不断多样化,2019年,陕西国有企业进出口额占比8.9%,外商投资企业进出口额占比65.5%,私营企业进出口额占比25.6%。外贸分布方式逐渐优化。2019年,加工贸易增速呈逐步放缓势头,占进出口总值的58.8%,一般贸易持续发力,占进出口总值的比例上升至24.8%。① 西安2个综合保税区、2个出口加工区、1个保税物流中心等区域功能的不断完善,对促进陕西贸易投资便利化做出了重要的贡献,为陕西实现更高水平的对外开放注入了新鲜血

---

① 陕西省统计局:《2019年陕西对外贸易和对外经济运行情况分析》,陕西省人民政府网,http://new.shaanxi.gov.cn/sj/tjbs/164912.htm,最后检索日期:2020年8月28日。

液，发展潜力巨大。

"十三五"时期，陕西发挥"一带一路"区位优势，与200多个国家和地区建立了贸易伙伴关系，形成了外资企业为主导、制造业作支撑、53个国家和地区广泛参与的外商投资体系，有45家企业在资源、能源、租赁、商务服务和批发零售等领域与世界多个国家开展投资合作、跨国经营。中欧班列"长安号"重载率、货运量和实际开行列数均位居全国第1，连续数年蝉联中欧班列高质量发展综合评价全国第1，向西方向已开通11条运营干线，覆盖中亚、中东及欧洲主要货源地。此外，陕西还举办了"一带一路"国际研讨会、"丝博会"、上合组织经贸部长会议、陕粤港澳经济合作周等一系列大型商贸会展活动。对外经济合作的快速发展加快推动陕西由内陆封闭型经济向开放型经济的转型，对优化资源配置和产业结构、缓解就业压力、促进经济增长发挥了重要作用。

（五）区域优势不断发挥，区域发展协调性不断增强

从区域经济总量看，2019年，关中、陕北、陕南经济总量分别为15926.93亿元、5800.17亿元、3437.86亿元，占陕西经济总量的比重分别为61.7%、36.4%、13.3%。关中地区生产总值突破1.5万亿元大关，陕北地区生产总值突破5000亿元，陕南地区生产总值突破3000亿元，区域经济均实现了突破性增长，陕南、陕北生产总值占陕西比重有所上升，关中地区比重有所下降，区域发展的协调性不断增强。从经济增速变化看，2015～2019年陕北地区增速虽然持续低迷但仍然领先，陕南与陕北、关中地区的差距在持续缩小（见图5）。

（六）全面小康如期实现，基本公共服务实现均等化

居民收入水平大幅提高，但仍低于全国平均水平。2019年陕西居民人均可支配收入24666元（全国30733元），同比增长9.5%（全国8.9%），在全国居第19位。陕西人均可支配收入增速快于全国0.6个百分点，其中，城镇居民人均可支配收入36098元（全国42359元），在全国居第19位，增长8.3%，增速快于全国平均增速0.4个百分点；农村居民人均可支配收入12326元（全国16021元）（见图6），在全国31个省份中居第27位，增长9.9%，快于全国平均增速0.3个百分点。2019年，虽然陕西农村居民人均可支配收

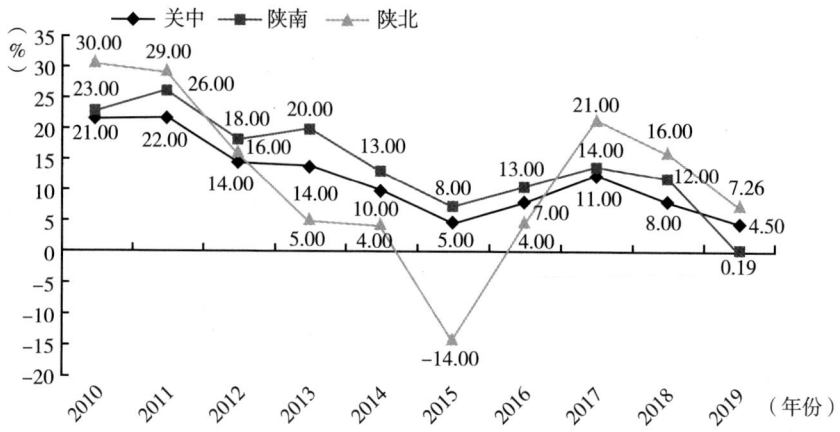

图 5 2010～2019 年关中、陕南、陕北国内生产总值增速

资料来源：《陕西统计年鉴（2019 年）》；2019 年 1～12 月各市（区）生产总值，http://tjj.shaanxi.gov.cn/site/1/html/126/129/20635.htm。

入增速快于城镇 1.6 个百分点，但受到 2020 年新冠肺炎疫情的影响，城乡收入差距仍处于扩大态势，赶超全国平均水平尚需努力。

图 6 2015～2019 年陕西城乡居民人均可支配收入

资料来源：国家统计局陕西调查总队网站，http://snzd.stats.gov.cn/index.aspx?menuid=3&type=articleinfo&lanmuid=13&infoid=3518&language=cn。

脱贫攻坚的成效显著。通过深入实施产业脱贫、易地扶贫搬迁等八大工程以及干部结对帮扶等措施，2019 年陕西 29 个贫困县 57.88 万贫困人口实现了摘帽脱贫，贫困发生率从9.02%下降到0.75%。截至2020年底，陕西县级以上扶贫龙头企业达到2794家，建设扶贫车间1653家，打造特色扶贫项目1.4万个，扶贫产品的销售额达到122.2亿元，外出务工的贫困劳动力环比增长17.8%[①]，已全面实现现行国家标准下剩余贫困人口全部脱贫。

教育难题得到有效缓解。陕西义务教育基本均衡县的数量居西部第1，普惠性幼儿园占比超过80%，标准化高中占比达到81.7%。高等教育发展迅猛，"四个一流"建设全面推进，陕西利用互联网等多媒体手段，不断丰富教学场景，巧用信息化平台缩小城乡差距，促进城乡教育一体化；深化教育改革，重拳治理教育乱收费等乱象，以实际行动促进教育公平化，营造风清气正的教学环境。积极推动"健康陕西"行动，出台《陕西省国民营养计划（2017~2030年）实施方案》，全面推进医疗医药改革进程，打造以人为本的分级诊疗制度。依据城市和农村的医疗资源差距，在城市通过网络化布局及资源整合实现"医联体+全科医疗"服务模式，在农村推广卫星式布局的县域医共体；通过健康扶贫常态化助力脱贫攻坚，有效解决贫困地区卫生健康领域的难点和痛点，推动优质医疗触达基层患者，减轻人民群众的医疗压力，提升健康服务水平。

社会保障体系逐渐完善，管理水平不断提高。社会性养老保险服务标准进一步提升。2019年财政支出5721.56亿元，城乡社区事务支出增长18.9%、教育支出增长9.2%、社会保障和就业支出增长8.1%，积极回应社会群众对美好生活的期盼。全省城乡居民参保率达到99.59%，农村低保最低标准提高到3470元/（人·年）。针对农村低保家庭中的高龄老人、儿童、残疾人等特定人群实施分类施保。拓展老年人养老服务空间，提升城乡养老服务质量，健全农村老年人养老服务工作机制。大力促进退役军人就业和扶贫就业，帮助贫困群众就近就地就业，积极开发公益性岗位，加强与劳务输出地合作，促进就业的政策效果显著。

（七）公共文化服务体系基本建成，文化产业逐步成为支柱产业

精神文明创建活动蓬勃开展，文化产业投资不断扩大，产业投资主体呈多元化格局。文化产业快速增长，居民文化消费势头旺盛（见图7），文化产业

---

① 资料来源：陕西省扶贫开发办公室。

逐渐成为陕西的支柱产业之一。深入实施文化惠民工程，公共文化重大项目有序推进，有序推进省图书馆新馆、省群众文化艺术中心等重点项目建设。

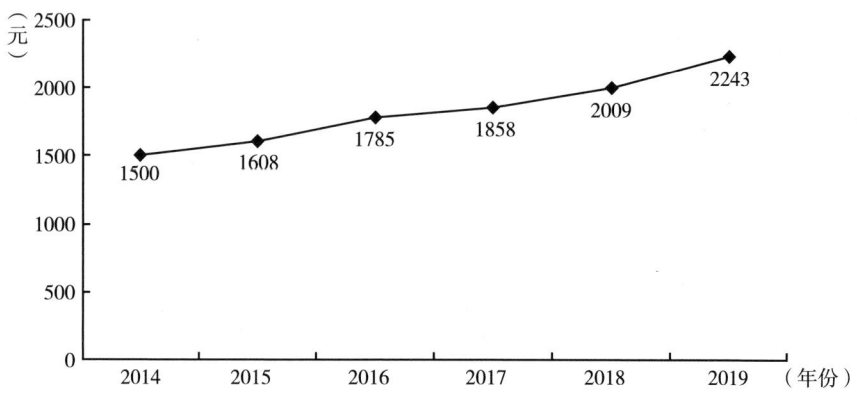

图7　2014~2019年陕西居民人均文化消费支出

资料来源：国家统计局陕西调查总队网站，http：//snzd. stats. gov. cn/index. aspx?menuid=3&type=articleinfo&lanmuid=13&infoid=3519&language=cn。

文化影响力不断提升。见证丝路文明的"国风秦韵——陕西文创上合国家巡展"在伊斯兰堡进行首展；歌剧《大汉苏武》成功在新加坡"春城洋溢华夏情暨欢乐春节"活动中上演；陕西美食首次亮相老挝"欢乐春节"庙会；陕西皮影演出团远赴马耳他开展文化交流演出活动；华阴老腔、陕西木偶皮影赴新西兰参加第十九届奥克兰元宵灯节等。陕西通过一系列具有本土特色的文化交流活动，讲好陕西故事、中国故事，彰显文化自信，不断提升陕西特色文化的影响力。

（八）民主法治更加健全，治理体系和治理能力现代化水平提高

积极推动基层社会治理能力现代化，社会治安满意率达到96.6%[①]。立足"大数据+网格式"服务与监管体系，加强村（居）民委员会规范化建设，提升村（居）民委员会服务能力。扎实推进法治建设，有力促进城乡社区治理

---

① 《陕西省2021年政府工作报告》，陕西省人民政府网，http：//www. shaanxi. gov. cn/zfxxgk/zfgzbg/szfgzbg/202102/t20210203_2151881_wap. html，最后检索日期：2021年2月3日。

体系和治理能力现代化。

扫黑除恶行动有效促进基层社会稳定，法治意识深入人心。民生领域的违法犯罪行为得到有效惩处，对食品、药品、农资环境等犯罪确保"零容忍"。彻底铲除黑恶势力在基层的生存土壤，及时清理"保护伞"，维护人民的社会安全，将扫黑除恶行动常态化。社会大局保持平稳，人民群众的安全感持续增强。

（九）生态文明建设扎实推进，秦岭生态保护亟待加强

关中建成"百万亩森林""百万亩湿地"，成功实现"陕北由黄变绿"。在"十三五"规划期间，陕西完成了营造林治沙任务，渭河干流水质持续改善，污染物排放量大幅削减，汉江、丹江、嘉陵江流域水质保持优良，达到近20年来最好水平。水污染治理效果显著。2019年黄河干流水质为优，50个国考水质断面中Ⅰ~Ⅲ类比例优于国考指标7.6个百分点。地级以上城市集中式饮用水水源达标率100%。森林覆盖率提高3%，省内7个市获得国家森林城市称号，实现陕南、陕北国家森林城市全覆盖。大气污染防治任务全面落实，城市环境空气质量综合指数平均为5.01。西安、渭南退出全国空气质量排名后20位，咸阳市列全国空气质量改善幅度第3位①。

二 陕西当前经济社会高质量发展面临的主要问题

（一）经济增速较为平稳，但增长动力明显不足

投资依然是陕西经济增长的主导力量，但近年来投资效益出现下降态势。此外，第二产业拉动率不断下降亦是引起经济增速放缓的主要原因。从投资看，近年来陕西工业投资存在增速大幅放缓和投资结构失衡的问题，尤其是高技术制造业投资下滑幅度较大，直接制约着新常态下的工业发展和结构升级。从产业拉动率看，2015~2019年，陕西第二产业占比下降了3.9%，经济拉动率同期下降了1.24%，第三产业占比虽然增加了5.1%，但实际经济拉动率下

---

① 资料来源：陕西省生态环境厅。

降了 0.5%，说明目前陕西第三产业的经济效益很难解决经济结构转型下工业化红利持续递减的问题。可以认为，"十三五"期间，陕西经济增速不断下滑的趋势，主要是由第二产业拉动率不断下降引起的。

（二）产业结构升级步伐加快，工业重型化特征依然明显

从三次产业结构来看，陕西依然以第二产业为主导，具备明显的工业化后期阶段性特征。战略性新兴产业发展速度快，但规模实力较弱，支撑作用有限。第二产业在国民经济中的占比份额一直高于全国平均水平，但尚未完成从重化工业到先进制造业的转型。2019年，陕西能源工业实现增加值4592.16亿元，能源产业占工业增加值的贡献率近50%，对生产总值的贡献率近20%。从三次产业结构看，陕西省重第二产业，轻一、三产业的格局没有变。工业重型化特征十分突出，产业结构的失衡表现为农业基础薄弱，以及第三产业不发达，这种产业结构的不平衡制约了陕西经济进一步发展的空间。

（三）创新投入与创新能力持续提升，但创新效益不理想

专利申请受理量和授权量都迎来了指数型增长，但发明专利授权率呈现波动下降态势。2018年较2000年的43.2%下降14.4个百分点，较2015年的39.3%下降10.5个百分点。企业、政府属科研院所、高等院校研究与试验发展经费所占比重分别为49.7%、40.4%和9.2%。企业所占比重较2017年不升反降了1.6个百分点。同时，科技成果多为实验室阶段成果，很难"即时转化"。技术市场中技术供需信息在收集、发布等方面存在标准或规范缺失的问题，技术供需信息不能有效实现跨平台的整合与共享。专业化成果转化管理和服务人才十分缺乏，使技术研发机构在技术转移协作，尤其是国际技术转移对接方面面临法律、财务、公司管理等问题。

（四）营商环境不断优化，开放平台依然偏少

"十三五"以来，陕西市场主体总量年均增长15.77%；2019年全省市场主体总量突破400万大关，同比增长29.75%，高于全国平均增长水平10.48个百分点。2020年上半年，陕西实有企业从2015年的51.45万户增加至100万户，高于全国市场主体平均增速。但是对标东部省份，陕西的发展环境依然

比较落后，市场化配置资源的能力较低，尤其是平台经济发展缓慢，体量较小，总部型平台经济规模不足，与陕西科技大省的地位不相适应，与深厚的发展潜力形成巨大反差。

（五）城镇化快速发展，但公共基础设施依然短缺

2019年陕西城镇化率59.43%，不及我国城镇化平均水平（60.6%），也远低于西部的重庆（66.80%）和内蒙古（63.40%）。关中平原城市群与成渝城市群相比，无论是中心城市的辐射带动作用，还是城市发展进程都较慢，直接制约着公共服务成果的共享，无法满足经济发展和人民生活水平提升的需求。

在基础设施建设方面，陕西公路密度、铁路密度、互联网普及率与全国平均水平都有差距，2018年陕西铁路密度全国排名第18位，公路密度全国排名第19位，互联网普及率排名全国第16位。随着基础设施建设放缓，加上城镇化进程的加快，陕西基础设施短板尤为凸显，无法满足经济发展和人民生活水平提升的需求。

（六）人均生产总值稳定增长，但可支配收入增速放缓

2019年陕西人均生产总值环比增长5.4%，但居民可支配收入增速持续放缓。2016年、2017年、2018年、2019年居民可支配收入实际增速分别低于2015年1.3、0.5、0.6、0.3个百分点。城镇居民经营压力较大，经营环境不容乐观，特别是竞争力较弱的小微企业和个体经营户家庭经营收入增长难度增大。受用工下降影响，农村居民工资略有下降，农村家庭经营受到农业生产效率和产业规模的限制增收缓慢。同时，住房、教育、食品等生活消费支出的快速增长，与居民可支配收入增速的放缓，给改善人民生活质量带来了多重压力。

（七）脱贫进入全面攻坚期，依然面临诸多困难与挑战

陕西已经建成的全民脱贫机制成效显著，贫困县实现全部摘帽，脱贫攻坚取得重大决定性进展，全面进入脱贫攻坚关键阶段。但是，由于自然条件和产业基础以及基本公共服务发展的差异，这些已经摘帽的贫困人口在新的形势下还面临再次返贫的危险。

（八）公共服务供需不平衡，城乡差距制约了居民生活质量的提升

陕西公共服务水平虽然持续上升，但城乡基本公共服务发展不均衡的问题普遍存在，很难满足居民日益增长的需求。城镇居民与农村居民能便利地乘坐公共交通工具的人数比为1.21∶1；城镇居民与农村居民所在社区上幼儿园（学前班）便利的人数比为1.24∶1；城镇居民与农村居民所在社区有专职安全保卫人员的人数比为1.83∶1。[①] 农村基本公共服务严重滞后于城市，进一步阻碍了城乡一体化发展进程。

（九）乡村社会资源持续流失，治理绩效提升较慢

农村社会格局产生了新变化，乡村代际冲突频发，乡村社会治理的人才资源匮乏。随着大量的青壮劳力进城务工，大量的老人和儿童滞留在老家，人口结构失衡和高素质人才的缺失造成维护乡村秩序、乡村治理和乡村发展能力受到一定程度的制约，留守儿童教育问题和空巢老人的健康管理等一系列社会问题难以得到有效解决，人才的持续流失使乡村与城市的距离进一步被拉开，乡村治理难以实现有效的全覆盖，各种法治、德治资源较为匮乏。

（十）生态环境比较脆弱，生态保护与治理任务依然艰巨

陕西重工业企业较为集中，治污压力和难度较大，特别是关中平原城市化进程的不断加快，加剧了生态资源空间差异问题，沿黄地区植被覆盖率低，资源承载力有限。渭北黄土台塬区等河流沿岸的水污染问题依然严重，水土治理任务艰巨，工业固废迈向资源化的速度缓慢，生活垃圾处理压力较大。陕南地区大气污染压力较大，陕西雾霾及污染天气占25%以上。这些生态问题对陕西经济可持续绿色高效发展提出了严峻的挑战。

三 陕西"十四五"时期经济社会发展的机遇与展望

"十四五"时期，是陕西经济社会高质量发展的重要时期。紧紧围绕2020

---

① 资料来源：陕西省统计局。

年4月习近平总书记来陕视察重要讲话提出的五项重大任务、推进陕西经济高质量发展迈开更大步伐、打造内陆改革开放高地等重要指示精神，抓住国家构建新时代西部大开发新格局、黄河流域生态保护与高质量发展、"一带一路"建设等历史机遇，加快"三个经济"建设，不断优化发展环境，陕西在全国发展格局中的战略地位将更加突出。展望"十四五"时期国内外发展环境，综合判断陕西在"十四五"期间经济社会发展将具备以下特征。

（一）进入新旧动能转换的关键期

"十四五"时期，陕西经济社会发展将由高速发展转向高质量发展阶段，经济增长动力由资源要素驱动逐步向创新发展转变。在工业化后期，陕西的粗放型工业、房地产等传统增长动力将在保持原有发展规模和速度的基础上逐步淡出，新型消费、创新经济等新兴增长动力尚未定型，仍处于关键的能量积累期。陕西一方面亟须破除关键性的技术壁垒，深耕工业实体经济，提升产业质量和规模；另一方面要加速积累信息技术能力与海量的数据资源，全面奠定产业智能化发展基础，形成转型发展的新动能。

（二）进入绿色发展全面提升期

新时代西部大开发提出"大保护、大开放、高质量"和"黄河流域生态保护和高质量发展"等战略，对陕西"十四五"时期实现以生态优先倒逼产业转型升级、实现高质量发展，提出了新的要求。"十四五"是陕西在污染防治攻坚战取得阶段性胜利、继续推进"美丽陕西"建设的关键期，需要牢牢抓住国家重大战略机遇期，牢固树立绿色发展理念、实施生态环境修复与治理工程、加强生态保护立法、构建绿色发展经济体系，为陕西绿色发展提出更高要求。

（三）进入创新生态体系完善期

创新已成为陕西构建现代化经济体系的核心要素，"十四五"时期，陕西需要全面开启新赛道，加快整合创新资源，构建创新生态圈。扎实推动关键领域的基础研究，加快重大科技原始创新策源地的建设；发挥产学研平台的互动作用，推动一批具有战略性新兴产业企业的投资落地，建设科技成果转移转化

示范区等创新载体；深度参与"一带一路"科技创新行动计划，深化东西部科技创新合作；构建运行高效、市场化的技术转移服务体系，营造良好的技术市场。

（四）进入西部国际枢纽门户推进期

随着国家"一带一路"倡议、新时代推进西部大开发、关中平原城市群、黄河流域生态保护和高质量发展等区域发展战略、西部陆海新通道等战略的提出与深入推进，对外开放格局将向全方位、多层次、宽领域转变。"十四五"期间，随着"一带一路"建设的全面深化，陕西经济的辐射效应将得到释放，陕西将依托自身"立体丝路"大通道的建设成果，利用中心区位优势，承东启西、连接南北，落实国家西向开放战略，以中欧班列为抓手，大力推动贸易投资自由化和便利化，扮演好"国际运输走廊""国际航空枢纽"等重要角色，成为全国"一带一路"的重要枢纽，成为西部地区的重要国际门户和开放高地。

（五）进入"幸福民生"样板打造期

"十四五"面对人民的新期盼，陕西省政府要坚持以人民为中心的发展思想，以"幸福民生"为最终目标，瞄准民生领域的难点、痛点，着力破解群众反映强烈的问题，改善人民生活质量。通过维护社会公平正义，使发展成果更多更公平地惠及人民；通过信息技术与教育全面融合，使教育资源更加均衡化、优质化、高效化；通过完善养老保障和养老服务业的供给链，解决人口发展的结构失衡问题，实现全省人民收入更富裕、出行更便利、生活更舒适、安全感更加充实，让群众有更多的获得感、安全感和幸福感。

（六）进入全面深化改革红利释放期

党中央一系列关于发展中西部地区的政策，为陕西省经济发展厘清了思路，指明了方向。一系列政策红利的集中释放，也将有效激活陕西的经济潜力。国家对陕西内陆改革开放新高地的赋能，为陕西打造开放型经济新体制奠定了基础；国家自由贸易实验区的确立，能有效助推陕西破除深层次矛盾和体制性障碍，实现体制机制改革创新；全面创新改革实验区和全国自主创新示范区的设立，能有效激发陕西经济发展新动能。此外，国家还在陕西设立了西安统筹科技资源改革示范基地、西咸新区创新城市发展方式实验区、军民融合产业基地、文化体制改革试点等先行区，鼓励陕西在经济、文化、军民融合等各个领域积极创新实践。"十四五"体制机制改革的纵深推进，必将全面激发要素创新活力，推动新时代陕西实现追赶超越。

参考文献

任继球：《"十四五"产业高质量发展：阶段性判断、风险与战略任务》，《中国发展观察》2019年第10期。

许宪春、张钟文、关会娟：《中国新经济：作用、特征与挑战》，《财贸经济》2020年第1期。

张其仔等：《"十四五"时期我国区域创新体系建设的重点任务和政策思路》，《经济管理》2020年第8期。

B.15 甘肃"十三五"经济社会发展评估与展望

刘伯霞 吕剑平*

摘　要： 2020年是《甘肃省国民经济和社会发展第十三个五年规划纲要》实施的收官之年，我们依据四年多来甘肃省经济社会发展情况，采取目标导向、问题导向与结果导向相结合，客观评价、理论分析与实践效果相结合的评估方法，对甘肃省经济社会发展"十三五"规划实施四年多来主要指标的完成情况和重点工作的落实情况进行了评估，分析了实际运行值与目标值之间的差距，以及规划实施中反映出的突出亮点和突出问题，提出了"十四五"经济社会发展的对策建议，以利于"十四五"甘肃省经济社会发展。

关键词： 经济社会　"十三五"规划评估　"十四五"展望　甘肃省

2020年，《甘肃省国民经济和社会发展第十三个五年规划纲要》实施进入收官阶段，我们依据四年多来甘肃省经济社会的发展情况，采取目标导向、问题导向与结果导向相结合，客观评价、理论分析与实践效果相结合的评估方法，对甘肃省经济社会发展"十三五"规划实施四年多来各项主要指标的完成情况进行分析评估，查找"十三五"规划实施中存在的突出问题，提出了"十四五"经济社会发展的对策建议，有助于甘肃省"十四五"经济社会工作的顺利展开。

---

* 刘伯霞，甘肃省社会科学院区域经济研究所研究员，主要研究方向为区域经济、城市经济和农村经济；吕剑平，甘肃农业大学财经学院院长、教授、硕士生导师，主要研究方向为区域经济、农业农村经济。

甘肃"十三五"经济社会发展评估与展望

一 甘肃"十三五"经济社会发展目标

甘肃省按照与全国一道全面建成小康社会的要求，综合考虑"十三五"发展环境、发展基础、主要任务和增长潜力，提出"十三五"要突出补齐农村贫困人口脱贫、农业发展、产业转型升级、基础设施建设、社会事业发展、生态环境保护等方面短板，在完成已经确定的全面建成小康社会目标要求的基础上，努力实现以下目标：经济保持中高速增长，人民生活水平和质量普遍提高，国民素质和社会文明程度显著提高，生态环境建设取得重要进展，改革开放实现重大突破，基础设施瓶颈制约明显改善，制度保障能力显著增强，安全发展观念牢固树立，主要指标见表1。

表1 甘肃省"十三五"国民经济和社会发展主要指标

指标		2015年实际值	2020年预期值	年均增速[累计]	属性
一、经济发展					
地区生产总值(亿元)		6790.32	>10000	7.5%	预期性
全社会劳动生产率(元/人)		44460	>60000	>6%	预期性
战略性新兴产业增加值比重(%)		12.1	16	[3.9]	预期性
服务业增加值比重(%)		49.2	>50	[>0.8]	预期性
固定资产投资增速(%)		11.2	—	>10	预期性
公共财政预算收入(亿元)		743.9	1100	8%左右	预期性
城镇化率	常住人口城镇化率(%)	43.19	>50	[>6.81]	预期性
	户籍人口城镇化率(%)	33.61	>38	[>4.39]	
二、创新驱动					
研究与试验发展经费投入强度(%)		1.1左右	2	[0.9]	预期性
每万人发明专利拥有量(件)		1.59	3.5	[1.91]	预期性
科技进步贡献率(%)		50.3	55	[4.7]	预期性
固定互联网宽带接入用户数(万户)		245	>500	[>255]	预期性

续表

指标	2015年实际值	2020年预期值	年均增速[累计]	属性
三、民生福祉				
居民人均可支配收入(元)	13343	20000	7.5%	预期性
城镇居民人均可支配收入(元)	23767	33000	7%	预期性
农村居民人均可支配收入(元)	6936	10000	9%	预期性
九年义务教育巩固率(%)	93	95	[2]	预期性
劳动年龄人口平均受教育年限(年)	9.25	9.8	[0.55]	约束性
城镇新增就业人数(万人)	43.7	—	[＞140]	预期性
农村贫困人口脱贫(万人)	100	—	[317]	约束性
基本养老保险参保率(%)	96	97	[1]	预期性
城镇棚户区住房改造(万套)	—	—	[＞40]	约束性
人均预期寿命(岁)	73	74	[1]	预期性
四、资源环境				
耕地保有量(万亩)	6979	完成国家下达分解目标任务	—	约束性
新增建设用地规模(万亩)	28.5		—	约束性
万元GDP用水量下降(%)	[42.2]		—	约束性
单位GDP能源消耗降低(%)	[21.82]		—	约束性
非化石能源占一次能源消费比重(%)	19.1		—	约束性
单位GDP二氧化碳排放降低(%)	[＞20]		—	约束性
森林发展	森林覆盖率(%)	11.86	—	—	约束性
	森林蓄积量(亿立方米)	2.27	—	—	
空气质量	地级及以上城市空气质量优良天数比例(%)	79.9	—	—	约束性
	细颗粒物(PM2.5)未达标地级及以上城市年均浓度下降(%)	—	—	—	
地表水质量	达到或好于Ⅲ类水体比例(%)	83.7	—	—	约束性
	劣Ⅴ类水体比例(%)	4.08	—	—	
主要污染物排放总量减少(%)	化学需氧量	[9.13]	—	—	约束性
	氨氮	[14.11]	—	—	
	二氧化硫	[8.31]	—	—	
	氮氧化物	[7.9]	—	—	

注：1. 2015年数据为统计快报数。
2. ＞为达到以上，＜为控制在以内，[ ]内为五年累计数。
资料来源：《甘肃省国民经济和社会发展第十三个五年规划纲要》。

二 甘肃省经济社会"十三五"规划主要指标完成情况

(一)经济发展

四年多来,甘肃省经济运行稳中向好。2019年全省生产总值达到8718.30亿元(见图1),比2015年增加2096.32亿元,年均增加524.08元,预计2020年达到9242.38亿元,将完成2020年全省生产总值">10000亿元"预期目标的92.42%。

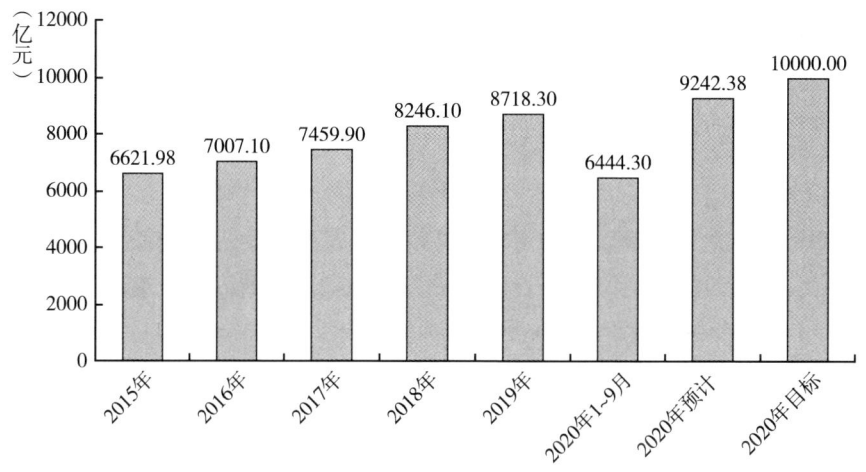

图1 "十三五"期间甘肃省地区生产总值

资料来源:2016~2019年《甘肃发展年鉴》;《2019年甘肃省国民经济和社会发展统计公报》;《甘肃省国民经济和社会发展第十三个五年规划纲要》。

2019年,甘肃省全社会劳动生产率达到53019元/人(见图2),比2015年增加9675元/人,年均增加2418.75元/人,预计2020年达到55437.75元/人,将完成2020年甘肃省全社会劳动生产率">60000元/人"预期目标的92.40%。

战略性新兴产业较快增长。2020年1~6月,全省规模以上工业战略性新兴产业增加值同比增长5.0%;2020年前三季度,全省规模以上工业战略性新

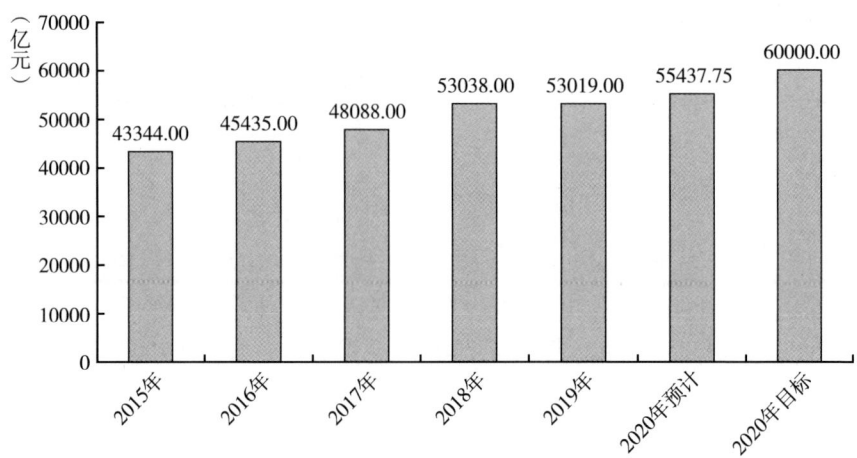

图2 "十三五"期间甘肃省全社会劳动生产率

资料来源：2016~2019年《甘肃发展年鉴》；《2019年甘肃省国民经济和社会发展统计公报》；《甘肃省国民经济和社会发展第十三个五年规划纲要》。

兴产业增加值同比增长10.2%，增速比上半年提高5.2个百分点。

产业结构进一步优化。2018~2020年1~9月服务业增加值产值比重达到55%（见图3），比2015年增加5.8个百分点，年均增加1.45个百分点，预计2020年达到56.45%，将提前超额完成2020年服务业比重">50%"的预期目标。

2020年1~9月年固定资产投资增长6.5%（见图4），比2015年低4.67个百分点，还低于2020年甘肃省固定资产投资增长">10%"的预期目标3.5个百分点。

2019年，完成一般公共预算收入850.2亿元（见图5），比2015年增加106.3亿元，年均增加26.6亿元，预计2020年将达到876.8亿元，完成了2020年甘肃省一般公共预算收入达到"1100亿元"预期目标的79.7%。

2019年，甘肃省城镇化率达到48.49%（见图6），比2015年增加5.3个百分点，年均增加1.33个百分点，预计2020年达到49.82%，将完成2020年甘肃省"城镇化率>50%"预期目标的99.64%。

2017年甘肃省户籍化率达到38%，比2015年增加4.99个百分点，年均增加2.5个百分点，预计2020年达到44.59%，将提前超额完成2020年甘肃省"户籍化率>38%"的预期目标。

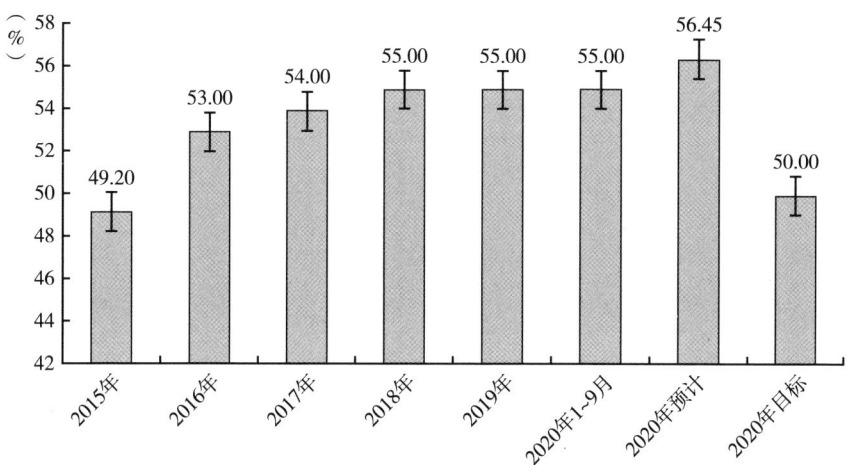

图3 "十三五"期间甘肃省服务业增加值产值比重

资料来源：2016~2019年《甘肃发展年鉴》；《2019年甘肃省国民经济和社会发展统计公报》；《甘肃省国民经济和社会发展第十三个五年规划纲要》。

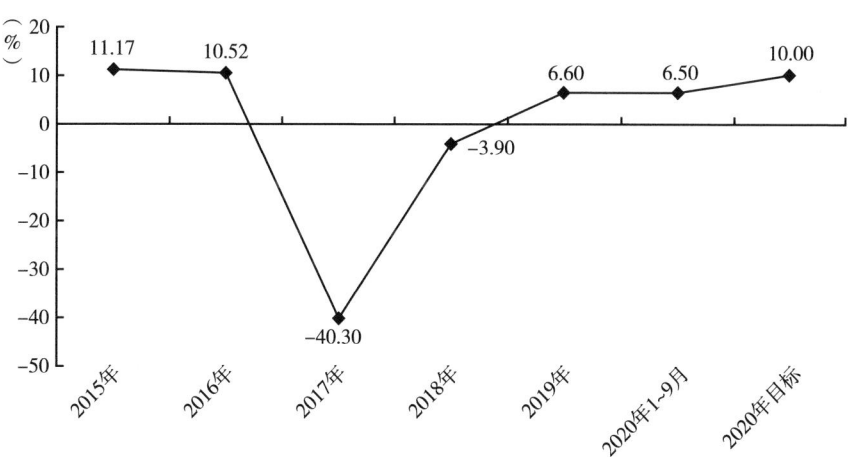

图4 "十三五"期间甘肃省固定资产投资增长

资料来源：2016~2019年《甘肃发展年鉴》；《2019年甘肃省国民经济和社会发展统计公报》；《甘肃省国民经济和社会发展第十三个五年规划纲要》。

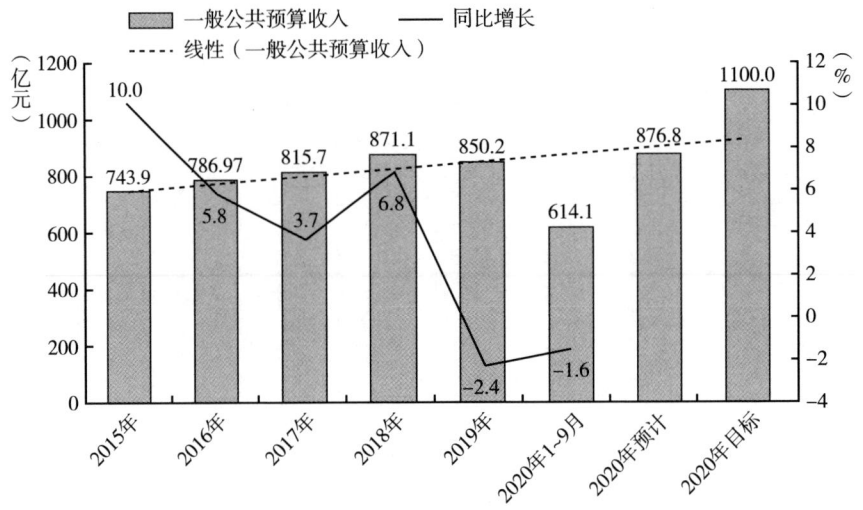

图 5　"十三五"期间甘肃省一般公共预算收入

资料来源：2016~2019 年《甘肃发展年鉴》；《2019 年甘肃省国民经济和社会发展统计公报》；甘肃新闻和《甘肃省国民经济和社会发展第十三个五年规划纲要》。

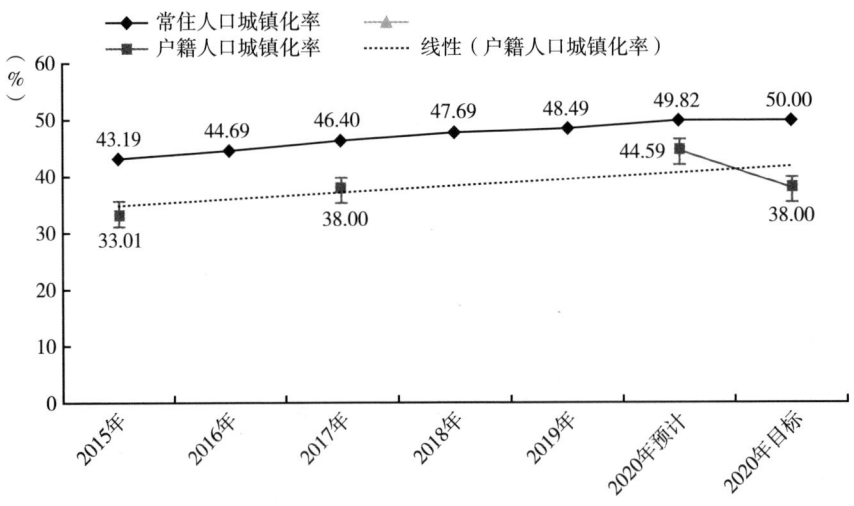

图 6　"十三五"期间甘肃省城镇化率和户籍化率

资料来源：2016~2019 年《甘肃发展年鉴》；《2019 年甘肃省国民经济和社会发展统计公报》；甘肃新闻、《甘肃省国民经济和社会发展第十三个五年规划纲要》及推算。

（二）创新驱动

2019年，甘肃省研究与试验发展经费投入强度达到1.26%（见图7），比2015年增加0.04个百分点，年均增加0.01个百分点，预计2020年达到1.27%，将完成2020年甘肃省研究与试验发展经费投入强度达到2%预期目标的63.50%；每万人发明专利拥有量达到2.82件，比2015年增加了1.23件，年均增加0.31件，预计2020年达到3.13件，将完成2020年每万人发明专利拥有量达到3.5件预期目标的89.43%。

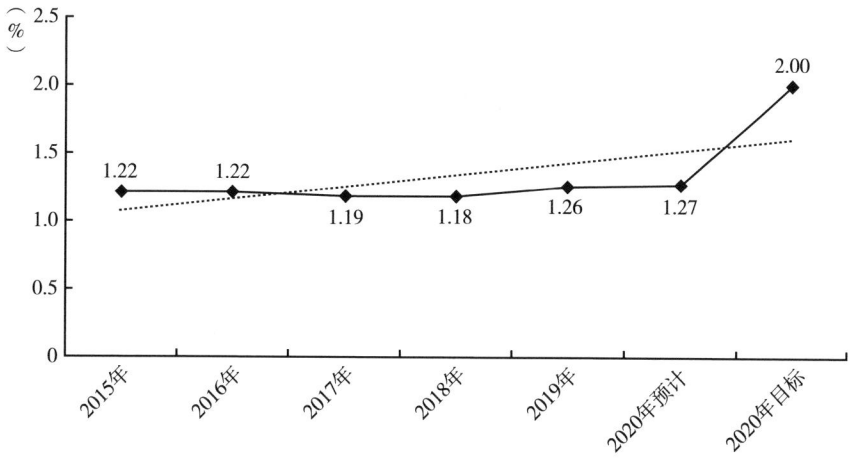

图7 "十三五"期间甘肃省研究与试验发展经费投入强度

资料来源：http：//www.sts.org.cn/Page/Content/Content? ktype=7&ksubtype=1&pid=46&tid=113&kid=2611&pagetype=1&istop=［IsShow］；《甘肃省国民经济和社会发展第十三个五年规划纲要》。

2019年，甘肃省科技进步贡献率达到52.8%（见图8），比2015年增加2.50个百分点，年均增加0.63个百分点，预计2020年达到53.43%，将完成2020年甘肃省科技进步贡献率达到55%预期目标的97.15%；固定互联网宽带接入用户数量达到870.7万户，比2015年增加625.7万户，年均增加156.43万户，预计2020年达到1027.13万户，将完成2020年"固定互联网宽带接入用户数量＞500万户"预期目标的205.43%，提前超额完成预期目标。

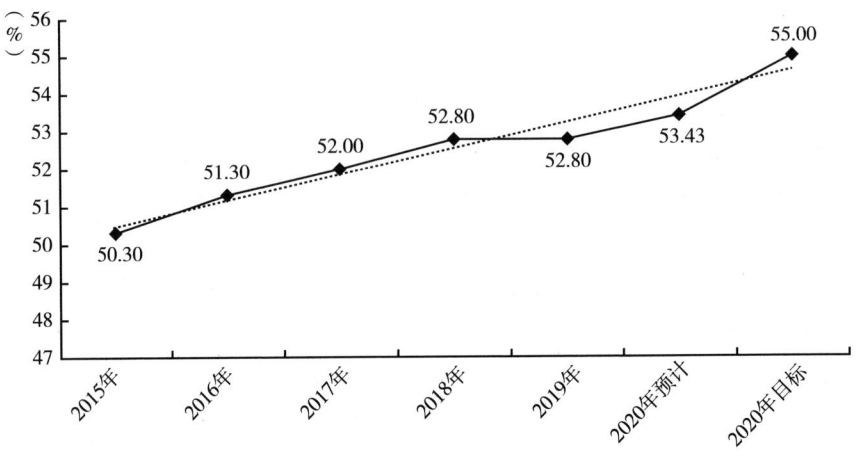

图8 "十三五"期间甘肃省科技进步贡献率

资料来源：2016～2019年《科技统计年鉴》；《甘肃省国民经济和社会发展第十三个五年规划纲要》。

（三）民生福祉

城乡居民收入逐年增长，人民生活达到新水平。2019年，甘肃省居民人均可支配收入达到19139元（见图9），比2015年增加了5796元，年均增加1449元，2020年1～9月达到14507元，预计2020年达到20588元，将完成2020年甘肃省居民人均可支配收入达到20000元预期目标的102.94%，提前超额完成预期目标；城镇居民人均可支配收入达到32323元，比2015年增加了8556元，年均增加2139元，2020年1～9月达到25064元，预计2020年达到34462元，将完成2020年城镇居民人均可支配收入达到33000元预期目标的104.43%，提前超额完成预期目标；农村居民人均可支配收入达到9628元，比2015年增加2692元，年均增加673元，2020年1～9月达到6877元，预计2020年达到10301元，将完成2020年农村居民人均可支配收入达到10000元预期目标的103.01%，提前超额完成预期目标。

2018年，甘肃省九年义务教育巩固率已达到96%，比2015年高出3个百分点，高出全国平均水平1.8个百分点，提前超额完成了2020年甘肃省九年义务教育巩固率达到95%预期目标的101.05%。2019年城镇新增就业人数

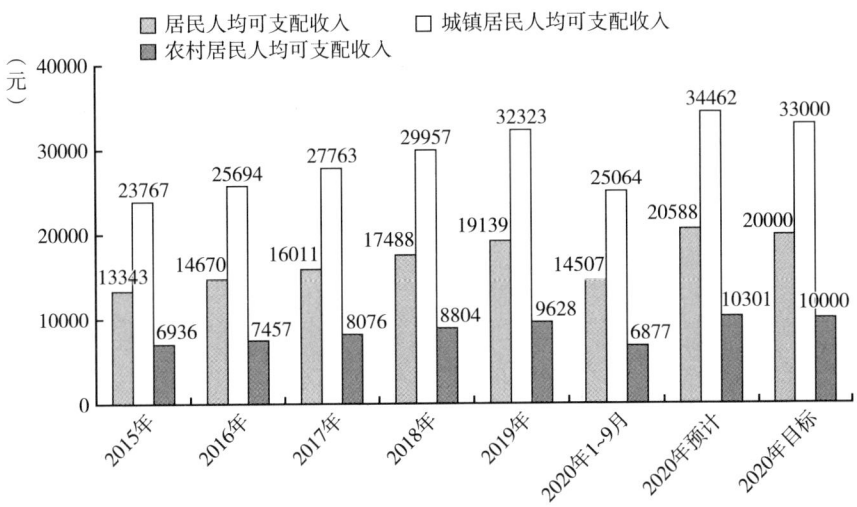

图9 "十三五"期间甘肃省城乡居民收入增长情况

资料来源：2016~2019年《甘肃发展年鉴》；《2019年甘肃省国民经济和社会发展统计公报》；《甘肃省国民经济和社会发展第十三个五年规划纲要》。

39.22万人（见图10），2020年1~9月新增城镇就业人数29.04万人，2020年预计新增就业人数38.1万人，五年累计增长213万人以上，完成了2020年新增就业人数"五年累计＞140万人"预期目标的152.14%，就业比较充分，提前超额完成预期目标。

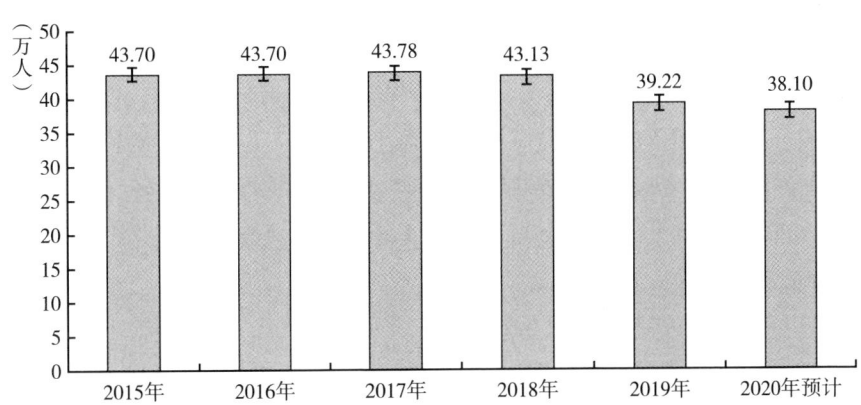

图10 "十三五"期间甘肃省城镇新增就业人数

资料来源：2016~2019年《甘肃发展年鉴》；《2019年甘肃省国民经济和社会发展统计公报》及推算。

2019年，减少贫困人口93.53万人（见图11），贫困人口由2015年底的295.93万人减少到17.5万人，贫困发生率由14.26%降至0.90%；2020年底全部脱贫，全面完成"十三五"规划的约束性目标。甘肃省政府新闻办2020年11月21日新闻发布会宣布：最后8个未脱贫县退出贫困县序列。至此，甘肃省全省75个贫困县已全部摘帽退出。

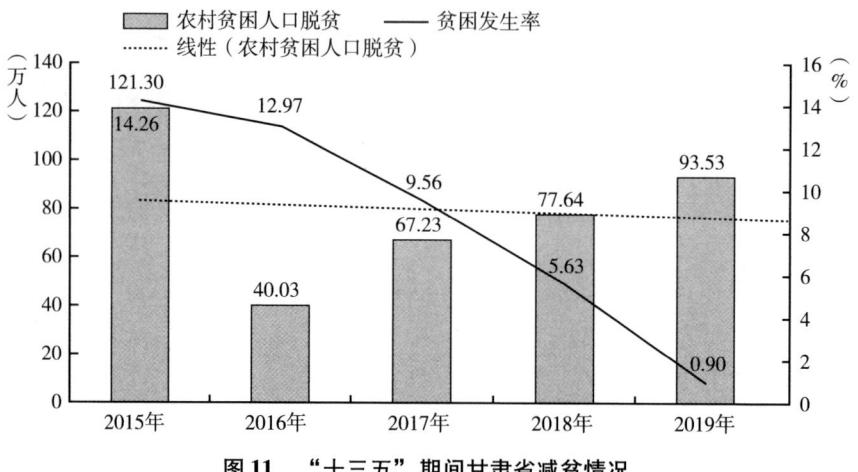

图11 "十三五"期间甘肃省减贫情况

资料来源：2016~2019年《甘肃发展年鉴》；《2019年甘肃省国民经济和社会发展统计公报》及甘肃新闻。

截至2020年9月底，甘肃省基本养老保险参保率已达到98.6%，比2015年高出2.6个百分点，完成了2020年预期目标97%的101.65%，提前超额完成预期目标，并即将实现基本养老保险参保率100%的总目标。

2018年，甘肃省城镇棚户区房屋改造开工23.22万套，建成14.13万套；2019年，开工18.27万套，基本建成12.35万套，年均完成13.24万套，预计5年累计完成66.2万套，将完成2020年城镇棚户区房屋改造">40万套"预期目标的165.50%。

2019年，甘肃省人均预期寿命已提高到77.3岁，比2015年增加4.3岁，完成了2020年人均预期寿命提高到74岁目标的104.46%，提前超额完成预期目标。

（四）资源环境

2018年耕地保有量已达到8065.05万亩，比2015年增加了1086.05万亩，提前超额完成了"到2020年,甘肃省耕地保有量不少于7477万亩"的预期目标,圆满完成了国家下达的目标任务。

2018年,新增建设用地10.93万亩,比2015年减少了17.57万亩;万元GDP用水量下降9.9%,万元工业增加值用水量较2015年下降33%;2017年,单位GDP能源消耗降低0.75%,非化石能源占一次能源消费比重为22.08%,单位GDP二氧化碳排放降低,上述指标均已完成"十三五"的约束性目标和国家下达的分解目标任务。

2019年全年全省14个市州空气质量优良天数比例为93.1%,2020年1~4月,全省14个市州所在城市PM2.5浓度同比下降2.9%;2020年10月,全省14个城市平均优良天数比例为98.6%,分别高出2015年13.2个和18.7个百分点。14个城市PM2.5月均浓度值为22微克/立方米,均已完成"十三五"的约束性目标。

2019年,甘肃省内38个地表水监测断面中,达到或优于Ⅲ类断面比例为94.7%;2020年1~4月,38个考核断面地表水水质优良比例为100%,达到国家考核要求。2019年已全面消除劣Ⅴ类水体。

2018年,甘肃省主要污染物化学需氧量排放总量减少4.83%,氨氮二氧化硫排放总量减少9.23%,氮氧化物排放总量上升1.04%,主要污染物总量减排和碳减排均已完成"十三五"的约束性目标和国家下达的控制目标。

三 甘肃省经济社会"十三五"规划主要指标评估

(一)经济发展

地区生产总值、全社会劳动生产率、服务业增加值比重、固定资产投资增速、公共财政预算收入、城镇常住人口城镇化率和户籍人口城镇化率七项指标完成程度及其排名见图12。

(二)创新驱动

研究与试验发展经费投入强度、每万人发明专利拥有量、科技进步贡献率和固定互联网宽带接入用户数量四项指标完成程度及其排名见图13。

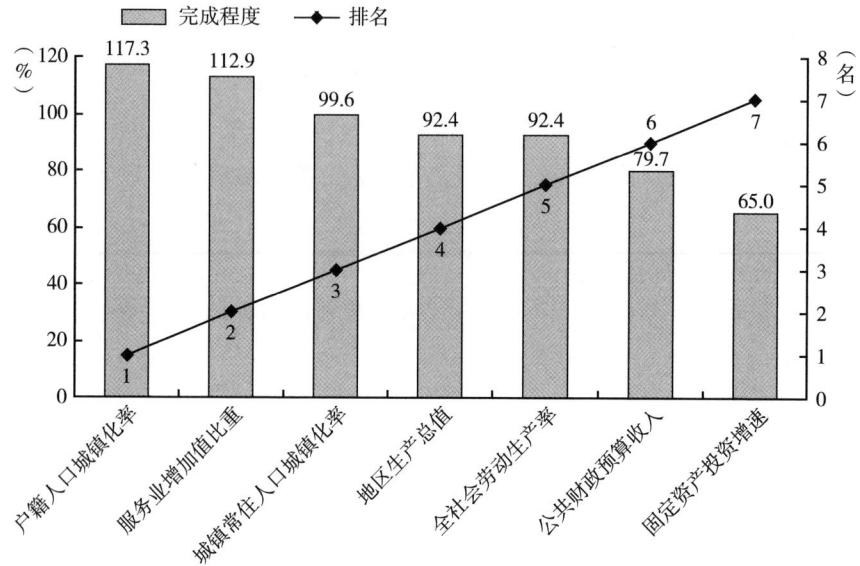

图 12 "十三五"期间甘肃省经济发展各项指标完成程度及排名

注：1. 固定资产投资增速为 2020 年 1～9 月的实现程度，其余均为 2020 年的实现程度。2. 战略性新兴产业增加值比重未得到相关数据。

资料来源：依相关数据计算而来。

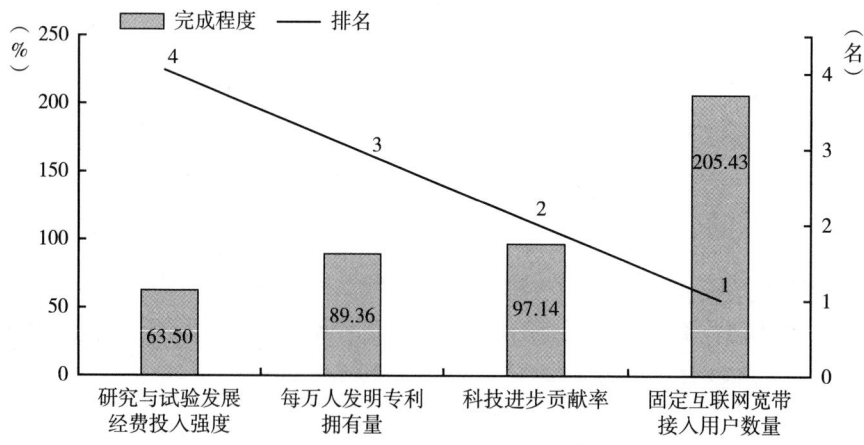

图 13 "十三五"期间甘肃省创新驱动各项指标完成程度及排名

资料来源：依相关数据计算而来。

（三）民生福祉

居民人均可支配收入、城镇居民人均可支配收入、农村居民人均可支配收入、九年义务教育巩固率、城镇新增就业人数、农村贫困人口脱贫、基本养老保险参保率、城镇棚户区住房改造和人均预期寿命九项指标完成程度及其排名见图14。

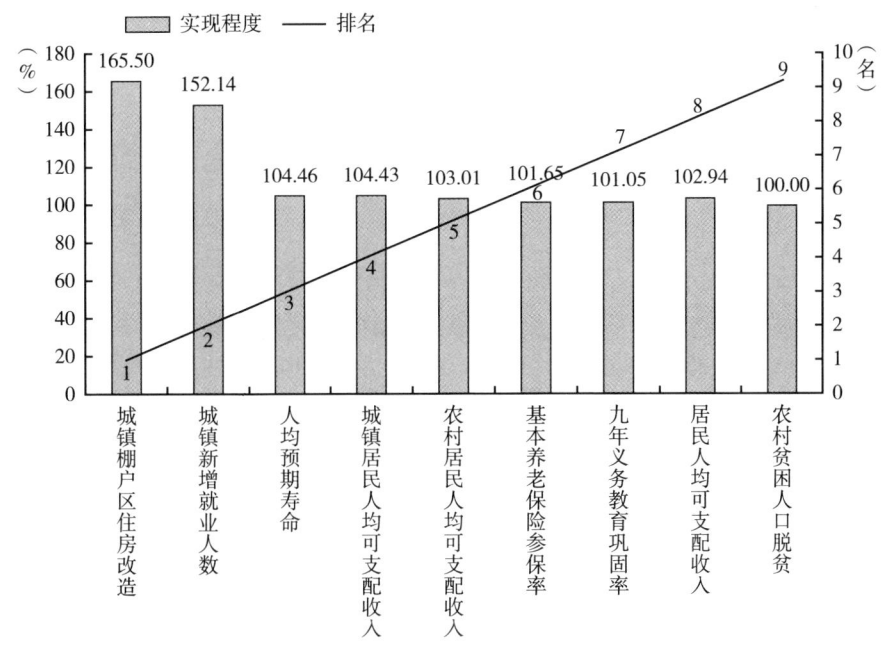

图14 "十三五"期间甘肃省民生福祉各项指标完成程度及排名

注：1. 劳动年龄人口平均受教育年限未找到相关的数据。
2. 甘肃省九年义务教育巩固率和人均预期寿命分别为2018年和2019年的实现程度，其余均为2020年的实现程度。
资料来源：依相关数据计算而来。

（四）资源环境

耕地保有量、新增建设用地规模、万元GDP用水量下降、单位GDP能源消耗降低、非化石能源占一次能源消费比重、单位GDP二氧化碳排放降低等六项约束性指标均已完成国家下达分解的目标任务。

255

地级及以上城市空气质量优良天数比例和细颗粒物（PM2.5）未达标地级及以上城市年均浓度下降两项空气质量指标，均已完成"十三五"的约束性目标。

达到或好于Ⅲ类水体比例和劣Ⅴ类水体比例等两项地表水质量指标，2019年已经达到国家考核要求，并已全面消除劣Ⅴ类水体。

化学需氧量、氨氮、二氧化硫和氮氧化物等主要污染物总量减排和碳减排均已完成"十三五"的约束性目标和国家下达的控制目标。

（五）综合评价

经济发展、创新驱动、民生福祉和资源环境四大项，完成程度由高到低依次为民生福祉、资源环境、经济发展和创新驱动，指标完成率分别为90.00%、81.25%、37.50%和25.00%（见图15）。

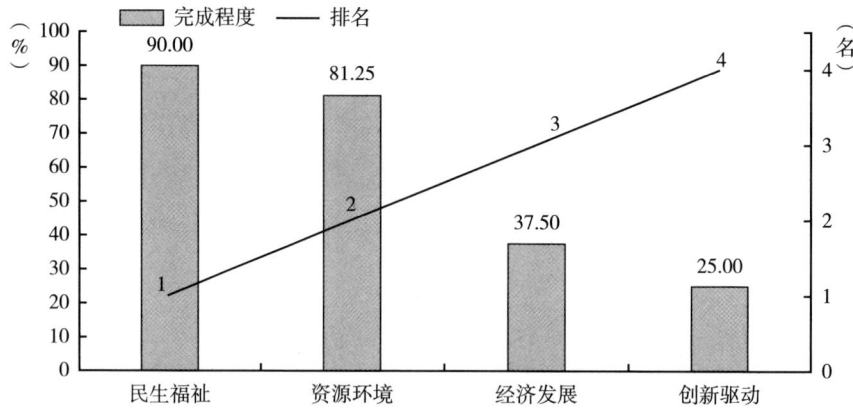

图15 "十三五"期间甘肃省经济社会发展四大类指标完成程度及排名

资料来源：依相关数据计算而来。

四 "十三五"时期甘肃省经济社会发展的突出亮点与问题

（一）"十三五"时期甘肃省经济社会发展的突出亮点

1. 民生增福祉

"十三五"时期，甘肃省以增进民生福祉为发展的根本目的，不断满足人民群众日益增长的美好生活需要。

脱贫攻坚取得巨大成就。五年来甘肃省将产业发展作为实现脱贫的根本之策。因地制宜，培育产业，紧紧扭住贫困人口持续稳定增收这个关键，构建起全省产业扶贫的"四梁八柱"。2020年前三季度全省贫困地区农民人均可支配收入同比增长10.3%，全省第一产业增加值同比增长5.9%，增速居全国第1位，为全省31个贫困县摘帽奠定了坚实基础。

居民生活质量明显提升。城乡居民人均可支配收入逐年增加，九年义务教育巩固率逐步提高，城镇居民就业充足，棚户区住房改造规模逐年扩大，人均预期寿命延长。

社会保障体系逐步完善。"十三五"以来，甘肃省社保局围绕民生保障工作主线，社会保险事业取得了新进展，全省基本养老保险参保达到1863.51万人。建立健全全省企业职工基本养老保险各项制度，进一步完善了失地农民和灵活就业人员参加社会保险相关政策，将符合条件的被征地农民纳入企业职工基本养老保险，积极引导灵活就业人员、农民工和中小微企业人员纳入企业职工基本养老保险，养老保险制度逐步完善。不断建立完善全省各项机关事业单位制度，不断完善城乡居民养老保险各项制度。

2. 生态环境持续向好

"十三五"期间，甘肃省坚持山水林田湖草综合治理、系统治理、源头治理，不断提升生态环境质量。2019年，甘肃省实施祁连山人工生态修复项目257项1.42万亩。"绿盾"专项行动自查摸排生态环境问题1845项，完成整改1802项。全省"绿卫2019"森林草原执法专项行动，查处违法占用林地3000多亩，查处林业行政案件1295起，恢复林地705亩。

"十三五"以来，甘肃省水污染防治工作连续4年通过国家考核并取得优秀、良好等次，黄河流域水环境质量较"十二五"末实现较大改善，国家和甘肃省监测的黄河流域14条河流34个断面的水质优良比例由94.1%提高至97.1%，高于全国平均水平23个百分点。2019年，全省地表水国考断面优良比例高于全国平均水平约23个百分点，已全面消除劣Ⅴ类水体。

3. 经济发展速度加快，十大生态产业稳步发展

（1）经济发展速度加快，经济基础稳中向好

2020年以来，受疫情影响全国经济增速放缓，甘肃省经济却逆势上扬，

稳中向好，呈现出一些亮点。2020年上半年，甘肃省10项指标排全国前10名（见表2）。

表2 2020年1~6月甘肃省排全国前10名的10项指标

指标	GDP增速	第一产业增加值	第二产业增加值	规上工业增加值	第三产业增加值	税收收入	固定资产投资	城镇居民可支配收入	农村居民可支配收入	社会消费品零售总额
增长率(%)	1.50	5.80	1.80	4.60	0.90	-5.60	4.00	3.30	5.90	-7.90
在全国的排名	3	1	6	2	8	5	8	10	10	10

资料来源：实任甘肃省省长唐仁健讲话及相关新闻报道。

（2）十大生态产业增长势头良好

经过三年的发展，十大生态产业增加值已占到甘肃省GDP的23.7%（见表3），2020年1~9月，全省十大生态产业同比增长3.0%，高于GDP增速0.2个百分点。

表3 2018年、2020年1~9月甘肃省十大生态产业增加值及增速情况

时间	十大生态产业增加值（亿元）	比上年增长(%)	占全省地区生产总值(%)
2018年	1511.3	6.7	18.3
2019年	2061.9	7.8	23.7
2020年1~9月	1335.7	3.0	20.7

资料来源：《2019甘肃省统计年鉴》、《2019甘肃省统计公报》、中商情报网。

（3）甘肃省城乡居民收入持续增长，获得强于全国平均

甘肃省城乡居民收入逐年增长，而且城乡居民可支配收入占人均GDP的比重均高于全国。如，2019年甘肃省城镇居民可支配收入占人均GDP的比重达到97.96%（见表4），高于全国38.21个百分点；农村居民可支配收入占人均GDP的比重达到29.18%，高于全国6.58个百分点，表明甘肃省的收入分配结构带给城乡居民的实惠更多。

表4 2009～2019年全国和甘肃省城乡居民可支配收入占人均GDP的比重

单位：%

年份		2009	2010	2011	2012	2013	2014	2015	2016	2017	2018	2019
城镇居民可支配收入占比	全国	65.60	62.03	60.08	61.61	60.59	61.36	62.36	62.62	61.48	60.72	59.75
	甘肃省	95.27	87.85	81.73	81.73	82.87	84.41	93.14	95.51	97.42	95.60	97.96
	高于全国	29.67	25.82	21.65	20.12	22.28	23.05	30.78	32.89	35.94	34.88	38.21
农村居民可支配收入占比	全国	19.68	19.21	19.22	19.86	21.59	22.31	22.83	23.03	22.69	22.61	22.60
	甘肃省	24.76	23.82	22.26	22.93	23.31	24.30	27.18	27.72	28.34	28.10	29.18
	高于全国	5.08	4.61	3.04	3.07	1.72	1.99	4.35	4.69	5.65	5.49	6.58

资料来源：2010～2019年《中国统计年鉴》；《2019年全国和甘肃省国民经济和社会发展统计公报》。

另外，"十三五"期间，甘肃省城镇化发展较快，全社会劳动生产率逐年提高，服务业发展较快，产业结构逐步优化。

4. 创新驱动"加速跑"

"十三五"期间，甘肃省实施创新驱动发展战略，以科技创新为核心，以人才发展为支撑，通过深化科技体制改革、构建激励创新的体制机制，塑造更多依靠创新驱动的引领型发展。

（1）R&D投入强度与科技进步水平相对较高

甘肃省科技综合实力保持在全国第二梯队，科技创新水平居全国第23位、西部第5位。碳离子治疗系统、三维数字社会服务管理系统、餐厨垃圾治理"兰州模式"等创新成果，成为甘肃省科技事业发展的缩影。甘肃省R&D投入强度在全国排中上水平（见表5），而且在逐年上升，科技进步水平处于全国中游偏下水平，好于甘肃省其他指标在全国的排名。

表5 甘肃省R&D投入强度及甘肃省科技进步水平全国排名

年份	2010	2011	2012	2013	2014	2015	2016	2017	2018	2019	2022（预计）	2025（预计）
R&D经费投入强度（%）	1.02	0.97	1.07	1.07	1.12	1.22	1.22	1.19	1.18	1.26	1.37	1.50
排名	25	13	15	13	14	16	15	13	12	11	—	—
科技进水平排名	25	17	21	20	19	18	21	18	18	23		

资料来源：2011～2019年《中国区域科技创新评价报告》；2010～2019年《全国科技经费投入统计公报》。

（2）培育创新主体，促进成果转化

2018年，国务院批准兰州高新技术产业开发区、白银高新技术产业开发区建设国家自主创新示范区。兰白国家自主创新示范区成为西北首个获批的国家自主创新示范区，也是全国第19个国家自主创新示范区。自此，以兰白自创区、兰白试验区为龙头，辐射带动河西、陇东科技创新基地、创新平台，并形成串珠式布局；截至2019年底，甘肃省高新技术企业达到1052家，比"十二五"末翻了两番；能源装备国家专业化众创空间被列入第三批国家专业化众创空间备案示范名单，由此实现了甘肃省国家专业化众创空间"零"的突破。

五年来，甘肃省共登记各类技术合同超过2万项，成交额达691亿元，其中1000万元以上的重大技术合同成交1288项，成交额近500亿；1299项应用技术成果实现产业化应用，创造经济效益1780亿元。

（3）优化政策供给，科技融合加速

"十三五"期间累计兑现奖补事项2480项，下达奖补资金5.32亿元。特别是出台的"黄金30条"，助力全省科技创新实现"加速跑"。组建了甘肃省同位素实验室、甘肃省敦煌文物保护研究中心、甘肃省黄河水环境重点实验室，开展科技创新基地优化整合，优化整合省重点实验室等创新基地72家；围绕十大生态产业提质增效、农业特色产业发展、生态环境保护和可持续发展、"一带一路"科技走廊建设等，组织省级科技重大专项项目87项，投入财政科技资金3.6亿元；梳理了十大类83项技术，为十大绿色生态产业发展提供科技信息服务；举办全省科技成果转移转化现场会，对促成在甘落地的技术交易合同额达到标准的综合服务平台、服务机构和企业给予2000万元专项奖励；向省内创新企业和创业团队发放科技创新券，推动了科技服务需求方和供给方的有效对接，降低了中小微企业创新创业成本。

（4）知识产权创造能力显著增强

2015年以来，专利申请的各项指标加速增长，其中专利申请年均增长18%以上，授权增长37%以上。截至2020年6月底，专利申请量达到112335件、专利授权量达到51130件、每万人口发明专利拥有量达到2.94件、全省商标有效注册量达到109911件、地理标志证明商标达到134件、地理标志保护产品达到67件、地理标志产品地方标准达到46项，分别比"十二五"末增长了119.71%、124.32%、86.08%、219%、127.12%、28.85%、64.29%。

甘肃省还被国家知识产权局列为首批特色型知识产权强省建设试点省。截至目前，甘肃省已有国家知识产权试点城市7个，国家知识产权强县工程示范县1个、试点县14个，国家传统知识产权保护试点县4个；培育省级知识产权优势企业214家、国家知识产权优势企业和示范企业111家。

（二）"十三五"时期甘肃省经济社会发展中反映出的突出问题

1. 甘肃省人口基数大，GDP总量小、排名靠后

甘肃省总人口占全国的1.89%，从业人员占全国的2.01%，但GDP仅占全国的0.92%左右（见图16）；GDP在全国排名第27名、第30名。而以前排在甘肃省后面的贵州省，2019年GDP达到16769.34亿元，排全国第22名，GDP占全国的比重达到1.7%左右，是甘肃省的1.9倍。

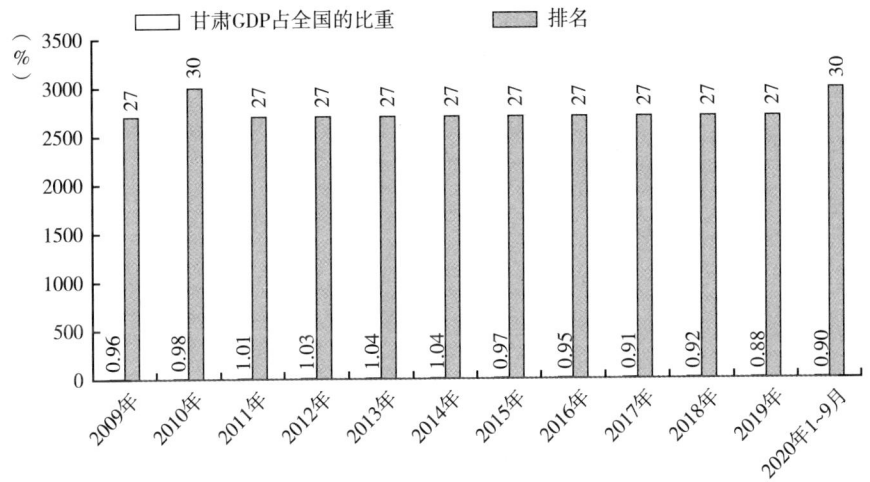

图16　2009～2020年甘肃省GDP总量在全国的排名及其占全国比重

资料来源：2010～2019年《甘肃发展年鉴》；2010～2019年《中国统计年鉴》；2019年全国和甘肃省国民经济和社会发展统计公报及相关新闻报道。

甘肃省人均GDP较低，仅相当于全国的51%左右（见图17）。

2. 城乡居民收入较低，城乡差距大

2019年、甘肃城镇居民人均可支配收入仅相当于全国的76.31%（见

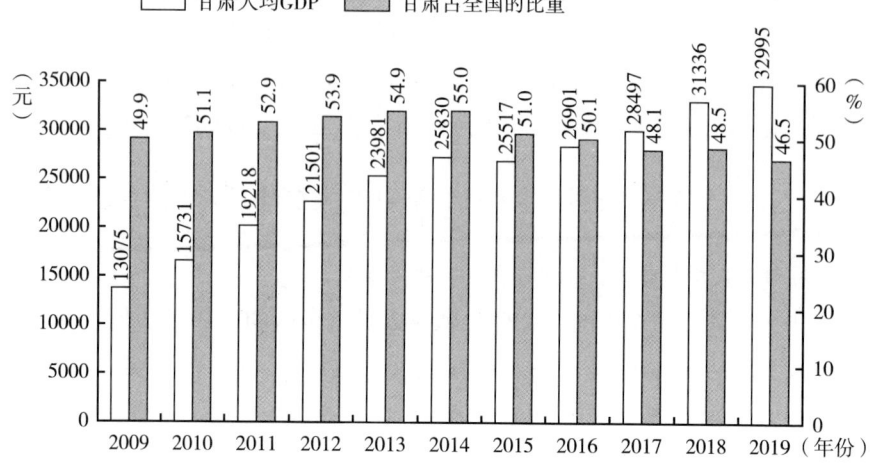

图 17　2009～2019 年甘肃省人均 GDP 及占全国的比重

资料来源：2010～2019 年《甘肃发展年鉴》；2010～2019 年《中国统计年鉴》；2019 年全国和甘肃省国民经济和社会发展统计公报。

图 18），农村居民人均可支配收入仅相当于全国的 60.10%，城乡差距 3.4，大于全国（2.6）平均差距。

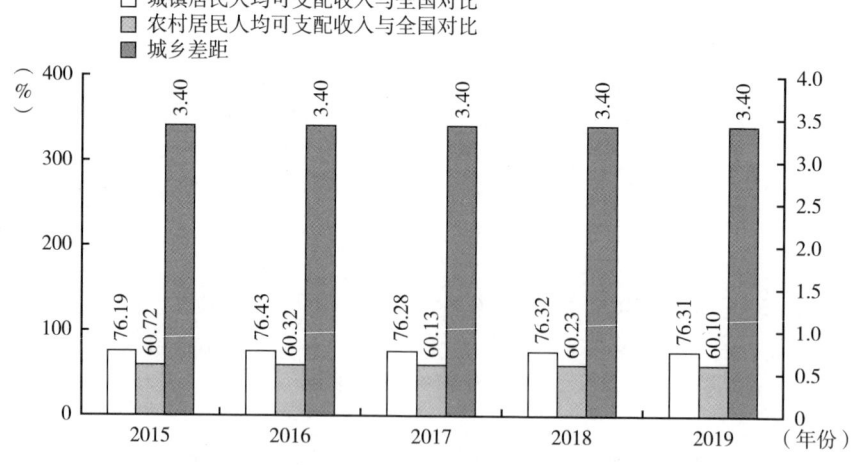

图 18　2015～2019 年甘肃省城乡居民人均可支配收入占全国的比重及城乡差距

资料来源：2016～2019 年《甘肃发展年鉴》；2016～2019 年中国统计年鉴；2019 年全国和甘肃省国民经济和社会发展统计公报。

3. 财政自给率低，入不敷出（见图19）

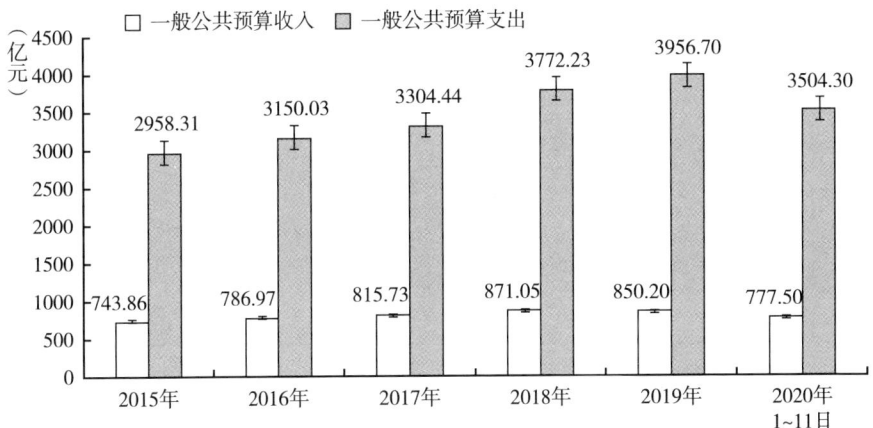

图19　2015年至2020年11月甘肃省一般预算收入与一般预算支出

资料来源：2016~2019年《甘肃发展年鉴》，《2019年甘肃省国民经济和社会发展统计公报》。

4. 甘肃省科技对经济的支撑力不强，经济对科技的支持力不强

根据2003~2019年《中国区域科技创新评价报告》指标分析，甘肃省科技进步水平呈现波动式上升趋势，在全国的排名介于17~25，R&D投入经费排名介于25~26，同期甘肃省的GDP排名介于26~30，落后于甘肃省科技进步水平排名（见图20）。一方面，说明甘肃省的科技相对强而经济相对弱，另一方面，说明甘肃省科技与经济"两张皮"，科技成果转化率低，科技对经济的支撑力不强。反过来说，甘肃省科技发展的经济支持力度非常有限，R&D经费投入低又制约了甘肃省科技发展。近5年来，甘肃省申请专利12000多件，但真正转化为产品的不超过600件，转化率5%，大量的创新成果处于"休眠状态"。

5. 甘肃省经济仍然为投资拉动型，但固定资产投资较低

甘肃省经济仍然为投资拉动型（见图21）。

但是，甘肃省固定资产投资总额较低，占全国的比重不到1%（见图22），而同为西部欠发达地区的贵州省，固定资产投资占全国的比重达到1.78%左右，是甘肃省的2.5倍。甘肃省也应该积极争取国家的大力支持。

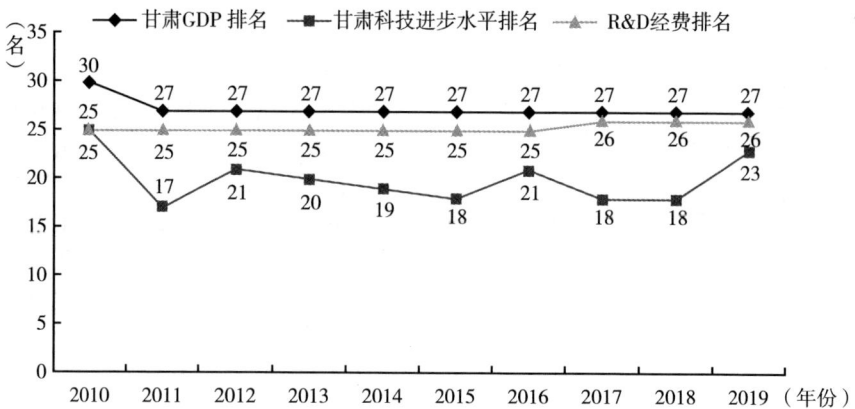

图 20 2010~2019 年甘肃省 GDP 排名、科技进步水平排名和 R&D 投入经费排名

资料来源：2006~2019 年《中国区域科技创新评价报告》；2006~2019 年《甘肃发展年鉴》；《2019 年甘肃省国民经济和社会发展统计公报》。

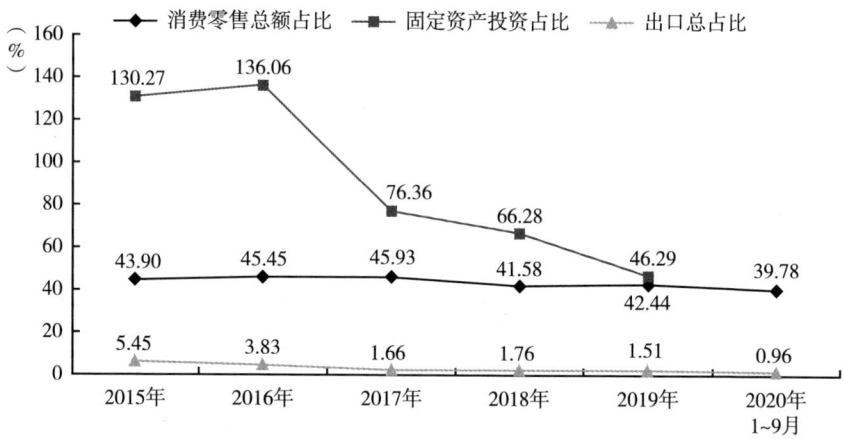

图 21 2015 年至 2020 年 1~9 月甘肃省投资、消费、出口情况

资料来源：2016~2019 年《甘肃发展年鉴》；《2019 年甘肃省国民经济和社会发展统计公报》及相关新闻报道。

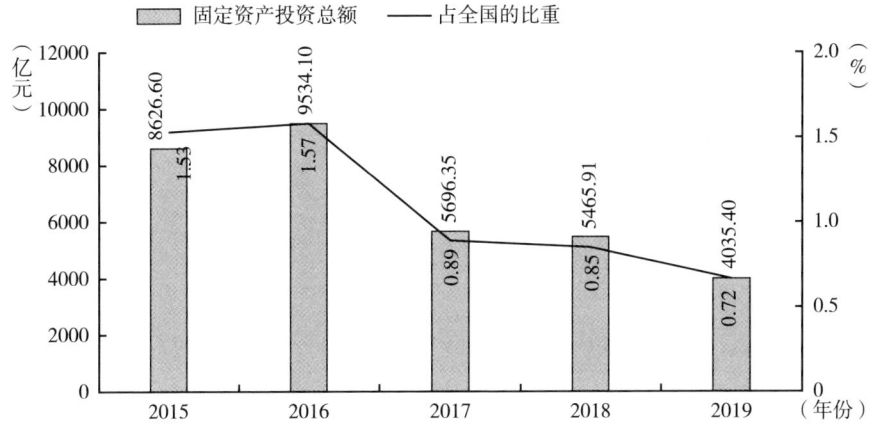

图 22　2015～2019 年甘肃省固定资产投资总额及其占全国的比重

资料来源：2016～2019 年《中国统计年鉴》《甘肃发展年鉴》；2019 年全国和甘肃省国民经济和社会发展统计公报。

五　"十四五"甘肃省经济社会发展展望及对策建议

（一）"十四五"期间甘肃省经济社会发展面临的形势

"十四五"甘肃省经济社会发展同全国一样，机遇与挑战并存。从国际来看，美国在贸易投资科技交流等领域的排华政策和其他一些国家的追随，将继续对中国经济造成不利影响。从国内来看，经过改革开放时期的经济高速发展，中国已由一个人均国民总收入（GNI）仅 200 美元的低收入国家，迈过了人均 1 万美元关口，1.2 万美元的高收入国家下限已遥遥在望。正常情况下，"十四五"期间（2021～2025 年）我国将经历向高收入国家门槛的冲击，"十四五"也会是中国向现代化国家迈进的关键时期。同时，"十四五"期间，甘肃省和全国一样将面临巨大的挑战，尤其是疫情的影响。中国经受了疫情考验，经济正走向全面恢复。但世界疫情形势尚未根本好转，影响可能旷日持久，如果出现重大反复，世界经济衰退可能延续到 2021 年甚至 2022 年。在内需方面，居民消费和民间投资仍然疲软，需要更多时间恢复。内外需两方面因素将对"十四五"的经济增长形成牵制。

（二）"十四五"甘肃省经济社会发展应设立的发展目标

根据前面的分析，甘肃省"十四五"不应以追求短期经济增长率为发展目标，而是要推进改革开放，消除体制障碍，完善市场调节，纠正结构失衡，重点改善民生，创建和谐社会，为迈向现代化准备好关键基础条件。

建议"十四五"期间不设经济增长目标。经济领域以推进市场化改革、实现结构再平衡、培养创新发展能力为要务，实现均衡、可持续和充满活力的经济增长。社会和政治领域以理顺政府市场关系、完善公共服务和社会保障、调节收入分配、显著改善民生为目标，实现社会和谐，全民共享的发展。

（三）"十四五"甘肃省经济社会发展的对策建议

1. 顺应国家战略发展目标，构建以国内大循环为主体、国内国际双循环相互促进的新发展格局

一是坚持扩大内需，形成强大的国内市场，以国内大循环为主、国内国际双循环相互促进，塑造国际经济合作和竞争新优势。二是坚持扩大内需，打通经济循环堵点，努力使生产、分配、流通、消费各环节更多依托国内市场实现良性循环，全面促进消费、拓展投资空间，形成吸引全球资源要素的国内大市场。三是把扩大内需同深化供给侧结构性改革有机结合起来，以创新驱动、高质量供给引领和创造新需求，激发经济内生增长动力持续释放。努力形成需求牵引供给、供给创造需求，供需匹配的高水平动态平衡。四是采取"加快市场准入、促进国际国内标准接轨、加强知识产权保护、拓展线上销售渠道、搭建内销促进平台、发挥有效投资带动作用、提升转内销便利化水平、加大财政资金支持、强化税收服务、增强金融支持、提升保险保障能力、优化政府服务"等措施，支持甘肃省外贸企业充分利用国内大规模市场优势，促进适销对路的出口产品转内销，促进内外贸融合发展，推动形成国内国际双循环相互促进的发展新格局。

2. 以高质量发展为主题，推动甘肃省经济社会高质量发展

"十四五"期间，甘肃省要以经济社会的高质量发展破解资源富集、经济落后，守着"金山"受穷的困境。以创新驱动为第一动力，以产业发展为核心与关键，以优势资源为物质基础，以开放合作为必由之路，以生态环境为永续发展的必要保障，以营商环境为生命线，全面推动甘肃省经济高质量发展。

以"十大工程"推动甘肃省经济高质量发展。一是农林牧业优化提升工程；二是制造业智能化数字化高端化绿色化提升工程；三是战略性新兴产业培育壮大工程；四是科技协同创新工程；五是文旅产业提升工程；六是利用外资和对外开放提升工程；七是营商环境提升工程；八是人力资源素质提升工程；九是城市群和都市圈打造工程；十是2020后扶贫战略工程。

3. 突出加快西北乃至全国的生态安全屏障建设步伐

"十四五"期间，绿色发展比较优势将更加凸显，甘肃省要实施"生态稳省惠民"战略。一是继续"加大生态保护治理力度，建设国家生态安全屏障综合实验区"，筑牢西北乃至全国的生态安全屏障。二是以十大绿色生态产业为抓手，巩固西北和全国的生态安全屏障。三是推动实施一批黄河生态保护重大工程，积极争取国家的生态投资立项，推动黄河流域甘肃段的生态环境治理和高质量发展，以祁连山水源涵养区、甘南水源主要补给地、陇中陇东水土保持区和流域水体为重点，抓好黄河上游甘肃段的水源涵养、补给、水土流失和污染治理问题，保护好甘肃的山川大地，保护好母亲河。四是以良好的生态涵养，消除或减轻洪水、泥石流和极端天气给甘肃省经济社会发展带来的灾难性打击；以良好的生态环境，提高居民的生活品质、幸福指数和满意度。

4. 加快高质量发展步伐，千方百计扩大经济总量

抓住2020年以来甘肃省经济发展速度加快、逆势上扬的势头，乘势而上，弯道超车，实现经济的扩量、增比、升位、提质。提高甘肃省经济总量和各项主要指标总量，提高甘肃省占全国的比重；通过5~15年的发展与努力，提高甘肃省在全国的位次与质量，力争提升5~7个位次，人民群众的生活水平、生态文明水平和经济社会发展水平均达到全国中游、西部上游水平。为此，一是要加大科技创新力度，提高科技创新的"乘数效应"。加大对科技的投入，促进科技成果转化成现实生产力，提高科技对经济的支撑力。二是要扩大有效投资，积极争取国家投资的同时，鼓励社会资本参与。三是提高劳动生产率，加强财源建设，增加财政收入，提高发展实力。四是积极培育市场主体，大力发展民营经济，增加甘肃省经济的活力和后劲。五是增加城乡居民收入，缩小城乡差距，进一步提高城乡居民的获得感和满意度。六是大力发展服务业。

"十四五"时期,在国内大循环主导格局下,依据后小康时代居民消费结构变化升级、"十四五"新产业新业态发展,以及"十四五"老龄化社会的到来,依托甘肃省独特、多样的自然景观,丰富多彩的文化资源,相对洁净的水与空气,宜居的气候与环境,突出的中医中药优势,做大做强文化旅游、休闲康养和养老产业,并建设一批国家级旅游度假区。顺应时代潮流、数字技术快速发展与广泛应用的新趋势,以大数据、人工智能、云计算等新一代信息技术为驱动,打造新经济新业态新产业族群,把传统零售转型为线上线下融合的智慧零售新商业模式,开启线上办公、在线教育、互联网医疗等"宅经济"发展新模式。

5. 持续推进新型城镇化发展,千方百计推动甘肃城市群、城市带建设

城市化是"十四五"发展的重要支柱。这一阶段城市化的特点就是城市群的形成,通过城市群的发展推动整个城市化进程和经济的发展。"十四五"末我国城镇化率预计将达到65%左右,而甘肃省目前的城市化率刚达到50%,还有巨大的潜力。而下一阶段城市化的重要形式和重要方式就是城市群、城市带。要使甘肃城市化进程更加健康、平稳、均衡,使得市场持续扩大,就要以新型城镇化带动投资和消费需求,推动城市群、城市带、都市圈一体化发展体制机制创新。以兰州为中心,带动白银市、定西市和临夏州3市州的11县区整体融入兰州—西宁城市群建设;以兰州为中心,上下游延伸,建立沿黄城市经济带;以天水为中心,带动平凉、庆阳、陇南3市整体融入关中平原城市群建设;努力把河西城市群建设提升为国家战略。

6. 千方百计加大经济投入力度,增强经济发展后劲

甘肃省人口占全国的1.89%,面积占全国的4.7%,GDP占全国的0.92%左右,但投资仅占全国的0.72%,投资严重不足;多年来甘肃省在服务国家发展中扮演着"西北乃至全国的生态安全屏障,黄河上游水源的涵养区、补给区、水土保持区,向西开放合作示范区,国家重要的基础产业基地,华夏文明传承创新区,多民族团结合作、融合发展、共同繁荣示范区"等多个重要角色,为国家的生态安全、黄河安澜、对外开放、文化建设、民族团结都做出了巨大贡献与牺牲;甘肃省是我国自然生态类型最为复杂和脆弱的地区之一,全省86个县市区中有37个县市区(占43%)属于国家重点生态功能区范围,限制开发和禁止开发区域面积占全省土地面积的90%,工农业生产和居民生

活严重受限；甘肃省生产生活的先天条件艰苦，多灾多难，在其他地区出1份力能取得的成绩，在甘肃省就得出10份的力。因此，建议国家加大对甘肃省的生态补偿和经济支持。

甘肃省要千方百计多方筹资，加大对经济的投入力度，尤其要加大对工业的投入，利用甘肃省较好的工业基础和基地优势，把丰富的工业资源优势转化为经济优势；还要加大基础设施的投入力度，通过基础设施的改善，优化投资环境和旅游环境。

参考文献

中共国家发展改革委党组理论学习中心组：《"十三五"时期我国经济社会发展成就与经验启示》，《经济管理文摘》2020年第19期。

李满福：《甘肃：创新驱动"加速跑"》，《新甘肃·甘肃日报》2020年11月9日。

陈炜伟：《走向全面小康"十三五"经济社会发展成就巡礼》，《人民周刊》2020年第18期。

洪文泉：《咬定"青山"不放松——"十三五"时期甘肃省生态环境持续向好》，《甘肃日报》2020年10月22日。

文洁：《甘肃省社会保险事业取得新进展全省基本养老保险参保率已达到98.6%》，《甘肃日报》2020年10月22日。

文洁：《污染防治效果明显　生态环境持续改善——"十三五"时期甘肃省贯彻绿色发展理念取得显著成效》，《甘肃日报》2020年10月5日。

金鑫：《"十三五"期间甘肃省知识产权创造能力显著增强》，《甘肃日报》2020年10月26日。

赵梅：《甘肃省75个贫困县全部摘帽》，《中国经济网》2020年11月22日。

王小鲁：《"十四五"的路怎么走？——未来发展和改革的思考》，《网易研究局》2020年10月13日。

B.16 宁夏"十三五"经济社会发展评估与"十四五"展望

王林伶*

摘　要： 通过对宁夏"十三五"期间经济社会、创新驱动、结构调整、民生福祉、资源环境等主要指标任务进行评估，得知在过去的五年中宁夏的经济综合实力持续增强、产业迈上新台阶、营商环境进一步改善、民生水平不断提升、各项事业发展取得了较好成绩，为宁夏"十四五"高质量发展奠定了良好基础。

关键词： 经济社会　"十三五"评估　"十四五"展望　宁夏

一　"十三五"时期宁夏经济社会发展与评估

"十三五"期间，宁夏认真贯彻落实国家和宁夏回族自治区党委、政府各项工作部署，全面贯彻落实宁夏"十三五"规划《纲要》，按照高质量发展要求，牢固树立新发展理念，扎实推进供给侧结构性改革，统筹推进各项事业发展，确保经济社会、结构调整、民生福祉、创新驱动、资源环境等"十三五"主要指标任务取得新成效，为宁夏"十四五"高质量发展奠定了良好基础。

---

* 王林伶，宁夏社会科学院综合经济研究所（"一带一路"研究所）副所长、副研究员，主要研究方向为"一带一路"与开放型经济、区域经济与产业经济、资源规划与可持续发展。基金项目：宁夏哲学社会科学规划项目"发挥资源优势打造宁夏葡萄酒千亿产业研究"（20NXBYJ07）阶段性成果。

（一）主要指标实现程度

自《宁夏"十三五"规划（2016~2020年）》实施以来，在统筹推进各项事业发展中，宁夏经济运行稳步增长、民生福祉持续改善、社会发展和谐稳定、生态环境明显改善。

宁夏"十三五"规划期限为2016年1月至2020年12月，宁夏"十三五"主要指标完成情况如下。2020年，宁夏地区生产总值达到3920.55亿元，地方一般公共财政预算收入419.43亿元，全社会固定资产投资增速4%，社会消费品零售总额1301.4亿元，全体居民人均可支配收入25735元、增长5.4%，其中城镇和农村常住居民人均可支配收入分别为35720元和13889元，分别增长4.1%和8%。宁夏贫困村全部脱贫出列，全部县区均脱贫摘帽，外贸进出口总额123.17亿美元；万元GDP用水量累计下降28.2%，重点流域断面水质达标率均为100%，空气优良天数比例达到85.1%，地表水质量持续好转、主要污染物排放总量减少，每万人口发明专利拥有量1.3件，细颗粒物（PM2.5）年均浓度下降33微克/立方米；达到或好于Ⅲ类水体比例93.3%，化学需氧量、氨氮、二氧化硫、氮氧化物下降指数达到国家下达目标任务。总体来看，规划《纲要》共有31项指标，其中预期性指标17项，约束性指标14项。从规划主要目标完成情况看，在17项预期性指标中有7项完成，7项未完成，3项因数据不全而未统计；在14项约束性指标中有11项完成，1项未完成，2项因数据不全而未统计（见表1）。

（二）主要任务完成状况

1. 经济发展质量不断提升

宁夏面对发展中的下行压力，通过精准施策，经济保持平稳增长，近五年宁夏地区生产总值从2016年的3167.99亿元增加到2020年的3920.55亿元，年均增长5.5%，实现了比2000年翻一番目标。供给侧结构性改革取得阶段性成效，全员劳动生产率和科技进步贡献率稳步提升，产业结构、要素投入持续改善。

现代特色农业不断壮大。自治区党委、政府将葡萄酒、枸杞、奶产业、肉牛和滩羊产业、绿色食品产业纳入全区九大重点特色产业，每年安排产业基金引导农业特色优势产业转型升级，粮食生产实现"十七连丰"，总产达380.5

表1 宁夏"十三五"规划纲要主要指标完成情况

类别	序号	指标	规划目标 2015年	规划目标 2020年	年均增长[累计]	指标完成情况 2016年	指标完成情况 2017年	指标完成情况 2018年	指标完成情况 2019年	指标完成情况 2020年	完成情况（达到/未达到要求）	属性
经济发展	1	地区生产总值（亿元）	2911.8	4200	>7.5%	3167.99	3443.56	3705.18	3748.48	3920.55	未达到	预期性
	2	人均地区生产总值（元）	43805	59400	6.3%	47186	50765	54094	54217		未达到	预期性
	3	地方公共财政预算收入（亿元）	373.7	540	7.5%	387.66	417.59	436.52	423.55	419.43	未达到	预期性
	4	全社会固定资产投资（亿元）	3533	[23800]	>10%	3835	3813				未达到	预期性
	5	社会消费品零售总额（亿元）	789.6	1160	8%	850.1	930.4	935.8	984.4	1301.4	达到	预期性
	6	全员劳动生产率（万元/人）	8	10.8	6.2%				9.78	10.1	未统计	预期性
	7	城镇化率 常住人口城镇化率（%）	55.2	60	[4.8]	56.29	57.98	58.88	59.86	61.01	达到	预期性
结构调整	8	对外开放 外贸进出口总额（亿元）	234.4	116	25%	214.70	341.29	249.16	240.62	123.17	未达到	预期性
		外商直接投资（亿美元）	1.86	5.6	25%	2.54	3.11	2.14	2.51	2.72	未达到	预期性
	9	服务业增加值比重（%）	44.4	50	[5.6]	45.4	46.8	49.6	50.2	50.4	达到	预期性
	10	非公经济占GDP比重（%）	47	>50	[3]				48.1	—	未统计	预期性
创新驱动	11	研究与试验发展经费投入强度（%）	0.92	>2	[1.08]	0.95	1.13	1.23	1.45	1.54	未达到	约束性
	12	每万人口发明专利拥有量（件）	1.74	3.5	[1.76]		—	4.14		1.30	未达到	预期性
	13	科技进步贡献率（%）	49	55	[6]		—		1.24	—	未统计	预期性
	14	互联网普及率 移动宽带用户普及率（%）	68	90	[22]		—				达到	预期性

宁夏"十三五"经济社会发展评估与"十四五"展望

续表

类别	序号	指标	规划目标 2015年	规划目标 2020年	年均增长[累计]	2016年	2017年	2018年	2019年	2020年	完成情况（达到要求/未达到要求）	属性
民生福祉	15	农村贫困人口脱贫（万人）	[43.37]	[58.12]	—	19.38	19.34	11.53	10.25	1.88	达到	约束性
	16	居民收入 城镇常住居民人均可支配收入（元）	25186	37000	8%	27153	29472	31895	34328	35720	未达到	预期性
		农村常住居民人均可支配收入（元）	9119	14000	9%	9852	10738	11708	12858	13889	未达到	
	17	劳动年龄人口平均受教育年限（年）	9.6	10.8	[1.2]	—	—	—	10.6	10.8	达到	约束性
	18	城镇新增就业人数（万人）	[37]	[36]	—	8.20	8.25	8.03	7.83	7.30	达到	预期性
	19	基本养老保险参保人数（万人）	340.5	395	—	382.30	391.39	397.69	421.26	478.01	达到	预期性
	20	城镇棚户区住房改造（万套）	[19.77]	[15.5]	—	9.53	8.61	6.31	0.75	0.62	达到	约束性
	21	人均预期寿命（岁）	74.3	76	—	—	—	75.9	75.7	76.3	达到	预期性
	22	耕地保有量（万亩）	1920	1747	—	—	—	—	—	—	未统计	约束性
	23	新增建设用地规模（万亩）	[50.4]	[55]	—	—	—	—	—	—	未统计	约束性
	24	万元GDP用水量下降（%）	—	—	[25]	—	—	—	—	[28.2]	达到	约束性
资源环境	25	非化石能源占一次能源消费比重（%）	7.5	10	[2.5]	11.1	12.6	14.7	10.0	11.5	达到	约束性
	26	单位GDP能源消耗降低（%）	[16]	完成国家下达任务				完成国家下达目标任务				达到	约束性
	27	单位GDP二氧化碳排放降低（%）（不扣除宁东）	[16]	完成国家下达任务								达到	约束性

续表

类别	序号	指标	规划目标 2015年	规划目标 2020年	年均增长(%)[累计]	指标完成情况 2016年	2017年	2018年	2019年	2020年	完成情况（达到要求/未达到要求）	属性
资源环境	28	森林发展 森林覆盖率(%)	13	15.8	[2.8]	11.9	14.0	14.6	15.2	15.8	达到	约束性
	29	空气质量 地级城市空气质量优良天数比例(%)	74	>78	—	75.2	76.4	75.9	87.9	85.1	达到	
	30	地表水质 达到或好于Ⅲ类水体比例(%)	66.7	73.3	—	66.7	67.1	73.3	81.8	93.3	达到	
	31	主要污染物排放总量减少 化学需氧量(%)	[12.1]	完成国家下达目标任务		完成国家下达目标任务					达到	
		氨氮(%)	[11]								达到	
		二氧化硫(%)	[6.6]								达到	
		氮氧化物(%)	[12]								达到	

注：[ ]内为5年累计数。

资料来源：2016～2020年《宁夏统计年鉴》、2016～2021年《宁夏统计公报》、2016～2021年《宁夏国民经济和社会发展计划执行情况与计划草案的报告》。

万吨，成为全国商品粮生产基地之一，特色优势产业占到了农业总产值的88%，枸杞产业产值突破"百亿元"，酿酒葡萄酒种植面积达到57万亩，产业产值达到261亿元。

工业经济转型升级成效显现。工业园区是推动产业集聚和带动区域经济发展的强力引擎，宁夏共有各类工业园区23家，其中，国家级5家，自治区级18家。园区低成本化改造取得实效，工业园区现有规模以上工业企业925户，占宁夏规模以上工业企业户数的78%，工业园区占宁夏工业总产值的80%左右，占宁夏工业税收的89.3%，工业园区已成为推动工业经济发展的主阵地和宁夏经济发展的增长极。宁东基地化工园区产值超过1000亿元，在化工类园区中成为西北第一，吴忠金积工业园跻身国家绿色园区行列。制造业、战略性新兴产业工业增加值不断提升，锰基新材料产值突破100亿元，新能源发电并网装机规模达到2573万千瓦时。①

现代服务业蓬勃发展。"云天中卫"建设稳步推进，软件和信息技术服务增加值增长35%，对经济增长贡献率达到21%。银川市西夏区、中卫市沙坡头区成功创建国家全域旅游示范区，现代物流快速发展，中卫－中亚、石嘴山－俄罗斯等国际货运班列常态化运行，中宁县国际陆港、天元锰业一期保税仓库建成运行，银川国际公铁物流港一期海关监管区封关运行，石嘴山市惠农区陆路口岸实现"一站式"服务，积极参与陆海新通道建设，银川河东国际机场旅客吞吐量突破1000万人次。②服务业增加值增长8%，对经济增长的贡献率超过50%。

2. 实施创新驱动战略，高质量发展成效显现

积极建设中国葡萄酒产业技术研究院、中国（宁夏）奶产业研究院、上海交通大学银川材料产业研究院、军民融合创新中心等"五院一中心"科研创新平台。科技金融加快发展融合，在西北地区率先设立"科技板"，引导资本、技术、科技融合发展，促进科技成果转化。深化东西部科技合作，实施"科技支宁"合作，在北京、上海、杭州、西安、深圳等地建成了若干个"飞

---

① 鲁延宏：《宁夏电网新能源装机2573万千瓦 消纳技术在全国1700座新能源场站推广》，《宁夏日报》2021年1月11日。
② 咸辉：《政府工作报告——2020年1月11日在宁夏回族自治区第十二届人民代表大会第三次会议上》，《宁夏日报》2020年1月11日。

地"科研成果育成基地,整合优化各类创新资源,建设了一批重点实验室及基地。实施科技创新投资基金、科技后补助资金等扶持政策,为企业高质量发展插上科技的翅膀。2020年全社会研究与试验发展经费投入强度达1.54%,综合科技创新水平指数提升幅度居全国第1位。

3. 民生福祉持续改善

宁夏将75%的财政资金用于民生事业,坚持优先发展教育,扎实推进"互联网+教育"示范区建设,大力实施学前教育,建设普惠性幼儿园覆盖率达89.1%、改造薄弱学校和中小学校运动操场工程,新建海原县第五中学、宁夏老年大学等;实施职业教育产教融合发展,部区合建宁夏大学、共建宁夏医科大学。大力发展医疗卫生事业,加快建设"互联网+医疗健康"示范区,五级远程医疗服务体系基本建成,基本医疗保险、医疗救助制度、疾病应急、大病保险实现全覆盖。宁夏五市即将建成市级疾病预防控制中心大楼、市妇幼保健院、各类康复中心等项目,银川市、石嘴山市国家城市医联体建设稳步推进,创建群众满意乡镇卫生院、社区医疗机构上百家。落实就业优先政策,积极增加就业岗位,城镇登记失业率控制在4%以内。文化精品创作增多,广播剧《闽宁镇》《王贵与李香香》被授予"五个一工程"奖,秦腔现代戏《王贵与李香香》获文华奖。文化旅游惠民工程深入开展,坚持每年开展惠民演出1600场以上、广场文化演出1500场以上。宁夏旅游厕所革命工作3次作为全国典型受到文化和旅游部表扬,宁夏国家公共文化服务体系示范区创建工作名列西部前茅。

4. 区域城乡协调发展

建成运营银川—西安高铁,改写了宁夏无高铁的历史;银川—吴忠—中卫、银川—河东国际机场—宁东等城际铁路实现通车运营;中卫—兰州客运专线、宝中铁路中宁至固原段扩能、包头—银川高铁等项目开工建设;银川国际航空港综合交通枢纽建成,银昆高速太阳山至彭阳段、乌玛高速等项目加快建设,银川都市圈"两市一地"融合发展加快实施,灵武市—吴忠市都市圈公交开通,1小时通勤圈建成;银川都市圈供水网初具规模,西线供水一期工程建成通水,清水河流域城乡供水项目、固海扩灌更新改造项目加快建设。

5. 脱贫攻坚成效显著

宁夏注重加大产业扶贫,增加转移支付,强化对口帮扶,实现9个贫困县全部脱贫摘帽，1100个贫困村出列，62.4万农村绝对贫困人口脱贫，解决了300万城乡居民安全饮水问题。贫困人口吃、穿"两不愁"和义务教育、基本医疗、住房安全"三保障"等突出问题总体得以解决，在西部地区率先实现县域义务教育基本均衡发展。

6. 生态环境持续改善

宁夏实施"生态立区"战略，坚持共同抓好大保护、协同推进大治理，大力推进蓝天、碧水、净土行动，近五年空气质量优良天数占比88.8%，地级城市空气优良天数比例达87.9%。实施了贺兰山、六盘山、罗山"三山"生态保护修复行动和黄河流域宁夏段保卫工程，荒漠化和水土流失得到了有效控制，森林覆盖率达15.8%，宁夏段出境断面连续四年保持Ⅱ类优水质，构筑起了国家西北重要生态安全屏障。统筹山、水、林、田、湖、草、沙系统治理，坚持以水定产、以水定地、以水定城，鼓励农业节水有偿转向工业，推行"水权转换"，实行最严格的生态环境保护制度。

二　主要经验和有益探索

1. 发展重点产业，增强经济综合实力

产业兴则经济兴，产业强则经济强，抓产业就是抓实体经济，抓好实体经济发展，关键是抓好产业发展，要将发展经济的着力点放在实体经济上，而发展实体经济的主攻点则要放在产业发展上，产业是财富创造的根本源泉，实体经济是国家强盛的重要支柱。要加快产业转型升级，做强做优实体经济，一手抓传统产业转型升级，一手抓战略性新兴产业发展壮大，以产业的大发展，推动实体经济水平和经济综合实力的大提升。如果没有产业的大发展就没有就业的大增加，也就没有收入的提高，摆脱贫困就会失去物质基础，因此就要坚持不懈把产业重视起来、培育起来、发展起来，以产业托起就业，以就业实现富民强区。一个地方的产业发展水平体现着一个地方经济发展水平，一个地方的产业发展实力决定着一个地方的经济发展实力，宁夏与中东部地区相比经济发展落后、综合实力偏弱，这既有历史原因，也有基础薄弱因素，但最根本的还是产业发展不够。需要解放思想，转变思维定式，很多宁夏本地人认为宁夏地处祖国的西北，自然条件恶劣、交通物流不顺畅、不靠边不沿海、远离消费市场、各方面发展都不会好、没有出路,这是一种悲观的看法,急需转变发展理念,要用辩证的眼光和辩证的思维来认识事物,任何一种事物或者一个地方的发展,都没有绝对的优势,也没有绝对的劣势,都存在优势中有劣势、劣势中有优势。宁夏常年干旱少雨虽然为劣势,但这里光能风能富集、荒漠土地充裕,加之黄河之水,又有了"天下黄河富宁夏"美誉,这样的环境为新能源产业、新型材料产业、电子信息产业、绿色食品产业、枸杞产业、葡萄酒产业、奶产业、肉牛和滩羊产业、文化旅游产业等发展提供了得天独厚的比较优势。宁夏出台了《建设黄河流域生态保护和高质量发展先行区实施意见》,提出发展九大重点产业,并召开了建设黄河流域生态保护和高质量发展先行区推进会,专门对如何推进九大重点产业发展进行部署,同时建立了每个重点产业由两名省级领导同志牵头包抓,并形成了相应的工作机制,着力推动重点产业发展。

2. 强化项目支撑,奠定发展基础

产业经济需要项目支撑,若经济发展没有项目,就等同失去了活水源头,以抓产业必须抓项目的理念,通过精心谋划,坚持重大项目拉动、统筹协调推动,积极创造发展新优势,形成新的经济增长点。项目的来源要通过"向上争取",主动加强与国家部委、大型央企的对接联系,争取更多项目布局宁夏、更多产业落户宁夏。要"主动谋划",主动对接"一带一路"等规划,抓住建设黄河流域生态保护和高质量发展先行区的重大机遇,瞄准产业发展的短板、弱项和缺口,加大重大产业项目地谋划,确保项目建设不断档可持续。并要"招商引资",坚持缺啥、短啥、招啥,开展产业链招商,填补产业链空白,在产业链招商过程中要提高招商引资的专注度、专业度,要达到上中下游全产业链发展,需要以资源换市场、以资源换投资、以资源换产业,才能达到集群集聚招商形成产业生产集成发展的区域优势。

3. 优化营商环境,扩大开放度

全面推进"放管服"改革,推进简政放权,落实"证照分离""四证合一"登记制度,优化准入服务,积极创新金融服务,建立政府部门、金融部门、企业主体、科研机构协同机制,共同支持实体企业实现创新性发展。以"大众创业,万众创新"为抓手,着力培育特色企业、特色产品,用好用足产业园(基地)发展政策,发挥产业园促进融合发展的支点作用。坚持对外开放，强化合作共赢，以全球视野，在全球范围内配置资源，舍得在优质资源、优质项目、先进技术等方面互利共赢开展合作，借梯上楼、借船出海、借鸡下蛋，引进更多的产业、项目、资金、人才，带动宁夏重点产业发展。用好自身开放合作平台，以中阿博览会、银川综合保税区、进口肉类开放口岸、银川经开区、石嘴山高新区等开放型园区、黄河流域生态保护和高质量发展先行区等平台建设为抓手，以吸引更多的企业参与产业发展，扩大内循环，扩大与东部沿海地区的合作交流。

三 存在的问题

宁夏在"十三五"期间，取得了一些成绩，但与自治区党委政府的新部署、新要求相比，与人民群众对美好生活的需求相比，还有一定差距。从规划《纲要》落实情况来看，还面临诸多问题。

1. 稳增长压力持续加大

宁夏处于新旧动能交替阶段，投资增速大幅下降，消费平稳增长但增速放缓，外贸进出口波动明显。在投资、消费、出口三大需求同步减弱的情况下，未完成《纲要》规定的7.5%经济增长目标。

2. 产业转型升级仍需加力

宁夏服务业发展不足、活力不强，煤炭、电力、石油石化三个产业占宁夏工业比重达60%以上，重工业占主导，倚重倚能发展模式没有得到根本性扭转，高新技术产业占比较小，工业转型升级任务艰巨。新经济、新动能起步较晚、规模小、尚不足替代传统增长动力，新旧动能转换还需较长时期，创新基础较为薄弱，企业原始创新较少，科技创新能力不强，园区发展内生动力不足，活力不强，转型升级仍需加力。

3. 结构性问题明显

民生保障水平还有待提高，教育、医疗、养老等公共服务供给总量不足、质量不优，城乡建设、区域发展还不平衡。脱贫富民还需持续用力，城市的聚集力、向心力、人才产业吸引力、公共配套支撑力、综合承载力、生态环境保障力不强等问题依然存在，农村道路、饮水、住房等基础设施和科教文卫等基本公共服务水平比较低，与满足广大人民群众对美好生活需求和向往还有一定

差距。

4. 开放水平依然不高,开放型经济发展不足

对外贸易额、实际利用外资额占地区生产总值的比重远远低于全国平均水平,特别是近几年进出口总额呈大幅下滑态势,招商引资项目质量不高,扩大对外开放工作任重而道远。

四 "十四五"宁夏若干重大问题思考与展望

"十四五"期间,宁夏面临诸多新机遇、新挑战、新任务、新目标。需要把握"十四五"期间发展重大趋势和面临的重大历史使命,努力打破制约宁夏发展的瓶颈,推进宁夏各项事业发展迈向新台阶。

1. 建立高质量与较高速度兼顾的指标体系

"十四五"时期,在对标国家高质量发展的主要指标和核心指标的同时,有效发挥创新发展、协调发展、绿色发展、开放发展、共享发展等领域指标的导向作用,挖掘经济持续快速增长潜力,建立宁夏高质量快速发展的宏观调控目标体系,并将体现质量和速度的各类主要指标和核心指标纳入国民经济发展规划和年度计划之中。但也要淡化速度情结、适当下调经济增长目标,以追求更高质量、更有效率的发展。不过度追求高速增长,并不意味着不要经济增长速度,淡化并不是降低。相反,高质量发展首先要保证一定的经济增速,要以适度的经济增长为前提和基础,尤其以"创新驱动式"的高质量发展与 GDP 保持较快增长速度并不矛盾,二者是相辅相成的统一体。目前宁夏的经济总量小、基础薄弱,如果没有多年持续较高的发展速度,就难以实现经济总量的积累和规模的扩大,难以积累起高质量发展所需要的物质基础和技术、人才等核心要素,也难以形成自我发展自我突破的能量聚集,实现高质量发展也将十分困难。

2. "十四五"时期宁夏区域经济发展战略思考

在充分发掘各地区比较优势、推动区域经济协调发展的同时,集中优势资源投向重点地区、重点产业领域,从而在较短时期形成区域经济增长极。重点推进宁夏经济核心圈和支柱产业发展,培育壮大区域经济增长极,不断增强全区发展内生动力,吸引人力资源向银川都市圈、沿黄城市群有序流动,推进人口不断聚集，形成产业、人口、资源均衡协调的空间发展态势。具体推动银川都市圈及沿黄城市群优先发展，推动宁夏中南部次区域中心城市固原市、县城和清水河川道区域发展。

集中力量将黄河生态经济带打造成为宁夏工业经济和现代农业高质量发展的先行区。有序推动产业和人口向沿黄优势区域集中，形成以银川都市圈为主要形态的增长动力源，带动经济总体效率提升。充分发挥黄河生态经济带土地资源相对丰富，工业基础好，煤炭、电力丰富，自流灌溉便利等资源的组合优势，需进一步完善和提升该区域基础设施功能，增强银川市及其沿黄各主要城市公共服务设施功能，将黄河生态经济带作为"十四五"时期宁夏建设黄河流域生态保护和高质量发展先行区现代产业基地来建设，引导工业产业项目依据其行业类型布局在沿黄地区相应工业园区，培育形成煤化工、新材料、现代纺织、智能仪表、机械制造等现代产业集群，将银川都市圈建设为宁夏乃至西北地区经济增长极，增强其辐射带动作用。进一步增强产业聚集能力，建设成为宁夏最重要的工业产业基地、现代农业基地和人口聚集区。

进一步优化宁夏中南部地区发展格局。以中南部中心城市固原市和各区县、中心镇为开发建设重点，以清水河川道沿线为开发建设重点区域。"十四五"时期，在宁夏中南部实施生态扶持政策，通过生态补偿机制的建立和实施，自治区进一步增强生态保护建设内生动力，不断扩大延伸以六盘山为核心的绿岛植被覆盖范围，增强六盘山在西部地区重要生态功能作用，将宁夏中南部地区打造成为以生态产品为主体，兼顾发展生态旅游、冷凉蔬菜、优质草畜产品、特色农业、农副产品加工业的西部生态旅游、特色农产品生产基地。

3. "十四五"时期宁夏重点领域发展思考

（1）强化创新引领，加快现代产业体系构建。推进高质量发展，需要着力培育壮大创新动能，加大技术创新、管理创新、制度创新，推动结构优化、动力转换，使创新成为高质量发展的强大动能。就要用好"科技支宁"政策，加快沿黄科技创新改革试验区建设，培育组建一批自治区重点实验室、技术创新中心、临床医学研究中心，聚焦能源化工、先进装备制造等重点产业、重点领域关键技术瓶颈，汇集区内外优势科技资源，实施一批重大重点科技项目，攻克一批关键技术难题，支撑产业高质量发展。推动云计算、大数据、智慧城市等新兴产业平台做精做优，提升中卫云基地服务和应用水平，打造西部云域。重点推进制造业高质量发展，全面提升制造业水平，推动制造向创造转变、产量向质量转变、产品向品牌转变。加大新材料、新能源、电子信息等制造业技术改造和设备更新力度，支持延伸智能仪器仪表关联产业，做大做强锰基、铝基、高端控制阀等产业集群，加快轴承制造小镇、单晶电池、新能源汽车等项目建设，实施纺织业提升行动计划。推动互联网、大数据、人工智能和实体经济深度融合，增强制造业技术创新能力，推动制造与服务协同发展，提高生产性服务业专业化水平。

（2）坚持生态优先，促进经济环境协调发展。牢固树立"绿水青山就是金山银山"的理念，大力实施生态立区战略，坚决打好污染防治攻坚战，加快推进沙湖、典农河、星海湖、清水河流域等水污染治理，加强对企业环评、治理技术、提标改造的帮扶指导，提供必要的技术和资金支持，充分调动企业和社会公众参与环境治理的积极性。加强生态系统保护和建设，完善资源环境价格机制，将生态环境成本纳入经济运行成本，健全草原、森林、湿地保护和占用补偿机制，加快水土流失和荒漠化综合治理，筑牢祖国西北重要生态安全屏障。围绕产业转型，加快建设资源节约型、环境友好型社会建设，以优化投资结构带动产业生态创新；围绕新时代西部大开发，大力发展非资源型产业、高新技术产业、智能装备制造，培育发展生物医药、电子信息、新材料、新能源等新兴产业形成一批新的经济增长点。

（3）全面融入双循环，营造开放型经济环境。不断扩大有效需求，着力发挥消费的基础性作用和投资对优化供给结构的关键性作用，完善促进消费的体制机制，培育重点领域消费细分市场，使消费真正成为市场发展的"顶梁柱"。[1] 完善有利于提高居民消费能力的收入分配制度和社会保障体制，提升消费能力和意愿，促进消费潜能全面释放。深入推进开放型经济建设，扩大对外开放，营造开放型经济环境，完善开放型经济载体，培育开放型经济主体，加快推进银川跨境电子商务综合试验区建设，推动银川综合保税区与河东国际机场融合发展，争取国家支持设立中国（宁夏）自由贸易试验区。加强区域合作，健全区域合作机制，创新区域合作模式，拓展与陕甘蒙等毗邻省区的合作，加强与黄河"几"字弯城市的互动发展，加强与京津冀、长三角、粤港

---

[1] 张厚明：《制造业投资下滑：新冠疫情下的原因及建议》，《银行家》2020年第9期。

澳大湾区的交流合作，主动承接东部地区产业转移，增强区域发展的开放性、协同性、联动性、整体性。畅通开放通道，主动融入西部陆海新通道建设，加快银川国际公铁物流港建设，打造面向"丝绸之路经济带"沿线国家和地区区域枢纽。[①] 完善开放支撑条件，构建开放合作和产业升级载体新体系，开展首创性、差异化改革探索，力争取得新进展。筹备办好中阿博览会，聚焦经贸技术合作，提升中卫物流园等园区功能，畅通物流枢纽节点，在银川综合保税区实施增值税一般纳税人资格试点，支持石嘴山保税物流中心享受相应优惠政策。营造公平市场环境，坚决贯彻党中央关于支持民营经济发展的各项决策部署，落实好自治区促进民营经济健康发展"20条"，建立公平公正、开放透明的市场规则和法治化营商环境。切实抓好减税降负、企业融资、保护企业家利益等服务工作，严厉打击破坏市场经济秩序行为，加强对企业合法权益的保护，让企业更有安全感。进一步优化营商环境，努力消除各种隐性壁垒和束缚，让各类市场主体平等使用生产要素、公平参与市场竞争，加强改革创新在开办企业、纳税服务、跨境贸易、执行合同、政务服务、市场监管、包容普惠等方面创新，提升企业办事便利度和满意度，力争营商环境位居全国前列，构筑支撑自治区转型发展竞争新优势。

---

① 《中共宁夏回族自治区委员会关于深入学习贯彻习近平总书记视察宁夏重要讲话精神继续建设经济繁荣民族团结环境优美人民富裕的美丽新宁夏的决定》，《宁夏日报》2020年7月28日。

丝绸之路经济带篇
Reports on Silk Road Economic Region

B.17
新疆：打造更高水平的丝绸之路经济带核心区

吾斯曼·吾木尔*

摘　要： 以"一区、两港、五中心、口岸经济"建设为背景，牢牢抓住核心区建设的重大战略机遇、宝贵政策机遇，积极打造经济枢纽功能，积极推进重大项目建设和重点产业发展，加快区域经济转型发展，全力开创核心区建设新局面，提升综合服务水平，拓展经济发展新空间，提升新疆的影响力和竞争力，实现新疆经济高质量发展。

关键词： 丝绸之路经济带核心区　高质量发展　新疆

习近平总书记在第三次中央新疆工作座谈会上指出，要发挥新疆区位优

---

* 吾斯曼·吾木尔，新疆社会科学院农村发展研究所，助理研究员，主要研究方向为国际物流、区域经济。

新疆：打造更高水平的丝绸之路经济带核心区

势，以推进丝绸之路经济带核心区建设为驱动，把新疆自身的区域性开放战略纳入国家向西开放的总体布局中，丰富对外开放载体，提升对外开放层次，创新开放型经济体制，打造内陆开放和沿边开放的高地。① 新疆以推进"一港、两区、五大中心、口岸经济带"建设为目标引领，以政策沟通、设施联通、贸易畅通、资金融通、民心相通为抓手，深化改革创新，强化资源整合，扎实推进与沿线国家合作，发挥辐射带动能力，持续推动形成一批引领性、关键性、可视性成果，就能构建对内对外开放新格局、拓展经济发展新空间、开创核心区建设新局面，为实现经济高质量发展提供有力支撑。

一 新疆打造更高水平的丝绸之路经济带核心区成效

（一）聚焦设施联通，重大基础设施项目扎实推进

1. 重大基础设施项目建设力度加大

新疆坚持以铁路为主骨架，公路为骨干，民航和管道相配合，建成一批重点项目，使"疆内环起来、进出疆快起来"取得重要进展。铁路方面，2014年以来，新疆新增铁路营运里程1320公里，总里程达到6231公里。开工阿克苏至阿拉尔铁路项目，和田至若羌铁路、库尔勒至格尔木铁路（新疆段）在内的一批重点项目加快建设，乌鲁木齐至内地的高速铁路实现与全国联网。② 公路方面，G7线（京新高速）明水至哈密段建成通车，形成了第二条全天候进出疆的交通大动脉，推进了北中南三大通道功能不断提升。中吉乌国际公路货运运输实现常态化。与周边5个国家开通国际道路运输线路111条。③ 航空方面，乌鲁木齐国际机场改扩建工程等重大项目启动实施，正在实施改扩建机

---

① 《习近平在第三次中央新疆工作座谈会上发表重要讲话》，新华社，2020年9月26日，http：//www.gov.cn/xinwen/2020-09/26/content_5547383.htm。
② 新疆维吾尔自治区人民政府新闻办公室：《新疆举行丝绸之路经济带核心区建设进展情况新闻发布会》，国务院新闻办公室网站，2019年6月26日，http：//www.scio.gov.cn/XWFBH/gssxwfbh/xwfbh/xinjiang/Document/1658084/1658084.htm。
③ 新疆维吾尔自治区人民政府新闻办公室：《新疆举行丝绸之路经济带核心区建设进展情况新闻发布会》，国务院新闻办公室网站，2019年6月26日，http：//www.scio.gov.cn/XWFBH/gssxwfbh/xwfbh/xinjiang/Document/1658084/1658084.htm。

场 5 个，完成迁建、改扩建机场 7 个，新增民用运输机场 4 个，全区民用机场总数达 21 个。截至 2019 年 5 月底，81 个国内城市与乌鲁木齐国际机场通航，运营在飞航线 264 条，通往 16 个国家、20 个国际城市、1 个地区城市。①

2. 通道建设力度逐步增强

加快推进丝绸之路经济带南、北通道建设，提升中通道功能，初步形成了多路并举的综合交通运输网络。完善"1+4+10+N"物流节点城市布局，即以乌鲁木齐市为核心节点，以喀什市、伊宁－霍尔果斯（城市组团）库尔勒市、哈密市为一级节点，以克拉玛依市、奎屯－独山子－乌苏（城市组团）、博乐－阿拉山口－精河（城市组团）、石河子市、阿勒泰－北屯（城市组团）、塔城市、阿克苏市、和田市、准东经济技术开发区、若羌县为二级节点和具备一定区位交通条件及特色产业优势的重点城镇为三级节点的物流节点城市布局，发展成为联通国际、布局合理、安全有序的现代物流服务体系，打造丝绸之路经济带承东启西、双向开放的国际商贸物流中心。②

（二）聚焦贸易畅通，经贸合作全面深化

1. 对外开放平台不断完善

以加快推进"一港""两区""口岸经济带"等重点对外开放平台建设为突破口，进一步提升对外经贸合作水平。推动"一港"稳步发展。全力推进铁路口岸商务商贸区、国际快件中心等重点项目建设，拓展增量货源，做好班列组织服务。2020 年上半年，陆港区已有 34 个重点建设项目开工建设，完成投资额 12.28 亿元。③ 推动和田－喀什－乌鲁木齐集拼集运班列常态化开行，支持开发精品班列路线运营；推动"两区"加快发展。霍尔果斯、喀什经济开发区积极落实经济社会发展各项措施，实施特殊经济政策，高起点承接产业转移，构建现代产业体系，促进产业集聚发展，充分发挥辐射带动作用，将喀

---

① 新疆维吾尔自治区人民政府新闻办公室：《新疆举行丝绸之路经济带核心区建设进展情况新闻发布会》，国务院新闻办公室网站，2019 年 6 月 26 日，http://www.scio.gov.cn/XWFBH/gssxwfbh/xwfbh/xinjiang/Document/1658084/1658084.htm。
② 郭玲：《新疆要打造哪六条物流通道？乌鲁木齐是新疆物流业率先发展和集中建设的核心节点》，《中国水运报》2017 年 5 月 10 日。
③ 王永飞：《上半年核心区建设交出不俗答卷：设施联通水平提升 经贸平台建设加速 金融支撑作用增强》，《新疆日报》2020 年 7 月 17 日。

新疆：打造更高水平的丝绸之路经济带核心区

什、霍尔果斯经济开发区建设成为推动新疆高质量发展新的经济增长点；推动口岸经济错位发展。加快推进口岸经济带发展规划编制工作，立足于"承东启西"，在"纽带"上谋划项目，发展集贸易、通关、金融、旅游、仓储、保税物流、加工等多功能于一体的沿边新兴口岸城市，促进传统产业转型升级、新兴产业落地生根，推动"以贸促工、以工兴贸、贸工互动"；积极开展稳外贸稳外资各项工作。实现首单网购保税进口测试，持续放宽市场准入，塔城市被列入边民互市贸易进口商品落地加工第一批试点县市，加快推进中国（新疆）自贸试验区申报建设工作，优化商品流通环境和进出口贸易服务质量。

2. 西行班列和集结中心建设成效显著

乌鲁木齐集结中心自建成投运以来，优化中欧班列运输组织，开行列数和货运量呈现稳定增长的态势，巩固和推动中欧班列"集拼集运"模式规模化、常态化、公交化运营和开放订舱的市场化运作，对外互联互通水平持续提升，稳居全国"领跑梯队"。自2016年从乌鲁木齐集结中心开行135列，到2019年开行增加到1102列，实现1.01倍的年均增速。① 截至2020年5月26日，中欧班列乌鲁木齐集结中心开行中欧班列240列。② 4年来，中欧班列乌鲁木齐集结中心中欧班列开行规模从最初每周开行1列到如今每天常态化开行3列，线路由4条增加到21条，通达中亚及欧洲19个国家、26个城市，为企业提供全方位多层次安全便捷经济的物流服务，降低企业物流成本、扩大利润空间、提升企业竞争力，各经济要素的聚集也带动辐射区域经济的快速发展，创造了良好的经济效益和社会效益。③

随着新疆中欧班列开行规模逐渐扩大，班列搭载的货物品类日益丰富，从最初的以鞋帽、日用百货、服装为主，扩展到如今新疆的番茄酱、窗帘、机电产品、建材、钢材等产品，重庆的电子产品以及杭州的茶叶等200余种，商品种类越来越贴近大众生活，运输附加值明显增加。回程货运电子设备、汽车、

---

① 吾斯曼·吾木尔、司马义·阿布力米提、艾合塔木江·艾克热木：《中欧班列推动的中国新疆区域性商贸物流中心建设探讨》，《对外经贸实务》，2019年第5期。
② 曹华：《投运四年，乌鲁木齐集结中心开行中欧班列3189列》，天山网讯，2020年5月28日，http：//news.ts.cn/system/2020/05/28/036288695.shtml。
③ 马立臣：《会展经济"热"新疆 新疆矿博会、工程机械展升级》，新华网，2015年6月7日，http：//www.cnena.com/news/bencandy-htm-fid-32-id-62545.html。

287

红酒、葵花籽油、液态奶、进口食品等,实现了从生活必需品向生产必需品的转变。[1] 从北疆的化工产品,到南疆的核桃专列,中欧班列在推动优势产品出口、吸引承接内地产业转移、开放型产业向铁路港聚集等方面,加速了中国新疆开放型经济的发展,不断开拓了国际市场,提高了产业竞争力,以国际物流通道建设带动了高附加值产品的生产和出口,催生了一大批高新技术产业的发展,加快了产业升级换代的步伐。

3. 企业走出去步伐明显加快

"一带一路"倡议的提出,为企业提供了千载难逢的历史机遇,外向型企业坚持立足主业优势,继续发挥"领头羊"作用,将发展成果惠及更多当地人民,赢得了共建共享共赢的口碑。特变电工、广汇集团、三一重工、陕汽集团、东风汽车等一些龙头骨干企业在格鲁吉亚、哈萨克斯坦、塔吉克斯坦、印度等国家建立了7个境外园区。[2] 乘着"一带一路"东风,特变电工与孟加拉国签订了智能电网和升级项目合同,在印度建成了中印能源高端装备工业园,完成了塔吉克斯坦和吉尔吉斯斯坦的热电联产项目,特变电工高新技术产品已成功进入印度、俄罗斯、美国等70多个国家和地区。[3] 新疆金风科技股份有限公司累计出口量超过国内风机出口总量的50%,已把风机安装在了全球6大洲的24个国家和地区。[4] 2007年至今,华凌集团在格鲁吉亚建筑、金融、国际经济特区、矿产开发、木材加工、自由工业园区等领域已经累计投资近6亿美元,[5] 创造了3500个就业岗位,成为格鲁吉亚最大的外资企业。[6]

4. 跨境电子商务逐步发展

支持跨境电子商务公共服务平台、跨区域物流信息公共服务平台建设,在乌鲁木齐市、阿拉山口、霍尔果斯、喀什地区设立跨境电子商务产业园区,启

---

[1] 吾斯曼·吾木尔、司马义·阿布力米提、艾合塔木江·艾克热木:《中欧班列推动的中国新疆区域性商贸物流中心建设探讨》,《对外经贸实务》2019年第5期。
[2] 石鑫:《新疆企业"走出去"共建共享开新篇》,《新疆日报》2019年4月25日。
[3] 石鑫:《新疆企业"走出去"共建共享开新篇》,《新疆日报》2019年4月25日。
[4] 石鑫:《新疆企业"走出去"共建共享开新篇》,《新疆日报》2019年4月25日。
[5] 丁晓丹、曾晔、兰天:《华凌集团在格鲁吉亚累计投资近6亿美元,成为格鲁吉亚最大的外资企业》,新疆新闻在线,2018年12月19日,http://www.xjbs.com.cn/news/2018-12/19/cms2127169article.shtml。
[6] 石鑫:《新疆企业"走出去"共建共享开新篇》,《新疆日报》2019年4月25日。

动乌鲁木齐海关跨境电子商务试点,积极筹建跨境电商海关管理系统。新疆电子口岸以大数据、云计算和物联网等技术运用为支撑,已构建起集"口岸政务服务、跨境电子商务综合服务、口岸企业综合服务、口岸物流服务"为一体的综合性服务平台,拓宽了外贸电商公共服务,完善了电商物流体系。跨境电子商务产业园区设立电子商务实训基地、体验中心,开展专业人才培训,在产业链条搭建、公共平台建设、中小企业电商孵化、服务模式创新等方面先行先试,发挥引领示范作用,引导跨境电子商务产业园区向规模化、集群化、规范化方向发展。《新疆跨境电子商务发展调研报告(2019)》显示,截至2019年11月,新疆外贸企业跨境电子商务普及率19.75%,外贸企业跨境电子商务网络营销普及率为15.92%,在线销售普及率为15.92%,在线采购普及率为3.18%。2018~2019年,提供平台服务(包括信息服务和交易服务)从63.63%增加到93.80%,增幅为30.17个百分点;跨境物流服务由54.55%增加至81.30%,增幅为26.75个百分点,跨境电子商务发展空间和潜力呈现增长态势,创新探索出外贸发展新业态,形成内外联动的开放新格局。①

(三)聚焦大数据,引领经济高质量发展

围绕丝绸之路经济带核心区"五大中心"建设,乌鲁木齐经济技术开发区(头屯河区)的新疆软件园着力打造软件与信息产业创新、创业、聚集的专业化软件园区,架设起互联互通的"数字丝绸之路"。目前,新疆软件园工商注册企业达到550家,入驻企业225家,累计为128个创客团队提供支持。截至2019年,新疆软件园产值规模达到23.8亿元,税收1.36亿元,已成为全疆的信息产业国际交流合作窗口、大数据产业创新服务中心,打造集文化产业、数字信息、国际交流等功能为一体,为建设丝绸之路经济带核心区提供"数"能量。② 克拉玛依云计算产业园的大数据建设更为迅捷,组成了强大的大数据方阵,中石油克拉玛依数据中心、中国移动(新疆)数据中心、华为云服务数据中心等已在园区建成并投入运行,数据中心规模和能力位居西北前

---

① 新疆电子商务研究课题组:《新疆跨境电子商务发展调研报告(2019)》,网经社讯,2019年12月3日,http://www.100ec.cn/detail--6536846.html。
② 李维、高梦辉:《新疆软件园打造软件与信息产业发展新高地》,新疆新闻在线网,2020年8月10日,http://www.xjbs.com.cn/zphd/2020-08/10/cms2282263article.shtml。

列,并具备向丝绸之路经济带沿线城市提供云服务的能力。持续推进丝绸之路经济带亚欧信息高速公路建设,中国新疆与吉尔吉斯斯坦、塔吉克斯坦、巴基斯坦、哈萨克斯坦等周边国家开通了17条跨境光缆,形成了丝绸之路经济带西向、南向、北向国际信息通道的跨境布局,实现了中国新疆与邻近国家通信和信息的互联互通。①

(四)资金融通迈上新台阶,打造创新发展新引擎

创新发展跨境人民币业务。大力推进合作中心先行先试跨境人民币创新业务,中哈两国金融合作取得新突破。截至2019年5月底,与96个国家和地区开展了跨境人民币业务,7家中资银行入驻合作中心,1700余家企业参与人民币跨境使用,累计开立人民币创新账户116个,累计跨境调出坚戈现钞5.74亿,跨境结算实际收付累计达1939亿元,为合作中心中方区注册企业、境外银行办理各项融资业务余额181.02亿元,为中哈境外旅游、境外劳务、互市贸易提供现钞支付服务;② 积极推动中亚区域货币中国新疆交易市场建设,为资金融通合作的顺利进行提供资金支持。截至2019年5月底,累计交易索莫尼(塔吉克斯坦货币)2176万元、卢比(巴基斯坦货币)0.55万元、坚戈(哈萨克斯坦货币)11180.7万元,交易量呈现加速增长态势。③

二 新疆打造更高水平的丝绸之路经济带核心区面临的困境

(一)配套基础设施建设相对滞后,功能亟须完善

随着核心区建设迈向高质量发展之路,依靠西行"最后一站"优势,新疆

---

① 刘亮:《新疆主动实践 丝绸之路经济带核心区建设取得阶段性成效》,央视网,2019年7月30日,http://news.cctv.com/2019/07/30/ARTI7wWtnN34uqcgftsfiaMa190730.shtml。
② 新疆维吾尔自治区人民政府新闻办公室:《新疆举行丝绸之路经济带核心区建设进展情况新闻发布会》,国务院新闻办公室网站,2019年6月26日,http://www.scio.gov.cn/XWFBH/gssxwfbh/xwfbh/xinjiang/Document/1658084/1658084.htm。
③ 郭玲:《新疆推动丝绸之路经济带核心区建设走深走实》,《乌鲁木齐晚报》2019年6月21日。

的区位优势和交通优势日益凸显，逐渐从通道经济转身成为"通道+物流+枢纽经济"。据统计，从霍尔果斯口岸进出境的中欧班列日均在 11 列，单日最高达 17 列，路线达 18 条。①阿拉山口口岸进出境中欧班列日均达 14 列，单日最高达 22 列，线路达 14 条，班列开行总数和总标箱量分别占全国的 41.47% 和 41.63%。②两个口岸班列数量、货运量日益大幅增长，导致口岸基础设施容量增长速度赶不上，场站换轨换装空间不足、场站资源短缺等问题愈加突出；新疆商贸物流基础设施薄弱，分拨集散中心、产业园区建设滞后，回程班列集货能力欠缺。第三方物流发展缓慢，信息化、专业化水平较低，冷链存储、运输、配送配套技术欠缺，运输车厢严重不足，冷链运输成本高。中欧班列物流信息服务平台没有实现互联互通，共享共用，使得中国新疆中欧班列回程满载率偏低。乌鲁木齐陆港区水、电、气等设施和市政道路、公路网络有待完善；口岸受地理环境、气候条件等因素制约，只能季节性开放，口岸综合配套设施薄弱，功能不完善，影响了综合服务能力。

（二）产业基础较薄弱，缺乏顶层设计

新疆工业产业结构的资源型特征十分明显，产品附加值低，同质化程度严重，企业自主研发和技术创新能力较薄弱，产业链条短、集聚能力弱；企业创新能力有限，科技成果转化能力相对较弱，进出口农产品同质化现象较严重，多数生产主体生产组织化、规模化、标准化程度仍然较低，难以在市场上产生足够的影响力，缺乏深加工基地，运输货物附加值较低；新疆本地货物出口仅占新疆中欧班列货物发运量的 60%，其余 40% 的货源需要从华东、华北等地来疆集结。③内地班列运输以电子产品、汽车配件、家电、化工新材料等高附加值的产品为主，带动了当地产业集群发展。新疆外向型产品结构单一，外贸企业和跨国公司数量少、产品比重小、附加值低等问题依然存在。

---

① 李明、李辉慧：《新疆首趟"穗新乌"中欧班列从霍尔果斯口岸出境》，新浪网，2020 年 6 月 16 日，https://k.sina.com.cn/article_3632086395_d87d3d7b02000y41r.html。
② 陈蔷薇：《全国第一！前 4 月阿拉山口口岸进出境中欧班列 1211 列》，《新疆日报》2020 年 5 月 16 日。
③ 吾斯曼·吾木尔、司马义·阿布力米提、艾合塔木江·艾克热木：《中欧班列推动的中国新疆区域性商贸物流中心建设探讨》，《对外经贸实务》2019 年第 5 期。

（三）服务平台绩效不佳，支撑核心区作用发挥不够充分

阿拉山口是国家进境粮食口岸、平行进口整车试点口岸、铁路国际邮件交换站等七大指定口岸，但其功能尚未充分发挥。中欧班列物流信息服务平台没有实现互联互通，共享共用；物流平台公司联合协调机制尚未建立，不利于新疆西行班列降低成本、集结货物、重去重回；新疆在建设自由贸易试验区中积淀的发展基础还不足，应积极借鉴落实内地自由贸易试验区的先进做法、先进经验，新疆在自由贸易区建设先行先试的各项工作中还有不少差距，创新环境和创新理念还有待突破；① 面对东部地区在吸引人才方面的全面优势，新疆乃至整个中西部地区都面临人才流失的窘境。

三 新疆打造更高水平的丝绸之路经济带核心区建议

（一）加快推进乌鲁木齐陆港区建设

一是充分利用乌鲁木齐国际陆港区智慧陆港平台为各类企业提供优质服务。提升信用保险、金融、物流、关检、外贸等综合服务能力，致力于为各类有需要的客户解决外贸难题；从货源储备入手，密切与企业沟通联系，积极与客户对接，了解企业的生产、库存及销售计划，根据客户的运输需求，提前准备车辆，制定运输方案，创新推出新疆中欧班列进口商铺微信商城、企业进出口服务、"班列购"、班列进出口商品展示体验中心等服务措施，从中欧班列沿线国家优质进口商品汇集乌鲁木齐，能更高效地发挥"贸易创造"和"贸易转移"的溢出效应；以新疆中欧班列国际冷链运营和技术为支撑，不断提升乌鲁木齐陆港公司的恒温、冷藏库、冷藏集装箱等冷链硬件资源优势，提升中欧班列冷链货物品质健康水平，升级冷链综合服务信息平台，加快推进国际冷链干线物流；依托乌鲁木齐国际陆港区的引领辐射带动作用，形成功能延伸、叠加效应，有效推动新疆各地特色产业协同发展，构建开放型产业体系，为中国新疆建设陆港型自由贸易港奠定坚实基础。用新疆地缘优势和新疆邮政

---

① 王宏丽：《新疆丝绸之路经济带核心区建设成效与展望》，《经济研究参考》2020年第9期。

稳定畅通的运邮渠道，推进进口保税备货模式跨境电商业务，吸引通过"渝新欧""郑新欧"班列运输的中西欧产品在乌鲁木齐备货，利用从乌鲁木齐联结全国各省省会城市的便利空运网络，实现跨境电商 48 小时送达国内消费者手中的目标。

二是实施"中欧班列提质增效"行动。加大融资、保险、外汇收付等政策扶持力度，支持构建西行班列物流信息平台，加强通关配套服务，提高服务质量，拓展集拼集运合作城市数量，吸引更多优质客户在中国新疆建厂发展；鼓励优秀企业在乌鲁木齐设立分支机构、研发中心、地区总部，鼓励优秀企业购并本地企业，开展深层次的股权合作，鼓励优秀企业开展技术开发、业务拓展等多层次合作，力争出口欧亚的产品在中国新疆加工、组装；探索"先通关后缴税"，实施"疏站优先、手续后补"，提高货物进出场站的组织效率，更加优化通关流程，力争通关时间再压减 1/3。建设企业"走出去"平台，提升"走出去"企业精细化和信息化管理水平，充分发挥特变电工、中粮屯河、广汇集团、华菱集团等优势企业示范引领作用，建设一批大宗商品境外生产基地，加快培育一批跨国企业。

（二）全面推进"五大中心"建设

一是打造综合交通枢纽中心。要加快联通内地与中亚、西亚、南亚以及欧洲和俄罗斯、蒙古国的铁路、航空、公路通道建设，全面推进丝绸之路经济带上的综合交通枢纽中心建设。依托核心区"空中走廊"，加快乌鲁木齐国际航空枢纽建设，加快乌鲁木齐国际机场改扩建，引导和鼓励航空公司开通经乌鲁木齐至中西南亚、欧洲等地区国际航线，构建便捷通畅的丝绸之路经济带核心区"空中走廊"。积极推进铁路大通道建设。加快丝绸之路经济带南、北通道建设，完善和提升中通道功能；加快口岸公路的升级改造。加强对外通道与境内路网互联互通。二是加快构建云计算数据中心。着力推进丝绸之路经济带亚欧国际数据保税区和云服务中心建设，加快云计算、大数据等基础设施建设，面向沿线国家提供业务承载、数据存储、数据加工处理等服务，培育金融、交通、物流、能源大数据等新兴服务业态。三是加强国际商品交易中心、商品批发市场、国际物流通道等项目的规划和建设工作；制定有关政策，推动物流基础设施投融资平台建设，支持国内外企业参与自治区商贸物流体系建设，积极搭建国际商贸物流合作平台；完成国际陆港物流组织平台、国际商贸交易平台、外向型产业发展平台等一批重点工程建设任务；重点培育和发展现代物流业、国际商贸业、高端服务业、先进制造业等先导产业，发挥国际陆港区产业集聚和辐射作用。四是推动科技创新合作，深化上海合作组织科技伙伴计划。继续开展留学互访和合作办学，深化人才培养合作。建立旅游信息合作共享机制，努力把新疆打造成丝绸之路经济带旅游集散中心。五是依托中医药优势，深入开展国际医疗服务合作，服务于周边及沿线各国百姓。

（三）持续推动霍尔果斯、喀什经济开发区升级发展

一是充分发挥喀什、伊犁口岸和交通枢纽的作用。拓展对外联结通道，加强与中亚、南亚、西亚和东欧的紧密合作，实现优势互补、互利互惠、共同发展，努力打造"外引内联、东联西出、西来东去"的开放合作平台，把喀什、霍尔果斯经济开发区建设成为我国向西开放的重要窗口。二是深化喀什、霍尔果斯经济开发区人民币跨境业务创新。充分发挥开放性金融机构先行先导作用，重点支持与周边国家重大互联互通项目建设。吸引国内外人才、技术、资金，高起点承接产业转移，促进产业集聚发展，构建现代产业体系，加快推进新型工业化和城镇化步伐，充分发挥对当地经济社会发展的辐射带动作用。三是将喀什、霍尔果斯经济开发区建设成为推动新疆高质量发展新的经济增长点。做好喀什、霍尔果斯经济开发区产业布局工作，以市场需求为导向，突出特色，构建适合经济开发区长远发展的现代产业体系。

（四）统筹推进口岸经济带发展

一是持续强化霍尔果斯和阿拉山口口岸"一单制""门到门"运营优势，放大国际冷链、跨境电商、进口肉类、水果、植物种苗、粮食、冰鲜水产品、国际运邮等业态的新动能，高起点建设专用口岸设施和特色商品物流集散中心；二是以"指定口岸+"经济为驱动，打造"运贸一体化"中欧班列高质量运营的新模式，以便捷物流带动产业集聚，建设新兴国际业务集聚中心；三是规划建设新疆邮政口岸综合枢纽基地，通过实施"邮政口岸+"战略，借助采集器将邮包原始数据录入集装箱安全智能锁内，实现海关数据共享，拓展节点网络，构建陆空并进、覆盖全球的国际邮路通道网络，使邮政运输成为支

新疆：打造更高水平的丝绸之路经济带核心区

撑跨境电商的物流主要渠道；四是围绕中欧班列、跨境电子商务等业务创新发展需求，完善线下"综合园区"平台，探索跨境电商的监管模式，深化"一区多功能"监管创新，把口岸作业区、快件监管中心、一般贸易检验中心、邮件监管中心、内贸货物监管中心等进行集中，更加提升"一站式、一窗口"便利服务；五是全面推动"一次申报、分步处置"的通关流程，最大限度缩短通关时间，提高通关效率，提高执法统一性。

参考文献

解文滨：《加快推进丝绸之路经济带核心区建设的对策建议》，《新疆社科论坛》2020年第5期。

杨楠楠、张文中、杨习铭：《丝绸之路经济带核心区打造"内陆自由贸易港"研究》，《价格月刊》2020年第9期。

张帅：《中哈霍尔果斯国际边境合作中心离岸人民币业务发展研究——基于"丝绸之路经济带核心区建设"视域》，《对外经贸实务》2020年第11期。

吴晓燕：《建设丝绸之路经济带核心区区域性仲裁中心的思考》，《新疆社科论坛》2020年第4期。

李豫新、孙培蕾：《丝绸之路经济带核心区农产品贸易潜力研究》，《江西财经大学学报》2017年第6期。

张文中、蔡青青、克魁、杨习铭：《"丝绸之路经济带"核心区丝路能源金融中心建设研究》，《新疆社会科学》2019年第6期。

陈泰伊：《新疆丝绸之路经济带核心区数字经济发展现状及对策建议》，《新疆社科论坛》2020年第3期。

B.18 "十三五"陕西省深度融入"一带一路"对外贸易发展研究

高云艳*

摘　要： "十三五"是陕西省深度融入"一带一路"的关键期，陕西省对外贸易发展加快。2020年全球化经济遭遇逆流，保护主义、单边主义上升，陕西省的对外贸易面临新挑战。近几年，陕西省稳步推进《陕西省推进建设丝绸之路经济带和21世纪海上丝绸之路实施方案（2015－2020年）》提出的"一带一路"五大中心建设，大力发展枢纽经济、门户经济、流动经济，积极发挥"一带一路"重要节点作用，打造内陆改革开放新高地。建议加大服务业开放，提升陕西省整体对外开放水平；以各类试点和开放平台建设为抓手，进一步提升陕西省服务贸易实力，同时，推进数字服务贸易、跨境电子商务等新业态新模式的发展，贯彻落实中央稳外贸发展要求；优化金融生态环境，提升跨境金融发展水平和服务能力。

关键词： 共建"一带一路"　对外贸易　陕西省

一　"十三五"陕西省深度融入"一带一路"对外贸易发展思路

《陕西省推进建设丝绸之路经济带和21世纪海上丝绸之路实施方案

---

* 高云艳，博士，陕西省社会科学院金融研究所助理研究员，主要研究方向为区域金融。

(2015－2020年)》作为"十三五"陕西省深度融入"一带一路"建设的重要指导性文件,明确提出五大中心建设,即构建交通商贸物流中心、构建国际产能合作中心、构建科技教育中心、构建国际文化旅游中心、构建丝绸之路金融中心。2017年,陕西省推进丝绸之路经济带新起点建设工作领导小组调整为陕西省推进"一带一路"建设工作领导小组,大战略大格局中进一步提升站位,陕西省深度融入共建"一带一路"走深走实。"十三五"陕西省坚持每年制定发布陕西省建设"一带一路"年度行动计划,推动共建"一带一路"高质量发展。陕西省大力发展枢纽经济、门户经济、流动经济,积极发挥"一带一路"重要节点作用,打造内陆改革开放新高地。

贸易畅通是"一带一路""五通"建设的重要部分。"十三五"期间,陕西省重点从七个方面着手推进对外贸易领域在共建"一带一路"中的深度融入。

第一,积极创建促进对外贸易发展的重要试点。"十三五"期间,陕西省创建了中国(陕西)自由贸易试验区、西安"一带一路"综合试验区、上合组织农业技术交流培训示范基地,陕西西咸新区国家服务贸易创新试点、陕西西安市国家服务贸易创新试点等,形成贸易发展的开放高地和政策优势。

第二,加强境内国际合作园区以及境外经贸合作区建设。"十三五"期间,陕西省加快建设包括中俄丝路创新园、中欧合作产业园、中韩产业园等国际合作园区,以及紧抓吉尔吉斯斯坦中大工业园、哈萨克斯坦爱菊粮油工业园、隆基绿能马来西亚光伏制造基地建设质量和规模等,进一步促进国际贸易合作。

第三,加强西安国际航空枢纽建设和中欧班列长安号高质量发展。加快西安国际航空枢纽建设是落实陕西省"三个经济"战略的有力抓手。2018年陕西省政府与中国民航局签署《关于推进陕西民航高质量发展战略合作协议》,2020年西安国际航空枢纽战略规划出台,意在进一步加强陕西与世界的联通能力,成为全球航空网络体系的重要节点,辐射"一带一路"的国际航空枢纽。中欧班列为助力陕西"三个经济"发展、服务国家"一带一路"建设提供了强有力的运输保障。"十三五"期间,中欧班列发展越来越精细化和聚集化。2017年,中欧班列长安号年度开行总量排名全国第17位;2020年上半年,中欧班列(西安)开行量、重载率、货运量3项核心指标均居全国第1位。同时,西安获批中欧班列集结中心建设。陕西争取"一带一路"国家航权自由化试点，支持西安、咸阳共建临空经济示范区。落实西部陆海新通道总体规划，构建与东南亚各国间的陆海多式联运新通道，拓展东盟市场。

第四，加速优化陕西省营商环境。"十三五"期间，陕西省在优化营商环境方面不断出台政策举措，打造法治化、国际化、便利化的营商环境，推出陕西样本。从省级层面看，2018年发布《陕西省优化营商环境条例》，2020年进一步修订，优化营商环境进一步规范化、法治化。从市级层面看，部分地区已经出台相关具体工作方案。比如，铜川市出台《铜川市贯彻落实〈优化营商环境条例〉工作方案》等。营商环境的优化对陕西省融入"一带一路"贸易发展具有显著的促进作用。

第五，增加驻外商务机构和海外仓项目。2019年陕西省驻境外商务代表处已从2017年12家增加到28家[①]。推进丝绸之路商务理事会中国委员会设立，陕西省外经贸综合服务平台、西咸新区沣东新城"走出去"一站式服务平台、陕西省企业走出去一站式服务平台上线运行，为企业走出去提供便利化。海外仓紧密布局。比如，陕西在德国法兰克福、俄罗斯莫斯科等地新设7处"海外仓"，实现中亚及欧洲地区主要货源地全覆盖；2020年陕海投公司筹划泰国海外仓项目等。

第六，构建国际合作交流平台体系，提升陕西对外贸易影响力。"十三五"期间，陕西省初步构建专业化、国际化、高端化国际交流合作平台体系，包括组织欧亚经济论坛、西洽会、杨凌农高会、中国西部跨采会、"一带一路"（陕西）特色商品展览会、陕粤港澳经济合作周、"一带一路"国际商协会投资与贸易洽谈会、省政府国际高级经济顾问会议、全球秦商大会、丝博会、"外贸眼"网上交易会等重大会议和投资促进活动，同时，积极组织参加世界西商大会、第二届中国国际进口博览会等重要国际交流合作会议等。

第七，加快提升跨境金融发展水平，支持贸易企业走出去。"十三五"期间，陕西省跨境金融发展加快，规模、业务总量、跨境人民币业务发展三项指标，均表现亮眼。2020年1~5月，全省跨境人民币收付同比增长39.9%，发展水平大力提升；跨境融资成本稳步降低，2019年至2020年4月，陕西省跨

[①] 资料来源：http：//sxdofcom.shaanxi.gov.cn/newstyle/pub_newsshow.asp？id = 29037832&chid = 100395。

"十三五"陕西省深度融入"一带一路"对外贸易发展研究

境融资成本平均低于同期国内人民币资金成本2%~3%。"通丝路"陕西跨境电子商务人民币结算服务平台上线运行,设立资本项目收入结汇支付审核便利化试点,探索将资本项目收入由"先审后付"变为"先付后审";跨境金融区块链服务平台上线运行,截至2019年8月底,共有8家试点银行应用区块链平台开展31笔融资业务,实现融资规模1382.8万美元;复制推广内保外贷模式创新等。

二 "十三五"陕西省深度融入"一带一路"对外贸易发展成效

"十三五"期间,陕西省深度融入"一带一路"对外贸易发展加速,成效明显。2016~2018年,陕西省对"一带一路"沿线国家和地区进出口值分别为62517亿元、73745亿元、83657亿元,同比增长0.5%、17.8、13.3%;出口值分别为38319亿元、43045亿元、46478亿元,增长0.5%、12.1%、7.9%;进口值分别为24198亿元、30700亿元、37179亿元,增长0.4%、26.8%、20.9%[①]。显而易见,陕西省对"一带一路"沿线国家和地区进出口、出口和进口,规模和速度双提升。2020年1~6月,陕西省对"一带一路"沿线国家进出口294.5亿元,比上年同期增长36.6%[②]。陕西省"一带一路"贸易重点区域由中亚地区进一步扩展,对东盟、欧盟等主要贸易伙伴进出口延续增长态势。2020年1~6月,陕西省对东盟进口193.3亿元,增长66.3%;对欧盟出口186.9亿元,增长8.5%。

"十三五"陕西省深度融入"一带一路"对外贸易发展的成效主要从四个方面体现。

(一)中国(陕西)自贸区对外贸易规模和速度快速提升,稳外资稳外贸表现亮眼

主动融入"一带一路"建设,深化与"一带一路"沿线国家的经济合作

---

① 数据来《自陕西省国民经济和社会发展统计公报》。
② 《今年上半年陕西省对"一带一路"沿线国家进出口294.5亿元》,http://ydyl.china.com.cn/2020-07/24/content_76307019.htm。

与人文交流，是国家赋予陕西自贸试验区的一项重要使命。"十三五"期间，陕西省实现了自贸区零的突破，并且历经三年的砥砺前行，中国（陕西）自贸区在对外贸易领域的示范引领和发展成效渐显。2020年初步建立省内区域协同创新机制，首次设立6个陕西自贸试验区协同创新区，分别为宝鸡高新区、渭南高新区、铜川市新区、安康高新区、韩城高新区、延安高新区和经开区，通过"创新协同""产业协同""政策协同"，增强陕西自贸试验区辐射带动能力。自2017年4月1日揭牌至2020年6月30日，陕西省自贸试验区新设市场主体66047家，新增注册资本8049.23亿元。其中新设企业44487家（含外资企业521家），新增企业注册资本8027.26亿元（含外资企业注册资本28.67亿美元），新增注册资本亿元以上企业788家。

中国（陕西）自贸区发展时间短，但是对外贸易发展速度和规模成效显著。2020年1~6月，陕西省自贸试验区货物进出口总额1290.08亿元，占全省进出口总额1796.11亿元的71.83%，同比增长3.63%（上年同期1244.91亿元）。其中，进口总额687.38亿元，占全省进口总额的75.13%，同比增长23.92%（上年同期554.65亿元）；出口总额602.7亿元，占全省出口总额的68.39%，同比下降12.69%（上年同期690.26亿元）①。很明显，陕西自贸区进出口、出口、进口三项指标在全省的占比保持在70%左右，足以体现陕西自贸区在对外贸易领域的创新引领力不容忽视。值得一提的是，2020年1~6月，陕西自贸区货物贸易进口总额6873732万元，货物贸易出口总额6027030万元，西安管委会片区货物贸易进口总额6811055万元，占比高达99.1%，出口6010604万元，占比高达99.7%。片区之间发展严重不均衡。

从境外经济活动和利用外资的数据指标看，2020年1~6月陕西自贸试验区实际利用外资231967万美元，接近2019年的1.5倍，外商投资项目13个，项目数有所下降；2020年1~6月陕西自贸试验区中方实际投资额1538万美元，超过2019年的10倍，备案境外投资机构2家，陕西自贸区资金吸引力和稳外资的能力有所提升。

---

① 《陕西自贸试验区2020年二季度发展运行情况》，http：//sxdofcom.shaanxi.gov.cn/newstyle/pub_newsshow.asp?id=29039221&chid=100315。

（二）内陆开放平台建设进一步深化，大力提升陕西整体开放水平

"十三五"期间，国家对推进内陆开放高度重视，多次推进各类开放试验区设立。国务院批复设立多个开放型经济试验区、重点开发开放试验区等，其中包括宁夏内陆开放型经济试验区（2012年设立）、江西内陆开放型经济试验区（2020年设立）、广西东兴国家重点开发开放试验区等。同时，国内多个地方政府设立"一带一路"综合改革开放试验区，包括宁波"一带一路"建设综合试验区（2017年浙江省地方政府设立）、辽宁"一带一路"综合试验区（2018年辽宁省地方政府设立）；胶州"一带一路"综合试验区（2020年山东省地方政府设立）、临沂"一带一路"综合试验区（2020年山东省地方政府设立）、西安"一带一路"综合改革开放试验区（2019年陕西省地方政府设立）等。2019年，陕西省地方政府设立西安"一带一路"综合改革开放试验区，并发布《西安建设"一带一路"综合改革开放试验区总体方案》，预设在2020年，"三中心两高地一枢纽"初步建成，至2035年，"五都一枢纽"全面建成，支撑国家"一带一路"建设的战略地位更加突出。2020年1~6月，西安市外贸进出口总额同比增长2.83%，居全国15个副省级城市第6位，跑出了高质量发展的加速度。

（三）服务贸易加速崛起，进一步增强陕西对外贸易新动能

"十三五"期间，中央和地方政府高度重视服务贸易的发展。

1. 国家积极推动试点创建和深化国际交流合作，促进服务贸易发展

"十三五"期间，国家积极推动试点创建和深化发展，形成经验和创新成果；举办"一带一路"服务贸易的各种国际展会和交流大会，加深国际交流与合作，包括2020年中国国际服务贸易交易会"一带一路"服务贸易合作论坛，宝鸡市人民政府与中国服务贸易协会共同举办第十一届中国服务贸易年会，等等。

2016~2018年，国家设立17个服务贸易试点，包括北京、天津、上海、海南、深圳、哈尔滨、南京、杭州、武汉、广州、成都、苏州、威海和河北雄安新区、重庆两江新区、贵州贵安新区、陕西西咸新区；2020年，深化试点扩大到28个省区市，标志着新一轮服务贸易创新发展试点全面开启。陕西省

服务贸易试点增加到两个，分别为西安市和西咸新区。

2019年国内试点地区服务进出口占全国比重超过75%，发展速度快于全国平均水平，同时，国内服务贸易创新举措和成果推陈出新，预计2020年底，跨境服务贸易负面清单出台，这是中国推进服务领域制度型开放的重要探索。

2. 打造陕西服务贸易发展高地，形成陕西对外贸易发展优势

"十三五"期间，陕西省构建了陕西省服务贸易发展联席会议制度；在全省复制推广十九条服务贸易创新发展试点经验，包括建立服务贸易跨部门协调机制、建设服务贸易统计监测体系、落实技术先进型服务企业所得税优惠政策、为服务贸易企业拓展国际市场提供知识产权海外预警服务、"互联网+海关"改革、创新服务贸易融资政策等①。中国贸促会陕西自贸区服务中心设立；2020年，陕西省推进服务贸易税务备案电子化试点。目前，陕西省已办理服务贸易税务备案电子化的企业付汇金额，占全省等值5万美元以上服务贸易付汇比重的43.34%。2020年上半年，陕西省通过税务备案电子化系统共办理税务备案190笔。

截至2020年9月，陕西省国家级服务贸易试点有两个，分别为西安市和陕西西咸新区，数量在国内占比为1/14。目前，国内仅有三个省有两个试点，陕西具有比较优势。试点数量增加，服务贸易的发展力度会进一步加大。

3. 西咸新区积极创新，试点示范引领作用增强

西咸新区服务贸易试点的发展主要从三个方面体现，第一，新模式、新业态、新平台、新经验的涌现。比如，陕西首例干线飞机进境维修业务落地；西咸新区空港新城"一带一路"进口商品展示交易分拨中心开业、搭建共享服务平台、创新第三方医学检验检测实验室共享模式等。第二，重大项目的推进和带动。西咸新区招商引资，引进多个重大项目，拉动了服务贸易的发展。比如，中国·西安南美商品贸易中心项目、陕西空天超算中心、中俄跨境商品体验及云服务销售中心项目正式启动运营，还有强森医疗集团总部携子公司西安强森医院管理有限公司、西安医助信息技术有限公司、西安强森互联网医院有限公司正式入驻沣东自贸产业园等。第三，沣东新城现代服务贸易创新示范园

---

① 《关于印发〈陕西省关于推广服务贸易创新发展试点经验的实施意见〉的通知》，http://coi.mofcom.gov.cn/article/ckts/cksm/201902/20190202835776.shtml。

集群效应显现。出台《陕西省西咸新区沣东新城关于扶持服务贸易加快发展的暂行办法》,设立总额20亿元的产业发展基金,主要扶持高成长性的现代服务贸易企业、技术先进型服务企业、高新技术企业等发展壮大,以加快推进沣东新城服务贸易领域供给侧结构性改革。成立西安沣东现代服贸发展有限公司,负责服务贸易聚集区的开发建设、运营管理、服务平台搭建等工作。并引进了律师、税务、会计等专业机构,构建"管委会+园区运营商+第三方专业机构"三位一体的运营管理模式。园区确定了以总部经济、新兴金融、跨境电商、平行进口车、专业服务以及服务贸易企业孵化器为重点的"5+1"产业体系,精准招商,引进华侨城(西安)发展有限公司、阿里巴巴华北技术有限公司西安第一分公司、西咸航空产业发展有限公司等服务贸易重点企业入园。打造以"一带一路"为主题的"丝路众创空间"项目,形成"双创示范+双试联动+互联网平台"的创新创业发展新机制。建立"数字经济+服务贸易"新业态,打造服务贸易创新高地,等等。

(四)跨境电子商务综合试验区建设加速,成效渐显

跨境电商是近年来我国外贸领域增长最快的新业态之一。"十三五"期间,国家多次设立跨境电商综合试验区,加快跨境电商的发展。2019年,我国跨境电商零售出口总额同比增长60%。2020年1~5月,我国跨境电商零售出口逆势增长,同比增长12%①。截至2020年,国内跨境电子商务综合试验区增加到105个,其中,包括2018年设立的陕西省西安市跨境电子商务综合试验区;2020年设立跨境电商B2B出口监管试点群,增设"9710""9810"两个出口监管代码,分别对应"跨境电商B2B直接出口"和"跨境电商出口海外仓"。其中包括西安海关。

《中国(西安)跨境电子商务综合试验区实施方案》《西安市关于促进中国(西安)跨境电子商务综合试验区发展的若干政策》等重要文件的出台,标志着陕西跨境电子商务进入加速通道。第一,国际交流进一步加强。举办陕西澳门跨境电商交流会、陕西经济联合会跨境电商现状与发展峰会、2019丝

---

① 《前5月跨境电商零售出口增长12%》,http://www.gov.cn/xinwen/2020-07/03/content_5523761.htm。

绸之路商务合作（西安）圆桌会聚焦跨境电商、贸促会跨境电商合作对话会等会议论坛。第二，开展相关培训。包括2018年杨凌首期农产品跨境电商培训等。第三，启动"杨凌农科"农产品跨境电商基地建设。"杨凌农科"农产品跨境电商交易平台是由杨凌示范区管委会主导建设的农产品垂直类B2B跨境电商平台，目前已成功对接79个国家地区、138个国际农产品协会组织、2000多万农产品国际采购商，拥有丰富的海外"点对点"客户资源、精准的预约撮合机制和创新的线上线下融合转化机制。第四，跨境电商物流运输通道建设。包括中欧班列跨境电商物流专列、中欧班列"长安号"（西安—明斯克）跨境电商出口专列开行等。比如，西安国际港务区建设了"洋货码头"跨境服务平台及相关配套产业服务链，开创了"中欧班列长安号+跨境电商"贸易模式。第五，金融服务不断创新。比如，启用陕西跨境电子商务人民币结算服务平台"通丝路"。第六，跨境电商服务平台建设不断加强。比如，"进口商品展示交易分拨中心""跨境电商国际合作中心"加快建设，跨境电商公共仓正式运营，等等。

三 "十三五"陕西省深度融入"一带一路"对外贸易发展存在的问题

（一）开放不足，特别是服务业开放不足是制约陕西深度融入"一带一路"对外贸易发展的短板

世界经济开放则兴，封闭则衰。2020年习近平总书记来陕考察，明确指出开放不足是制约陕西发展的突出短板。服务业开放是中国全方位对外开放的重要组成部分，服务业是对外贸易发展的重要承载产业。

世界上主要发达国家，服务业占GDP的比重平均在75%左右，中国服务业占GDP的比重在54%。"一带一路"是当前国家对外开放的重要规划，外资、外贸、对外合作是对外开放的核心数据指标。服务业扩大开放对稳外资具有重要的支撑作用。2020年1~8月，我国服务业新设外商投资企业20079家，占全国新设外商投资企业数量比重为88.8%，服务业实际使用外资4766.1亿元人民币，同比增长12.1%，占我国实际使用外资金额比重为76.9%。

从国家服务业扩大开放综合示范区发展成效看,服务业进一步开放对加快服务业、服务贸易发展及稳外资具有重要意义。北京市是国家唯一设立的国家服务业扩大开放综合示范区。2019年北京服务业占GDP的比重(83.5%),比试点前(2014年)提高5.6个百分点。2020年1~7月,北京市服务业新设外商投资企业917家,占全市新设企业的95.8%;实际利用外资95亿美元,服务业利用外资占比从试点前的87.7%提升至93.5%;2019年服务贸易实现进出口额近1.1万亿元,占全国服务贸易比重约20%,继续保持全国前列①。

陕西省服务业开放不足,有待加快开放力度。陕西服务业利用外资额、服务业占GDP的比重、服务业新设外商投资企业等指标均有待进一步提升。2018年,陕西服务业增加值占GDP比重仅为42.8%,低于发达国家,也低于四川和安徽等省份。陕西省服务业对经济增长的贡献率为46.3%,指标远远低于发达国家70%左右的平均水平。2019年上半年陕西省服务业增速6.8%,远低于10%(陕西省"十三五"服务业发展规划的发展目标),2019年陕西省服务业增加值占国内生产总值比重达53.9%,服务业对经济增长的贡献率达59.4%,均有所提升,但是尚有进步空间。

(二)服务贸易实力偏弱,特别是与"一带一路"沿线国家服务贸易偏弱

按照WTO的统计,中国服务贸易占贸易总额的比重低于全球水平;中国是世界上最大的货物贸易出口国,但是在服务贸易方面,中国不到5%,低于英国和美国的发展水平。所以服务贸易是中国对外开放的突出短板。当前,服务贸易成为推动社会发展的重要动力。陕西省服务贸易实力偏弱,特别是与"一带一路"沿线国家的服务贸易偏弱,企业国际竞争力不强,服务贸易结构也有待进一步优化。2020年中央将国家级服务贸易试点在陕西省增加到两个。从发展实践看,取得一定成效,但是还有很大的提升空间。特别是西安市试点新设立,新的政策部署还处于谋划阶段,发展成效和辐射力还有待观察。

---

① 《深化北京市新一轮服务业扩大开放综合试点建设国家服务业扩大开放综合示范区国务院政策例行吹风会》,http://www.scio.gov.cn/32344/32345/42294/43608/index.htm。

（三）跨境金融的发展水平和服务能力有待加强

"十三五"期间，陕西省跨境金融发展加快，从规模、业务总量、跨境人民币业务发展三项指标来看，均表现亮眼。在业务和发展模式领域积极创新，取得一定成效。但是与陕西省发展需求和国内其他省市相比，跨境金融、人民币跨境业务有待加强。比如，"通丝路"陕西跨境电子商务人民币结算服务平台、跨境金融区块链服务平台虽然上线运行，但是功能建设还有提升空间；人民币跨境业务有待进一步探索和创新；陕西作为国内资本项目收入结汇支付审核便利化试点之一，资本项目收入由"先审后付"变为"先付后审"、国际保理美元融资新模式等创新成果有待进一步在全省创新和复制推广等。

四 "双循环"新发展格局下陕西省深度融入"一带一路"对外贸易发展对策

（一）与区域发展战略紧密结合，促进陕西融入"一带一路"的国际合作和跨区域合作

当前，仔细梳理陕西的发展战略，发现中央已经赋予陕西省多个区域开放型经济发展战略，包括共建"一带一路"、关天城市群、新时代推进西部大开发形成新格局、西部陆海新通道等，建议陕西省积极融入国家战略，加强区域合作。积极搭建高质量合作平台，强化"一带一路"的国际合作和跨区域合作。加强会展业交流，签署合作框架和协议，在国际开放共赢和跨省合作中释放陕西光芒，树立陕西形象，夯实和彰显陕西实力。

（二）打造陕西省服务业对外开放新格局，解决陕西省开放不足的短板

"十三五"期间，陕西省创建多个开放平台，初步形成发展优势，包括促进贸易便利化的陕西自贸区，推进服务贸易开放创新的国家级试点陕西西咸新区和西安市试点，等等。根据发展需求，高度重视平台的创新和进一步深化发展，形成陕西创新成果。同时，与时俱进，积极搭建新的平台试点，比如，将

西安市设立为陕西省服务业扩大开放综合示范区等,提升陕西省服务业的开放水平。进一步具体落实《陕西省服务业创新发展三年行动计划(2019~2021年)》,将十大行动进行到底。要积极适应全球服务贸易发展大趋势与经贸规则重构的新形势,进一步缩减负面清单服务业领域限制措施数量,开展负面清单无审批试点,加快推进服务业对外开放进程。加快推进与发达国家在相关服务领域的职业资格认证,逐步建立与国际接轨的服务业管理标准体系。

(三)推进服务贸易高质量发展,陕西制造转向陕西智造,贯彻落实稳外贸稳外资精神

服务贸易已成为拉动经济增长的新动力、促进对外开放和对外发展的新引擎,对稳外贸稳外资具有重要的支撑作用。

第一,打造以服务贸易为重点的制度开放新高地。紧抓国家推进服务业开放的机遇和深化国家级试点建设的契机,用陕西加速度打造以服务贸易为重点的制度开放新高地,大力提升陕西省服务贸易的发展水平。

第二,推进数字服务贸易等新业态新模式的发展。大数据、互联网、云计算等信息技术在服务业领域广泛应用,进一步拓展了服务贸易发展空间。数字教育、数字医疗、数字金融等数字服务贸易快速发展,加快推动了服务贸易向数字化转型。建议陕西省制定数字贸易行动方案;加快数字贸易领域国际合作;加大知识产权保护,推进数字服务贸易等新业态新模式的发展。

第三,加强服务贸易税收支持。国家税务总局对服务贸易的税收支持不断加强。进博会、广交会、2020年服贸会均有税收减免政策,比如,国家税务总局对在2020年服贸会展期内销售的限额内的进口展品免征进口关税、进口环节增值税和消费税;两届进博会符合条件的进口展品可以享受进口关税免征,进口环节增值税、消费税按应纳税额的70%征收等。而且2020年国家将服务出口退税申报纳入国际贸易"单一窗口"。而服贸会部分进口展品可以享受三项税种全免。建议陕西省在税收支持上加大支持力度,激发服务贸易活力。

(四)加强金融开放创新,为陕西省深度融入"一带一路"对外贸易发展保驾护航

金融是现代经济的核心,稳金融在"六稳"工作中具有重要意义。同时,

资金融通也是"一带一路""五通"建设的重要部分。受疫情影响，2020年服务贸易企业对金融的需求比以往更加强烈。

第一，以西安丝绸之路金融中心建设为契机，提升陕西金融服务"一带一路"对外贸易发展的水平。强化丝路（西安）前海园金融创新引领作用，加快推进《西安丝绸之路金融中心发展行动计划（2020-2022年）》全面落实，促进十五大行动、创投十条真正落地，按时完成年度指标。

第二，坚持三个结合，推动跨境金融创新发展。坚持跨境金融创新与对外开放相结合，坚持跨境金融创新与服务贸易领域政银企沟通相结合；坚持跨境金融创新与风险防范相结合。充分发挥"跨境业务区块链服务平台"试点先试先行的优势，形成创新成果；在金融系统落实"四扩大两可控"跨境金融创新三年专项行动，从供给侧提升金融业服务陕西涉外经济发展效能；加快自贸区、各类金融改革开放试验区跨境金融创新经验在陕西省的复制推广，比如，中行为海南自贸港、粤港澳大湾区等发行"服务贸易外汇收支便利化"试点业务；陕西自贸区美元保理融资业务；运用境外资金市场开展跨境股权、债权融资，降低融资成本等。

第三，完善金融生态环境建设，打造金融优环境。加强社会信用建设，落实《陕西省加快推进社会信用体系建设构建以信用为基础的新型监管机制实施方案》，充分发挥信用在金融监管方面的基础性作用；加快企业信用获取便捷度，创新服务贸易企业信用贷。借鉴北京企业信用报告自主查询机、蚂蚁金服与浙江网商银行的"互联网+金融科技"模式等；加强银政企对接平台建设，目前，银政企对接以线下为主，推进"线上+线下"相结合模式创新。

B.19 甘肃抢抓"一带一路"最大机遇，构建对外开放新格局研究

马继民*

摘　要： "一带一路"建设为内陆省区由开放腹地走向前沿提供了有利契机，给甘肃对外开放创造了最大历史机遇。面对新形势，甘肃要形成更为理性的政策预期，摆脱路径依赖，加快突破制约开放发展的体制机制障碍，让"一带一路"建设的制度红利，加快转变为推动对外开放的新动能。为此，甘肃应从打造对外开放新引擎、新优势、新平台、新领域、新机制等方面入手，构建全面对外开放新格局。

关键词： "一带一路"　对外开放　甘肃省

国家"一带一路"建设赋予了甘肃"构建我国向西开放的重要门户和次区域合作战略基地，丝绸之路经济带重要组成部分"的新定位和新使命。甘肃由西北内陆腹地成为我国开放的前沿阵地，在全国对外开放格局中具有重要的地位。甘肃必须抓住这一重大战略机遇，实施高水平对外开放，加快构建对外开放新格局，才能承担起国家赋予的新使命新要求。

一　构建甘肃对外开放新格局的现实基础

2017年，习近平总书记强调，甘肃发展的最大机遇在于"一带一路"，甘

---

* 马继民，甘肃省社会科学院资源环境与城乡规划研究所副研究员，主要研究方向为区域经济、工业经济、城乡规划。

肃抢抓这一最大历史机遇，充分发挥其在地理区位、资源禀赋、历史文化、科技研发、产业发展等方面的优势，深度融入"一带一路"建设，在贸易、金融、文化、旅游等领域不断提升对外开放水平，奠定了构建新时代对外开放新格局的现实基础。

（一）日趋完善的政策体系为对外开放明确了战略指引

围绕"一带一路"建设，甘肃先后制定了《丝绸之路经济带甘肃段建设总体方案》《甘肃省参与建设丝绸之路经济带与21世纪海上丝绸之路的实施方案》《新时代甘肃融入"一带一路"建设打造"五个制高点"规划》《新时代甘肃融入"一带一路"建设打造文化、枢纽、技术、信息、生态"五个制高点"实施方案》《中共甘肃省委甘肃省人民政府贯彻落实中央关于新时代推进西部大开发形成新格局决策部署的实施意见》等一系列战略文件，对甘肃融入"一带一路"建设进行了明确设计和规划，进一步明确了新时代甘肃对外开放的目标、思路和措施，形成全方位对外开放较为完善的政策体系，为新时代甘肃构建对外开放新格局明确了基本方向和战略指引。

（二）对外开放发展基础良好

一是对外贸易实现跨越式发展。改革开放以来，甘肃对外开放进程不断加快，对外贸易领域和规模不断扩大，贸易伙伴遍及全球6大洲共155个国家（地区），对外贸易规模实现了从千万元到百亿元的突破。2019年甘肃贸易进出口总额达379.9亿元，较1978年增长了639.5倍，年均增长17.1%，较1989年增长203倍，年均增长19.4%；外贸结构实现了出口商品由原材料初级产品为主向工业制成品为主的转变，全省特色优势和具有较高科技水平的产品出口占全省出口总值的比例提升至55.3%[1]；对外贸易方式呈现出一般贸易、加工贸易、海关特殊监管区物流货物、对外工程承包等多种贸易方式多元发展格局；外贸新业态、新模式，在促进外贸企业量的扩张和质的提升方面发挥着重要作用。2020年上半年，甘肃跨境电商实现进出口额6715万元，较上年同期增长15.8倍，成为全省外贸的新亮点和新增长点。

---

[1] 唐仁健：《2020年甘肃省政府工作报告》，2020年1月10日。

二是利用外资和对外投资水平不断提升。甘肃坚持"引进来"和"走出去"齐头并进,全方位扩大对外经贸合作,对外开放层次和水平不断提升。截至2020年6月,累计有65个国家和地区的投资者在甘肃设立外资企业2183家,合同外资额达到193.5亿美元,这其中世界500强企业就有18家。外商投资领域也由传统产业向现代农业、基础设施、新能源、先进制造业、物流、现代服务业等领域拓展,外资投向三次产业的比重分别为8%、67%和25%①,新能源和制种业占利用外资总额的80%,利用外资规模、质量和效益稳步提升;在"引进来"的同时,甘肃实施了以对外直接投资为主的"走出去"战略,深入推进国际产能合作,形成了"非洲为主,发展亚洲,拓展欧美、大洋洲"多元化的市场格局。对外投资由以采矿业为主逐步向高端制造业、农业、专业技术服务、商务设计咨询等高端领域布局。对外投资方式日趋多元化,绿地投资、收购并购、联合投资、股权置换等新方式被广泛应用。

三是对外开放活力不断增强。截至2020年5月,甘肃省民营企业对外累计实际投资9.1亿美元,占全省对外投资总额的17%②。一批有实力的民营企业积极"走出去",开展对外投资合作,开拓国际市场,带动了甘肃装备、技术、标准、人才等方面广泛开展国际合作。

四是与"一带一路"沿线国家和地区的经贸合作取得积极成效。2019年,甘肃与"一带一路"沿线国家贸易进出口额占了全省进出口总额的52.9%,同比增长2.8%,高于全省进出口增速6.7个百分点。2020年以来,甘肃与"一带一路"沿线中亚国家的贸易额迅速增长,1~6月,甘肃对哈萨克斯坦进出口值达29.6亿元,增长16.9%,占到了同期全省外贸总值的17.4%。③

(三)对外开放平台体系不断丰富和完善

近年来,甘肃不断完善全方位、多层次的对外开放平台体系建设。形成了以1个国家级新区、1个科技创新示范区、1个省级物流公司、2个国际展会和3个国际陆港点构成的对外开放平台体系。这些对外开放平台已成为甘肃对

---

① 《2020年1~7月甘肃省经济运行情况》,甘肃省统计网,http://tjj.gansu.gov.cn。
② 《2020年1~7月甘肃省经济运行情况》,甘肃省统计网,http://tjj.gansu.gov.cn。
③ 《2020年1~7月甘肃省经济运行情况》,甘肃省统计网,http://tjj.gansu.gov.cn。

接国际市场、国际资本、国际产业、国际营商环境的重要通道,是融入国家"一带一路"等开放开发新战略的重要载体。

一是以兰州新区为重点的产业集聚和经济战略平台体系建设取得新突破。兰州新区经过多年发展,地区生产总值从2011年的39.04亿元增长到2019年的201.6亿元、年均增长22.8%,固定资产投资累计完成3008亿元、年均增长12%,增速连续多年位居国家级新区前列①。2020年1~6月,兰州新区GDP增长15.2%、固定资产投资增长7.4%②,均高于全省水平,继续加速领跑国家级新区,成为西北经济最活跃的地区。初步培育形成了大数据和信息化、先进装备制造、新材料、精细化工、新能源汽车、生物医药、商贸物流、文化旅游、现代农业、职教产业等十大产业。相继建成兰州新区综合保税区、兰州铁路口岸及中川国际航空港等重要开放平台,成为甘肃产业功能聚集和开放平台的新高地。

二是以兰白国家自主创新示范区为重点的创新驱动发展平台体系引领甘肃高质量发展。2018年2月11日,国务院正式批复同意兰州高新技术产业开发区、白银高新技术产业开发区建设国家自主创新示范区。兰白自创区成为甘肃科技体制改革试验区、产业品质跃升支撑区、人才资源集聚区、东西合作发展先行区、生态文明建设引领区。截至2019年底,兰白自创区内有高新技术企业378家,较上一年增长28.3%,生产总值达396.5亿元,较上一年增长6.2%,区域经济能力明显增强。

三是以各种重大节会为重点的经贸和文化交流平台体系的国际化水平不断提升。中国兰州投资贸易洽谈会作为西部地区国际化和专业化的大型展会,成为甘肃招商引资和对外开放的重要窗口,是甘肃开展国际性经贸合作的重要战略平台。2020年第26届兰洽会,共签约合同项目587个,签约总额2730亿元;丝绸之路(敦煌)国际文化博览会,作为国家级战略平台和国际化文化交流平台,为丝绸之路沿线国家和地区文明交流互鉴、开放合作共赢拓展了国际平台。2019年第四届丝绸之路(敦煌)国际文化博览会与敦煌行和丝绸之路国际旅游节,催生了产业互促共进的叠加效益,全省累计接待国内外游客

---

① 唐仁健:《2020年甘肃省政府工作报告》,2020年1月10日。
② 《2020年1~7月甘肃省经济运行情况》,甘肃省统计网,http://tjj.gansu.gov.cn。

5174万人，实现旅游综合收入405.6亿元。①

四是以国际陆港、空港及各类口岸和保税区构成的开放窗口平台体系不断完善。以兰州、武威、天水三大国际陆港，兰州、敦煌、嘉峪关三大国际空港等为重点的开放平台体系建设，打破了瓶颈制约，加强陆港、空港、公路物流中心、保税物流区和各类口岸以及产业园区的统筹布局和联动发展，形成多式联运体系，成为国家"一带一路"建设和西部大开发战略的重要节点和枢纽。

五是以甘肃省级国际物流运营公司为重点的物流运营平台体系运营能力不断提升。甘肃省国际物流有限公司自2018年组建以来，利用三大国际陆港中转枢纽的功能和优势，积极与周边省区建立班列运营合作机制，打造"内引外联"的国际贸易平台。目前已开行兰州—钦州港直达班列、兰州—重庆中转班列、市州专列和农产品冷链物流班列。

（四）对外开放空间不断拓展

一是实现了"内陆腹地"向开放前沿阵地的转变。甘肃在对外开放中叠加了"一带一路"建设、黄河流域生态保护和高质量发展、新时代西部大开发、兰西城市群和关中城市群、西部陆海新通道建设等国家重大战略，以及国家级新区、国家外贸转型升级基地、跨境电子商务综合试验区、服务贸易创新发展试点等历史机遇，制度红利不断释放，甘肃的区位和资源优势更加突出，有利于甘肃融入国内国际大循环、培育内引外联大产业、构筑互联互通大门户、形成大枢纽，成为内陆地区对外开放新高地。

二是通道枢纽建设取得历史性突破。陇海、兰新、宝兰、兰青、兰渝等铁路干线和连霍高速、十天高速公路贯穿甘肃，全省14个市州已全部实现高速公路贯通，基本形成以兰州为中心联结西北、西南的省域综合立体交通网络。建成三大国际陆港和三大国际空港，拥有覆盖全省的国际交通物流基础设施体系和联结中西亚、联通东南亚的"一带一路"西北陆海联动枢纽。中欧、中亚、南亚、西部陆海新通道四大国际通道全线贯通，截至2019年底，累计发运各类国际货运班列959列、101万吨，货值23亿美元，年班列发运

---

① 唐仁健：《2020年甘肃省政府工作报告》，2020年1月10日。

同比增长63%。①

三是对外开放的新格局初步形成。实现了甘肃与西南、西亚、中亚与东南亚、"一路"与"一带"三大区域联通，形成了内外联动、畅通高效的对外开放互联互通大通道格局，形成了"海陆内外联动、东进西出、南来北往"的对外开放新格局。

二 甘肃对外开放面临的新形势和挑战

在"一带一路"引领下，甘肃构建全方位开放发展新格局已具备一定现实基础，但也应看到，当前国内外面临的新形势给甘肃构建对外开放新格局带来了新的困难和挑战。

（一）国内外经贸不确定因素构成了新挑战

在贸易保护主义和全球疫情冲击下，国内外经济下行压力明显增大，外贸形势严峻复杂，"一带一路"建设面临的困难也显著增加。这些不确定因素叠加对甘肃外向型经济发展产生了较大的冲击和影响。2020年上半年，甘肃省外贸进出口总值170.2亿元，较上年同期下降了9.6%，其中一般贸易进出口下降了15.4%，加工贸易进出口下降了2.9%，民营企业进出口下降了21.6%，机电产品出口下降了47.7%，机械设备出口下降了28%。② 外贸企业普遍面临订单不足、物流不畅、产业链供应链不稳等困难。

（二）国内发展新格局对甘肃对外开放提出新要求

以国内大循环为主，国内国际双循环相互促进的新发展格局，是当前我国发展的战略抉择。把甘肃放在国内国际双循环新发展格局下来看，甘肃扩大开放的战略方针没有变，但开放的内涵和重点发生了变化。要求甘肃摆脱对传统国际循环模式的依赖，以国内大循环为基础，构建国内国际双循环相互促进的新发展格局，以更高水平对外开放打造国际合作和竞争新优势，将甘肃建设成

---

① 唐仁健：《2020年甘肃省政府工作报告》，2020年1月10日。
② 《2020年1~7月甘肃省经济运行情况》，甘肃统计网，http：//tjj.gansu.gov.cn。

为西部对外开放的新高地;把甘肃放在国家"一带一路"建设中来看,甘肃对外开放的使命没有变,但使命的具体指向发生了变化,要求甘肃加强同沿线省份和国家开展实质性、多领域合作,把"一带一路"建设成为贸易往来、产业协作和共同发展的战略平台,形成更加均衡和多元化的国际循环体系,在引进标志性外资项目的同时,推动更高水平"走出去",打造国内国际双循环的战略链接。

(三)自身经济基础薄弱,内需市场规模较小

从经济发展水平看,2019年甘肃省GDP为8718.3亿元,仅占全国的0.88%,经济总量在全国所占比重较小,在西部陆海新通道沿线13省区市中,排在倒数第5位(见图1),不到土地面积相近的云南的一半。

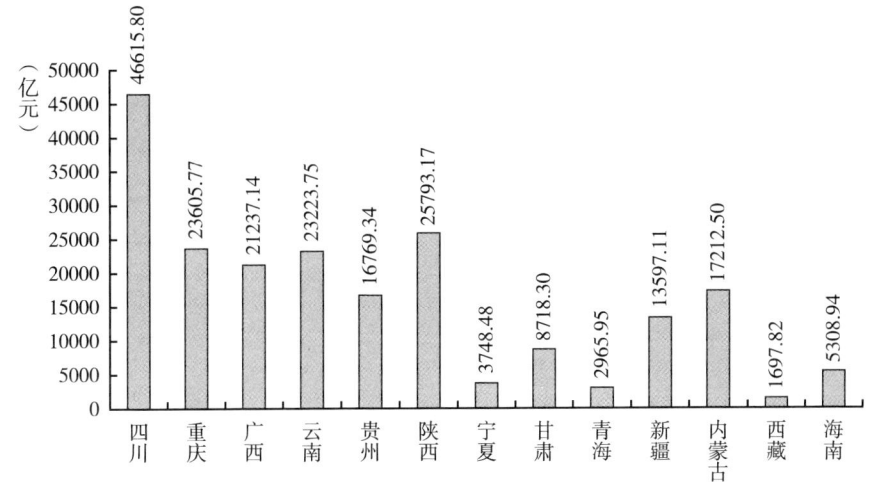

图1　2019年西部陆海新通道13省区市GDP排名

资料来源:根据13省区市《2019年国民经济和社会发展统计公报》整理。

从人均收入水平看,2019年甘肃城镇居民人均可支配收入为32323.4元,约为全国平均水平的76%;农村居民人均可支配收入为9628.9元,为全国平均水平的60.1%,在西部陆海新通道沿线13省区市中均为倒数第1。(见图2)

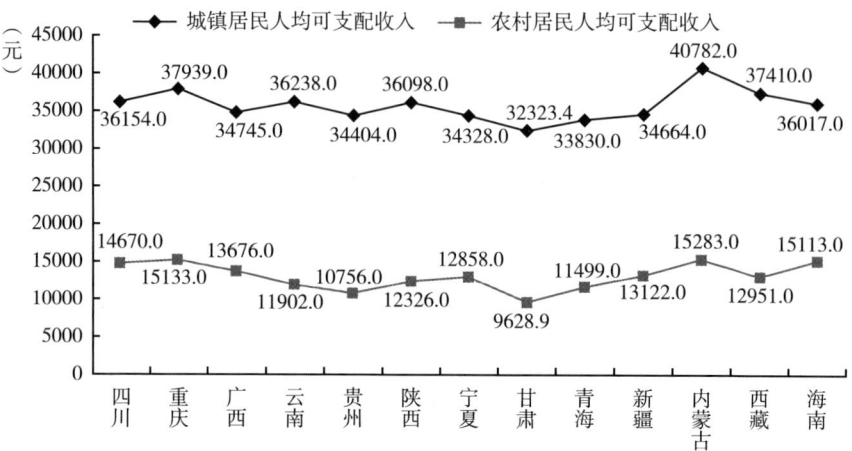

图 2　2019 年西部陆海新通道 13 省区市城乡居民人均可支配收入情况

资料来源：根据 13 省区市《2019 年国民经济和社会发展统计公报》整理。

从省内内需市场规模来看，2019 年甘肃全省社会消费品零售总额为 3700.3 亿元，仅为全国平均水平的 0.9%，在西部陆海新通道沿线 13 个省区市中排名倒数第 5 位。(见图 3)

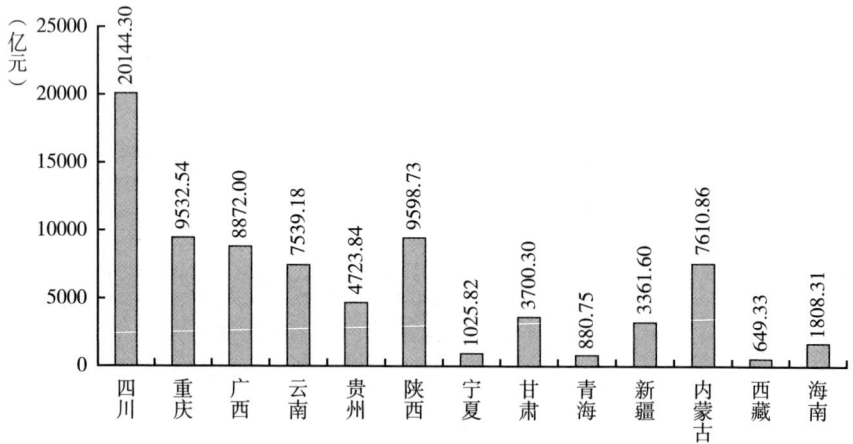

图 3　2019 年西部陆海新通道 13 省区市社会消费品零售总额

资料来源：根据 13 省区市《2019 年国民经济和社会发展统计公报》整理。

（四）对外开放水平和开放程度仍然偏低

随着国内环境的变化和"一带一路"建设的深入实施，甘肃在以开放促改革、促发展上尚未形成自身的突出优势，对外开放程度和发展水平偏低的局面尚未完全改变，亟待推进更高水平、更宽领域、更深层次的对外开放。

从对外贸易规模来看，2019年甘肃对外贸易进出口总额为379.9亿美元，仅占全国总额的0.12%，与广东、浙江等东部沿海发达地区相比差距更大；从对外贸易增长情况来看，2015~2020年上半年（2018年除外），甘肃外贸进出口开始连续出现负增长（见图4）。这表明甘肃对外贸易基础薄弱，自我调节能力差，受市场影响较大。

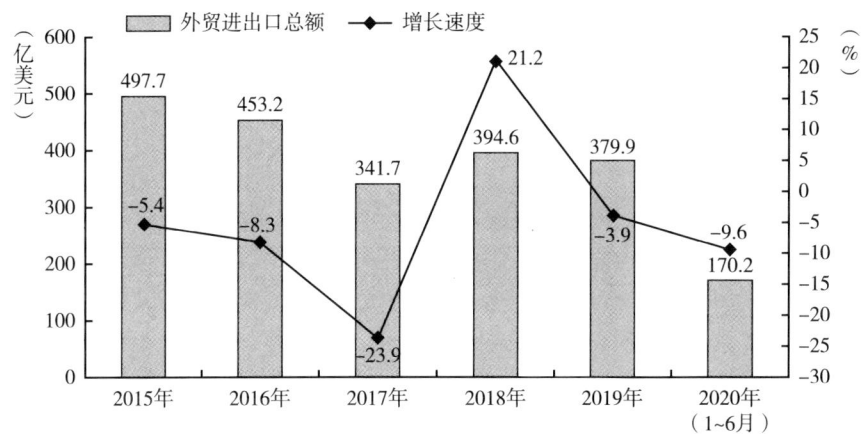

图4　2015年至2020年1~6月甘肃对外进出口总额增长

资料来源：根据甘肃省2015年至2020年1~6月国民经济和社会发展统计公报整理。

从市场开放度看，2019年甘肃对外贸易依存度仅为4.36%，比全国平均水平（31.8%）低27个百分点，且对外贸易依存度逐年下降的趋势明显，由2013年的10.08%下降到了2019年的4.36%，下降了5.72个百分点，与2010年的历史最高点（12.09%）相差7.73个百分点（见图5）。

从引进和利用外资情况来看，甘肃吸引外部资金流入的能力较弱，利用外资数量偏少，质量和水平有待进一步提升。2019年甘肃外商直接投资实际使用金额8205万美元，仅占全国总额的0.06%。利用外资水平在西北五省区中

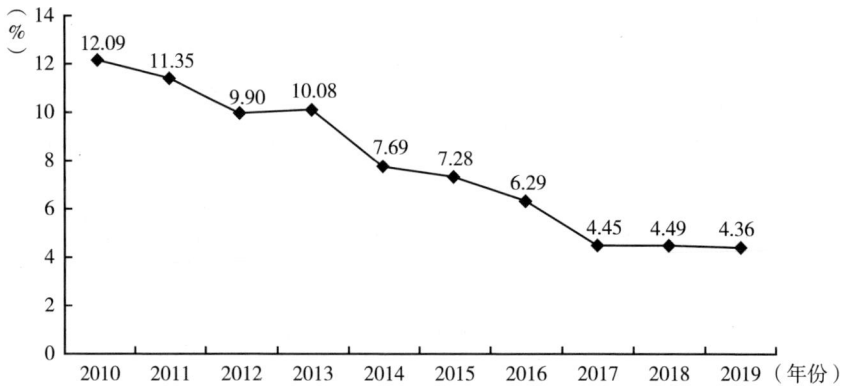

图5 2010～2019年甘肃省对外贸易依存度变化情况

资料来源：根据2010～2019年《甘肃国民经济和社会发展统计公报》计算整理。

处于较低水平，与东部沿海发达地区相比差距更大，江苏省实际利用外资额是甘肃的318倍（见表1）。

表1 2019年甘肃与西北五省及东部沿海地区利用外资情况对比

省区	实际利用外商直接投资额(亿美元)	占全国比重(%)
甘肃	0.82	0.06
陕西	77.29	5.60
青海	0.79	0.06
宁夏	2.51	0.18
新疆	3.31	0.24
江苏	261.2	18.91
广东	223.3	16.17
全国	1381	100

资料来源：根据2019年各省区《国民经济和社会发展统计公报》整理。

从外商直接投资实际使用金额近年来的走势来看，2015年以来，甘肃实际使用外商投资金额在不断下降，由2016年的1.15亿美元下降为2019年的0.82亿美元，降幅达28.7%（见图6）。

从对外投资来看，目前，甘肃开放型经济发展水平较低，外向型经济产业所占比重小，高新技术产品出口比重不高，科技创新能力不强，参与国际市场

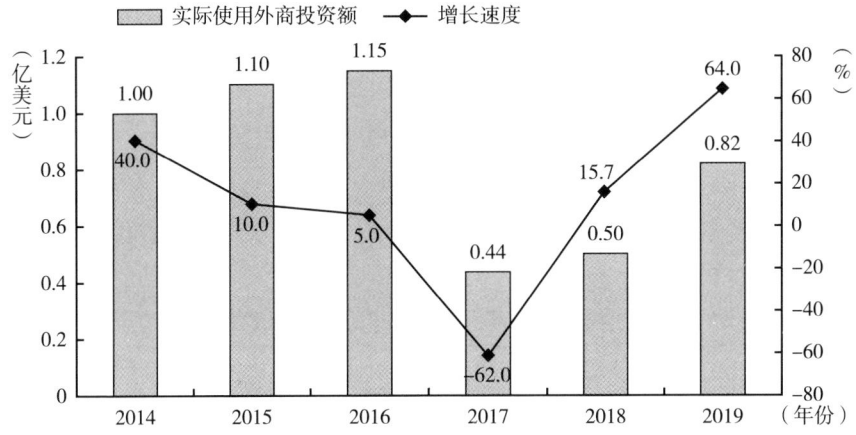

图6 2014~2019年甘肃实际使用外商投资总额增长

资料来源：根据甘肃省2014~2019年《国民经济和社会发展统计公报》整理。

竞争和开拓国内外市场的物质与技术支撑能力较弱，导致了甘肃对外投资发展不足，影响了甘肃国际市场和国际资源的充分利用。同时，由于甘肃外向型企业对外投资起步较晚，多数企业对境外投资环境缺乏足够了解、对国际投资规则及运作方式不够熟悉、利用金融工具加以防范和规避的能力不足、驾驭国际化经营的能力较弱，企业"走出去"的能力还较弱。

（五）区域竞争日趋激烈，区域合作协调机制亟待健全

"一带一路"建设释放的红利吸引了我国中西部各省区加快融入"一带一路"建设之中，各地区在对外开放战略定位、对外通道建设、对外合作平台和重大项目推进、自由贸易试验区建设等方面的竞争日趋激烈。目前，全国的自贸试验区已达到了18家，但甘肃目前仍未能成功申请设立自贸试验区。同时，甘肃与"一带一路"沿线国内省区和国外地区在设施联通建设方面，缺乏全面有效、具有针对性和约束力较强的区域合作机制，尤其是在规划对接、跨境设施项目共建方面，缺乏统筹平衡、广泛磋商、投资保护和争端解决等协调机制。

（六）对外开放营商环境有待进一步完善

与全国其他省区市，尤其是与发达省市相比，甘肃对外营商环境存在较大

差距。在外商准入方面，对外商投资准入特别是服务业领域投资准入仍有较多限制，同时，企业生产成本高、融资难、项目用地难、税费高等问题也不同程度地存在，影响了企业持续投资的积极性。

在"2019中国营商环境百强区县排行榜"中，浙江、江苏、安徽的上榜县（市）最多，分别有25个、17个、15个。西部地区的四川有5个市县入榜，云南、贵州各有1个市县入榜，而甘肃仍无一区县入围（见表2）。

表2 "2019中国营商环境百强区县排行榜"西部地区入榜情况

排名	县市	所属省份
7	安宁市	云南
15	广汉市	四川
42	什邡市	四川
58	仁怀市	贵州
68	简阳市	四川
76	金堂县	四川
84	新津县	四川

资料来源：赛迪发布《2019中国县域经济百强研究》。

三 加快构建甘肃对外开放新格局的对策建议

站在新的历史起点，甘肃深入分析、准确研判时代特征、变化趋势和政策机遇，抢抓"一带一路"建设机遇，推动对外开放向更高水平、更宽领域、更深层次发展，重塑对外开放新格局。

（一）抢占"一带一路""五个制高点"，构筑对外开放新高地

一是以文化为最大特色，加快建设文化旅游强省。充分发挥甘肃人文资源优势，加强与"一带一路"沿线国家地区的文化交流，借助文化交流发展服务贸易，推动生产性服务贸易集聚和服务贸易产业结构升级，加强服务业同其他产业的关联性和耦合度；大力推动"文化+"，实现文化与旅游、健康、中医药、科技、工业、乡村振兴的深度融合，放大文化旅游业综合效应，打造"丝绸之路文化产业带"核心区，逐步实现从文旅资源大省向文旅强省的转变。

甘肃抢抓"一带一路"最大机遇,构建对外开放新格局研究

二是以枢纽为最大优势,建设"一带一路"西北陆海联动战略枢纽。充分发挥丝绸之路经济带"黄金段"的区位优势,依托中欧"西向通道"和"西部陆海贸易新通道",积极开辟北向通道。发挥"三大空港"、"三大陆港"和综合保税区等政策平台的功能作用,大力发展枢纽经济、物流经济、口岸经济。重点打造以兰州为中心,联结中西亚、联通东南亚的"一带一路"西北陆海联动战略枢纽,构建通道物流产业高质量发展的枢纽经济体系。

三是以技术为最大动力,打造我国西部地区创新驱动发展新高地。优化国际科技合作基地布局,促进科技创新与产业发展的深度融合;依托"丝绸之路国际知识产权港",以甘肃为基点,搭建知识产权认证、交易、运营等平台,辐射西部地区。面向丝绸之路经济带沿线国家和地区,建设知识产权聚集、加工、交易、转化的国际集散地,构建涵盖知识产权服务交易各环节的全生命周期、全产业链条。加快培育发展新动能,争取创建中国(甘肃)知识产权保护中心,打造西部地区创新驱动发展新高地。

四是以信息为最大引擎,努力建设数字经济强省。有序推进丝绸之路信息港建设,抢占数字经济新高地。形成面向中西亚、南亚等地区的"丝绸之路信息走廊",实现与重庆、贵州、广西等省市互联互通,逐步形成服务全国各地的信息平台。推动互联网、大数据、人工智能、物联网、区块链和实体经济深度融合发展,带动全省信息化发展,实现"共建丝路信息港、共享陆海大数据",建设数字经济强省。

五是以生态为最大保障,建设"一带一路"绿色发展崛起示范区。以筑牢国家西部生态安全屏障为目标,以建设国家生态文明先行示范区为主线,以发展十大绿色生态产业为支撑,统筹产业发展和生态建设。建立健全生态保护与建设长效机制,推进全省绿色转型和绿色增长,打造绿色发展崛起示范区。

(二)实施"四向大开放"战略,拓展对外开放新空间

围绕"一带一路"建设和西部陆海贸易新通道建设,以"东出、西进、南通、北扩"四向大开放为重点,加快构建多向并进的对外开放新格局。

一是实施"东出"战略。以巩固沿陇海线开放的传统优势为重点,通过东出扩大面向沿陇海线省市和日本、朝鲜、韩国等国家的市场开放,加强与长三角、京津冀等地区的互补合作,深度挖掘东北亚市场和产业合作潜力,积极

引进日韩等发达国家的技术、资金和人才。

二是深入拓展"西进"空间。坚持以向西开放为主的基本方略,扩大向西开放成果。强化与中亚、西亚联系,发挥传统领域优势,为省内企业转型升级、持续发展拓展空间。开拓中东欧16国市场,在白俄罗斯、尼泊尔、格鲁吉亚共建物流园,提升省内产业和企业外向型经济的可持续发展能力。

三是提升"南通"开放水平。积极融入西部陆海贸易新通道建设,强化渝桂黔陇四地联动与合作,加快天水、陇南对接融入成渝经济区;深化与粤港澳大湾区合作,有序开展对粤港澳产业合作与投资;充分把握并利用海南自由贸易试验区和中国特色自由贸易港的机遇,构建联通西部地区与北部湾、东南亚的多式联运网络,加快打造兰州陆港型和商贸服务型国家物流枢纽承载城市;深化与东盟合作,进一步开辟东南亚国家市场,积极改善甘肃特色产品的外销和内购条件,全力融入西部陆海贸易新通道。

四是拓展向北开放空间。尽快争取马鬃山口岸恢复通关,大力推进中蒙俄国际新通道建设,积极参与俄罗斯、蒙古国的资源勘探开发,有效对接中蒙俄经济走廊;探索甘肃与西北省区在基础设施互联互通、要素资源自由流动、产业优势互补、政策协同等领域建立开放合作新模式,进行全方位合作,实现一体化对外开放,共同构建向北开放的战略支撑。

(三)发展高层次开放型经济,打造对外开放新引擎

一是优化外贸结构。立足甘肃在文化旅游、中医药、农产品、有色金属等资源和产业上的优势,重点发展出口外向型产品。大力发展装备制造、新能源、新材料等优势产业,加快发展数字经济,抢占中高端价值链、培育外贸新动能;积极发展数字贸易,依托兰州、天水跨境电商综合试验区政策,加大本土跨境电商培育力度,鼓励省内企业建设各类跨境电商平台;进一步扩大服务贸易规模,推进服务贸易自由化和便利化,优化结构,促进服务贸易提档升级。以建设大敦煌文化旅游经济圈为重点,促进文化旅游产业高质量发展。

二是推动外资提质增效。鼓励、引导外资投向战略性新兴产业、基础设施和民生领域;积极引进外资发展现代高端服务业,探索旅游业利用外资新方式;实施重大项目投资,以国内外500强、央企和行业龙头企业为重点,引进高端产业外商投资项目。

三是创新对外投资方式。培育一批具备跨国并购整合、营销网络建设、全球制造布局、联盟协作开拓、全球资源开发和国际研发合作能力的本土跨国企业。鼓励有实力的本土企业"走出去",主动参与国际标准制定,带动技术、设计和标准走出去。通过新建、海外并购、股权置换、境外上市等多元化方式,建立境外生产基地和营销网络。

四是打造畅通国内国际、多维度的产业链供应链。利用西部陆海新通道推动省内企业向东盟国家提供原料、农产品、设备、机电高新技术,促进劳动密集型、品牌营销等向产业链两端升级;继续扩大与"一带一路"沿线国家的产能合作,利用沿线国家资源和市场,构建资本密集型产业链;精准承接东部产业转移,培育一批新兴的制造业基地,构建加工产业链。

(四)打造区域中心增长极,重塑对外开放新优势

提升兰州作为区域核心增长极的实力和辐射带动力,着力打造大兰州、大窗口、大商贸、大枢纽、大产业。

一是加快推进兰白经济一体化,推动产业功能互补融合发展。打破行政区划限制,积极探索以行政一体化推进兰白区域经济一体化的改革试验,率先将两市财政统一、规划统一和市场统一,推进兰州与白银的融城效应和同城化,形成联系紧密、分工有序的大兰州都市圈空间发展格局。强化区域产业分工协作,形成联系紧密、分工有序的大兰州都市圈空间发展格局。推动重点产业和相关配套产业向兰州新区、榆中生态创新城集聚。

二是着力提升区域互联互通水平。以兰州主城区、兰州新区、白银市和榆中生态创新城为重点,依托现有交通轴线,积极推进国家、省级铁路、公路、空港的建设。打通兰州主城区与其他城市和区域之间高效便捷的交通网络,提高城际互联水平。

三是打造"一带一路"现代物流枢纽交汇点。以兰州为中心,以兰州国际港务区、兰州新区国际物流通道为依托,加快构建现代货运物流体系。提升兰州商贸物流中心、科技创新中心、综合服务中心和交通枢纽功能,增强人口集聚能力和经济发展活力。

四是充分发挥兰州新区产业平台优势。加快构建优势产业集群,以产业集群发展带动人口、人才、资源和要素的集聚。着力将兰州新区打造成为"一

带一路"上的重要产业基地和对外开放平台。

五是增强区域间的合作。积极对接关中平原城市群、成渝城市群、黔中城市群、北部湾城市群，深度融入兰西城市群建设，加强与各城市群在基础设施、产业合作、文化旅游、生态建设等领域的务实合作。

（五）深化改革创新，营造对外开放新环境

探索开放型经济新体制和新机制，打造法治化、国际化、便利化的营商环境和制度体系，推动甘肃高水平全面对外开放。

一是积极打造改革开放试验田，搭建先行先试大平台。自贸试验区是新时代甘肃对外开放和构建双循环格局的重要平台，有助于甘肃加速形成新型国际循环。积极推进申报中国（甘肃）自由贸易试验区，建设更高能级开放载体平台，拓展甘肃对外开放的高度、深度和广度。以建设自贸区试验区为目标，重点推动兰州新区、兰州国际陆港和空港、兰州新区综合保税区、兰州和天水跨境电子商务综合试验区等有条件的重点区域，围绕贸易自由、投资自由、资金流动自由、运输自由、人员停居留和就业自由、数据流动、贸易便利化等方面先行先试，研究总结甘肃自贸试验区的探索方案。

二是优化营商环境，提升制度环境软实力。高度重视民营经济发展，激发外向型经济发展活力，带动人才、资金、技术等中高端要素在甘肃集聚；营造更加开放的贸易投资环境和高效透明政务环境。全面实行准入前国民待遇加负面清单管理制度，进一步放宽外资准入限制。提升贸易便利化水平，加快通关一体化改革，推进国际贸易"单一窗口"和"数字口岸"建设，不断提高货物通关效率；以"最多跑一次"为牵引深化"放管服"改革，全面推行政务服务事项"一网通办"。对标国内外标杆城市的营商环境标准，继续优化投资项目审批流程，营造与国际接轨的综合商务成本最低的产业发展环境。

三是强化科技创新和人才支撑，催生对外开放新动能。依托省内高校及科研院所，深化与东中部地区科技创新合作，加强从发达地区引才引智合作。鼓励外资研发机构与甘肃高校、科研院所、企业共建实验室和人才培养基地，重点支持跨国公司在甘肃建立具有独立法人资格的研发中心。大力提升企业自主创新能力，建立企业技术中心、行业技术中心、产业技术创新联盟等研发机构。激励国有企业和大中型企业布局"一带一路"海外创新链，建立企

业海外技术中心、联合实验室、创新孵化中心等。优化科技人才培养、评价和激励机制，完善科技成果转化机制，尽快研究出台有竞争力的甘肃人才政策，为留住人才、吸引人才到甘肃创业提供有利条件，推动形成深化改革开放的创新局面。

参考文献

梁修琴：《从政策型开放向制度型开放转变》，《锦州师范学院学报》（哲学社会科学版）2003年第3期。

李克强：《政府工作报告：2019年3月5日在第十三届全国人民代表大会第二次会议上》，《人民日报》2019年3月11日。

《中共中央关于坚持和完善中国特色社会主义制度推进国家治理体系和治理能力现代化若干重大问题的决定》，《人民日报》2019年11月6日1版。

邓小平：《邓小平文选》第3卷，人民出版社，1993。

石睿鹏、张莉：《构建全方位开放发展新格局，大力提升开放型经济发展水平：专访广西壮族自治区党委书记鹿心社》，《广西经济》2019年第2期。

吴敬琏：《重启改革议程：中国经济改革二十讲》，生活·读书·新知三联书店，2013。

B.20
丝绸之路经济带宁夏段建设研究

李文庆*

摘　要： 丝绸之路经济带是我国推动经济发展、创造新的经济增长极的重要战略。习近平总书记提出共同建设"丝绸之路经济带"的战略构想，为我国丝绸之路沿线省区及宁夏创造了新的历史发展机遇。本文论述了宁夏在丝绸之路经济带建设中的定位和战略选择，包括丝绸之路经济带建设的内涵，丝绸之路经济带为宁夏发展带来的战略机遇，宁夏在丝绸之路经济带建设中的战略选择；分析了丝绸之路经济带宁夏段建设中的合作空间，包括宁夏对外经贸合作现状和合作空间等；提出了丝绸之路经济带宁夏段建设的对策建议，包括以国家顶层设计为统领谋划宁夏丝绸之路建设方略、加强与丝绸之路经济带沿线国家的合作、深化丝绸之路经济带沿线省区经济合作、融入丝绸之路经济带加强对外经贸合作、争取国家政策支持完善通道建设、加强对外文化旅游交流、加强金融合作建立货币结算制度等。

关键词： 丝绸之路　经济带　宁夏

丝绸之路经济带是我国推动经济高质量发展，创造新的经济增长极的重要战略。2020年6月，习近平总书记视察宁夏时明确指示，要"努力建设黄河

---

* 李文庆，宁夏社会科学院农村经济研究所（生态文明研究所）所长、研究员，主要研究方向为产业经济学。

流域生态保护和高质量发展先行区"①,为丝绸之路经济带宁夏段建设指明了方向。

一 宁夏在丝绸之路经济带建设中的定位和战略选择

丝绸之路经济带包括陆路丝绸之路和海上丝绸之路。宁夏地处陆路丝绸之路经济带建设的重要区位,宁夏特有的社会文化底蕴、经济发展态势和特色资源环境,决定了其在丝绸之路经济带建设中可承担重要角色,而且本区域经济社会发展也将直接受到丝绸之路经济带影响,是宁夏经济社会高质量发展中的重大历史机遇。

(一)丝绸之路经济带的内涵

丝绸之路是古代东西方经济、政治、文化交流的大动脉。"丝绸之路"(Silk Road)一词,最早出自1877年德国地理学家李希霍芬出版的《中国》一书,在本书中他将公元前138年西汉张骞出使西域开辟的贸易交通线誉为"丝绸之路",简称"丝路"。由于中国是丝绸的故乡,在这条贸易大通道中,中国输出的商品以丝绸制品最具代表性,故得此名②。2013年9月,习近平主席出访中亚四国,将古代中国与中亚各国的历史联系与当代中国和中亚各国发展现实需求紧密联系起来,提出建设"丝绸之路经济带"构想。2014年6月5日,习近平出席中阿合作论坛第六届部长级会议开幕式并发表重要讲话,强调"一带一路"是中阿互利共赢之路,提出构建"1+2+3"的合作格局,引发国内外高度关注,国内战略研究专家视之为中国未来30年开放重要的战略目标和平台。随着我国同中亚、西亚及欧洲、非洲国家关系的快速发展,丝绸之路经济带日益焕发出新的生机和活力。丝绸之路经济带是在古丝绸之路上形成的一个新的经济发展区域,21世纪以来,全球贸易和投资在古丝绸之路上再度活跃,中亚、西亚各国希望与中国扩展经贸合作领域,古丝绸之

---

① 人民网,2020年6月12日,http://politics.people.com.cn/n1/2020/0612/c1001-31743786.html。
② 李巧玲:《论中国境内西北沙漠绿洲之路的形成和发展》,《兰州商学院学报》2013年第6期。

路因新时代的经贸和人文合作再度焕发生机,成为丝绸之路经济带建设的黄金时期。

(二)丝绸之路经济带建设为宁夏发展带来的战略机遇

世界经济全球化的推进,以及我国经济快速发展,势必要对中亚、西亚及欧洲经济进行联结,以求实现中国西部、中亚和西亚以及世界经济的共同繁荣。宁夏人口少、市场小、资源较为单一,迫切需要拓展发展空间,必须抓住丝绸之路经济带建设重大机遇,坚持对内开放和对外开放相结合,不断增强开放意识,搭建开放平台,释放经济增长潜力。加快融入丝绸之路经济带建设,有助于融入国内国际双循环,有助于承接国内外产业转移,有助于扩大外需,提升区域经济综合竞争力,有效扩大服务业需求,促进产业结构战略性调整,实现发展方式的根本性转变,为宁夏经济高质量发展提供强大支撑。

(三)宁夏在丝绸之路经济带中的战略定位

宁夏是连接欧亚大陆桥的战略通道,我国内地连接西北地区的主要通道,我国面向阿拉伯国家开放的重要战略平台。自古以来,宁夏就是稳定西北边疆和内蒙古西部地区的战略支撑点。新中国成立后,"三线建设"、西部大开发等战略为宁夏奠定了发展基础,成为我国重要的能源原材料生产基地、重要的商品粮基地和重要的生态屏障区,承接中东部产业转移的重要基地,面向中亚、西亚等地区的旅游目的地。

(四)宁夏在丝绸之路经济带中的战略选择

习近平总书记关于"丝绸之路经济带"建设的战略构想为宁夏在丝绸之路经济带建设中的战略取向指明了方向,要继续巩固与欧美国家的经贸关系,发展与中亚、东南亚等国家经贸文化往来,发展与蒙古国的经贸合作。在国内丝绸之路经济带建设中,加强与陆路丝绸之路沿线陕西、甘肃、青海、新疆等省区的区域合作,在此基础上发挥自身优势,稳定优化产业链,在丝绸之路经济带建设中率先发展。发挥宁夏承东启西的区位优势,积极主动地加强与东中部地区经济、技术、文化、旅游、劳务、公共设施建设及金融服务等方面的交流与合作，重点加强与京津冀蒙等省区的经济合作，进一步加强闽宁合作，加强与粤港澳大湾区经济合作。

二 丝绸之路经济带宁夏段建设中的合作空间

丝绸之路经济带横跨亚欧大陆，沿线国家经贸合作和人文交流日益活跃，宁夏要积极融入国家"一带一路"建设布局，逐步形成对内对外开放和经贸合作的新格局。

（一）宁夏对外经贸合作现状

宁夏以优化营商环境为重点，不断深化改革开放，对外开放通道加快建设，主动引进来走出去，"十三五"期间新设立外商投资企业32家，境外直接投资企业14家，丝绸之路经济带建设活力持续激发。一是积极推进开放载体建设。积极开展先行先试，支持银川综合保税区创新转型，推动综保区与河东机场融合发展，支持石嘴山经济技术开发区创新发展，加快推进跨境电子商务综合试验区建设，进一步激发各类开放载体发展活力。二是货物贸易状况。2019年，宁夏全区货物贸易进出口总额为240.62亿元，比上年下降3.3%。对"一带一路"沿线国家和地区进出口总额69.20亿元，下降5.1%。宁夏主要出口商品包括金首饰及零件、金属锰钽铌铍制品、橡胶轮胎、双氰胺、机床及铸件、原料药等。三是实际利用外资情况。2019年宁夏全区实际利用外商直接投资2.51亿美元，比上年增长17.2%。全区新设外商投资企业25个，合同外资金额52.12亿美元，增长31.7倍。其中信息传输、软件和信息技术服务业签订利用外商直接投资合同额0.80亿美元，增长59.7%[1]。四是宁夏对外投资和经济合作情况。2019年，宁夏对外投资合作继续保持良好的发展势头，非金融类对外直接投资额12401万美元，居全国第27位。全年新设立境外投资企业17家，其中，美国3家，中国香港2家，埃及2家，沙特、马来西亚、越南、毛里塔尼亚、乌兹别克斯坦、哈萨克斯坦、英属开曼群岛、阿联

---

[1] 宁夏回族自治区统计局、国家统计局宁夏调查总队：《宁夏回族自治区2019年国民经济和社会发展统计公报》，2020年4月。

酋、法国、蒙古国各1家；新设境外投资机构3家，其中，埃塞俄比亚、巴基斯坦和乌兹别克斯坦各1家。主要投资领域为矿产开采、矿山机械贸易、美容医疗器械、生物科技、信息技术、农产品贸易、餐饮业、电力设备制造及交通基础设施建设等。五是持续优化开放环境。严格执行外资准入前国民待遇加负面清单管理模式，引导企业应用关税保证保险模式，开通国际贸易"单一窗口"功能，健全外来投资企业服务保障机制。

（二）宁夏对外开放中的合作空间

立足宁夏，主动参与丝绸之路经济带国外段的分工合作，全方位构建以面向阿拉伯国家合作为主的"四大合作圈"。特别要构建以我国内地为腹地，宁夏为战略支点，涵盖中东阿拉伯国家、中亚国家、北亚蒙古及俄罗斯组成的"中北亚经济圈"。

1. 以阿拉伯国家为重点的中东合作圈

中东地区的海湾6国及伊朗、土耳其等国家，国际化水平较高，国际贸易体系健全，贸易消费市场需求很大，同时又有旺盛的基础设施建设需求；伊朗是我国在中东地区的主要石油供给国，与我国外交关系长期友好，在能源、农业、生态等领域有较多合作；土耳其近年与宁夏进出口贸易持续上升，也具备合作前景。加大面向阿拉伯国家开放的力度，以中阿合作"1+2+3"战略为指引，以中阿博览会为平台，以沙特阿拉伯、阿尔及利亚、阿联酋、苏丹、埃及和伊拉克6个支点国家为重点，以企业为主体，以文化交流为切入点，推动企业、社团、科研机构、高校和民间组织之间的交流与合作，加强与阿拉伯国家经贸合作和人文交流，在中阿金融合作方面取得重大进展。积极推进境外园区建设，加快中国-沙特（吉赞）产业园建设，完善中沙合资沙特丝路产业服务公司运营，务实开展中阿技术转移综合服务。

2. 中亚合作圈

中亚五国（哈萨克斯坦、土库曼斯坦、乌兹别克斯坦、吉尔吉斯斯坦、塔吉克斯坦）与我国同为陆上丝绸之路经济带沿线国家和上合组织成员，既有长期的经贸文化交往，也有紧密的能源合作，开展合作基础较好。以哈萨克斯坦等国家为重点，大力发展工程承包、劳务输出和加工贸易，开展农业、治沙、医疗、教育、旅游、能源化工及新能源等领域的交流合作，拓展中亚市场。

3. 东北亚合作圈

加强与俄罗斯在能源、木材、农产品等方面的合作，积极开展新能源领域的技术合作。加强与蒙古国在资源开发、通信、牧业、化工、机械设备、工程承包等领域的合作交流。积极巩固韩国、日本等传统市场。

4. 南亚、东南亚合作圈

南亚次大陆的巴基斯坦与我国有着兄弟般的双边友谊，中巴双方政府最近已决定合作共建中巴经济走廊，推动与巴的全方位合作条件成熟。加强与东南亚马来西亚、泰国、印度尼西亚等国家在农产品加工、旅游等领域的合作，开拓东南亚国家外贸市场。

（三）国内"一带一路"的合作空间

国家在推进"一带一路"建设中，高度重视中阿博览会的平台作用，支持宁夏建设内陆开放型经济试验区。宁夏要抢抓机遇，发挥宁夏在新亚欧大陆桥廊道和西部陆海新通道中承东启西、连南接北、通边达海的战略枢纽作用，积极拓展与国内相关省区的合作空间。

1. 加强与陆路丝绸之路经济带沿线省区的合作

我国境内陆路丝绸之路经济带位于西北地区，沿线省份陕西、甘肃、宁夏、青海、新疆五省区是我国向西开放的桥头堡。宁夏要加强与周边兄弟省区的合作，共促丝绸之路经济带建设，重点在能源化工、水利基础、文化旅游等关键性资源上联动开发，加强交通大通道、物流、互联网等基础设施的互联互通，加强生态环境保护方面的合作。宁夏要与陕西、甘肃、青海、新疆联合构筑丝绸之路交通大通道，联合建设与中东、中亚等地区信息网络，联合提高物流水平，联合建设丝绸之路旅游带。重点加强与黄河"几"字弯城市的互动发展，拓展与陕甘蒙毗邻地区的合作，加强与新疆伊宁霍尔果斯口岸－乌鲁木齐为中心北疆城市带在煤炭、天然气和基础设施等方面的开发合作，加强与以西陇海兰新线为纽带、以西安－宝鸡为中心的关中城市带在高新技术等方面的合作，加强与以银川－兰州－西宁为中心的城市带在水利、能源化工、环境保护等方面的合作。

2. 加强与海上丝绸之路节点地区的合作

发挥宁夏承东启西的区位优势，积极主动地加强与海上丝绸之路节点地区的合作，实现联动发展，合作共赢。天津港、连云港、黄骅港、唐山新港是宁夏联系华北和海上丝绸之路外贸出口的主要通道，重点加强能源化工、机械、物流、贸易等方面的交流合作。加强与福建闽宁合作关系，以"一带一路"建设为指引，加强与福州-泉州海上丝绸之路节点地区的联系，重点开展设施农业、特色产业、生态移民、劳动力转移培训等方面的帮扶项目建设，加强风电、太阳能光伏装备等新能源领域的合作，大力推进闽宁镇建设，积极争取福建每个对口帮扶的县（区）在宁夏对口共建产业园区，大力发展劳动密集型产业和农副产品精深加工业。进一步加强与长三角、珠三角地区的经济技术合作和交流，重点加强与义乌、广州、深圳及港澳等地经贸合作。

3. 加强与丝绸之路经济带其他地区的合作

重庆、郑州位于丝绸之路经济带的腹地，制造业及外贸、物流资源非常发达，加强在高新技术产业、商贸流通、特色农业、职业教育、物流、特色旅游等产业方面的合作。加强与毗邻地区的合作，重点加强宁东、鄂尔多斯和榆林三地能源化工"金三角"的合作，促进生产要素的合理流动和资源优化配置，为我国的能源化工发展做出贡献。加强与呼包银榆经济区的合作，以阿拉善左旗、乌海、鄂托前旗等毗邻地区为重点，加强与策克口岸的联系，在煤炭、火电、天然气、新能源（风、电、太阳能光伏装备等）、冶金、机械、化工、农牧业、生态环保等领域加强合作。加强与陕甘宁革命老区的联系，围绕能源、化工、新能源（风、电、太阳能光伏装备等）、装备制造、农业、农副产品加工、生态环保、交通物流和服务业等领域，开展陕甘宁三省区的交流与合作，率先基本消除绝对贫困现象。

三 丝绸之路经济带宁夏段建设的建议

丝绸之路经济带建设为宁夏发展带来新机遇，要深入贯彻落实习近平总书记视察宁夏重要讲话精神，积极参与共建"一带一路"，推进内陆开放型经济试验区建设，推动对外开放取得新成效。

（一）以国家顶层设计为统领谋划宁夏丝绸之路经济带建设方略

丝绸之路经济带建设是一个系统工程，不是一个省区能够完成的，必须按照国家顶层设计的要求来推动丝绸之路经济带建设，这就要求把宁夏放在全球化和国家战略的大格局、大背景中统筹谋划，国家将与阿拉伯国家交流的战略任务交给宁夏，将中阿合作融入"一带一路"战略中，宁夏经济社会发展就要按照国家的总体要求，结合自身优势，谋划建设丝绸之路经济带战略支点的定位和布局，在通道建设、产业布局、商贸物流、人文交流、走出去战略、政策措施等方面制定切实可行的项目工程和保障措施，为宁夏全面推进丝绸之路经济带战略支点建设奠定良好的基础。

（二）加强与丝绸之路经济带沿线国家的合作

近些年受美国"大中东"战略和国际金融危机影响，中东、北非相关国家出现了局部动荡和内战，但阿拉伯国家和伊斯兰世界"向东看"势头不减。以中东为代表的阿拉伯国家正在提速发展，正处在基础设施建设的高峰期、服务需求的旺盛期、战略发展的关键期。宁夏应顺应并抓住这一重大战略契机，以丝绸之路经济带沿线国家所需所求、宁夏所能所为，主动融入，积极作为，积极参与丝绸之路经济带沿线国家基础设施等重大建筑工程外包。

（三）深化丝绸之路经济带沿线省区经济合作，共同建设经贸共同体

丝绸之路经济带沿线省区要紧紧抓住来之不易的历史发展机遇，既要避免地区泛化，又要避免西北五省区地方化造成的恶性竞争，在丝绸之路经济带建设中抱团发展。西北地区与重庆、郑州等外贸发展腹地相比，整体外贸实力较弱，必须深化西北五省区之间的区域经济合作。宁夏国土面积小、人口少、经济总量小，单独发展与中东、中亚等地区的经贸往来有一定的困难，要积极融入丝绸之路主干道建设，发挥战略支点作用，大力推动新能源、新材料、生物医药等绿色产业发展，积极参与周边国家和省市举办的商业文化活动。

（四）融入丝绸之路经济带建设，加强对外经贸合作

优化利用两种资源、两个市场，大力实施差异化经贸战略，扩大对外开放领域，加强与丝绸之路经济带沿线国家的经贸合作。一是巩固货物贸易。借全区加快推动产业转型升级之机，加快发展加工贸易，提高外贸出口比重，建设区域性贸易集散中转中心，重点发展转口贸易，运用风险投资、参股入股等工

具进行贸易投资。二是发展服务贸易、技术贸易。重点抓好防沙治沙、电子信息、金融商务、建筑工程、文化旅游等技术输出、外包服务等服务贸易和技术贸易，促进与国际接轨，实现中阿贸易向多元化现代贸易转变。三是培育电子商务。加快推进传统贸易电子化改造，推动中阿贸易便利化发展。加快发展物联网、云计算、大数据，坚定不移地加快建设西部云计算中心等重要基地，建设中阿务实合作的数据中心。

（五）争取国家政策支持，不断完善丝绸之路大通道建设

在丝绸之路经济带战略支点建设过程中，必须加强关键基础设施的建设。一是构建陆路丝绸之路铁路大通道。争取国家支持，在现有银西高铁已规划的基础上，加快建设银川－兰州、银川－北京等方向的高铁项目，实现宁夏与西安、北京、兰州、郑州、太原等国家高铁枢纽的互联互通，缩小与周边省区的通道差距。二是构建空中大通道。在河东机场建成国际机场和获得第五航权的基础上，与相关国家达成开通新的国际航线协议，陆续开通银川直通中亚、西亚重要国家的航班，开通或联结开罗（埃及）－银川－北京，伊斯坦布尔（土耳其）－银川－义乌，伊斯兰堡（巴基斯坦）－银川－上海等航线，逐步把银川建成面向西亚、中亚地区的重要航空门户。

（六）加强对外文化旅游交流

充分利用好宁夏中阿博览会平台，发挥各类中介组织和驻外商务机构的桥梁与纽带作用，组建宁夏籍海外企业家协会，为企业提供及时、准确、丰富的信息，帮助企业开展对外交流合作。积极培育具有宁夏地域和民族特色的文化产业群，积极举办和参加各种形式的商贸洽谈会。支持企业、个人赴境外开展商务活动和社会文化交流活动；鼓励外方来宁开展各类社会文化（文艺）、商务、学术、修学、体育赛事等交流活动，逐步形成双边稳定交流机制。巩固宁夏与意大利拉丁那省、挪威桑弗郡、日本岛根县、泰国北大年省、匈牙利佩斯州等地建立的友好交往关系。适时调整旅游发展策略，突出特色、寻求差异、对标国际、推动升级，高起点打造国际旅游目的地。应重视挖掘丝绸之路文化潜质，借助丝绸之路、宁夏西夏王陵申遗之机，打造"东方金字塔"、丝绸之路"旱码头"。

（七）加强金融合作，逐步建立货币结算制度

加快建设对外金融交流平台，加强与丝绸之路经济带沿线省区和国家金融合作关系，重点加强与海湾6国的金融合作，积极引进伊斯兰金融，共同建设区域性金融中心。在货币流通、市场准入、审慎监管和维护区域金融稳定等方面加强与丝绸之路沿线国家的合作，鼓励商业银行根据宁夏建设丝绸之路经济带战略支点的发展需求，积极接入人民币跨境结算系统，加大跨境人民币结算服务力度，逐步扩大跨境贸易人民币结算规模、覆盖面和影响力。稳步推进非金融机构办理个人本外币兑换特许业务，设立个人本外币兑换特许机构，为宁夏与丝绸之路经济带沿线国家人员往来提供金融便利。促进产业政策、财政政策与金融政策的协调配合，强化金融支持产业发展的激励机制和资源配置能力，加快构建服务于宁夏建设丝绸之路经济带战略支点的金融政策体系。

参考文献

〔美〕迈克尔·P. 托达罗：《经济发展》，黄卫平、彭刚等译，中国经济出版社，1999。

常江：《经济发展理论研究综述》，《社科纵横》2007年第5期。

文华：《经济发展与经济增长的理论综述》，《沿边大学学报》（社会科学版）2011年第5期。

赵翊：《"一带一路"背景下宁夏产业结构升级与贸易结构优化的相关性分析》，《对外经贸》2016年第12期。

刘传岩：《西部地区开放型经济发展研究》，中共中央党校博士学位论文，2013。

王必达：《经济发展理论的演变：一个文献综述》，《兰州大学学报》（社会科学版）2004年第2期。

邓光奇、王国洪、陈景昭、丁姝予：《民族地区经济与"一带一路"战略研讨会综述》，《区域经济评论》2016年第6期。

张磊：《"一带一路"战略与中国少数民族地区社会经济发展》，《中央民族大学学报》（哲学社会科学版），2016年第4期。

B.21 青海与尼泊尔合作共建"一带一路"的路径思考

孙发平 杜青华 杨军*

摘　要： 本课题组于2019年11月赴尼泊尔就加强青海与尼泊尔经贸合作和文化交流开展了为期7天的调研，并从陆路回国入境后，在中国西藏和青海两省区就中尼商贸走廊建设、经贸合作、文化交流等进行了全面的调研。经过历时近1个多月的调查研究，形成该研究报告。报告认为：青海联合西藏，加强中尼商贸走廊建设，培育壮大经贸合作，将为青海深度融入"一带一路"提供重要突破口。因此，青海要贯彻落实习近平总书记访问尼泊尔重要指示精神，以时不我待的追赶意识，充分发挥青海在中尼经贸合作中的综合优势，以培育壮大与尼泊尔经贸合作为突破口，抢抓机遇，举全省之力，协同攻关，全力推进，一定能够助推青海在"一带一路"中实现追赶后发的目标。

关键词： 尼泊尔　经贸合作　"一带一路"　青海省

2019年10月习近平总书记在访问尼泊尔时，提出中国要全面加强与尼泊尔的经贸合作。中尼双方就跨喜马拉雅立体互联互通网络建设、促进双边贸易

---

* 孙发平，青海省社会科学院副院长、研究员，主要研究方向为区域经济学；杜青华，青海省社会科学院经济研究所所长、副研究员，主要研究方向为政府经济学；杨军，青海省社会科学院科研处副处长、副研究员，主要研究方向为青海经济史。

投资往来、扩大人文旅游合作等达成一系列共识,并发表了《中华人民共和国和尼泊尔联合声明》。这为青海与尼泊尔合作共建"一带一路"指明了方向,为青海在"一带一路"建设中实现追赶后发提供了重大历史性机遇。本研究基于课题组成员在尼泊尔开展学术调研的基础上,分析了青海与尼泊尔开展经贸合作的互补性、可行性,并就中尼商贸走廊建设和加强青海与尼泊尔经贸合作提出了相关的对策建议。

一 青海与尼泊尔合作共建"一带一路"的优势分析

近年来,伴随着尼泊尔国内政局趋于稳定,尼泊尔政府开始积极支持中国"一带一路"倡议,并对"一带一路"框架下的中尼合作充满期待,中国企业和个人赴尼泊尔投资也呈现出迅速增长的趋势。青海地处青藏高原东部,是内地通往青藏地区和南亚国家的重要陆路通道,在与尼泊尔合作共建"一带一路"方面具有巨大综合优势,特别是在区位、交通、人文等方面,青海拥有除西藏以外其他省区市都无法替代的显著优势。

(一)政治优势

中国与尼泊尔是山水相连的友好邻邦,是世代友好的战略合作伙伴关系国。自1955年中尼正式建交后,中尼关系在和平共处五项原则基础上保持了健康良好的发展势头。1996年,中尼建立了面向21世纪的世代友好的睦邻伙伴关系。2009年,中尼又建立发展了世代友好的全面伙伴关系。2019年10月,习近平总书记访问尼泊尔时,又将中尼关系提升为中尼面向发展与繁荣的世代友好的战略合作伙伴关系。相对平稳的政治环境为青海与尼泊尔合作共建"一带一路"提供了政治保证和良好契机。

(二)政策优势

习近平总书记在访问尼泊尔前夕发表的署名文章中指出,中尼要积极推进跨喜马拉雅立体互联互通网络建设,中方支持中资企业赴尼泊尔投资兴业,重点加强贸易投资、灾后重建、能源、旅游四大领域合作,促进尼泊尔特色优势产品对华出口。中尼双方共同发表的《中华人民共和国和尼泊尔联合声明》

也指出，中尼要全面加强经贸合作，加强口岸、公路、铁路、航空、通信联系，共同打造跨喜马拉雅立体互联互通网络，深化贸易、旅游、投资、产能、民生等经济领域合作，促进共同发展。这为青海与尼泊尔合作共建"一带一路"带来了巨大的发展机遇和有力的政策支持。

（三）区位优势

青海地处中国西北心脏，南连西藏和四川，西接新疆，东北邻甘肃，是进藏入疆的重要门户，历史上素有"天河锁钥""海藏咽喉""西域之冲"等称谓，地理位置十分重要。随着"一带一路"建设的推进，青海已成为中国-中亚-西亚新亚欧大陆桥、中国-中南半岛及中巴、孟中印缅三大经济走廊的交汇地带，是我国深化向西、向南开放的重要区域，在"一带一路"中具有显著的区位优势。独特的区位优势将有助于青海成为中尼双向经贸合作的排头兵和主阵地。

（四）通道优势

在中尼陆路通道中，青藏公路和青藏铁路是进藏（西藏）入尼最重要的物流、人流通道，青海具有不可替代的通道优势。通常情况下，中尼货物贸易如果通过水路经南海、马六甲海峡、印度洋到印度，再从印度加尔各答港到尼泊尔首都加德满都，需要大约40天时间。如果走陆路，通过青藏铁路到日喀则，再通过公路运输经过樟木口岸或吉隆口岸通过汽车运到尼泊尔首都加德满都，只需要13天左右的时间，陆上运输的物流成本，特别是时间成本要明显低于海上运输。目前，中尼陆路通道拉日（拉萨至日喀则）铁路和高速公路均已建成通车。2019年11月，中尼铁路日喀则至吉隆段（日吉铁路）可行性研究工作已正式启动，日吉铁路的建成将使青藏铁路向南可直达吉隆口岸，使青藏铁路在中尼贸易乃至中印贸易通道中具有不可替代的重要地位，成为中尼商贸通道主干线，大大降低中尼国际贸易运输成本。

（五）产业优势

尼泊尔经济以农业为主，农业人口占全国总人口的81%，2018年，农业增加值占 GDP 的比重约为 32%，工业增加值占比不到 15%[①]。从产业结构看，三次产业长期呈"三、一、二"发展趋势。农业方面，虽然农业是尼泊尔第一大产业，但耕作方式落后，基本处于自给自足状态，经济作物和高附加值农产品生产率低，机械化使用率低，病虫害防治技术落后，农业科技覆盖面窄，先进适用农业技术推广严重不足；畜牧业以传统家庭养殖为主，尚未形成大型的规模化、商业化饲养场。工业方面，尼泊尔属于典型的工业化初期国家，工业基础十分薄弱，缺乏具有竞争力的产业，是"一带一路"沿线 65 个国家中工业化水平最低的国家，对油气、电力、钢铁、机械、车辆、药品、化肥等生产生活用品的进口依赖度很高。第三产业方面，主要依托优越的自然风光发展旅游业，旅游业产值占地区生产总值的 30% 左右。

从青海的产业发展优势来看。农业方面，青海省现代农牧业发展水平快速提升，现代农牧业标准体系不断完善，现代设施装备、先进科学技术支撑农牧业发展的格局初步形成，生态畜牧业专业合作社实现了牧业村全覆盖，综合生产能力达到新水平。工业方面，青海已形成新型材料、新型建材、清洁能源、装备制造、特色生物加工、矿物资源循环利用等特色产业。随着青海水能、太阳能、风能等绿色能源产业的发展，绿色能源开发技术达到了世界先进水平。同时，丰富的盐湖资源为青海与尼泊尔开展相关产业合作和外贸出口奠定了基础。第三产业方面，2018 年，青海省第三产业增加值占 GDP 的 47.1%。在交通运输仓储和邮政业、批发和零售业、住宿和餐饮业等传统服务行业稳步发展的同时，新兴服务行业茁壮成长，尤其是旅游产业近年来保持了"井喷式"增长，在生态旅游资源开发理念、技术、资金和人才等方面与旅游资源丰富的尼泊尔开展合作具有显著的优势。

（六）人文优势

历史上，尼泊尔佛教与盛行于青藏高原的藏传佛教保持着友好往来，在唐卡、绘画、建筑、雕塑等领域有着密切的交流和互鉴，并延续至今。同时，尼泊尔是我国海外藏胞第二大聚居地，数万名藏胞与青海藏族文化相

[①] 《"一带一路"国别商务丛书》编辑委员会编《"一带一路"中国－尼泊尔商务报告》中国商务出版社，2018，第 47 页。

通、风俗相近,具有民心相通的历史根基。近年来,青海省持续加强与尼泊尔的文化交流。2013年,尼泊尔垂沙科迪进出口有限公司和西宁源鑫进出口贸易有限公司共同出资组建了青海宗喀源文化艺术发展有限责任公司,主要生产和加工尼泊尔传统手工艺品。2016年2月,应中国驻尼泊尔大使馆邀请,青海省玉树藏族自治州民族歌舞团在加德满都进行文艺表演,庆贺藏历火猴新年,包括尼泊尔藏胞在内的600多名中尼人士欣赏了演出。文化相近、民心相通也促进了青海与尼泊尔的文化产业交流合作。2016年12月,德令哈市中尼产业园建成,尼泊尔的传统雕刻、绘画艺术品不断涌入青海玉树、果洛、海西等地区。省会西宁市先后与尼泊尔的帕坦市、博卡拉市和卡尔亚比纳亚克市等5个市缔结了友好城市关系。2017年,格尔木市政府代表团对尼泊尔巴德普尔市、布德沃尔市、给地布市进行了访问,并就经济社会发展和下一步发展规划及产业合作等作了深入交流。2020年1月,青海在尼泊尔首都加德满都举办了"2020感知中国·大美青海民族文化艺术展"。这一系列活动,促进了青海与尼泊尔相关地区和部门在文化、经济等各方面的交流,为青海与尼泊尔开展经贸合作奠定了人文基础。2019年11月,在外交部和青海省人民政府举办的青海全球推介活动中,尼泊尔驻华大使利拉·马尼·鲍德尔就提出青海省与尼泊尔有许多共同之处,希望未来能够发掘更多合作机会。

二 青海与尼泊尔共建"一带一路"的基本思路与路径设想

经课题组调查并研究认为,青海与尼泊尔在产业合作方面拥有较大的潜力和良好的发展前景,而且部分青海民营企业家已在尼泊尔国际物流、建筑建材、宗教用品及手工艺品等领域开展了十余年的经营,在尼泊尔外资准入、营商环境、产业需求等方面积累了比较丰富的合作经验。因此,青海应在充分利用好现有合作优势的基础上,抢抓全面加强中尼经贸合作的历史性机遇,按照不唯"高大上",但求"小而美"和"无中生有""有中生新"的追赶后发思路,将尼泊尔作为青海融入国家"一带一路"建设、深化对外开放的主战场和突破口,打造"小而特、小而专、小而精"的合作典范。

青海与尼泊尔合作共建"一带一路"的路径思考

（一）基本思路

全面贯彻落实习近平总书记访问尼泊尔时的重要讲话精神和《中尼联合声明》，以习近平总书记提出的深化中尼战略沟通、拓展务实合作、扩大人文交流、加强安全合作为根本遵循，充分发挥青海综合优势，按照"政府引导、市场导向、企业主体、国际惯例"的原则，着力通过制度创新和顶层设计，进一步加强与尼泊尔政府的政策沟通，着力争取中央支持，与西藏合力共建中尼商贸走廊，着力推进中尼跨境经济合作区建设，构建"一区两园，一工一农"的合作模式，加快建设双边物流园区，开通并实现中尼（青藏）班列常态化运行，着力支持青海企业"走出去"，积极参与国际市场分工，深度融入尼泊尔旅游市场。争取通过3~5年的打造和建设，全面深化贸易、投资、能源、民生、旅游、文化等领域的互利合作，有效提升双方经贸合作水平，实现青海在中国西部省区"一带一路"建设中追赶后发的目标，闯出一条新常态背景下青海外向型经济发展的新路子。

（二）路径设想

1. 构建中尼商贸走廊，解决双方共建什么的问题

在《中尼联合声明》合作框架内，充分发挥青海、西藏与尼泊尔地理互接、通道互联、产业互补的优势，联合西藏，共同打造和建设以青藏铁路为主线、以格尔木市为起点、以加德满都市为终点、覆盖格尔木、那曲、拉萨、日喀则、吉隆口岸（樟木口岸）、加德满都等开放型节点城市的中尼商贸走廊。

打造构建中尼商贸走廊（见图1）。其一，可为青海及西部欠发达省区打开向南开放的窗口和通道，推动青海、西藏及中西部内陆地区的工农业产品销往尼泊尔乃至印度市场，有效提升青海、西藏在全国对外开放大局中的战略地位；其二，可以积极争取中央政策支持，消除长期以来由于不靠海、不沿边带来的外向型政策缺失，弥补外向型经济对全省经济增长贡献率不高的短板，使青海和西藏赢得更大发展机遇；其三，可以全面加强中国与尼泊尔的经贸合作和人文交流，构建相互尊重、相互支持的大小国家平等相待、互利共赢、共同发展的典范，有利于尼泊尔摆脱印度的掣肘和控制，有利于从战略高度解决中印有关矛盾和问题，为中印战略安全提供重要保障，有利于提升青海在维护国

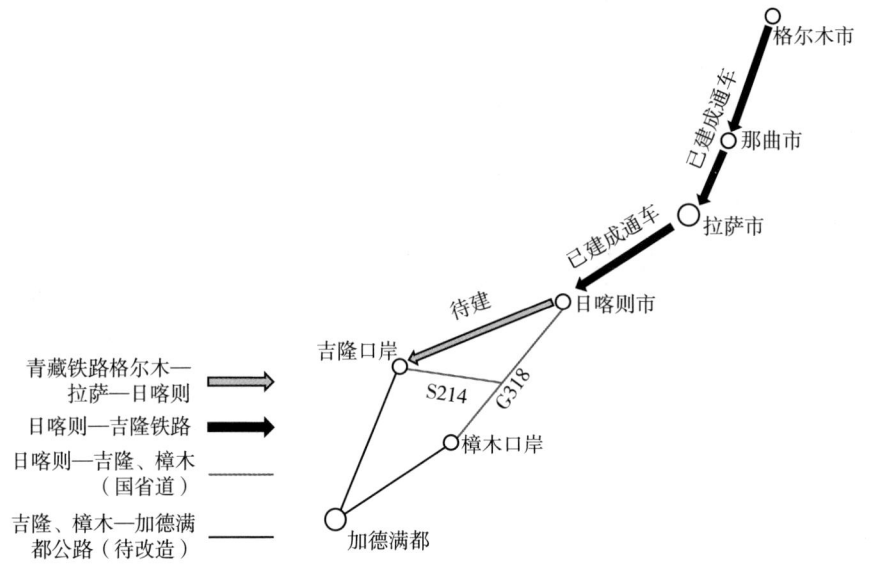

图1 中尼商贸走廊示意

防安全大局中的重要作用；其四，可有效带动尼泊尔经济社会发展，加快尼泊尔改善民生的步伐，为和平共处五项原则赋予更实、更深、更新的时代内涵，为共同构建中尼命运共同体做出青海贡献。

2.建设中尼跨境经济合作区，解决出口什么、进口什么的问题

通过实地调研，课题组发现青海和西藏对尼泊尔的农畜产品需求量较大，尼泊尔对青海的钾肥、食盐、油化工等产品的需求以及对中国各类工业品的需求都比较大，所以对于中尼跨境经济合作区的构想，课题组认为，"一区两园，一工一农"的框架结构比较符合双方实际，即在尼泊尔建立农业产业园，在格尔木建立工业产业园。建设"一区两园，一工一农"的中尼跨境经济合作区，不仅能够为尼泊尔和中国青海、西藏等西部地区提供扩大对外开放的新窗口、新平台，还可以以中尼跨境经济合作区为基础，建设中尼自由贸易区，为区域经济发展提供新机遇和新动力，推动环喜马拉雅经济合作带贸易自由化。

（1）建设中尼跨境经济合作区格尔木工业产业园

尼泊尔工业基础薄弱，以家庭手工业为主，现代制造业几乎处于空白状

态,对石油产品、交通工具(摩托车和汽车)、家用电器、机械设备、电子产品、中小型农机产品等工业制成品的需求量较大,目前主要从印度进口。同时,尼泊尔耕地普遍缺乏钾元素,钾肥需求潜力较大。另外,尼泊尔当地不产盐,食盐长期依赖印度进口。因此,要充分发挥格尔木市工业和商贸物流优势,整合昆仑经济开发区、藏青工业园等园区,在格尔木设立中尼跨境经济合作工业园区,针对尼泊尔等国际市场需求,重点围绕车辆制造组装、日用百货生产、钾肥生产、食用盐加工、农机具生产等极具发展前景的龙头企业进行招商,结合西宁综合保税区建设和格尔木综合保税区申报建设,将格尔木乃至青海省打造成针对尼泊尔,面向南亚、中亚和西亚等地区的出口加工制造业基地。

(2)建设中尼跨境经济合作区尼泊尔农业产业园

针对尼泊尔农牧业、草业、林业资源丰富,开发潜力大但发展水平低的实际,结合尼泊尔与中国开展农业开发合作的强烈意愿,依托西宁云鑫实业有限公司下属的尼泊尔天域国际公司前期发展基础,充分利用尼泊尔气候温暖,农作物和各类牧草一年多获、产量高、品质好,从尼进口运距短、价格低等优势,在尼泊尔相关省份建设多片区的中尼跨境经济合作区农业产业园。一是通过农业产业园可以进一步扩大饲草料种植规模,开展秸秆饲料加工,帮助尼泊尔提升农业、草业发展水平,增加尼泊尔农民收入。二是通过从尼泊尔进口饲草料,可以解决青海、西藏畜牧业发展和畜牧业防灾减灾体系建设中的饲草料短缺问题,破解青藏两省区从内地运输饲草运距长、价格高等问题。三是可鼓励和引导青海和尼泊尔的农业企业入园并从事热带水果、肉类、蔬菜、汉藏药材、木材等的种植、养殖、加工、销售等生产经营活动,以满足我国中西部地区优质农畜产品的进口需求。

3. 开通中尼(青藏)班列,解决双方如何运、运什么的问题

"一带一路"货运班列是实现沿线各国贸易畅通的重要载体,只有开通中尼(青藏)班列,才能在中尼商贸走廊中解决国际跨境运输问题,实现中尼贸易畅通。通过青藏铁路西宁－格尔木－拉萨－日喀则铁路段和日喀则－吉隆－加德满都公路段,开通中尼(青藏)公铁联运班列,积极开展对尼泊尔农机具、车辆、建材、粮油、马铃薯、苹果、青稞酒(60度以下)、食盐、钾肥、藏毯等在尼受欢迎的产品的出口。返程班列依托尼泊尔

天域国际公司百万亩饲草料种植基地及德令哈中尼产业园等企业，从尼泊尔进口牧草青储料、宗教用品、手工艺品、汉藏药材、木材及木装制品等，争取尽早开通中尼（青藏）公铁联运班列，实现零突破。此后3~5年内，以尼泊尔天域国际公司百万亩饲草种植基地年产50万吨饲草项目为主要依托，全面推进中尼货物贸易，逐年扩大中尼（青藏）班列开行规模，最终实现常态化运行。

4. 鼓励青海企业"走出去"，解决投资什么的问题

就目前来看，尼泊尔急需开发和外国企业投资的领域主要有现代农业（草业）经营、水电资源开发、文化旅游业、林业资源开发和木材加工业等。因此，青海省应重点梳理相关产业重点龙头企业，并鼓励支持这些企业积极"走出去"，赴尼泊尔相关地区就相关产业开展全方位、深层次的合作。

（1）现代农业开发和饲草种植合作

青海与尼泊尔在农业领域开展合作不仅能促进尼泊尔农业发展，还可使青海企业获得在尼乃至南亚区域市场的机会。尼泊尔高层和普通民众也迫切希望借助中国先进的农业生产技术和机械设备，帮助尼泊尔提升农业发展水平。近年来，中国政府在尼泊尔开展了一系列的农业技术援助行动，青海省相关农业科研机构和涉农企业可借助这类援助行动，与尼泊尔在现代农业、草业开发方面进行深度合作。同时，尼泊尔属于山地国家，其经济发展需要借鉴中国发展模式，因此农业开发和饲草种植，可为尼泊尔农村劳动力提供就业岗位，增加收入，帮助尼泊尔解决贫困问题。

（2）水电资源开发合作

尼泊尔水力资源丰富，但目前水电资源开发利用率还不到3%。由于水电建设不足，尼泊尔电力供应缺口较大。青海与尼泊尔开展能源开发合作，不仅可有效缓解尼泊尔电力供应紧张问题，还可以在满足本国电力需求的前提下，实现电力向印度等邻国输出，为尼泊尔创造外汇收入。尼泊尔政府在能源开发中，由于注重能源开发利用对生态环境的影响，因此更希望与中国企业在水能、风能、太阳能利用方面开展全面合作。青海在与尼泊尔经贸合作中，清洁能源类企业要抢抓先机，积极加强与尼泊尔各级政府和当地企业的对接，合作开发各类清洁能源，带动青海光伏电池、风电机组等配套组件出口和技术输出，力争先期在尼泊尔掀起能源革命。

(3) 文化旅游资源开发合作

尼泊尔是世界上最适合徒步旅行的国家和世界著名的旅游目的地之一。目前，中国已经成为尼泊尔第二大旅游客源国，也将会成为尼泊尔旅游业发展最具潜力和前景的合作伙伴。青海和西藏也是世界著名的旅游胜地，由于青藏高原与尼泊尔分别位于喜马拉雅山的北麓和南麓，自然风景差异明显，旅游淡旺季互补，又有铁路、公路通道相连，青海企业在尼泊尔开展旅游合作方面前景十分广阔。

尼泊尔旅游业正处于起步阶段，基础设施差、旅游人才短缺，龙头企业发育不足，因此，青海可充分利用高原旅游资源开发中基础设施建设、旅游产品生产营销、旅游经营管理人才培养等方面已积累的丰富经验，加快与尼泊尔在旅游资源开发建设方面的合作。一是通过鼓励青海旅游企业加快"走出去"步伐，在尼泊尔就旅游资源开发、配套设施建设等方面加大投资力度，开发建设中高档次的酒店宾馆，在尼泊尔各地建立旅行社，抢占先机，提高市场占有份额。二是通过有效整合青海、西藏和尼泊尔旅游资源，设计西宁至加德满都国际旅游专列等精品跨境旅游项目，既能推动中国旅客从青海出发到尼泊尔旅游，也可吸引在尼泊尔的国际游客进入青海旅游，构建青海、西藏与尼泊尔旅游的多赢格局。三是通过在格尔木市建设国际自驾游基地和玉珠峰国际登山训练基地，借助青藏公路、青藏铁路，打造自驾游、铁路游、登山游、宗教朝圣游等全域旅游为内容的环喜马拉雅国际旅游带。四是通过打造青海、西藏各类旅游宣传推介展会平台，扩大对青海、西藏和尼泊尔旅游资源的整体宣传与推介，进一步提升"大美青海"的知名度和美誉度。

5. 积极开展文化交流，解决民心相通的问题

民心相通是实现双方经贸合作的人文根基。青海培育做大与尼泊尔的经贸合作，人文交流必须先行。一方面，建立双方在友好城市、党政社团、专家智库、企业协会等领域的学术互访与友好往来常态机制，全方位推进人文领域的合作与交流，从更深的层面提高中尼两国民众的相互认知水平，增进相互理解，营造中尼合作发展的良好氛围。另一方面，借助国家"一带一路"留学生奖学金政策，引导青海高校与尼泊尔加德满都大学、特里布文大学进一步加强留学生、交换生、访问学者等在中文、梵文、藏医药、职业技能培训等方面

的人文交流。同时,与尼泊尔高校和旅游部门合作,在青海高校开展尼泊尔旅游人才培养和培训活动。通过开展和加强青海与尼泊尔的人文交流与合作,筑造民心相通的民心工程,为青海与尼泊尔的经贸合作敲锣鸣鼓、保驾护航,也为中尼文化交流和中尼友谊贡献青海智慧和青海力量。

三 全力推进青海与尼泊尔合作共建"一带一路"的政策建议

通过上述分析研判,课题组认为青海要实现"一带一路"中追赶后发的目标,在明确发展思路和具体路径的基础上,需要在政策举措上加强领导与创新,重点突破,齐心协力,全面推进与尼泊尔的经贸合作。为此,特提出如下政策建议。

(一)加强高层互访,增强互信,形成共识

一是加强高层互访,强化政策沟通。建议省委省政府加强与尼泊尔的高层互访,派出政府代表团对青海与尼泊尔经贸合作展开密集互访和调研,密切高层交往,不断增进青海与尼泊尔间的了解和互信,充分考虑双方的发展需要与实际能力,加强对话与磋商,加强政策沟通与协调,寻求战略交集与利益契合点,促进青海与尼泊尔的发展战略对接,及时解决合作中存在的新困难和遇到的新问题,促进双方互利共赢。

二是注重与尼泊尔地方政府的合作与互动。尼泊尔为联邦制国家,地方政府权力相对较大,尤其在具体项目建设中,尼泊尔地方政府往往能够发挥更大的作用。为此,建议省委省政府在争取国家层面支持的前提下,加强与尼泊尔地方政府的高层互动,全面落实与尼泊尔主要城市的友好城市建设,为推动经贸务实合作提供政治保障。

三是制订早期收获计划,推动重点项目建设。建议省委省政府结合双方实际情况,共同制订青海与尼泊尔合作共建"一带一路"的早期收获计划,以农业、旅游、能源、交通及中尼跨境经济合作区农业产业园建设为重点,分批次、分阶段有序推进项目建设,并通过重点项目形成示范与带动效应。

（二）联合西藏共建中尼商贸走廊，使之上升为国家战略

一是借鉴"一带一路"旗舰项目中巴经济走廊的建设经验，在《中尼"一带一路"合作谅解备忘录》的基础上，基于青海和西藏两省区在中尼陆路通道中的重要地位，联合西藏共同向中央建议构建中尼商贸走廊，使之上升为国家战略和"一带一路"合作框架下的重要国际商贸通道。

二是争取中央支持，将青海纳入中国面向南亚的开放通道体系。中央第六次西藏工作座谈会上提出要把西藏打造成为我国面向南亚开放的重要通道。建议省委省政府向中央呈报将青海也纳入中国面向南亚开放的通道体系，与西藏联合构建中尼商贸走廊的基本思路，并与西藏加强沟通，提前谋划编制面向南亚的中尼商贸走廊建设规划。

（三）采取"政府支持引导＋企业运作"的模式，鼓励支持青海企业建设中尼跨境经济合作区尼泊尔农业产业园

积极响应习近平总书记提出的建立中尼跨境经济合作区的倡议，充分发挥市场在资源配置中的决定性作用和企业在"一带一路"建设中的主体作用，推动中尼跨境经济合作区尼泊尔农业产业园建设取得实质性进展。建议省委省政府借鉴中哈（哈萨克斯坦）苹果友谊园区、中塔（塔吉克斯坦）农业科技示范园区、中古（古巴）农业示范园区等境外农业园区建设的成功做法，采取"政府支持引导＋企业运作"的模式，重点支持青海籍企业西宁云鑫实业有限公司建设尼泊尔农业产业园，进行农业开发和饲草料种植，并按照"一园多区、合作开发、全产业链构建"的布局，吸引省内具有较强竞争力和有"走出去"意愿的农业科研机构、种植、养殖、深加工、农用机械、农用物资等企业，集群开发尼泊尔农业产业，既为尼泊尔农村劳动力提供就业岗位，增加收入，帮助尼泊尔解决贫困问题，也为青海和国内市场提供高品质的农畜产品。同时，鼓励企业通过"合作种植"、兴建水利设施、开办学校等方式，积极践行社会责任，改善民生，造福尼泊尔民众，树立中国企业良好形象。

（四）鼓励支持格尔木市建设双边国际物流园区

一是建设格尔木海外国际物流园区。建议省委省政府向国家相关部委争

取,为省内物流龙头企业获取国际货运代理资质提供政策支持,重点支持格尔木昆仑国际物流城、阳明国际物流园等物流龙头企业充分发挥格尔木市在中尼商贸走廊上的"漏斗"优势,借助青藏铁路(公路)、格敦铁路、格库铁路,与国内义乌、临沂等小商品制造中心和商贸物流集散中心合作,在格尔木建设针对南亚、中亚等国际市场的海外物流产业园,打造国际商贸集散枢纽。

二是支持格尔木在尼泊尔建设海外物流产业园区。坚持内外并举的建设策略,以开行中尼(青藏)公铁联运班列为载体,鼓励支持格尔木在尼泊尔加德满都建设具有多式联运、集散分拨功能和集货、清关、仓储、销售、配送一条龙服务的海外仓,为全国向尼泊尔出口企业设立集散平台。同时,依托尼泊尔海外仓在尼泊尔首都加德满都及重要城市商业繁华地段开设中国精品商品馆,展示销售包括青海特色产品在内的出口商品。

(五)加快格尔木国际陆港建设步伐

一是合理布局格尔木国际陆港建设。以格尔木陆港型国家物流枢纽承载城市建设为契机,以辐射区域更广、集聚效应更强、服务功能更优、运行效率更高为目标,将中尼跨境经济合作区工业园、国际物流园区纳入格尔木国际陆港建设规划中。

二是加快推进格尔木国际陆港综合保税区建设。建议省委省政府积极向国家申报建设格尔木综合保税区,并申报设立水果、木材、汉藏药材等指定口岸。鼓励格尔木积极招商引资,大力发展出口加工贸易,将格尔木国际陆港打造成我国西部面向南亚、中亚、西亚及欧洲开放的重要窗口和制造业基地。

三是建设支撑国际贸易的信息化平台。建议在格尔木市设立口岸办,统筹协调口岸建设,加快推动贸易、海关、税务、金融等部门信息共享,实现电子口岸、物流、贸易、信用、金融等部门间的信息交换和电子口岸、综保区、跨境电商的联动,打造内陆智慧口岸,为全省乃至全国外贸企业提供"一站式"外贸综合服务。

(六)打造高端合作平台,深化中尼经贸合作

一是建立青海-尼泊尔高端交流机制。建议从2020年起,在青洽会、西宁城洽会等大型展会期间,每年召开青海-尼泊尔合作共建"一带一路"高

端峰会。邀请国内有关专家学者、尼泊尔知名专家、中国驻尼泊尔大使馆领导、尼泊尔政府部门和地方官员、省内各市州有关领导、在尼青海企业家代表参会，就青海与尼泊尔经贸合作与人文交流展开深入研讨，为推动中尼合作共建"一带一路"提供智力支撑。

二是积极推动中国西藏－尼泊尔经贸洽谈会升级为中国（青藏）－尼泊尔经贸洽谈会。加强与西藏自治区的沟通合作，鼓励省内企业参加两年一届的中国西藏－尼泊尔经贸洽谈会，就产业合作、基础设施建设、资源开发利用和生态环境保护等方面与尼泊尔开展合作。同时，联合西藏积极向中央争取，将中国西藏－尼泊尔经贸洽谈会升级为中国（青藏）－尼泊尔国际经贸洽谈会国家级展会。

（七）以自贸区建设为标杆，加快制度创新

一是争取设立绿色自贸区。在海东市曹家堡保税物流中心（B型）封关运行、中国（西宁）、中国（海东）跨境电子商务综合试验区建设、西宁综合保税区建设获批和格尔木陆港型国家物流枢纽承载城市建设的基础上，加快中国（青海）绿色生态自由贸易试验区申报工作，加快制度创新，在海关监管、检验检疫、进出口退税、跨境支付、物流支撑等层面全方位消除与全国其他省区的差距，从根本上解决制约青海开放发展的制度瓶颈。

二是加快政府职能转变步伐。推进简政放权服务改革，建立综合统一的"一站式"行政审批制度，探索最大限度减少行政审批事项可控底数，营造国际化营商环境，提高公共服务效率和质量。

三是加快投资融资改革步伐。简化外商外资投资项目准入手续，简化投资项目报建程序，探索新的评审、批准和管理模式，推进投资项目快速落地。

四是拓展金融跨境服务功能。积极探索跨境贸易和投资融资结算便利化落地办法，拓展境外资金回流渠道，开展人民币跨境电子商务结算等服务，进一步推动跨境融资、担保和保险方式依法创新。

（八）加大宣传推介力度，扩大青海在尼泊尔的知名度

一是加强新闻宣传推介。对尼泊尔－中国凯拉斯文化促进会、青海商会等民间机构给予政策、资金支持，鼓励他们与新华社尼泊尔分社、中国新闻社尼

泊尔分社及尼泊尔当地新闻媒体合作，合办新闻专刊，在主要媒体刊发推送中国"一带一路"建设成就巡礼等系列新闻报道，向尼泊尔宣传推介中国"一带一路"合作框架内中国与其他国家合作的典型案例，切实增强尼泊尔政府和民众对"一带一路"的认同感，纠正由部分国家把持的个别尼泊尔新闻媒体对中国及"一带一路"倡议的歪曲和不实报道。同时，在各主要媒体推送青海系列报道，有针对性地在尼泊尔宣传青海民族文化、特色资源、产业发展及经济社会发展成就，及时发布实时新闻和财经资讯，为在尼中国企业提供商业信息服务。

二是以友好城市建设为平台，全面宣传推介青海。建议省内各市州全面落实与尼泊尔友好城市建设工作，加强相互往来和了解，加大对相关市州的宣传和推介力度，对双方产业发展进行全面的调研和精准对接，助推双边经贸合作。

（九）加大政府支持力度，为在尼青海企业提供周全服务

一是在尼泊尔成立经贸人文合作接洽机构。充分利用中国－尼泊尔商务理事会青海联络办公室、尼泊尔青海商会等民间机构，由省商务厅给予政策、资金等方面的支持，充分发挥其在中尼企业联系沟通中的重要作用，并在尼泊尔－中国凯拉斯文化促进会挂牌设立"青海之家"，为在尼或准备入尼企业及青海商人在投资准入、营商环境、人文风俗等方面提供技术指导和信息服务。

二是成立尼泊尔领事代办处。支持青海省外事办和西宁市外事办向国家外事部门申请，在西宁设立领事代办处，为双边企业经贸合作、政府部门对接互访、文化教育交流合作等来往人员在出入境签证等方面提供便利。

三是强化企业金融服务。利用中尼两国签订双边结算与合作补充协议的契机，引导青海商业银行在尼泊尔投资设点，破解当前双边经贸中存在的资金结算难题，为在尼企业提供跨境金融服务。同时，加强与尼泊尔的双边金融监控合作，防止逃税、洗钱、非法资本出入境等，形成管用有效的金融风险防控体系。

四是尽快开通西宁至加德满都国际航班。加强与西藏航空有限公司的沟通协作，通过与西藏航空有限公司占股的喜马拉雅航空公司合作，开通西宁－格

尔木－加德满都国际航线，为双方经贸人文往来人员和赴尼旅游游客提供直航服务。

（十）强化风险防控，保障企业合法利益

一是加强宣传教育，确保在尼青海企业合法合规经营。目前在尼青海企业数量虽不多，但经营模式和发展方向各有不同，并与国内其他省份企业和商会组织存在竞争关系。加之尼泊尔部分法律制度不健全，在尼开办企业要通过各种私人关系才能办理相关业务，因此要加强对在尼或计划赴尼开展经贸合作企业的宣传教育和法律法规、文化风俗等方面的培训，确保在尼企业合法合规经营。

二是掌握税收政策，规避税收风险。尼泊尔税收制度较为复杂，赴尼投资企业应事前了解掌握尼泊尔税收政策和税收协定，充分认识当地税收风险，提升防控能力。建议各地各级税务部门加强对尼泊尔税收政策的研究，针对赴尼企业，全方位多角度宣传尼泊尔对外投资税收政策，引导企业用好当地税收协定，规避税收风险。

三是强化风险评估，保障企业合法利益。青海企业在尼泊尔开展贸易、投资、承包工程和劳务合作的过程中，要特别注意事前调查、分析、评估相关风险，在合作领域、产业布局、项目投资等方面充分考虑尼泊尔的市场结构、消费能力等，使双方的合作有的放矢。尼泊尔司法程序繁杂，办案周期较长，所付出的人力、财力较大，且即使胜诉，能否顺利执行仍是未知。因此要充分做好前期预防，避免发生纠纷。

四是充分利用各类政策性保险。建议赴尼青海企业在尼泊尔开展对外投资合作过程中使用中国政策性保险机构——中国出口信用保险公司提供的包括政治风险、商业风险在内的信用风险保障产品，也可使用中国进出口银行等政策性银行提供的商业担保服务，有效降低青海企业海外投资风险。

五是尊重当地风俗习惯，处理好与驻地党派的关系。尼泊尔民众宗教信仰氛围浓厚，各类宗教节庆多、假日多。在尼青海企业要充分尊重当地风俗，根据当地节庆周期合理安排生产时间。在重大节假日尽量安排当地劳工休假，并组织活动与当地劳工一起联欢。同时，尼泊尔党派众多，主要党派均建有所属工会组织，且主要党派在外资项目执行过程中实际影响较大，因此在尼青海企业要高度重视并妥善处理好与驻地党派和工会组织的关系。

参考文献

王麓锋:《文化距离对中国企业投资"一带一路"国家的影响》,《当代经济》2018年第22期。

王金波:《制度距离、文化差异与中国企业对外直接投资的区位选择》,《亚太经济》2018年第6期。

卫平东、孙瑾:《中国对"一带一路"沿线国家直接投资的风险监管体系研究》,《国际贸易》2018年第11期。

季凯文、周吉:《"一带一路"建设下我国对外直接投资效率及其影响因素——基于随机前沿引力模型》,《经济与管理评论》2018年第4期。

李原、汪红驹:《"一带一路"沿线国家投资风险研究》,《河北经贸大学学报》2018年第4期。

冯勇:《孟中印缅经济走廊建设的思考》,《民营科技》2017年第11期。

郭妤、庄媛媛、杨庆渝:《中国与南亚标准化合作前瞻性研究》,《标准科学》2017年第11期。

杨润宇:《"一带一路"下的中印投资贸易》,《中国外资》2017年第21期。

李勤昌、许唯聪:《中国对"一带一路"全域OFDI的区位选择——基于空间效应视角》,《宏观经济研究》2017年第8期。

区域特色篇
Reports on Regional Features

B.22 新疆产业扶贫与乡村振兴有效衔接的路径研究

张 岩*

摘 要： 探讨产业扶贫与乡村振兴有效衔接，对推动新疆脱贫攻坚与乡村振兴两大战略衔接进程具有重要的现实意义。产业扶贫与乡村振兴在政策方面具有差异性，但在本质上是内在一致的。自实施精准脱贫以来，新疆贫困地区以发展产业带动贫困户脱贫，取得了良好的社会效应。又因政策差异和时限约束，新疆产业扶贫与乡村振兴在有效衔接中存有一些制约因素。鉴于此，有必要从乡村振兴战略的总体要求中，寻找产业扶贫与乡村振兴衔接的有效路径，以此加快推进新疆农业农村现代化步伐。

关键词： 产业扶贫 乡村振兴 脱贫攻坚 有效衔接 新疆

---

* 张岩，新疆社会科学院农村发展研究所助理研究员，主要研究方向为基层社会治理。

一 引言

全面推进乡村振兴战略作为新时代"三农"工作的总抓手,与脱贫攻坚构成中国当代两大国家战略行为,旨在消除绝对贫困,达到共同富裕,最终实现全面建设社会主义现代化国家的奋斗目标。因此,乡村振兴与脱贫攻坚的有机融合是治本之策、时代所需。作为两大国家战略的重点工作和重要任务,产业扶贫是精准扶贫的根本之策和乡村振兴的关键举措,做好这篇大文章,不仅有助于加快补齐农业农村发展短板,有效推动贫困地区农业全面升级、农村全面进步、农民全面发展,还有助于实现脱贫攻坚与乡村振兴有机衔接、相互促进,更好地使乡村资源优势转变为乡村产业发展的经济优势。可见,持续、稳定、高效地推进扶贫产业是引领深度贫困地区高质量发展的生力军,是加快贫困地区"接续推进全面脱贫与乡村振兴有机衔接,着重增强内生发展动力和发展活力,确保脱贫后能发展、可持续"的着力点。

二 产业扶贫与乡村振兴的逻辑关系

(一)产业发展对脱贫攻坚与乡村振兴有效衔接的重要作用

脱贫要长效,长效在产业;振兴要质量,关键在产业。党的十八大以来,习近平总书记多次强调产业发展的重要性:在脱贫攻坚战略中,产业扶贫是精准扶贫"五个一批"工程中的首要工程,是打赢脱贫攻坚战的根本举措。在乡村振兴战略中,产业兴旺位于乡村振兴20字总要求中的首要位置,是解决农村一切问题的前提。从"产业扶贫"到"产业兴旺","反映了农业农村经济适应市场需求变化、加快优化升级、促进产业融合的新要求。"可见,对于贫困地区而言,切实解决贫困和防止返贫的关键问题是产业发展。只有产业发展了,贫困地区才能激活内在发展动力、实现高质量脱贫,贫困人口才能获得更多就业机会,拓宽可持续增收渠道,改善生产生活条件,逐步提升"造血"功能。因此,贫困地区在从打赢精准脱贫进而实现乡村振兴的过程中,必须因时因地制宜，注重培育发展产业，构建产业扶贫长效机制和产业发展提升工程，最终实现乡村振兴的战略目标。

（二）产业扶贫与乡村振兴的内在关系

毋庸置疑，乡村振兴战略是解决农村贫困问题，从根本上破解中国城乡不平衡不充分发展状况的一项重大战略。建设美丽乡村、促进生活富裕都要依靠发展产业来实现。这表明，产业扶贫是实现乡村振兴的首要条件和必然要求。分析二者的"耦合关系"，有助于"实现脱贫攻坚与乡村振兴在战略思维、体制机制、政策措施、成效认定等方面的有机衔接。"

1. 政策差异性

（1）精准脱贫中的产业扶贫政策。自精准脱贫实施以来，中央政府及有关部门高度重视产业扶贫，相继出台一系列政策措施，不断完善产业扶贫的政策体系和政策内容。一是政策目标：2020年要消除绝对贫困，"每个贫困县建成一批脱贫带动能力强的特色产业，每个贫困乡、村形成特色拳头产品，贫困人口劳动技能得到提升，贫困户经营性、财产性收入稳定增加。"二是政策内容：发展特色种养殖业及林果产业；深度挖掘农业多种功能，促进农村一二三产业融合发展；积极发展特色农产品精深加工业，实施农业品牌战略，实现贫困户稳定增收；培养壮大新型经营主体，与贫困村（户）建立稳定的利益联结机制；强化农林技术推广和新型职业农民培育力度。三是实施对象：有明确指向的贫困地区及建档立卡贫困村（户）。产业扶贫突出贫困人口的参与度，强调企业、合作社等市场主体的作用发挥，关注产业发展的当前效果。然而，受主客观因素的制约，产业扶贫的市场主体小而弱，运用经济和市场化手段不明显，形成具有较强竞争力的可持续的优势产业有一定难度。

（2）乡村振兴中的产业扶贫政策。随着现代化进程的加快，中国社会发展已处在农业中国迈向工业中国、乡村中国迈向城镇中国的历史拐点。为此，十九大报告提出"实施乡村振兴战略走城乡融合发展之路"。为实现两大战略的有效衔接，推进农业农村现代化，国家优化未来产业发展的顶层设计，突破脱贫攻坚阶段产业扶贫单一、专项、集中的特点，对乡村产业发展做出全面部署。一是政策目标：分为实现消除绝对贫困的当前目标和实现全面建成小康社会的长远目标。其中，当前目标是初步健全产业发展的制度框架和政策体系，初步形成农村一二三产业融合发展格局；长远目标是农业结构得到根本性改善，农业现代化全面实现。二是政策内容："突出优势特色、科学合理布局、促进产业融合发展、推进质量兴农绿色兴农、推动创新创业升级。"三是实施对象：广大农村地区和农民群体。显而易见，乡村振兴时期的产业扶贫不仅是满足贫困户脱贫、贫困村达标出列的基本要求，更是突破和补齐贫困地区全面建成小康社会瓶颈和短板的根本之策，表现出政策普惠性、发展整体性和成效优良性的鲜明特点。

2. 内在一致性

十九届五中全会高度评价全面建成小康社会取得的决定性成就，做出了"全面建成小康社会胜利在望"的重要判断。"十四五"时期，我国将乘势而上开启全面建设社会主义现代化国家的新征程。这寓意着，对于贫困地区而言，"脱贫摘帽不是终点，而是新奋斗的起点"。从扶贫到脱贫、再由脱贫到全面推进乡村振兴是新时代贫困地区接续奋斗的两个历史阶段。这决定了当下在脱贫攻坚与乡村振兴的战略交汇期，必须用发展的眼光审视乡村振兴背景下贫困地区产业扶贫的目标定位，这使得产业扶贫要肩负起"促进贫困人口长效增收和补足贫困地区未来发展动力的'双重'任务。"可见，产业扶贫作为全面推进乡村振兴的近期目标，为产业发展实现兴旺奠定了基础。同时，乡村振兴又推进产业扶贫优化升级，在不断巩固脱贫攻坚的基础上做大做强农村产业，使其成为推动城乡互促与融合的强大引擎。

三 新疆产业扶贫的社会效应分析

自实施精准脱贫以来，新疆贫困地区立足资源优势，因地制宜以发展产业带动贫困户脱贫，取得了良好的社会效应。

（一）新疆产业扶贫的主要做法

1. 发展特色种养殖业，夯实脱贫基础

考虑到农业是新疆特别是南疆四地州贫困乡村的核心产业，各地县形成了特色种植、养殖产业的发展方向。比如，人地矛盾较为突出的和田地区，主要选择禽畜养殖业和果蔬种植业等传统行业。喀什地区特色产业星罗棋布，既有像莎车的巴旦木、叶城的核桃、伽师的甜瓜等传统农产品,也有万寿菊、樱桃、金银花等名优新特品种。阿克苏地区,因其特殊的地理位置,重点打造棉花生产基地、林果业、畜牧业等。克州地区积极培植以木纳格葡萄、无花果、沙棘等为代表的特色林果业。据了解,新疆贫困地区还大力发展庭院经济,实施一户一策,精准到户到人,一产提质增效成效显著。

2. 发展劳动密集型产业,拓宽就业渠道

为持续提升产业带动就业能力,促进南疆贫困群众稳定就业,新疆优先发展以纺织服装业、电子产品组装业为代表的劳动密集型产业。同时,支持农用机械制造、鞋帽、玩具、假发、箱包、皮具等中小企业生产项目建设,助力一批加工企业落户、一批卫星工厂投产、一批扶贫产业园建成。比如,和田地区通过筑巢引凤,加快纺织服装、电子装配、鞋业等劳动密集型企业落户,实现贫困户在家门口就业。再比如,为抢抓"一带一路"历史性机遇,自治区指导喀什经济开发区国家外贸转型升级基地发展,以点带面促进外贸转型升级,为南疆的纺织服装等劳动密集型产品搭乘中欧班列出口创造条件。

3. 推动乡村旅游扶贫工程,提升脱贫质量

自治区第九次党代会以来,新疆始终坚持"良好生态环境是最普惠的民生福祉"的绿色发展理念,依托"青山绿水、冰天雪地"两个"聚宝盆"的旅游资源,"通过乡村旅游拉动、龙头景区带动、产业带动等形式,不断发挥旅游在脱贫攻坚中的主力军作用,让越来越多的农牧民'端上了旅游饭碗,甩掉了贫困帽子'"。比如,乡村旅游在全域旅游模式下,形成了乡村旅馆、民俗体验、生态休闲等新业态。旅游产业带百业、旺乡村,不仅拓宽了农副产品、手工艺品的销售渠道,而且促进农村产业结构的调整,实现农业的多元化发展,以提升脱贫质量。

4. 培育农村电子商务网点,促进产销链接

2020年受疫情影响,新疆以国家级电子商务进农村示范项目为抓手,"进一步扩大电商进村覆盖面,完善农村流通基础设施,推动乡镇商贸发展",打通电商扶贫"最后一公里"。"同时,指导47个国家级电商示范县开展公共品牌、重点品牌培育工作,"鼓励乡村电商服务站助推贫困地区农产品销售。据了解,"新疆目前已建设334个电商服务站(点),其中,未摘帽县已建设211个电商服务站(点)。截至5月,已组织各类电商扶贫促消费活动近300场次,

销售农产品超2亿元"。电商服务平台的建成极大拓宽了贫困户销售农产品的渠道,调动了村民网购的积极性,从而实现农产品进城和网货下乡的双向流通。

(二)新疆产业扶贫取得的成效

1. 促进贫困地区特色优势产业的发展

近年来,新疆贫困地区秉持"宜农则农、宜工则工、宜商则商、宜旅则旅"原则,依托区位优势和自然条件,实施"产业+就业+促脱贫+促区域发展"的精准脱贫模式,因地制宜打造一批竞争力强、辐射力强的龙头企业、生产基地、产业园区,编织起细密的特色畜牧养殖业、特色农产品种植加工业、特色旅游农业以及劳动密集型的产业扶贫就业网,建成了"县有龙头企业、乡有规模企业、村有村办工厂、户有小作坊"的四级产业发展和就业体系。乡村产业发展接二连三的新模式、新业态为新疆经济发展注入了新动能,"特"字号产品成为新疆产业扶贫的突破口,脱贫增收效果明显,各族群众共享发展红利。

2. 建立帮贫带贫利益联结机制

为提高抗风险能力,确保贫困群众收入"不断档",新疆始终坚持龙头企业、合作社与贫困户利益共进退的原则,积极探索完善帮贫带贫利益联结机制,以提高贫困户在产业扶贫发展中的参与度和受益度。目前,贫困地区已基本形成"政府+企业+合作社+贫困户""龙头企业(合作社)+贫困户+金融扶持""基地+企业+卫星工厂(扶贫车间)+贫困户""政府+社会资本+贫困户"等多种利益联结机制,推动"资源变资本、资金变股金、农民变股民"。特别值得一提的是,新疆探索"具有创新性的'三零'扶贫模式,即零成本投入、零风险经营、零距离就业"这一稳定的利益联结机制,对提升贫困户的发展能力和保障能力具有十分重要的现实意义。

3. 提高贫困人口的收入水平

新疆始终把提高贫困人口收入作为核心任务,用增收体现扶贫开发的效果。在脱贫攻坚战役中,新疆认真研究重点村和贫困户的增收方案,以项目建设为突破口,加快推进覆盖面广、带动力强、见效快的增收措施进村入户,确保所有有劳动能力的贫困人口全就业,实现人人有活干、天天有收入,贫困群众的自主脱贫能力稳步提高。同时,充分利用贫困户建档立卡工作的精准效果,全面掌握贫困户受益情况,有效保障低收入贫困人口全部享受农村最低生活保障。目前,新疆贫困人口的收入水平明显提高,其中,工资性收入和生产经营性收入占比上升。总体来看,南疆深度贫困地区农村居民人均可支配收入稳步增长,收入结构不断优化。

4. 激发贫困群众参与脱贫的内生动力

为调动贫困群众的内生脱贫意愿,新疆扎实推进一系列有效的扶贫措施,使贫困户实现了由"要我脱贫"到"我要脱贫"的转变,达到造血式扶贫与输血式扶贫的有机统一。近些年,新疆充分发挥"第一书记"和驻村工作队的积极作用与显著优势,依托党建引领,利用周一升国旗、农牧民夜校、"民族团结一家亲"等活动,大力宣传产业扶贫、就业扶贫、教育扶贫、健康扶贫等一系列惠民举措,加大人才培养、科技服务、教育培训等支持力度,贫困群众逐步摒弃"等人送小康"的心态,逐渐树立起靠自己的勤劳实现脱贫致富的正确观念,在致富奔小康路上表现出十足的信心、有力的干劲。

四 新疆产业扶贫与乡村振兴有效衔接的制约因素

新疆实施产业扶贫,形成了一些较好的发展思路和扶贫模式,为乡村全面振兴奠定了基础。但产业扶贫受时限约束,还存在诸多现实问题。

(一)产业扶贫项目规模小,同质化现象较为严重

产业扶贫同质化问题的主要表现是产业扶贫项目的同质化,这是新疆贫困地区亟待解决的一个难题。在调研中发现,特色高效产业发展基础弱、空间小、路子窄,促使产业扶贫项目主要集中于传统种养殖业。比如,各地多选择发展蔬菜、食用菌、林果以及牛羊、兔子等项目。这些扶贫产业确实起到立竿见影的效果,但往往不够集中连片,发展规模较小,市场竞争力不足,甚至个别地方存在盲目跟风,没有从自身实际和市场需要考虑,导致特色产业并无特色,营销手段和渠道单一使得价格和收入弹性不高,这将冲击贫困地区产业发展,挫伤贫困群众的生产积极性。可见,如果产业扶贫项目过于单一,同质化现象严重,后续发展极有可能面临较大的市场风险,这将不利于乡村产业振兴的多元化发展。

（二）农业产业链延伸不够，产品附加值较低

近年来，新疆贫困地区培育了大批能够带动贫困户增收的产业，但受人力资本禀赋的影响，传统的种养殖业技术含量较低，尚未形成农产品加工产业群，产业短链模式、产品附加值低的问题比较突出。调研中发现，传统种养殖业的专业化、产业化程度普遍偏低，产出的初级农产品，其精深加工等提高收入的环节缺位，产品附加值低，且产业链中生产、加工、销售、流通等环节连接不紧密，产业链依然处于初级模式。因贫困地区仅占有生产环节，加工企业一次性买断农产品，贫困户不能分享农产品附加值带来的增值利益。除此之外，扶贫产业的帮扶主要集中在生产环节，未能有效解决贫困户产销衔接的问题，使得销售渠道多由政府或帮扶单位牵线搭桥，这不仅容易造成农产品供给与需求脱节，也会增加市场风险。

（三）科技创新的引领能力偏弱，不适应乡村振兴全面发展需求

新疆贫困地区的扶贫产业多为"原生态"，要把资源优势变为特色产业，科技必须发挥驱动作用。然而，面对乡村振兴战略的发展需求，贫困地区科技创新的引领能力不强，科技创新与乡村产业衔接不紧密，生产、加工所需的技术成果供给不足，经济与科技"两张皮"问题还很突出。具体来说，新疆乡村农业是典型的传统农业，农业社会化发展缓慢，在一定程度上影响着乡村产业的科技创新能力，鲜有现代高科技赋能农业，农业科技成果转化率低，"社会经济价值的释放难度高，企业与农户之间实际利益的有效匹配难度大，导致科技创新的推广成本偏高。"同时，资源要素、创新要素与乡村产业不能有效整合和衔接，科技创新的驱动作用难以在乡村振兴中发挥应有的功能。

（四）产业扶贫市场化程度不高，制约市场机制的作用发挥

毋庸置疑，贫困地区大规模实施产业扶贫，政府发挥着不可或缺的作用。然而，"因脱贫攻坚时间紧、任务重，各地的产业扶贫多由政府主导或推动，更多的是一种政府行为，未充分发挥市场的主导作用，"这与乡村产业振兴定位的"市场主导、政府引导"不相符。同样，新疆贫困地区的政府部门也扮演着积极有为的角色，对产业扶贫资金的分配使用，以及对产业项目和市场主

体的选择有着很大的裁量权，导致部分扶贫产业项目过度依赖政府。可政府的扶持不具有长期性，如果不遵循市场机制，一旦失去政府的支持，扶贫项目就会因缺少"外援"而发展乏力，甚至面临不可持续的发展。同时，政府的政令性特征往往与产业发展的周期性规律相抵触，甚至会违背经济发展规律，抑制市场机制的作用发挥。

（五）农村新型经营主体发育不足，带动作用不明显

乡村产业发展离不开各类经营主体的参与，实现乡村振兴亟须加大对农村新型经营主体培育和扶持的力度。目前，新疆贫困地区农村新型经营主体组建迅速，数量增多，但普遍存在发展规模小、组织程度低、缺乏综合性专业人才、带动辐射作用不明显等问题。具体来说，部分农民专业合作社由于生产规模小、水平低，贫困户参与率不高，管理运行不规范，缺乏发展后劲，产出的大部分农产品多为"初字号"，带动贫困户增收的潜质尚未完全发挥。龙头企业生产规模有待进一步拓展，产业链条衔接不紧密，精深加工能力弱，农产品市场占有率不高。家庭农场因起步较晚，经营能力及效益较合作社和龙头企业相比欠佳，缺乏懂经营、懂管理、懂技术的农业综合性人才。

五 新疆产业扶贫与乡村振兴有效衔接的实现路径

"乡村振兴战略涉及农村经济、政治、社会、文化、生态环境等方面，在这个系统框架中，农村产业发展对其他目标的实现具有前置性作用。"新时代，为实现农业全面升级、农村全面进步、农民全面发展，新疆应从乡村振兴战略的总体要求中，寻找产业扶贫与乡村振兴衔接的有效路径，以加快推进新疆农业农村现代化步伐。

（一）推动产业融合发展，以拓展产业链构建现代农业产业体系

壮大扶贫产业，促进产业融合，是实现产业兴旺目标的必由之路。自实施精准脱贫以来，新疆产业融合发展趋势日渐明显，各地积极探索实践，逐步激发乡村产业发展动能。比如，新疆正在建设的产业融合发展示范园、循环经济试点示范以及特色小镇等，为乡村产业融合发展构建起新的平台。随着乡村振

兴战略的推进，新疆农业发展被时代赋予了更高的要求。构建现代农业产业体系，不仅是我国乡村振兴战略的重要内容，也是新疆现代农业发展的全新理念。构建现代农业产业体系，必须全面提升农业产业化水平，这是实现农业现代化的必经之路和重要标志。为此，新疆要加强顶层设计，实施政策引导，制定区域产业布局规划和发展战略，以产业化示范基地为引领，"实现农业产业的集约化经营，形成农业产业链条完整、功能多样、业态丰富、利益联结紧密的现代农业产业体系"。由此，改变新疆农业产业化面貌，提升农业发展整体水平。

（二）积极探索绿色产业扶贫新路，以绿色发展理念实现产业发展和生态文明有机融合

伴随着中国"去城市化"趋势、"市民下乡"的兴起，以及人民生活质量的提高、消费方式的转变，新时代中国农业产业发展正面临重要的战略机遇，这决定了新疆农业产业的发展路径，要"走产业生态化与生态产业化道路。"这一发展路径，符合我国现阶段的时代特征、经济特点和消费需求，有效促进城乡良性互动，最终实现乡村生态宜居，提升民生福祉。具体地说，产业生态化道路，就是改变新疆传统种养殖业生产的弱质性特征，聚焦城乡居民消费的绿色健康化、喜好多样化的需求，以提高农业市场竞争力和可持续发展能力为核心，适时调整种养殖业的规模和方向，打造生态型功能农业的种养殖基地。生态产业化道路，就是利用新疆农村自然、人文景观，深入发掘农村历史文化底蕴，保护村落特色建筑，让农村良好的生态资源转变为有效的经济和社会价值，实现新疆传统农业与现代特色产业的深度融合。

（三）立足资源禀赋和特色优势产业，以扶志扶智扶技提高乡村社会文明程度

一个地区经济发展的市场竞争力和可持续发展能力，往往较为集中地表现为该地区的资源禀赋和特色产业所具有的比较优势。对于新疆贫困地区而言，资金、技术、人力资本、市场规模、社会化组织都不具备比较优势，只有自然资源和劳动力资源处于竞争优势地位。因此，新疆贫困地区应该走符合当地资源禀赋条件之上的产业发展路径，发挥其要素的比较优势，才能形成市场竞争

力，推进产业升级。发挥比较优势归根到底取决于"人"的因素，也就是说，新疆贫困地区的劳动力资源丰富，但高质量的人力资本含量很低，如何把人力资源转变为人力资本，实现新疆乡风建设与乡村新兴产业建设相结合，以提升农民素质和乡村社会文明程度，是当下亟待解决的一大课题。为此，新疆要大力培育一批有文化、懂技术、善经营、会管理的新型职业农民，作为农业农村领域干事创业的重要力量，带动和影响周边农户发展现代产业，在构建农村产业新格局的过程中，提升乡风文明建设。

（四）提高农业产业全要素生产率，以优化乡村治理要素构建乡村治理体系

党的十八大以来，以习近平同志为核心的党中央高度重视乡村治理体系建设，并在乡村振兴战略规划中促使乡村治理构建与乡村产业发展形成有效耦合。这不仅体现乡村产业发展与乡村治理秩序关系密切，还表明健全乡村治理体系是贫困地区实现乡村振兴的题中之义。"以乡村治理主体为代表的乡村治理要素既是乡村治理的构成要素，同时也是乡村产业发展必不可少的生产要素。"可见，贫困地区乡村产业发展依附于乡村社会，发展环境的优劣取决于乡村治理的绩效，提升产业发展效率在一定程度上也是乡村治理有效的充分体现。为此，新疆贫困地区产业发展客观上要求优化乡村治理环境，维护和谐安定的乡村社会秩序。同时，产业发展依靠的主体力量促成乡村治理主体的多元化，在参与产业发展中也积极投身于乡村的制度化、常态化的治理活动，不断壮大群防群治力量，让乡村治理更加有效。

（五）发挥新型经营主体的带贫作用，以健全完善利益联结机制促进农民持续稳定增收

贫困地区发展扶贫产业，只靠贫困户"单枪匹马"创业显然行不通，应该加大对新型经营主体的支持培育力度，建立良性的利益联结机制，在帮贫带贫中发挥好作用。新疆贫困地区要依靠农民专业合作社、龙头企业、家庭农场等市场化主体，围绕有潜力的特色优势产业，完善多样性与相容性的利益联结机制，确保农民持续稳定增收。为此，新疆各级政府要发挥好"水龙头"的功效作用，进一步加大对新型经营主体包括资金、技术、人才、用地、补奖等

政策的支持力度，谋划推进产业发展。在产业发展的过程中，新型经营主体要不断完善与贫困户的利益联结机制，对贫困户既要有多样性的利益回报机制，也要有多劳多得、少劳少得、不劳不得的激励约束机制，让贫困群众积极参与并分享产业发展带来的经济红利的同时，保障新型经营主体发展所需的正当利益关系。可见，科学合理的利益联结机制不仅为产业的可持续发展奠定了基础，而且激励贫困户提高内生发展动力，实现稳定增收、稳固脱贫，向着共同富裕的目标稳步前进。

参考文献

《习近平在第三次中央新疆工作座谈会上发表重要讲话》，中华人民共和国中央人民政府网站（2020年9月26日），http：//www.gov.cn/xinwen/2020－09/26/content_5547383.htm，最后检索日期：2020年12月2日。

《习近平主持中共中央政治局第八次集体学习并讲话》，中华人民共和国中央人民政府网站（2018年9月22日），http：//www.gov.cn/xinwen/2018－09/22/content_5324654.htm，最后检索日期：2020年8月18日。

庄天慧、孙锦杨、杨浩：《精准脱贫与乡村振兴的内在逻辑及有机衔接路径研究》，《西南民族大学学报》（人文社科版）2018年第12期，第113～117页。

汪三贵、冯紫曦：《脱贫攻坚与乡村振兴有机衔接：逻辑关系、内涵与重点内容》，《南京农业大学学报》（社会科学版）2019年第5期，第8～15页。

《国务院关于印发"十三五"脱贫攻坚规划的通知》（国发〔2016〕64号），中华人民共和国中央人民政府网站（2016年12月2日），http：//www.gov.cn/zhengce/content/2016－12/02/content_5142197.htm，最后检索日期：2020年8月23日。

习近平：《决胜全面建成小康社会夺取新时代中国特色社会主义伟大胜利———在中国共产党第十九次全国代表大会上的报告》，《人民日报》2017年10月28日，第1版。

刘明月、汪三贵：《产业扶贫与产业兴旺的有机衔接：逻辑关系、面临困境及实现路径》，《西北师大学报》（社会科学版）2020年第4期，第137～144页。

牛胜强：《乡村振兴背景下深度贫困地区产业扶贫困境及发展思路》，《理论月刊》2019年第10期，第124～131页。

《［新疆是个好地方］旅游＋扶贫，让绿水青山变金山银山》，天山网站（2018年7月30日），http：//news.ts.cn/system/2018/07/30/035314954.shtml，最后检索日期：2020年8月27日。

《新疆进一步扩大电商扶贫覆盖面》，中华人民共和国中央人民政府网站（2020年3

月18日），http：//www.gov.cn/xinwen/2020 - 03/18/content_ 5492623.htm，最后检索日期：2020年9月10日。

孟华珍：《新疆商务厅以电商扶贫促产销对接》，《国际商报》2020年7月7日，第6版。

李慧、訾谦：《产业扶贫如何扶到百姓心坎上》，《光明日报》2020年1月12日，第3版。

完世伟：《创新驱动乡村产业振兴的机理与路径研究》，《中州学刊》2019年第9期，第26~32页。

刘明月、陈菲菲、汪三贵、仇焕广：《产业扶贫基金的运行机制与效果》，《中国软科学》2019年第7期，第25~34页。

高帆：《乡村振兴战略中的产业兴旺：提出逻辑与政策选择》，《南京社会科学》2019年第2期，第9~18页。

王文通：《关于加快农业振兴的建议》，《河北农机》2018年第3期，第13页。

罗士轩：《乡村振兴背景下农村产业发展的方向与路径》，《中国延安干部学院学报》2019年第1期，第119~127页。

徐朝卫：《新时代乡村治理与乡村产业发展的逻辑关系研究》，《理论学刊》2020年第3期，第85~92页。

B.23
新时代陕西交通强省战略下经济社会发展对交通的需求及定位研究

冯煜雯*

摘　要： 交通运输是建设现代化经济体系的先行领域。党的十九大做出了建设交通强国的战略决策，按照国家战略部署，紧密结合陕西发展实际，陕西提出建设交通强省战略。经济跨越发展，对交通运输提出了更多需求；社会民生进步，对交通运输提出了更高要求；科技创新驱动，对交通运输提供了更强支撑；区域协作大格局，为交通运输拓展了更大空间；交通强省战略对交通运输提出了更新使命。

关键词： 新时代　交通强省　交通需求　陕西省

交通运输是建设现代化经济体系的先行领域。党的十九大做出了建设交通强国的战略决策，建设交通强国是以习近平同志为核心的党中央立足国情、着眼全局、面向未来做出的重大战略决策。按照国家战略部署，紧密结合陕西发展实际，陕西提出建设交通强省战略。陕西是我国向西开放的门户，具有承东启西、连接南北的地理枢纽优势，担负着西部科学发展新引擎、内陆改革开放新高地的重大使命，陕西交通强省战略总目标是建成安全、便捷、高效、绿色、经济的现代化交通强省和人民满意交通，为交通强国建设打造西部样板，全面提升交通运输综合实力和国内国际影响力，实现"人享其行、物优其流、省倚其强"。

---

* 冯煜雯，陕西省社会科学院助理研究员，主要研究方向为经济管理。

新时代陕西交通强省战略下经济社会发展对交通的需求及定位研究

按照系统科学的观点，经济与交通之间存在着交互作用的自组织机制，交通经济协调发展是系统演化的内在规律。交通运输是区域经济发展、区域之间联系互动的基础性条件。交通运输业的发展水平在一定程度上反映了一个地区的经济发达程度。如果交通运输的发展水平超前一些，社会经济发展就具备了较好的发展条件；如果交通运输发展滞后，整个区域经济的健康发展都会受到抑制。区域经济的发展水平决定着交通运输的发展水平，区域经济的发达程度决定了区域内人员、物资的流动需求，而这种流动需求直接影响着区域交通运输量的大小。此外，潜在的发达经济是交通运输的物质基础。我国已步入全面建设社会主义现代化强国的新时代，交通运输与经济社会深度融合已经成为交通运输转型升级发展的客观趋势和必然要求。

一 新时代陕西区域发展新格局

陕西作为"一带一路"的重要枢纽，是我国推进向西、向北、向南全面开放的战略交汇地，6个国家"十纵十横"综合运输大通道、17条"71118"国家高速公路、4个"八纵八横"高铁主通道经过陕西，西安成为全国12个最高等级的国际性综合交通枢纽和八大铁路枢纽。关中平原以陆桥通道为主轴，建设东西双向国际贸易大通道，向西打造新亚欧大陆桥，向北打造中蒙俄经济走廊衔接互动重要平台，向南连接成渝、珠三角、北部湾等城市群交通物流网络，形成南向国际贸易大通道。

面对新时期国家构建的"向东、南、西、北全面开放"的发展新战略，处于中国地理中心、七大城市群中心和"一带一路"重要枢纽的陕西，迎来了重大的历史性机遇。陕西应统筹推进"陕西创新型省份、陕西自贸试验区、西安国家中心城市、关中平原城市群建设"，以"一带一路"建设为依托，构筑全方位立体化开放大通道。

新时代陕西发展的新格局要求交通运输与经济社会的传统关系，转变为交通运输与经济社会深度变革的多层次、多模式、广范围的深度融合互动发展关系，为陕西建设现代经济体系，特别是产业、城镇、生态、民生等领域发展提供基础支撑和先行引领作用。

（一）关中：成为国家的通道和国际枢纽地带

关中地区未来将重点打造关中城市群，由过去"四关之中"成为未来中国的"中间之关键"。关中城市群将呈现"一圈一轴三带"的总体格局，以大西安都市圈为核心，以陇海产业和城镇发展轴为主轴线，重点发展包茂发展带、京昆发展带、福银发展带，通过强化与周边城市群的发展协作，推动节点城市和沿线中小城市支撑作用。通过陇海产业和城镇发展轴，向西连接甘肃、青海、新疆等省和丝绸之路经济带沿线国家（地区），向东连接中原地区和沿海地区，强化交通商贸、科技教育、文化旅游和国际产能合作，发挥新亚欧大陆桥国际经济走廊的战略支撑地位。通过打造交通运输"三带"（包茂发展带、京昆发展带、福银发展带），形成连通南北、对接京津冀地区、长江经济带、粤港澳大湾区，辐射宁夏的新发展带，成为全国重要的先进制造业、战略性新兴产业和现代服务业基地。

关中地区将成为陕西经济社会发展最活跃的地区，且增长势头强劲，必将加速地区人力资源和商务人员流动，推动关中地区客运需求快速增长。随着关中城市群建设速度持续加快，关中地区的人口还将进一步增加，将吸引陕北和陕南两地的人到西安及关中平原城市群就业、定居。关中地区的城镇化进程也大幅领先于其他两个地区，大西安的发展也将吸引省内外的人口集聚关中地区，城市间、区域间的通勤需求必然日益增多，预计2050年的客运量是2020年的2.5~3倍，在三大区域中所占比例继续提升到81%以上。

货运方面，结构调整政策可以在短期内将煤炭等大宗物资转移到铁路上；长期来看，由于产业升级和能源消耗增长缓慢且特高压输电等因素，货运强度会持续下降，货运总量增长缓慢。但是，同样由于产业升级以及公路运输能源清洁化的普及，公路交通量仍会保持持续稳定上升，铁路集装箱运输会增加，民航高附加值运输需求快速增长。关中地区航空航天、精密仪器、装备制造等工业基础条件优越，围绕建设先进制造业基地，形成了以航空航天、汽车制造、食品医药、新材料、新能源、电子信息、文化旅游、现代物流为主的产业体系，未来西安还将打造三个"万亿"大产业，包括万亿级先进制造业和万亿级高新技术产业，关中地区货运需求将进一步集中于日化品、汽车、航空航天设备与高端装备运输等。随着关中地区第三产业占比日益提高，工业制品和

新时代陕西交通强省战略下经济社会发展对交通的需求及定位研究

大宗货物的产量近期内仍将保持现状,且保持一定增速,因此,其货运需求量增速变化不大。大西安作为国际化大都市和"一带一路"五大中心,将带动关中地区国际货物运输需求在较长时期内保持快速增长。预计2050年,关中地区货运总量将维持在全省61%左右。

（二）陕南：成为陕西向南开放的桥梁和纽带

向南开放是陕西全面对外开放的关键一招,充分挖掘陕南与南向地区的地缘人缘文缘资源,助推陕南融入江汉经济圈、成渝经济圈和汉江生态经济带以及川陕革命老区开发协作区。向东南：融入汉江生态经济带,推动汉中、安康、商洛三市与武汉、襄阳等城市的经济联动发展。建设汉中装备制造业基地、循环经济产业集聚区和物流中心,加快绿色产业发展,打造生态宜居城市。建设安康新材料工业基地和特色生物资源加工基地,打造秦巴腹地综合交通枢纽和区域物流中心。打造商洛特色农产品、新材料等工业基地,建设秦岭南麓生态旅游城市。促进陕南地区与长江中游城市群的人员商贸联系和旅游产业发展,拓展陕西的东南向发展空间。向西南：对接川陕革命老区振兴规划,构建西安－汉中－巴中－南充－重庆/成都、西安－汉中－广元－绵阳－成都、西安－安康－达州－重庆三个经济带,以及兰州－广元－巴中－达州－万州、成都－南充－达州－万州、汉中－安康－商洛三条经济走廊,融入丝绸之路经济带,重点发展现代农业、生物医药等资源型产业,促进装备制造、新型材料转型升级,加快商贸、生态文化旅游等现代服务业发展。向南：连接成渝经济圈,做强西三角经济区,联合推动西部的开发开放,实现资源互补,西安为川渝地区提供强大的油、煤能源支持,重庆的政策资源、资本要素资源,四川的水资源、旅游、人力等资源,又能与西安实现互补。另外,三地装备产业、国防工业、旅游业具有共同优势,能够联手打造成为我国重要的产业基地。

未来,随着陕南经济进一步发展,汉江经济带逐步深化落实,交通基础设施逐步完善,生态旅游产业发展迈入新的阶段,陕南地区的人均出行次数将会较现有水平有所上升,与省会西安以及周边四川、湖北人员交流将会快速增长,客运需求将持续增长,但增速低于其他两个地区。货运方面,未来陕南地区的新能源新材料原料和特色农产品的运输需求将成为带动货运量增长的主要动力,且潜力巨大。

（三）陕北：成为全面开放的新门户

贯彻呼包鄂榆城市群发展规划、晋陕豫黄河金三角区域合作规划、陕甘宁革命老区振兴规划、陕西省沿黄生态城镇带规划等区域规划要求，将陕北建设为现代特色农业基地、国家高端能源化工基地、红色文化旅游基地，推动陕北成为全面开放新门户。向南：发挥传统合作优势，与关中城市群充分融合发展。向北：融入呼包银榆经济区和呼包鄂榆城市群发展，成为现代特色农业基地、国家高端能源化工基地。向东：积极加入沿黄河流域经济带，成为黄河金三角区域的重点区域，与东部太原城市群紧密联系。向西：与甘肃、宁夏等向西相邻省份加强合作，紧密联系兰州－西宁地区、宁夏沿黄经济区，辐射新疆地区，推动陕甘宁革命老区开发开放发展。

陕北地区无论是城镇化率还是居民收入都与关中地区相差较小，且私人交通较为发达，红色旅游资源独特，旅游客运需求旺盛，此地区的人均出行次数也高于陕南地区，但陕北地区人口占比最少，只占全省的15%左右。未来陕北客运量或将保持与关中地区接近的增速。货运方面，主要是能源、化工产品的对外省输送及省内石油的配送。以公路运输和铁路运输为主，铁路运输主要依靠包西铁路，以及蒙华铁路和靖神两条"南下东出"运煤通道，而管道运输主要承担石油和天然气运输。未来随着产业升级和结构调整，陕北地区的石油、煤炭等大宗能源产品货运需求增速将会逐渐减缓，未来陕北货运量将低于关中、陕南地区的增速。

二 陕西交通运输发展的现状

全省四通八达、内畅外联的交通基础设施网络基本形成，公路、铁路、水运、民航等方式的基础设施得到了快速发展。

公路方面，截至2020年初，全省建成能通车公路总里程达17.71万公里，高速公路通车里程突破6000公里，基本实现县县通高速公路，100%乡镇、100%建制村通沥青（水泥）路。陕西打通了25个出省大通道，2条高速通道与陕北相连接，4条高速通道与陕南相连接。建成了黄陵至延安、吴起至定边、绥德至延川、汉中至坪坎、平利至镇坪、柞水至山阳等高速公路，陕西公路枢纽省份优势进一步强化。

铁路方面,陕西铁路营业里程约5300公里,其中高速铁路营业里程达856公里。全省东西方向的高铁大动脉已经打通;东北方向西安到太原,西南方向西安到成都的高铁已畅通;西北方向西安到银川高铁即将通车,东南方向西安至湖北十堰的高铁有序推进。关中城际铁路网以及"两纵五横三枢纽"骨架网已经基本形成。中欧班列长安号向西经西安至中亚、欧洲的线路已经开通15条,覆盖"一带一路"沿线45个国家和地区。

民航方面,以西安咸阳国际机场为中心,以榆林机场、延安机场、安康机场、汉中城固机场为支撑的"一主四辅"机场布局已经建成,西安咸阳国际机场国际(地区)航线达到88条,旅客吞吐量位居全国第七。

公路客货运输方面,受疫情影响,公路客货运输量呈现明显下降趋势。2020年1~9月,公路货运量8.4572亿吨,同比减少16.4%;货物周转量1318.3669亿吨公里,同比减少24.96%。客运量大幅减少,2020年1~9月客运量2.12亿人次,同比减少52.4%;旅客周转量102.884亿人公里,同比减少51.3%。

三 陕西经济社会发展对交通的需求及定位

(一)经济跨越发展对交通运输提出更多需求

2020年前三季度,陕西省经济在上半年稳步复苏的基础上,持续向好。全省实现地区生产总值18681.48亿元,按可比价格计算,同比增长1.2%。陕西人均GDP达到8000美元。陕西当前处于转方式、优结构、换动力的攻坚期,正在由高速增长阶段向高质量发展阶段迈进,发展质量、效率和动力变革加速,新业态、新模式不断涌现并蓬勃发展,经济发展和产业结构的变化对交通提出了更多需求、更高要求。

进入新时期,陕西交通运输作为全国综合交通运输体系的重要组成部分,承担着支撑我国全方位开放、区域经济社会发展、民生改善、社会和谐的重任。高速、便捷、网络化的现代交通既要高质量为陕西省经济社会发展服务,更应发挥好重塑全省经济布局和生产生活模式的先行引领作用,促进交通运输与经济发展的深度融合。

交通将实现跨业、跨界的融合。未来交通运输将打破产业边界，与农业、制造业、旅游业、商贸物流业、新兴产业以及其他关联产业的深度融合发展将成为发展趋势。旅游轨道交通、无人机物流、通用航空、邮轮码头、汽车营地等新业态将得到发展；未来交通运输与区域经济将融合发展，进一步发展高铁经济、口岸经济、临空经济、枢纽经济、通道经济等，充分发挥交通通道、枢纽等级化、集聚、扩散功能。

（二）经济发展方式转变促使货运需求结构变化

2019年全省三次产业比重分别为7.72%、46.45%和45.83%，2020年前三季度第一、二、三产业增加值占比分别为6%、45%和49%，第一产业呈下降趋势，第二产业产值比重呈"n"形发展趋势，第三产业呈稳步增长趋势，预计第三产业占比将会超过第二产业占比，并在此后形成较稳定的"三、二、一"结构，产业结构或将实现历史性转变。陕西已经迈入工业化后期，以采掘为主的能源型经济结构正在向能源深加工、非能产业多元支撑转型，资金密集型产业发展逐渐趋于稳定，技术密集型产业将成为支柱型产业，现代产业体系进入加速成长阶段。

产业的调整对货运提出新需求，首先大宗物资运输趋稳，铁路煤炭发送量连续下降，小批量、多频次、分散式物流需求快速增长，快递业务量连年保持约50%增长。产品结构由大型工业、农业原材料向附加值高的中小型产品方向发展，以知识、技术集成为特征的高附加值货品在陕西货运需求结构中的占比将不断提高。其次是层次提升，相比于第二产业，第三产业货运需求小，但是对运输的专业化程度、质量和效率需求更高，一单制、一站式、综合性服务需求旺盛，共享交通、定制交通、公路港等线上线下融合的智能运输需求猛增。陕西经济快速增长，区域产业结构不断优化，在创造大量高附加值的小型成品、半成品的同时，对各种原材料的需求也逐步增长，对原材料的需求使得交通货运量仍不断提高。最后是领域拓展，国际运输需求规模和范围快速拓展，城际城市同城化、通勤化、无缝化运输需求大幅提升，旅游交通等新兴需求亟待得到响应。

（三）对外贸易发展加速航空货运需求增长势头

受制于内陆区位、发展阶段、外向度等多种因素影响，陕西经济比较封闭,2019年,陕西进出口总值3515.75亿元,低于全国平均水平3.3%,居全国第22位,外贸依存度不足15%,远低于全国平均水平33个百分点。未来随着"一带一路"建设的深入推进,以及中国(陕西)自由贸易试验区的全面启动,借助中欧班列的推进,陕西对外贸易发展势头强劲。当前陕西与主要贸易伙伴的贸易占贸易总量的较大比重,随着贸易规模不断扩大,贸易程度不断加深,陕西进出口市场较为集中这一趋势正在逐渐减弱,合作渠道更为多样,合作方式更为多元,陕西有可能成为全国内陆地区最大的进出口货物集散地。

陕西省已开通西安至韩国首尔、荷兰阿姆斯特丹,以及国内广州、上海、乌鲁木齐等地的13条国际国内全货运航线,初步编织了一张"北上南下、东进西出"、覆盖全球、通达各大洲的国际航空货运的网络。随着"一带一路"与"大西安国家中心城市"建设,国际贸易将呈明显增长趋势,国际货物运输需求持续增长,航空运输需求增长势头强劲。

(四)城镇化进程加快推动客运需求较快增长

城镇化进程是现有阶段客运需求增长的重要推动力,"十三五"以来,陕西省城镇化进程明显加快,人口聚集效应逐渐增强。截至2020年初,陕西省常住人口3876.21万人,比2019年初增加11.81万人。按城乡分,城镇人口2303.63万人,占总人口的59.43%;乡村人口1572.58万人,占40.57%,城镇化率达到59.4%。城镇化率在35%~70%之间是城镇化加速增长期。陕西目前正处于城镇化快速发展阶段,农村劳动力转移,城镇人口扩张。城镇化的快速推进为客运发展提供了广阔空间。在这个过程中,陕西经济和人口分布将呈现更加集聚化、规模化的趋势,城镇内部资本、技术、劳动力等要素流动将进一步加快,劳动力要素的加快流动必将带来更大的运输需求。在推进新型城镇化同时,农村与城市之间的联系加强,必然会产生城乡之间的客运需求,也即城乡客运是陕西省城镇化发展过程中的派生性需求,城乡客运发展空间巨大。城镇化的快速发展不仅给城市带来更多生机,也将逐步形成都市圈和城市群。一方面,城镇人口数量急剧增加,城乡之间、地区之间的人员流动和商品交换将急剧增加,人们工作、生活、文化、娱乐活动的交通运输需求也将日益频繁,交通需求的增长成为城市发展无法

避免的客观事实。另一方面，因为不同年龄、性别的人们参与的活动不同，交通需求表现出明显的个性化、多样化特点。而老龄化社会的步入，对无障碍和人性化出行的服务需求将大大增加。

未来陕西交通要以补齐短板、互联互通为导向，加快建设具有世界先进水平的综合交通基础设施体系，一方面要以交通运输支撑大西安国家中心城市建设、促进关中平原城市群竞争力和影响力提升；另一方面要加强"四好农村路"建设，突出打造特色致富路，全面打造平安放心路，积极打造美丽乡村路，致力打造美好生活路，支撑美丽乡村建设。与此同时，随着城市规模的扩张，城市中心区域过度集中的人口和产业将逐渐向城市近郊或远郊迁移。中产阶级为了寻求更好的居住环境，居住郊区化将成为趋势，城镇内部人们居住地和工作地逐步分离的现状将带来大量通勤需求，需要加强郊区与市区交通走廊的规划与建设。

（五）私人汽车和快速客运成为交通重要部分

私人交通分流部分公共运输需求。随着人民生活水平与生活质量大幅提高，与此相伴的是居民消费观念和消费需求的改变，主要表现为由生存型消费需求向发展型和享受型需求不断升级。2020年上半年，陕西城镇居民收入18523元，同比增长3.1%，预计全年收入可达37046元，折合为5549.5美元。根据国际国内一般经验，人均收入在5000~20000美元期间，是交通消费增长最快的时期。人们开始由"吃、穿、用"向"住、行、休闲"升级，小汽车等高档耐用消费品逐步成为大众日常消费，商品经济更加发达，商务活动更加频繁，经济活动范围越广，以公务和商务为目的的出行需求将逐步增加。即未来生产和消费性客运需求将加大，私人小汽车需求和交通消费需求快速增长态势将持续到2035年左右。

快速客运成为旅客出行首选。未来陕西省还将实现"市市通高铁、关中通城际、快速通全国"的总体目标，构建起大西安"1小时经济圈"。随着陕西经济社会的发展和人们收入水平的提高，人们更加注重时间价值，基于节约时间成本的客运需求将更加旺盛，与此同时，人们对于旅行的舒适度、自由性和方便性要求也越来越高，快速客运很好地满足这类需求。高铁、高速公路、民航的出行及自驾车等出行迅速增长。

（六）人民生活水平提高加快旅游出行需求增长

研究表明，"当城乡人均收入超过1000美元，每增加10%会有1%用于旅游；当城乡人均收入超过3000美元，每增加10%会有2%~5%用于旅游；一个国家或地区人均GDP超过5000美元时，旅游进入大众化日常性普遍消费阶段。2019年陕西居民人均可支配收入24666元，折合3695美元，正处于旅游消费需求爆发式增长时期。"陕西旅游资源丰富，在打造国际消费城市和传承中华优秀传统文化的世界旅游目的地城市等方面，取得了较好进展。2019年，陕西省旅游总收入7211.59亿元，同比增长20.30%。其中，国际旅游收入33.68亿美元，同比增长7.72%；国内旅游收入6978.87亿元，同比增长20.56%。接待境内外游客70714.50万人次，同比增长12.20%，接待国内旅游人数70248.78万人次，同比增长12.24%；接待入境游客465.72万人次，同比增长6.54%。旅游已成为人们休闲娱乐的主要方式之一，未来人们对出行的需求将进一步加大，由低品质消费需求向中高端消费需求不断升级。旅游业的发展将大力推动交通的需求。居民的旅游、休闲出行和社会交往活动等方面消费快速增长，并将派生出大量新的消费性客运需求。

四 陕西未来交通运输需求趋势及特征

采用乘车系数法、三次指数平滑法、回归分析模型和灰色预测法对陕西省客运需求总量进行预测，在四种方法初步预测结果的基础上结合定性分析进行综合分析，得到陕西省未来客运需求的预期值的高低两种方案。

（一）客运需求增长的趋势仍将持续

预计到2020年、2035年、2050年，客运量（公路不含小汽车、民航去国际）将达到8亿人次、14亿人次、19亿人次左右（如表1所示）；分别是2018年的1.1倍、1.8倍和2.4倍；2020~2050年间年均增速为2.69%~2.75%。

表1　陕西省客运量分方式预测（公路不含小汽车、民航去国际）

单位：万人次

年份	2020		2035		2050	
总量	86819		143835		192702	
方案	低方案	高方案	低方案	高方案	低方案	高方案
铁路	12129	12702	23949	24625	34551	35804
公路	72259	72893	115758	116578	152100	153545
水路	538	564	906	964	1253	1310
民航	1259	1294	2402	2488	3353	3488

注：预测数据以陕西省2010~2019年全社会客货运量及周转量多年的统计数据为基础，进行了修正使其统一统计口径，采用乘车系数法、三次指数平滑法、回归分析模型和灰色预测法四种方法，对结果进行综合分析，得到陕西省未来客运需求预期值高低两种方案。

1. 小汽车出行仍是客运主导方式

结合陕西的情况和特殊的地理区位，预计小汽车出行的增速也会略高于全国平均水平。按照与营运车增速基本一致的情况考虑，预计到2020年、2035年、2050年，公路客运量（含小汽车）将达到18亿人次、29亿人次、38次亿人左右。小汽车出行仍是客运主导方式。

2. 铁路、航空出行比例将不断提高

由于高铁和民航的快速发展，以及老年人出行占比不断提高、国际旅游商务需求增加，铁路和航空出行的占比会有明显提升。预计到2035年、2050年，铁路完成的客运量占比将提高到17%左右，航空客运量占比将提高到2%左右。水运提高幅度有限，基本保持原有比例，汽车出行比例则将逐渐小幅下降。但由于区域内和区域间的通勤出行、自驾旅游休闲出行仍是主要需求，个性化、定制化、体验式出行模式日趋流行，因此，汽车出行仍是主要方式。预计到2035年、2050年，公路完成的客运量占比将逐渐下降到81%左右，其中小汽车出行占比达公路客运量的2/3。

3. 消费性运输需求持续高速增长

未来陕西生产性出行比例将基本稳定在30%左右，以旅游、休闲为目的的消费性运输需求将持续高速增长，预计2035年在总量上将超过生产性运输需求，所占比例将在2050年达到70%左右。

新时代陕西交通强省战略下经济社会发展对交通的需求及定位研究

（二）货运需求增速放缓

预计到 2020 年、2035 年、2050 年，货运量将达到 20 亿吨、34 亿吨、37 亿吨左右（如表 2 所示）；分别是 2018 年的 1.15 倍、1.96 倍和 2.13 倍；2018～2050 年均增速为 2.48%～3.41%。货运量的增速高于全国平均水平，货运需求规模基本处于全国中等水平。

表 2　陕西省货运量分方式预测（不包括远洋运输）

单位：万吨

预测年份	货运总量	铁路		公路		水运		民航	
		低方案	高方案	低方案	高方案	低方案	高方案	低方案	高方案
2020	203432	48830	52973	154262	167367	325	353	14	20
2035	342000	82597	90830	258791	284671	581	640	30	60
2050	366000	89913	121057	275378	370820	659	887	50	85

注：预测数据以陕西省 2010～2019 年全社会客货运量及周转量多年的统计数据为基础，进行了修正使其统一统计口径，采用乘车系数法、三次指数平滑法、回归分析模型和灰色预测法四种方法，对结果进行综合分析，得到陕西省未来客运需求预期值高低两种方案。

未来公路货运占比小幅下降，但是 2035 年、2050 年仍将保持 75% 左右的占比，铁路货运占比略高于现状，预计 2035 年、2050 年将超过 24%，水运比例基本保持不变，航空货运将会有较快速度的增长，但占比仍然非常小。公路和铁路货运需求依然是绝对主力。

中欧班列长安号的货运规模也将在未来 30 年保持稳定增长，成为铁路货运量新的增长点。

大宗货物运输 2035 年前达到峰值，生活型、消费型货运需求快速增长。伴随经济结构优化和产业布局调整，陕西未来将呈现重化工比重下降、新型制造业比重增长、第三产业比重进一步攀升的趋势，过去煤炭、冶炼物资、建材、粮食等大宗物资运输需求量总体快速增长的势头将有所改变。预计 2035 年后，随着陕西大规模城市化以及基础设施建设的完成，大宗物资运输将有所下降，但构建完整产业链的需要决定大宗货运不会显著地大幅下降，大宗物资的运输量仍将徘徊在一个相对稳定的规模。煤炭等大宗货物依然是铁路货运需求的主力，占总运力的 90% 左右。而航空航天、精密仪器、装备制造等货运需求将会逐步由公路转移到铁路。随着社会消费品和工业制成品的快速增长，生活型货运需求快速增长势头依旧，促进小批量、多批次、高价值货物运输需求量的增长，以及对更快速、更便捷、更准时物流配送的需求，并推动航空货运需求增速更快。

参考文献

樊一江：《交通运输与经济社会深度融合发展：思路与建议》，《宏观经济研究》2018年第8期。

查伟雄、熊桂林、刘会林、李剑：《"交通运输-区域经济"复合系统的效率评价》，《系统工程》2007年第5期。

毛海燕：《客运与城镇化发展之间关系的研究》，《知识经济》2016年第12期。

王维佳：《中小客车增量调控政策分析》，华南理工大学硕士学位论文，2019。

B.24 甘肃省市域社会治理现代化及其机制创新研究

侯万锋*

摘　要： 市域社会治理是国家治理在"市域"社会范围内的具体实施。自2019年以来，甘肃省委省政法委通过理顺组织体制、明确治理目标、健全考评体系、建强综治中心、加大信息联通、健全工作机制、加强队伍建设和深化合作研究等实践举措，深入推进市域社会治理现代化。但在实践中仍存在对市域社会治理的认识有待深化、治理职能与资源尚需整合、治理的方式还待创新、治理短板仍需补齐、民族地区治理基础还需夯实等不足和问题。甘肃各地应以机制创新推进新时代市域社会治理现代化，在治理理念创新、治理范围拓宽、治理体系优化、系统治理创新、治理方式革新和治理能力提升等方面持续发力。

关键词： 市域社会治理　现代化　甘肃省

市域社会治理现代化是当前各地正在积极推进的重要实践课题。市域社会治理现代化作为国家推进社会治理实践创新而拓展的新领域，需要实务界和学术界的积极介入。本报告立足甘肃实际，探讨市域社会治理现代化的探索实践、不足和短板，提出推进市域社会治理现代化的对策建议，无疑对甘肃推进市域社会治理现代化的实践，具有重要的借鉴价值。

---

* 侯万锋，甘肃省社会科学院公共政策研究所所长、研究员，主要研究方向为政治社会学、地方治理。

一 甘肃推进市域社会治理现代化的探索实践

2019年,甘肃省印发和实施《甘肃省市域社会治理现代化试点工作方案》,以兰州、酒泉、张掖、金昌、天水等5市作为首批市域治理现代化的试点为开端,开启了甘肃市域社会治理现代化的实践探索。从全省层面看,甘肃从"五个一"方面重点切入推进市域社会治理现代化①:即一是编制"一套方案",绘好"路线图";二是设立"一个体系",竖起"指挥棒";三是做实"一个载体",打造"综合体";四是搭建"一个平台",厚植"智慧树";五是完善"一套机制",形成"共治圈"。以此为实施的总体部署,逐步形成了甘肃作为西部欠发达地区推进市域社会治理现代化的新路子。

(一)理顺组织体制,健全市域社会治理的共建共治格局

2019年,甘肃省按照《甘肃省市域社会治理现代化试点工作方案》要求,成立了以省委书记任组长的平安甘肃建设领导小组,兰州、酒泉、张掖、金昌、天水等5个试点地级市率先、其他市州积极跟进,制定下发了市域社会治理现代化试点工作实施意见,各市州也相继成立领导机构,理顺了工作体制机制。如兰州市"成立市、县、乡三级党委政府主要领导为组长、40多个主要部门参与的市域社会治理领导小组,下设8个专项组,建立并运行工作协调机制、评价体系等规范标准"②;酒泉市"成立以市委、市政府主要领导任双组长,34个市直单位为成员的市域社会治理试点工作领导小组,建立市、县、乡、村'四级联动'的市域社会治理体系"③;张掖市成立以市委书记任组长,政法委书记任常务副组长,各相关部门单位领导为成员的市域社会治理试点工作领导小组。总体上看,甘肃各地健全了党委领导下工作体制,完善了党委政

---

① 胡焯:《突出地域特点,坚持问题导向,积极探索欠发达地区市域社会治理新路子》,《法制日报》(第4版)2019年12月6日。
② 张烁:《"1345"新模式构筑升级版"平安兰州" 兰州市走出市域社会治理现代化新路径》,兰州市新闻网,2020年10月16日。
③ 刘欣:《我市全面部署启动市域社会治理现代化试点工作》,《酒泉日报》(第2版)2019年11月20日。

法委牵头抓总、统筹协调、督办落实的协调机制，构建了小机关、大网格、强基层、全覆盖的群团组织体系。

（二）明确治理目标，建设具有市域特色社会治理"示范城"

2019年9月，甘肃省确定在兰州、酒泉、张掖、金昌、天水等5个地级市开展市域社会治理现代化试点工作，明确提出要"立足市域承上启下中观地位，探索具有甘肃特色、时代特征、市域特点的社会治理新模式"①。如兰州市提出以争创"全省一流、全国试点合格城市"为目标；酒泉市提出要打造市域社会治理现代化先行市。一年多来，甘肃省统筹考虑经济、地域、民族等特点，特别是省会兰州突出示范引领，民族地区突出宗教和顺等，着力打造符合本地实际、具有市域特色的社会治理"示范城"。

（三）健全考评体系，为市域社会治理提供保障

甘肃省积极探索加强考核评价体系建设，保障市域治理现代化的有序推进。坚持以考核奖惩指引作为"指挥棒"，通过信息化手段实现精准化预警管理。2019年年底，甘肃"充分运用'信息化+智能化'技术，建立平安甘肃指数测评指标体系，该体系由9个一级指标、32个二级指标、106个三级指标组成，形成了9个方面运行态势和变化趋势的'平安甘肃指数'，提升了全省风险预测、预警及管控能力"②。兰州市"健全完善平安兰州建设责任制考核体系，实现了平安责任制全覆盖，强力推动工作任务落实"③。

（四）建强综治中心，创新基层社会治理载体

甘肃省全面推动各市州规范化、实体化的综治中心建设。如兰州市出台《关于落实"四化四有四联"机制加强综治中心建设的实施意见》，按照法治化统领、信息化支撑、一体化运行和高效化治理的"四化"要求，突出有机

---

① 张榕榕：《全省开展市域社会治理现代化试点》，中国甘肃网，2019年10月12日。
② 胡焯：《突出地域特点，坚持问题导向，积极探索欠发达地区市域社会治理新路子》，《法制日报》（第4版）2019年12月6日。
③ 张烁：《"1345"新模式构筑升级版"平安兰州"兰州市走出市域社会治理现代化新路径》，兰州市新闻网，2020年10月16日。

构人员、有固定场所、有信息平台和有职责制度的"四有"标准,落实汇聚民意联通、矛盾纠纷联调、融合信息联建、整合力量联治的"四联"机制,着力加强新时代综治中心建设。定西市提出"市综治中心是整合社会治理资源、创新社会治理方式的重要平台;县区综治中心突出实战化和实体化,是县区组织开展平安建设、推动多元化解矛盾纠纷的综合平台;乡镇(街道)综治中心是整合各类资源打造的关键平台;村(社区)综治中心是实现党建引领、组织群众共建、共治、共享的基础平台"[1]。张掖市提出"四级综治中心错位互补、同向发力,建立健全'综治中心+网格化+信息化+便民服务'的运行机制和'中心吹哨、部门报到'的工作体系,共同构筑起市域社会治理的基础'硬核'"[2]。2020年9月23日,甘肃省社会治安综合治理中心揭牌,标志着甘肃省基本完成综治中心实体化建设,并进入实战化运行阶段。截至2020年9月底,甘肃省、市、县、乡四级综治中心基本实现了全覆盖,基本形成上下贯通的综治工作体系。

(五)加大信息联通,促进社会治理的系统整合和资源融合

2019年,甘肃省打破信息壁垒,打通信息联通渠道,促进社会治理的系统整合和资源融合,设计了政法基础业务、平安甘肃专项业务等涵盖社会治理各要素的5大应用平台、400多个子系统。充分运用大数据、云计算等技术,坚持统一规划、统一设计、统一标准,统筹考虑和分类指导省、市、县、乡各级综治中心和政法系统的信息化建设在预警预防、矛盾化解、队伍管理、社会治理等方面的深度应用,不仅推动了甘肃政法智能化建设实现变道超车,而且实现了市域社会治理的系统整合和数据资源融合。

(六)健全工作机制,构建常态化的多元社会治防体系

2019年以来,甘肃省不断加强指导试点市市域治理的工作机制建设,构建常态化、多元化社会治防体系,着力打造共建共治共享的社会治理共同体。

---

[1] 苟永平:《定西市出台〈关于加快推进各级综治中心实体化建设的指导意见〉》,《定西日报》(第2版)2020年5月9日。

[2] 孙健:《市域社会治理现代化的张掖实践》,《甘肃日报》(第9版)2020年6月30日。

如张掖、酒泉等试点市在各县（市、区）依托综治中心（矛盾纠纷联动调处中心），通过集中办公，实现矛盾纠纷"一站式接待、一条龙调处、一揽子化解"。如兰州市整合政府服务职能，实行"一号受理、分类转办、跟踪回访"；天水市实行"一窗口受理、一中心办结"。张掖、金昌、天水等市州，发挥基层党组织引领推动作用，引导各种力量多元参与，畅通了公众参与的规范化协商议事渠道；甘南立足藏区实际，努力探索形成了"党建＋网格""乡村振兴＋基层治理""和谐寺庙＋网格联防""五治融合＋联防联管"的民族地区市域社会治理新路子。

（七）加强队伍建设，锻造市域治理的陇原政法铁军

甘肃省研究制定的《加快推进新时代政法队伍革命化正规化专业化职业化建设的实施意见》提出，要加强政法领导班子和干部队伍建设，坚持政治建警、素质强警、从严治警、从优待警和宣传塑警，锻造一支政治过硬、本领高强的陇原政法铁军。甘肃各地以推进市域社会治理现代化为突破口，加快政法队伍建设。在政治建警上，选好配强各级政法机关领导班子，培养使用年轻干部，健全落实关键岗位干警定期轮岗交流制度，建立政治督察、政治体检制度，严格落实重大事项请示报告制度。在素质强警上，推进实战大练兵、岗位大练兵，开办政法实务大讲堂；采取特殊政策招录紧缺专业人才，加强藏汉双语培训，提升政法队伍综合素养和实战能力。在从严治警上，完善落实党委政法委"协查"机制和纪律作风督察巡查机制，建立警示教育和问题整改长效机制。在从优待警上，落实各项职业保障措施，完善落实干警休假、体检等制度；健全依法履职免责、容错纠错制度机制。在宣传塑警上，健全与新闻媒体常态化沟通合作机制，开展"政法好新闻"评选活动，大力发展政法新媒体，构建立体化宣传格局。

（八）深化合作研究，突出市域社会治理创新的智力支撑

中央将推进市域社会治理现代化，并纳入改革与法治"双轮驱动"战略部署之中。全国各地也进行了卓有成效的实践探索。但市域社会治理既具有国家治理的普适性，又具有市域社会治理的独特性。如何为市域社会治理现代化的运行提供智力支持，使中央有关推进社会治理现代化的顶层设计落地，需要

我们加强市域社会治理现代化的理论研究。甘肃省委政法委依托西北师范大学专业优势和人才优势，成立甘肃省市域治理研究院，就甘肃市域社会治理相关领域，在课题研究、决策咨询、绩效评估、品牌培育、典型评选、人员培训、宣传推广上深化合作，推动市域社会治理理论研究，助力市域社会治理现代化试点工作的创新发展。西北师范大学市域社会治理研究院把清华大学、复旦大学、浙江大学、南开大学等知名院校相关研究机构作为学术指导单位，通过举办市域社会治理现代化理念与实践（云）论坛，加强市域社会治理第三方评估，评选市域社会治理典型案例，编辑甘肃市域社会治理专报，开展社会治理人才培训，为甘肃市域社会治理的实践创新提供了有力的智力支撑。

总体看来，甘肃省积极探索市域社会治理新路径，通过先行试点，逐步展开，深入推进，取得了突破性进展，巩固了平安甘肃建设的基础。2019年，"全省发案总量实现近五年最低，刑事案件、治安案件、命案、群体性事件同比分别下降3.8%、21%、28.4%、40.2%，群众安全感和满意度达95.86%，比上年度提高3.02%，达到甘肃省的历史最高水平；全省赴省上访下降35.9%、进京上访下降63.1%，省、市、县三级信访总量比例由过去的'倒金字塔'逐步转变为1∶2∶3"①。这表明，甘肃省市域化解矛盾的能力进一步增强。

二 甘肃推进市域社会治理现代化中存在的不足和短板

近两年来，甘肃各地在市域社会治理方面开展了符合本地实际、颇具特色的探索实践，但仍存在一些不足和短板，依然面临着一系列问题和挑战，需要积极应对。

（一）社会深刻变化带来新挑战

社会结构发生深刻变革，使得基层社会治理工作的环境、对象、方式也发生深刻变化，无疑给各地市域社会治理提出了新的课题。大数据时代，现代科技迅猛发展为市域社会治理创造便利条件的同时，也给市域社会治理的未来增

---

① 胡焯：《突出地域特点，坚持问题导向，积极探索欠发达地区市域社会治理新路子》，《法制日报》（第4版）2019年12月6日。

添了新的未知数。新旧观念激烈碰撞,加之学业、就业竞争等压力加剧,新的社会矛盾纠纷的触点越来越多、燃点越来越低。这些都会给甘肃推进市域社会治理增加新的难度,带来新的挑战。

(二)对市域社会治理的认识有待深化

加强市域社会治理是一个综合性工程。在实践中,有些基层干部群众对市域社会治理现代化认识不透、把握不准。"不少地方和部门仍延续老观念、运用老方法,社会治理中仍存在'做自己会做的,而不做自己应当做的',有时出现治理'真空'",有时又存在交叉治理,甚至存在'文件打架'的现象,令人无所适从"①。这些认识层面的问题在甘肃市域社会治理中一定程度上存在。

(三)市域社会治理的职能与资源尚需整合

在市域社会治理实践中,党委政府及其所属部门运用行政力量强力推进的表现较为明显,市场主体、社会组织和个人的社会参与程度不够,加之甘肃社会组织数量规模偏小、组织结构单一,在市域社会治理中的作用发挥不足。"社会治理中重视政府社会管理,轻视公众社会参与,重视社会管控,轻视社会服务,重视行政手段,轻视法律与道德教育手段的情况比较突出。②"在甘肃推进市域社会治理的初始阶段,各级治理主体的相关职能与资源有待进一步整合。

(四)市域社会治理的方式还待创新

虽然党委政府主抓,但具体实施分散在各个部门,协调、整合力度欠缺,可能会出现配合不紧密、联动有差距;有些地方不能针对性地解决问题,导致治理方式粗放,治理效率低下;有的地方治理力量和资源未能真正实现统筹,治理运作存在碎片化;有的地方治理工作存在职能交叉、职责不清等问题,这也是影响基层社会治理效能发挥的障碍。因此,甘肃在市域社会治理中的政治引领、法治保障、德治教化、自治基础和智治支撑的"五治"方式,有待进一步创新。

---

① 戴大新:《市域社会治理现代化研究论纲》,《公安学刊—浙江警察学院学报》2020年第4期。
② 任怀玉:《甘肃省社会治理体系与治理能力现代化建设研究》,《管理观察》2018年第19期。

（五）基层市域社会治理的短板仍需补齐

在推进市域社会治理现代化过程中，基层仍存在诸多短板，影响治理效能的因素也较多。如城市社区设置过大过小、管理幅度不合理，社工力量不足、待遇偏低，配建的社区服务设施落后；农村社区易地搬迁安置区（点）存在的基层自治组织设立难、搬迁群众融合难、新旧住地管理交接难、公共服务落实难等。基层村（居）民服务和自治工作的任务重，权责利三者不统一；在依法管理、民主管理方面，还有很多不完善的地方，村集体民主决策流于形式，集体资产处置、村务公开很不规范等等。这些基层社会治理的短板有待进一步补齐。

（六）民族地区市域社会治理的基础还需夯实

甘肃是一个多民族省份，民族地区发展不平衡、不充分问题较为突出。加之，甘肃民族地区多民族多宗教并存，矛盾纠纷牵扯面广、协调难度大，如何有效推进市域社会治理是绕不开的难点和热点问题。在一些偏远地方，市域社会治理成本高、效率低。较为落后的民族地区，党委政府的治理能力很容易被减弱，也增加了市域社会治理的风险。

三 以机制创新推进新时代市域社会治理现代化

推进市域社会治理"既要贯彻落实好中央关于国家治理的大政方针、制度安排、决策部署和上级的任务要求，又要立足实际对本市域社会治理统筹谋划、周密部署、推动实践"[1]。甘肃应针对问题和不足，以机制创新进一步加快市域社会治理现代化的进程。

（一）创新治理理念，把准市域治理的价值导向

治理理念决定治理方向。一是甘肃各地要坚持政治导向，树立整体和全局观，进一步发挥党组织政治引领和组织引领作用，不断健全完善党委领导市域

---

[1] 陈一新：《推进新时代市域社会治理现代化》，《人民日报》（第 7 版）2018 年 7 月 17 日。

社会治理的体制机制，增强市域社会治理的整体性和协同性。二是甘肃各地要坚持人民导向，调动群众参与市域社会治理的能动性。三是甘肃各地要坚持问题导向，推动治理模式从事后应对向源头防范转型。四是甘肃各地要坚持效果导向，明确责任，细化措施，强化考核，确保市域社会治理效果。

（二）拓展治理范围，实现全域治理和无缝隙治理

市域社会治理现代化的重要标志是打造共建共治共享的社会治理共同体。甘肃各地首先要突破现有的乡村、城市（社区）、基层、县域这些划定范围。规避分而治之的模式，构建城乡融合的市域社会治理新模式。二是要打破各地各部门间的体制壁垒。各地整合市、区（县）、街道（镇）、村（居）会的公共服务资源，建立健全大网格综合治理、大数据系统治理、大社会协同治理的新机制。三是各地要从整体上统筹兼顾、从具体推进上互融互促，确保城乡各市域社会治理要素顺畅流动，实现城乡空间全域均衡、无缝隙治理。

（三）优化治理体系，建立共建共治共享的衔接协调机制

市域社会治理体系是共建共治共享的制度体系以及一系列运行机制。一是要在政治体系上，各地通过优化党委领导体制和政府负责体制，构建齐抓共管体制，健全综合治理机制，推动治理触角向基层延伸。二是要在自治体系上，各地通过完善基层群众自治机制和完善企事业单位自治机制，推动城乡社会组织规范运行，让社会组织的微治理释放出活力。三是要在法治体系上，各地促进市域社会治理制度化、规范化、程序化。四是要在德治体系上，各地通过提高社会公德、职业道德、家庭美德和个人品德，完善德育网络体系。

（四）突出综合治理，提升市域社会治理现代化水平

甘肃各市州以市域社会治理现代化试点为契机，以理顺"四个关系"为突破口，通过系统治理破解市域社会治理难题，不断提升市域社会治理的社会化、精细化、法治化、智能化水平。一是要理顺上下贯通关系。在省级层面，省委省政府要把市域社会治理放在全省经济社会发展全局中谋划推进，在体制创新、制度建设、调度督办、工作保障上加强指导和支持。在市（州）县（区）级层面，党政主导高位推动，政法委负责落实，聚焦社会治理难题，确

定突破口和着力点,与经济工作同部署、同推进、同督促、同考核、同奖惩,构建起权责清晰、齐抓共管的社会治理链条。在乡镇(街道)层面,加强乡镇(街道)综治中心建设,推行多中心合一的运行模式。在村(社区)层面,突出居民主体地位,引导群众积极参与,将社会治理触角延伸至基层最末端。二是要理顺大小联动关系。全省层面的市域社会治理现代化,既要从"大"处着眼做好制度设计,又需要从"小"处入手做到落实落细。各地要围绕全省织密"六张网络"、建设"三大中心"、用好"两个抓手"、做强"一个支撑"的总体布局出发,系统谋划,细化分工,构建市域社会治理的"四梁八柱"。同时,要鼓励基层创新实践,以"微治理"牵动"大平安"。三是要理顺打防并举的关系。各地既要加强平安建设,严厉打击各类违法犯罪活动,又要筑牢社会治安防控体系,全面加强重点行业、重点区域、重点人员、重点物品治安防范,布好全天候、无盲区的治安防控网络。四是要理顺政民互动关系。各地要坚持以人民为中心的发展思想,将民生建设与社会治理相融合,做到政民互动、相辅相成。一方面,要坚持"民有所呼、政有所应",畅通"12345"市长热线,推动政务服务中心服务升级,搭建在线政务服务平台;另一方面,要汇集民智、依靠民力,整合治安、义警、网格员、平安志愿者等群防群治力量,形成民事民议、民事民办、民事民管的社会治理格局。

(五)提升治理能力,把制度优势转化为治理效能

要坚持以法治思维调处社会矛盾,善于运用大数据、人工智能等新技术,提高市域社会治理能力。一是在统筹谋划上下功夫。各地要在统筹市域社会治理和经济发展基础上,明确市域社会治理的总体思路、政策导向、目标任务、方法路径。二是要在提高专业能力上下功夫。各地要尊重市域社会治理规律,突出服务发展、防控风险核破解难题,既要提高市域社会治理的分析研判能力,又要增强市域社会治理的推动力。三是要提高数字技术运用能力。各地要充分运用5G、大数据、人工智能等现代科技,通过要素数据化、治理数据标准化、社会治理网格化,确保市域社会治理的设施联通、信息互通和工作联动。四是要提高群众工作能力。各地要针对群众思想意识、利益诉求等新变化,在维护群众合法权益、化解矛盾纠纷、网上引导群众等方面增强应对能力。

参考文献

吴晓林：《城市性与市域社会治理现代化》，《天津社会科学》2020年第3期。

姜晓萍、董家鸣：《市域社会治理现代化的理论认知与实现途径》，《社会政策研究》2019年第43期。

戴大新：《市域社会治理现代化研究论纲》，《公安学刊-浙江警察学院学报》2020年第4期。

黄新华、石术：《从县域社会治理到市域社会治理——场域转换中治理重心和治理政策的转变》，《中共福建省委党校（福建行政学院）学报》2020年第4期。

孙健：《市域社会治理现代化的张掖实践》，《甘肃日报》（第9版）2020年6月30日。

杨磊、许晓东：《市域社会治理的问题导向、结构功能与路径选择》，《改革》2020年第6期。

陈成文、陈静、陈建平：《市域社会治理现代化：理论建构与实践路径》，《江苏社会科学》2020年第1期。

徐汉明：《市域社会治理现代化：内在逻辑与推进路径》，《理论探索》2020年第1期。

成伯清：《市域社会治理：取向与路径》，《南京社会科学》2019年第11期。

刘开君、卢芳霞：《再组织化与基层社会治理创新——以"枫桥经验"为分析案例》，《治理研究》2019年第5期。

B.25
甘肃黄河文化资源保护传承与利用研究

侯宗辉*

摘　要： 甘肃黄河流域东联三秦文化、西通西域文化、北毗草原文化、南接巴蜀文化，黄河文化资源丰富多样。近年来甘肃黄河文化资源保护传承利用的水平不断提升，但在文化遗产系统保护、文化传承弘扬水平、文化旅游品牌传播和文化旅游消费潜力释放等方面依旧面临挑战。新时期，甘肃要抢抓"黄河流域生态保护和高质量发展"重大机遇，尽快筹建黄河文化研究专门机构，打造黄河资源保护传承利用新高地，持续推进"交响丝路·如意甘肃"文化旅游品牌推广宣传，统筹推进长城、长征、黄河三大国家文化公园（甘肃段）建设，积极培育壮大黄河文化旅游产业，以及谋划筹建甘肃"黄河文化"项目库等举措，有效推进甘肃黄河文化创造性转化、创新性发展。

关键词： 黄河文化　保护传承　创新发展　甘肃省

黄河流域是中华民族形成发展的大熔炉，是中华文明起源、传承和发展的核心地。黄河文化是中华民族的根和魂，是中华文明中最具代表性、最具影响力的主体文化，塑造了中华民族自强不息、坚韧不拔、一往无前的民族品格。黄河文化是黄河流域人民在长期的社会实践中所创造的物质财富和精神财富的

---

* 侯宗辉，博士，甘肃省社会科学院丝绸之路研究所所长、研究员，主要研究方向为秦汉史与甘肃地方历史文化。

总和，主要包括其自身的水文化以及河湟文化、陇右文化、关中文化、三晋文化、河洛文化等地域文化类型。

习近平总书记在黄河流域生态保护和高质量发展座谈会上指出："黄河文化是中华文明的重要组成部分，是中华民族的根和魂。要推进黄河文化遗产的系统保护，守好老祖宗留给我们的宝贵遗产。要深入挖掘黄河文化蕴含的时代价值，讲好'黄河故事'，延续历史文脉，坚定文化自信，为实现中华民族伟大复兴的中国梦凝聚精神力量。"① 促进黄河文化的传承和利用，对于促进各民族"同根同源"的情感和心理认同，对于改善民生福祉、推动经济社会转型发展，对于增进文化交流和文明互鉴、推动中华文化走出去具有极其重要的意义。

一 黄河（甘肃段）与甘肃黄河文化

（一）甘肃黄河流域

甘肃地域辽阔，分别属于黄河、长江、内陆河三大流域。甘肃地处黄河上游，既是黄河上游重要的水源涵养区和补给区，也是黄河上游文化的中心代表地。黄河在甘肃两进两出，流经4市（州）15县（区），全长913公里。甘肃黄河流域有洮河、湟水、黄河干流（包括大夏河、庄浪河、祖厉河及其他直接入黄河干流的小支流）、渭河、泾河、北洛河等六大水系，甘肃黄河流域涉及兰州、白银、武威、庆阳、平凉、天水、定西、临夏回族自治州、甘南藏族自治州、陇南等10市（州）60县（区），面积约占甘肃全省土地面积的1/3（见表1）。

（二）甘肃黄河文化特质与优势

甘肃地处黄土高原、青藏高原和内蒙古高原三大高原的交汇地带，是黄河上游重要的水源涵养区和补给区。甘肃自古为农耕文化与游牧文化、中原文化

---

① 《习近平：在黄河流域生态保护和高质量发展座谈会上的讲话》，新华网，http://www.xinhuanet.com/politics/leaders/2019-10/15/c_1125107042.htm。

表 1 黄河流域涉及地区情况

省	地(市、州、盟)	县(市、区、旗)	
		名称	个数
青海	西宁市	城中区、城东区、城西区、城北区、大通回族土族自治县、湟中县、湟源县	7
	海东市	乐都区、平安区、民和回族土族自治县、互助土族自治县、化隆回族自治县、循化撒拉族自治县	6
	海北藏族自治州	门源回族自治县、祁连县、海晏县、刚察县	4
	黄南藏族自治州	同仁县、尖扎县、泽库县、河南蒙古族自治县	4
	海南藏族自治州	共和县、同德县、贵德县、兴海县、贵南县	5
	果洛藏族自治州	玛沁县、甘德县、玛多县、班玛县、达日县、久治县	6
	玉树藏族自治州	称多县、曲麻莱县	2
	海西蒙古族藏族自治州	天峻县	1
青海小计	8		35
四川	阿坝藏族羌族自治州	松潘县、阿坝县、若尔盖县、红原县	4
	甘孜藏族自治州	石渠县	1
四川小计	2		5
甘肃	兰州市	城关区、七里河区、西固区、安宁区、永登县、红古区、皋兰县、榆中县	8
	白银市	白银区、平川区、靖远县、会宁县、景泰县	5
	武威市	古浪县、天祝藏族自治县	2
	平凉市	崆峒区、泾川县、灵台县、崇信县、华亭市、庄浪县、静宁县	7
	庆阳市	西峰区、庆城县、环县、华池县、合水县、正宁县、宁县、镇原县	8
	临夏回族自治州	临夏市、临夏县、康乐县、永靖县、广河县、和政县、东乡族自治县、积石山保安族东乡族撒拉族自治县	8
	天水市	秦州区、麦积区、清水县、秦安县、甘谷县、武山县、张家川回族自治县	7
	定西市	安定区、通渭县、陇西县、渭源县、临洮县、漳县、岷县	7
	陇南市	礼县	1
	甘南藏族自治州	合作市、临潭县、卓尼县、迭部县、玛曲县、碌曲县、夏河县	7
甘肃小计	10		60

续表

省	地(市、州、盟)	县(市、区、旗) 名称	个数
宁夏	银川市	兴庆区、金凤区、西夏区、永宁县、贺兰县、灵武市	6
	石嘴山市	大武口区、惠农区、平罗县	3
	吴忠市	利通区、红寺堡区、盐池县、同心县、青铜峡市	5
	固原市	原州区、西吉县、隆德县、泾源县、彭阳县	5
	中卫市	沙坡头区、中宁县、海原县	3
宁夏小计	5		22
内蒙古	呼和浩特市	新城区、回民区、玉泉区、赛罕区、土默特左旗、托克托县、和林格尔县、清水河县、武川县	9
	包头市	东河区、昆都仑区、青山区、石拐区、九原区、土默特右旗、固阳县、达尔罕茂明安联合旗	8
	乌海市	海勃湾区、海南区、乌达区	3
	鄂尔多斯市	东胜区、康巴什区、达拉特旗、准格尔旗、鄂托克前旗、鄂托克旗、杭锦旗、乌审旗、伊金霍洛旗	9
	巴彦淖尔市	临河区、五原县、磴口县、乌拉特前旗、乌拉特中旗、乌拉特后旗、杭锦后旗	7
	阿拉善盟	阿拉善左旗	1
	乌兰察布市	卓资县、凉城县、察哈尔右翼中旗	3
内蒙古小计	7		40
陕西	西安市	新城区、碑林区、莲湖区、灞桥区、未央区、雁塔区、阎良区、临潼区、长安区、高陵区、鄠邑区、蓝田县、周至县	13
	铜川市	王益区、印台区、耀州区、宜君县	4
	宝鸡市	渭滨区、金台区、陈仓区、凤翔县、岐山县、扶风县、眉县、陇县、千阳县、麟游县、太白县	11
	咸阳市	秦都区、杨陵区、渭城区、三原县、泾阳县、乾县、礼泉县、永寿县、郴州市、长武县、旬邑县、淳化县、武功县、兴平市	14
	渭南市	临渭区、华州区、潼关县、大荔县、合阳县、澄城县、蒲城县、白水县、富平县、韩城市、华阴市	11
	延安市	宝塔区、安塞区、延长县、延川县、子长县、志丹县、吴起县、甘泉县、富县、洛川县、宜川县、黄龙县、黄陵县	13
	榆林市	榆阳区、横山区、府谷县、靖边县、定边县、绥德县、米脂县、佳县、吴堡县、清涧县、子洲县、神木市	12
	商洛市	商州区、洛南县、丹凤县	3
陕西小计	8		81

续表

省	地(市、州、盟)	县(市、区、旗) 名称	个数
山西	太原市	小店区、迎泽区、杏花岭区、尖草坪区、万柏林区、晋源区、清徐县、阳曲县、娄烦县、古交市	10
	大同市	左云县	1
	长治市	长子县、武乡县、沁县、沁源县	4
	晋城市	晋城城区、沁水县、阳城县、陵川县、泽州县、高平市	6
	朔州市	朔城区、平鲁区、右玉县	3
	忻州市	宁武县、静乐县、神池县、五寨县、岢岚县、河曲县、保德县、偏关县	8
	吕梁市	离石区、文水县、交城县、兴县、临县、柳林县、石楼县、岚县、方山县、中阳县、交口县、孝义市、汾阳市	13
	晋中市	榆次区、榆社县、和顺县、昔阳县、寿阳县、太谷县、祁县、平遥县、灵石县、介休市	10
	临汾市	尧都区、曲沃县、翼城县、襄汾县、洪洞县、古县、安泽县、浮山县、吉县、乡宁县、大宁县、隰县、永和县、蒲县、汾西县、侯马市、霍州市	17
	运城市	盐湖区、临猗县、万荣县、闻喜县、稷山县、新绛县、绛县、垣曲县、夏县、平陆县、芮城县、永济市、河津市	13
	阳泉市	盂县	1
山西小计	11		86
河南	郑州市	上街区、巩义市、金水区、惠济区、中牟县、荥阳市、新密市、登封市	8
	洛阳市	老城区、西工区、瀍河回族区、涧西区、吉利区、洛龙区、孟津县、新安县、宜阳县、洛宁县、伊川县、偃师市、栾川县、嵩县、汝阳县	15
	三门峡市	湖滨区、陕州区、渑池县、义马市、灵宝市、卢氏县	6
	开封市	龙亭区、祥符区、兰考县	3
	安阳市	滑县、内黄县	2
	新乡市	红旗区、新乡县、获嘉县、原阳县、延津县、卫辉市、封丘县、长垣县	8
	济源市	济源市	0
	焦作市	修武县、博爱县、武陟县、温县、沁阳市、孟州市	6
	濮阳市	华龙区、范县、台前县、濮阳县	4
河南小计	9		52

续表

省	地(市、州、盟)	县(市、区、旗)	
		名称	个数
山东	济南市	长清区、平阴县、历下区、市中区、槐荫区、历城区、章丘区、天桥区、济阳区、商河县、莱城区、钢城区	12
	泰安市	泰山区、岱岳区、肥城市、宁阳县、东平县、新泰市	6
	淄博市	博山县、高青县、沂源县	3
	东营市	东营区、垦利区、河口区、利津县	4
	济宁市	汶山县、梁山县	2
	德州市	齐河县	1
	聊城市	阳谷县、东阿县	2
	滨州市	滨城区、沾化区、惠民县、博兴县、邹平县	5
	菏泽市	牡丹区、郓城县、鄄城县、东明县	4
山东小计	9		39
黄河流域合计	69		420

资料来源：根据甘肃省文旅厅提供资料和网络资料整理。

与西部文化、华夏文化与外来文化的交汇地。自西汉张骞凿空以来，丝绸之路贯通亚欧大陆，甘肃黄河流域就成为东联三秦文化、西通西域文化、北毗草原文化、南接巴蜀文化的枢纽要地。河西走廊内陆河流域成为黄河文化向西辐射、世界四大古文明融合荟萃的黄金通道。陇南嘉陵江流域则是黄河、长江两大主体文化的上游连接过渡带和中原文化与氐羌文化的交融共生地。黄河文化在甘肃黄河流域、长江流域、内陆河流域三大板块之间交流、碰撞、融合和传播，促进了中华文化有机整体的形成和发展，黄河文化的同源性、多元性、开放性、融合性、进取性等精神特质在陇原大地上得到了淋漓尽致的展现。

奔腾不息的黄河水孕育积淀了甘肃厚重的历史文化遗产，在黄河流域到处散布着熠熠生辉的地域文化。纵观甘肃黄河文化，在黄河上游古文明形成与展示、中华民族共同体建构、全球华人寻根祭祖、红色文化传承弘扬和现代文化产业创新发展等五个方面具有鲜明特色。

（三）甘肃黄河文化资源概况

甘肃黄河文化资源富集多样。黄河首曲、黄河三峡、黄河石林、黄河铁桥、"黄河母亲"、黄河水车等黄河文化符号远近驰名；羲轩桑梓、"导河积石"、崆峒山、祁连山、庄浪梯田精神、防沙治沙精神等黄河文化人文标识、自然标识和精神标识璀璨夺目；拉卜楞寺、莫高窟与花儿、皮影戏、《格萨尔》等各类文物古迹和非物质文化遗产星罗棋布；霍去病、皇甫谧、李梦阳、左宗棠等历史名人众多；母亲水窖、引大入秦、引洮工程、景电提灌等水利文化举世瞩目；石油化工、有色金属、航空航天等工业文化和扎尕那农林牧复合系统、岷县当归种植系统等重要农业文化遗产交相辉映；《丝路花雨》《大梦敦煌》《读者》等现代文化品牌享誉全国。如果从文化类型来看，古生物化石、史前文化、彩陶文化、长城文化、石窟文化、红色文化和中医药文化等黄河上游积淀的文化成果和文化形态在甘肃黄河流域都有极其丰富的留存。

据统计，甘肃全省境内共有不可移动文物逾1.6万处，世界文化遗产7处，全国重点文物保护单位152处[①]。甘肃黄河流域不可移动文物占全省不可移动文物总数的77%，有炳灵寺石窟、麦积山石窟等世界文化遗产2处，有大地湾遗址、拉卜楞寺、南梁陕甘边区革命政府旧址、兰州黄河铁桥等全国重点文物保护单位98处[②]（见表2）。

表2 甘肃黄河流域文物占比情况

类别	不可移动文物数量（处）	占比（%）		世界遗产数量（个）	占比（%）		全国文保单位（个）	占比（%）	
全国	766722	—		55	—		5058	—	
黄河流域	124000	16.2		12	21.8		2119	41.9	
甘肃省	16895	全国	黄河流域	7	全国	黄河流域	150	全国	黄河流域
		2.2	13.6		12.7	58.3		3.0	7.1
甘肃黄河流域	13000	甘肃	黄河流域	2	甘肃	黄河流域	98	甘肃	黄河流域
		77	10.5		28.6	16.7		65.3	4.6

资料来源：根据第三次全国文物普查、甘肃省文旅厅网站资料整理。

---

① 《甘肃去年完成16项重点考古发掘 科技保护促文物"解危"》，中新网，http://www.chinanews.com/cul/2020/01-11/9057154.shtml。
② 《黄河文化资源有哪些？沿黄九省区文博"管家"晒"家底"》，大河网，https://zt.dahe.cn/2019/12-30/573129.html。

甘肃黄河文化资源保护传承与利用研究

截至 2020 年 5 月，依托甘肃黄河自然与历史文化遗产，在甘肃黄河流域分布的 A 级景点景区共有 188 个，占全省 A 级景点的 58.2%（见表 3）。

表 3 甘肃黄河流域 A 级景区分布情况

序号	所在市州	等级	景区名称	数量（个）	占全省A级景区的比例(%)
1	甘南州	4A	夏河县拉卜楞寺景区、临潭县冶力关景区、卓尼县大峪沟景区、合作市当周草原景区、舟曲县拉尕山景区、碌曲县则岔石林景区、郎木寺景区、尕秀藏寨文化生态旅游区	8	58.2%
		3A	夏河县熊猫沟景区、羚牦牛乳产业园工业旅游观光景区、米拉日巴佛阁景区、甘肃舟曲特大山洪泥石流灾害纪念园景区、巴寨沟景区、迭部县腊子口红色旅游景区、俄界会议遗址景区、茨日那毛主席旧居景区、扎尕那景区、玛曲县阿万仓贡赛尔喀木道景区、外香寺景区	11	
		2A	桑科草原景区、京东拉卜楞甘南馆景区、太阳沟景区、拉卜楞摩尼宝旅游文化产业园、术布古占旅游景区、新城景区、阿子塘宝塔景区、翠峰山景区、亚哈藏民俗旅游文化生态园、天下黄河第一弯景区、欧拉克琼湖景区、河曲马场景区	12	
2	临夏州	4A	临夏八坊十三巷、和政松鸣岩风景区、黄河三峡风景名胜区、和政古动物化石博物馆、大墩峡保安族民俗文化生态旅游园景区、和政县法台山景区、和政县万兽谷景区	7	
		3A	临夏县龙首山景区、临夏县关滩沟景区、甘肃莲花山国家森林公园、临夏市东公馆、临夏市东郊公园、临夏市枹罕山庄、盛世旅游度假村	7	
		2A	积石民俗村风景区、临夏市人民红园景区、和政县罗家集乡三岔沟景区	3	

397

续表

序号	所在市州	等级	景区名称	数量(个)	占全省A级景区的比例(%)
3	兰州市	4A	兰州水车博览园景区、兰州兴隆山景区、安宁区仁寿山生态文化旅游景区、皋兰县什川世界第一古梨园景区、青城古镇景区、永登县兰州吐鲁沟国家森林公园景区、兰州西部恐龙水乐园景区	7	
		3A	兰山三台阁旅游风景区、银滩港旅游景区、兰州创意文化产业园工业遗存旅游景区、龙泉山庄景区、徐家山森林公园景区、皋兰县石洞寺景区、兰州石源景区、玉泉山庄景区、猪驮山景区、兰州植物园、金城公园景区、兰山祥龙生态园、天庆博物馆、石佛沟公园	14	
		2A	星河种植园景区、安宁滑雪场、万和丽园景区、白塔公园、皋兰县生态农业观光园景区、水车园管理所、青龙山公园景区	7	
4	白银市	4A	景泰黄河石林风景旅游区、会宁县红军会宁会师旧址	2	58.2%
		3A	法泉寺风景旅游区、白银黄河湿地公园、甘肃农垦条山农场旅游区、白银火焰山国家矿山公园主题公园	4	
5	武威市	4A	天祝县天祝冰沟河生态文化旅游景区	1	
6	定西市	4A	漳县贵清山/遮阳山旅游景区、渭河源景区、通渭悦心国际书画村、通渭榜罗镇革命遗址景区、渭源首阳山	5	
		3A	定西市通渭温泉度假区、陇西仁寿山森林公园、岷县狼渡湿地草原、临洮平长人家、甘肃洮河石文化博览园景区、中共中央西北局岷州会议纪念馆	6	
		2A	安定西岩山公园、安定区玉湖公园、通渭县秦嘉徐淑公园、临洮县岳麓山森林公园、洮阳镇西湖公园景区、临洮县三易花卉园景区、临洮县佛归寺、渭源县瀍陵桥公园、渭源县马铃薯科技示范园区、漳县泰山公园景区、漳县石崖寺景区、岷县二郎山省级森林公园	12	

续表

序号	所在市州	等级	景区名称	数量(个)	占全省A级景区的比例(%)
7	天水市	5A	麦积山景区	1	58.2%
		4A	秦安县凤山景区、玉泉观景区、南郭寺景区、伏羲庙景区、回乡风情园景区、甘谷大像山景区、水帘洞景区	7	
		3A	宣化冈拱北、花石崖景区、三皇谷森林公园景区、温泉休闲养生旅游景区、古坡草原景区、姜维文化园景区、崇福寺景区、武山蔬菜科技示范园区景区、卧牛山森林公园、木梯寺文物保护管理所、大地湾遗址景区、秦州区炳灵寺、齐寿山文化旅游风景区、佳·水岸小镇旅游度假区、青鹃山国际旅游休闲度假区	15	
		2A	云凤山景区、街亭遗址西梁子森林公园、卧龙山老庵寺、小华山景区、赵充国陵园、天门山景区、海潭寺景区、尖山寺森林公园、蔡家寺景区、导流山景区、马跑泉公园、凤凰山景区、龙园、龟凤山景区、卦台山景区、秦安县可泉寺景区、秦州区李广墓、秦州区诸葛军垒、秦安县文庙景区、秦安县上关明清街	20	
8	陇南市	3A	礼县秦文化博物馆旅游景区、礼县祁山武侯祠旅游景区	2	
9	平凉市	5A	崆峒山风景名胜区	1	
		4A	崇信县龙泉寺景区、泾川县大云寺·王母宫景区、庄浪县云崖寺景区、灵台县古灵台·荆山森林公园、国家级水利风景名胜区、田家沟景区	5	
		3A	庄浪县朝那湫景区、泾川县汭丰镇郑家沟景区、泾川县白家民俗文化景区、完颜民俗文化景区、灵台县千槐树旅游示范村、灵台县皇普谧文化园、泾川县锦绣凤凰旅游景区、庄浪紫荆山公园、华亭双凤山公园、静宁成纪文化城景区、莲花湖人文生态景区、南山生态公园、柳湖公园、米家沟生态园、华亭莲花台景区	15	
		2A	庄浪县陈家洞景区、庄浪县赵墩梯田生态景区	2	

续表

序号	所在市州	等级	景区名称	数量（个）	占全省A级景区的比例(%)
10	庆阳市	4A	庆城县周祖陵景区、华池南梁红色旅游景区、庆城药王洞养生小镇景区	3	58.2%
		3A	合水陇东古石刻博物馆、环县东老爷山景区、宁县古豳文化旅游区、正宁县调令关森林公园、宁县印象义渠莲花池景区、环县山城堡战役纪念园、庆阳黑老锅景区	7	
		2A	镇原潜夫山森林公园、华池双塔森林公园、西峰东湖公园、庆阳农耕民俗文化村	4	

资料来源：根据甘肃省文旅厅网站资料整理。

二 甘肃黄河文化资源保护传承利用现状综评

党的十八大以来，甘肃省坚持"保护祖业、繁荣事业、发展产业"三业并举、实施"公共文化服务体系建设、文化产业发展"两手齐抓等举措，使得甘肃黄河文化资源保护传承利用水平也迈上了新台阶。下面，着重从五个方面予以论述。

（一）文化资源保护传承成效显著

甘肃省陆续印发《甘肃省文物安全管理办法》《甘肃炳灵寺石窟保护条例》《甘肃省长城保护条例》《甘肃省非物质文化遗产条例》等文件，已经完成"甘肃黄河文化遗产保护利用规划"编制，正在修编"甘肃省黄河文化保护传承弘扬规划""甘肃省黄河流域非物质文化遗产保护传承弘扬规划"。全省共出版非遗保护成果专著210余部，达4550余万字；拍摄视频专辑795部。建成非遗博览馆（所）487个，开展收集整理挖掘和保护工作的专兼职人员达到380人[①]。基本实现了对黄河文化资源的有效保护、管理和利用。

---

① 甘肃省文化和旅游厅：《全力推进甘肃文旅产业高质量发展》，《学习时报》2020年9月21日第8版。

（二）加强文化旅游业发展的政策支持

为加快文化旅游强省建设，甘肃省委省政府先后研究印发《甘肃省加快文化大省建设的若干政策规定》《关于推进华夏文明传承创新区建设的实施意见》《关于加快建设旅游强省的意见》《新时代甘肃融入"一带一路"建设打造文化制高点实施方案》《甘肃省文化旅游产业发展专项行动计划》《关于大力促进全省文化旅游产业提质增效的意见》《关于革命文物保护利用工程的实施意见》《支持大敦煌文化旅游经济圈建设的若干意见》《关于金融支持甘肃文化旅游产业加快发展的意见》《加快恢复甘肃文化和旅游市场的若干措施》等一系列政策措施，为黄河文化资源的保护传承与利用提供了重要保障。

（三）文化旅游宣传平台建设卓有成效

一是利用华夏文明传承创新区国家级文化发展战略平台，在文物保护、大遗址保护、文化与旅游融合、文化产业发展、文化品牌打造、文化人才队伍建设、节庆赛事会展举办等内容建设方面取得新进展。二是依托丝绸之路（敦煌）国际文化博览会平台，不仅给丝绸之路沿线国家和地区文化旅游交流合作搭建重要桥梁，而且为甘肃文化旅游资源的推介提供了重要机遇。三是借助公祭伏羲大典活动，对于中华优秀传统文化传承、增强中华文化认同起到了重要作用。四是发挥"三区三州"旅游大环线宣传推广联盟作用，不断扩大文化旅游"朋友圈"，尤其是开行的"环西部火车游"旅游专列不到3年时间，已发送159列，游客超过12万人次[①]。

（四）文旅产业发展势头强劲

近几年来，甘肃文化旅游产业基础不断增强。据甘肃省文旅厅网站公布数据统计，截至2020年5月底，全省共有4A级以上景区104个，共有星级饭店402家，旅行社747个（截至2020年3月19日）。全省有国家级非遗名录68项，省级非遗名录493项（截至2019年6月）。2018年，甘肃省文化旅游产

---

① 《"环西部火车游"："小切口大合作"助力文旅融合发展》，甘肃文旅厅网站，http://wlt.gansu.gov.cn/mtjj/34242.jhtml。

业占比达全省GDP的7%，是全省十大生态产业中的首位产业，已成经济社会发展的支柱产业之一（见图1）。2020年，当跨省旅游恢复半月后，来甘肃的游客涨幅280%，位列全国第一。1~8月，甘肃全省共接待游客1.4亿人次，实现旅游综合收入910亿元，全省旅游市场接待规模恢复至上年同期水平的51.5%和48.9%。国庆中秋假日期间，甘肃全省累计接待游客和旅游综合收入分别恢复至2019年国庆黄金周假日水平的74.2%和61.7%。

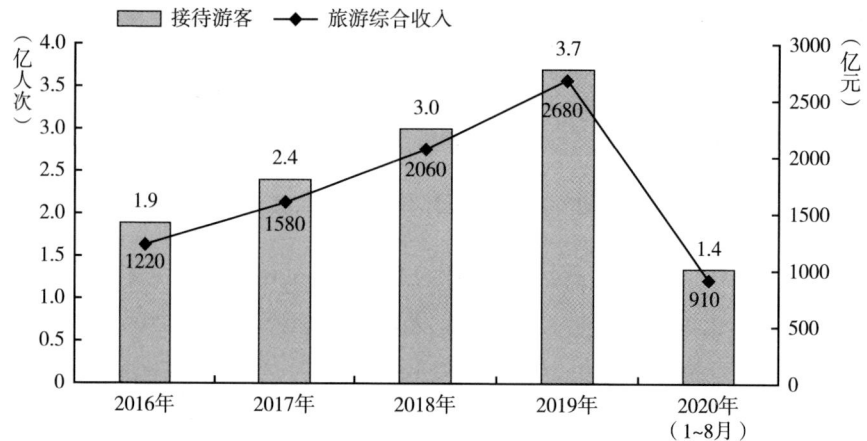

图1　2016年至2020年8月甘肃文化旅游产业发展情况

资料来源：根据甘肃省文旅厅提供资料和网络资料整理。

（五）黄河文艺精品展演异彩纷呈

陇剧《官鹅情歌》《苦乐村官》《百合花开》《枫洛池》《西峡长歌》《假婿乘龙》，话剧《马背菩提》《天下第一桥》《老柿子树》《七先生》《兰州人家》，秦腔《百合花开》《民乐情》《锁麟囊》，眉户剧《崆峒山下》，原创歌剧《貂蝉》，京剧《夏王悲歌》，民族舞剧《悠悠雪羽河》《白马印记》《红色卓尼》，音乐剧《花儿与少年》，花儿剧《布楞沟的春天》，大型情景体验剧《天水千古秀》等诸多以黄河流域素材创作演出的经典佳作接连亮相。甘肃精心打造的"春绿陇原"文艺展演也已经正式登陆"学习强国"甘肃平台，开启了甘肃精品剧目网络常态化演出模式，这为甘肃黄河文化展示和资源利用搭建了更广阔的平台。

三 甘肃黄河文化资源保护传承存在的突出问题

甘肃与周边省区比较，在黄河文化资源保护传承利用方面依旧存在一些较为突出的问题，主要表现在以下几个方面。

一是黄河文化遗产系统保护有待加强。甘肃经济欠发达，资金投入不足在一定程度上对黄河文化遗产保护形成制约，导致缺乏完备有效的保护体系，保护传承碎片化现象突出，文化和自然遗产资源协同保护的系统性与整体性不强。

二是黄河文化传承利用质量有待提高。由于跨部门、跨行业、跨区域联动合作机制不健全，跨学科交叉融合应用能力不强等因素，部分优质黄河文化资源搁浅闲置，部分资源效益转化不够，部分资源开发利用雷同化现象突出，黄河文化研究总体滞后于经济社会发展，制约了黄河文化的创造性转化和创新性发展。

三是黄河文化旅游品牌传播有待提升。黄河流域公共文化旅游基础设施建设仍有短板，对外宣传方式和推广手段比较单一，资源、资产和市场未能形成优势互补。欠缺"看得见、摸得着、叫得响、记得住"的黄河文化旅游精品品牌。

四是文化旅游消费潜力有待激发。甘肃文化旅游淡旺季比较分明，来甘游客多为过夜游和一日游，如2019年甘肃国内游客过夜游不足四成，一日游超过六成（见表4），一定程度上造成甘肃文化旅游消费总量不高，尤其是人均文化旅游消费水平较低，与全国平均水平差距较大（见图2）。

表4 2019年甘肃全省国内游客接待情况

项目		国内接待	过夜游	一日游
接待人数 （万人次）	总量	37422.75	13981.53	23441.22
	占比	100%	37.36%	62.64%
	增幅	23.95%	18.06%	27.21%
旅游收入 （亿元）	总量	2676.15	1386.34	1289.81
	占比	100%	51.8%	48.2%
	增幅	30.02%	26.45%	34.09%

资料来源：根据甘肃省文旅厅提供资料整理。

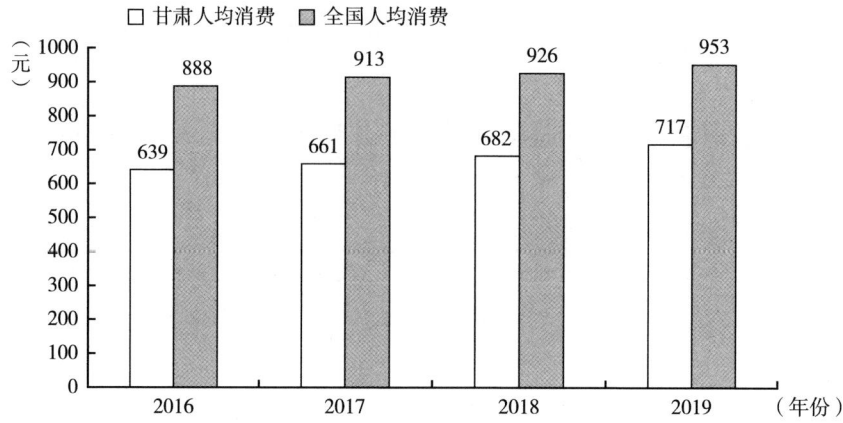

图2　2016～2019年甘肃人均文化旅游消费情况

资料来源：根据甘肃省文旅厅提供资料整理。

四　甘肃黄河文化资源保护传承利用的机遇

随着国家一系列重大战略举措的实施和推进，甘肃黄河文化资源的保护传承与利用也迎来了绝佳的历史机遇。

首先，黄河流域生态保护和高质量发展国家重大战略机遇。黄河流域生态保护和高质量发展国家重大战略将对甘肃充分发挥黄河文化资源优势，深入挖掘黄河文化蕴含的时代价值，讲好甘肃"黄河故事"，助推黄河流域生态保护和高质量发展贡献文化力量。

其次，长城、长征、黄河三大国家文化公园建设。长城、长征、黄河三大国家文化公园建设，将不断推进甘肃黄河流域文化和旅游融合提质升级，培育新型业态和消费模式，进一步放大甘肃文旅综合效应。

再次，以"兰西城市群"为代表的国家区域发展战略机遇。"兰州－西宁城市群""关中平原城市群""成渝地区双城经济圈建设"等国家区域发展战略，将促进甘肃黄河流域基础设施互联互通、旅游精品线路打造、旅游联合宣传等。

最后，新时代甘肃融入"一带一路"抢占"五个制高点"。"一带一路"

建设是当前甘肃发展的最大机遇。甘肃打造文化、枢纽、技术、信息、生态"五个制高点",依托各类平台,将为黄河文化资源利用发展绘就新蓝图。

五 促进甘肃黄河文化资源保护传承利用的对策建议

(一)尽快建立黄河文化研究专门机构,打造黄河文旅资源保护传承利用新高地

整合省内高校、科研院所力量,联合文化、水利、民族、生态环保等部门机构的人才资源,筹建甘肃黄河文化研究专业机构,创办《黄河研究》学术期刊,整理黄河文化文献资源,举办黄河文化高层论坛,加强黄河文化学术研究,深入挖掘、阐释、弘扬甘肃黄河文化的内涵与特色优势,不断推出有影响力的研究成果,将甘肃黄河文化研究推向一个新高度。

(二)持续推进"交响丝路·如意甘肃"文化旅游品牌推广,提升黄河文旅资源知名度

一要不断加强与央视、新浪、搜狐、网易、腾讯、人民网、凤凰网、新华网、中国日报客户端等主流新闻媒体阵营的合作,加大对甘肃国际旅游目的地形象宣传。二要积极与携程、同程、驴妈妈、去哪儿网等旅游线上平台开展合作,推陈出新,联合"制造"甘肃黄河文化旅游热点话题,推广宣传黄河流域知名景区景点,营造"引客入甘游黄河"的浓郁氛围。三要实现甘肃黄河文化资源与华夏文化资源云平台的无缝对接,推进基础档案、影像素材等黄河文化资源的数字化管理,形成线上线下相统一的精细化管理体系,打造宣传展示甘肃黄河文化资源的新平台。

(三)统筹推进长城、长征、黄河国家文化公园(甘肃段)建设,促进黄河文旅融合发展

一是参照其他类型国家公园的管理体制,成立或者依托相关厅局设置甘肃省国家文化公园管理机构,整合文化、环保、住建、国土、林业、水利等相关职能,打破地域(空间)、行政、行业和资源限制,统筹解决省级国家文化公

园多头管理问题，优化物力、人力、财力资源配置。二是系统梳理长城、长征、黄河文化遗产资源优势，从地理标识、遗产标识、精神标识三个层面入手，采用"1+N"总分馆的建设模式，着重打造或提升改造一批具有典型文化标识的示范性文化设施和文化场所，形成以点串线、以线带面的长城、长征、黄河文化标识群落，推进文化旅游深度融合与协同发展，为社会提供功能完善的文化保护传承弘扬阵地，促进甘肃黄河文化资源的科学利用。

（四）多级联动，积极培育壮大黄河文化旅游产业

一是做大做强黄河流域红色旅游产业。抢抓机遇，加大对南梁、会宁、哈达铺、两当、高台、铁人王进喜干部学院等基础设施和服务设施的筹建支持力度，形成融"培训+参观+体验+教育"为一体的综合性教育培训基地，打造传承红色基因的新高地。二是推介宣传黄河流域丝绸之路体验游。进一步优化黄河流域丝绸之路体验游的线路，增强与甘肃周边的九寨沟、西安、银川、延安等知名旅游区的联合，促进黄河流域旅游的省际联合发展。三是分类施策加速黄河流域乡村旅游产业发展。结合全国乡村旅游重点村、田园综合体、特色气候小镇和乡村旅游精品线路，以休闲观光、民俗体验、生态康养、景区依托为主的多种复合型模式，推进陇东农耕民俗体验区、河西走廊戈壁生态农业体验区、陇东南山水田园康养度假体验区和甘南临夏民族风情体验区建设。

（五）加大黄河文艺创作扶持力度，推动黄河文化资源走出去

通过"以奖代补"等措施，进一步加大扶持力度，充分调动广大文艺工作者的积极性和主动性，围绕"一带一路"、红色文化、脱贫攻坚、生态保护、民族团结等题材，按小说、诗歌、散文、戏剧、绘画、雕塑、音乐、舞蹈、电影等文学艺术门类创作一批黄河文艺精品力作。依托国内国际各类节会平台，充分发挥新媒体优势，促进黄河流域文艺多渠道传播、多平台展示、多终端推送，不断提高甘肃黄河文化资源的影响力。

（六）筹建甘肃"黄河文化"项目库，为讲好"黄河故事"奠定基础

做好顶层设计工作，积极筹建甘肃"黄河文化"项目库。以黄河流域为

主,充分发掘当地文化资源,打破行政划分的隔阂,积极主动开展横向联合,把古生物化石、农耕文化、史前文化、彩陶文化、长城文化、石窟文化、红色文化、中医药文化、治水文化、生态文化等黄河流域积淀的文化成果和文化形态所涉及的文化遗址遗迹、文物事件、人物故事等能够反映甘肃黄河文化资源面貌的丰富留存,细致梳理后统一纳入项目库,为争取国家项目、讲好甘肃"黄河故事"和开展更多横向合作创造条件,奠定坚实基础。

参考文献

鲁枢元、陈先德主编《黄河史》,河南人民出版社,2001。
陈梧桐、陈名杰:《黄河传》,河北大学出版社,2009。
李振宏、周雁:《黄河文化论纲》,《史学月刊》1997年第6期。
郭琰:《郑州沿黄河旅游资源的评价》,《中州大学学报》2003年第4期。

B.26
宁夏优势特色农业三产融合发展研究

王愿如*

摘　要： 宁夏优势特色农业在发展过程中，利用自然资源禀赋，发挥区位优势，推进产品创新和品牌建设，产业发展不断实现量的合理增长和质的稳步提升。宁夏优势特色农业通过产业化发展道路，成为宁夏脱贫攻坚战中产业扶贫的主力军，也是宁夏产业经济发展中极为重要的参与者。本文主要从枸杞、葡萄、滩羊这三大优势特色农业入手，分析宁夏优势特色农业发展的特点，探索宁夏优势特色农业三产融合发展的路径。宁夏优势特色农业走融合发展道路，仍然面临产业现代化水平不高、供给要素质量不高和创新不足等问题。宁夏优势特色农业三产融合发展要推动优势特色农业的产业升级，扩大三产融合的要素供给，培育更多优势特色农业创新主体和经营主体，并且通过科技赋能为优势特色农业融合发展提供更多创新支撑。

关键词： 优势特色农业　产业升级　融合发展　宁夏

产业融合发展是实现产业发展量的合理增长和质的稳步提升的需要，也是实现人民增收和提升幸福感的重要途径。长期以来，宁夏优势特色农业以提高发展质量和效益为中心，发挥比较优势，聚焦区域特色，打造优质品牌，优势

---

* 王愿如，宁夏社会科学院综合经济研究所（"一带一路"研究所）助理研究员，主要研究方向为区域经济、产业经济、金融。

特色农产品远销国内外。2020年6月,习近平总书记到宁夏考察时提出,宁夏要推动产业向高端化、绿色化、智能化、融合化方向发展,这为宁夏优势特色农业指明了发展方向,也为宁夏优势特色农业三产融合发展提供了根本遵循。

一 宁夏优势特色农业发展概况

经济进入新常态以来,宁夏坚持高质量发展道路,牢牢把握供给侧结构性改革主线,不断推进产业结构优化和转型升级。聚焦区域比较优势,将枸杞、葡萄、滩羊等优势特色农业发展推向新的高度,枸杞、葡萄酒、滩羊肉等产品更是闻名已久,享誉中外。宁夏优势特色农业发展以其独特的区域优势和历史条件成为宁夏特色产业的重要组成部分,截至2019年底,优势特色农业占到了农业总产值的87.4%①。

(一)利用自然禀赋优势,提升产业影响力

宁夏在"十三五"期间,实施农业提质增效工程,优势特色农业、牧业和相关产品的生产和销售都得到有效提升,农业优势特色产业中,枸杞、葡萄酒和滩羊产业的产品影响力不断加大,形成一批市场认可度高的品牌,产值也相对比较高,在经济效益和社会效益上都取得了良好成绩。宁夏是枸杞的道地产区,枸杞是宁夏的"地域符号"和"红色名片"。截至2019年底,宁夏枸杞保有面积35万亩,鲜果产量26万吨,平均年出口枸杞5000吨,创汇6000万美元,产品远销欧美等40多个国家和地区,综合产值达到191亿元,宁夏培育的"宁杞"系列优新良种已覆盖全国所有产区。"宁夏枸杞"品牌影响力持续增强,"中宁枸杞"品牌价值达172.88亿元②。葡萄酒产业近年来发展水平不断提高,市场认可度也逐渐提升。贺兰山东麓北纬38度的自然条件,使得宁夏成为世界上最适合种植酿酒葡萄的黄金地带之一,得天独厚的自然禀赋和特有的风土条件,保证了葡萄酒的品质。截至2019年底,宁夏酿酒葡萄种植面积达到57万亩,占全国的1/4,已形成贺兰山东麓大产区,石嘴山、银

---

① 《政府工作报告解读》,《宁夏日报》2020年1月12日第5版。
② 王愿如:《做强产业实力叫响"枸杞之乡"品牌》,《宁夏日报》2020年7月21日第11版。

川、青铜峡、红寺堡及中卫沙坡头五个小产区的酿酒葡萄种植长廊，是全国最大的酿酒葡萄集中连片产区。有酒庄211家，年产葡萄酒1.3亿瓶，葡萄酒远销德国、美国、比利时、澳大利亚等20多个国家和地区，酒庄年接待游客达60多万人次，综合产值达到260亿元①。宁夏的滩羊产业既是传统产业，也是优势特色产业，宁夏盐池县被称为"中国滩羊之乡"，是全国滩羊集中产区和宁夏畜牧业生产重点县，滩羊肉享誉海内外，滩羊产业的产值占盐池县畜牧业总产值的90%以上②。截至2020年6月底，宁夏滩羊饲养量达913.8万只，外销滩羊肉6278.9吨。"盐池滩羊"品牌已成为国家农产品地理标志示范样板，入选全国百强农产品区域公用品牌和商标富农案例，成为我国重要农业物质文化遗产，品牌价值达到71亿元③。枸杞、葡萄和滩羊这三大优势特色农业，依托自然资源禀赋优势，立足产业高质量发展，注重打造品牌，产品得到市场的高度认可，成为宁夏优势特色农业的"亮丽名片"。

（二）发挥产业扶贫作用，带动农民脱贫增收

宁夏优势特色农业不仅是农业生产总值的贡献者，还是脱贫致富的生力军，优势特色农业与农村、农民紧密相连，为解决贫困农民就业和实现增收、创富提供了重要支撑。政府出台相关政策鼓励贫困地区企业和农民积极发展优势特色农业，企业和农民构建了利益联结体，形成了企业发展和农民脱贫致富的双赢局面。近年来，宁夏枸杞产业通过"企业+基地+合作社+农户"的经营方式，推动枸杞产业发展，同时带动基地附近农民就业和增收。基地附近农民通过土地流转获得土地租金收入，在枸杞采摘季就业村民人均收入达7000元以上。中宁县2020年5月底至6月底，枸杞采摘用工数达22800人，采摘劳务收入达4678.8万元④。政府对种植枸杞的企业或农户给予资金补助，鼓励贫困地区企业、农户发展枸杞种植，宁夏枸杞产业成为农民脱贫致富的红火事业。宁夏葡萄酒产业通过葡萄种植基地建设、酒庄文化培育和旅游产业协同发展，开启了宁夏葡萄酒酿造和观光旅游的和谐发展之路，每年解决生态移

---

① 王林伶：《做强做优宁夏葡萄酒产业》，《宁夏日报》2020年6月30日第12版。
② 宋春玲：《多措并举 让滩羊产业更"洋气"》，《宁夏日报》2020年8月4日第11版。
③ 宁夏回族自治区农业农村厅官网。
④ 王愿如：《做强产业实力 叫响"枸杞之乡"品牌》，《宁夏日报》2020年7月21日第11版。

民区12万人就业①。政府出台相关政策鼓励企业和农民发展葡萄产业，免费为企业和农户提供苗木，补贴架杆、架丝，葡萄酒产业成为贫困地区农民脱贫的支柱产业，助力农民脱贫致富。宁夏滩羊的主要产区是盐池县，盐池县滩羊养殖主体呈"企业＋协会＋规模养殖园区（场）＋养殖户"结构，企业通过规模化养殖辐射带动农民实现增收。2019年，滩羊核心区农民人均养羊收入达到了1921元，占农民人均可支配收入的17.2%，占经营性收入的32.4%。盐池县农民人均养羊收入6100元，占可支配性收入的50%②。宁夏优势特色农业通过产业化发展道路，不断提高经济效益，同时还产生很高的社会效益，为几十万贫困户脱贫致富提供了产业支撑。

（三）践行绿水青山就是金山银山，助力生态环境改善

宁夏优势特色农业坚持以生态保护优先，倒逼产业转型升级，以绿色发展激活产业链，把"黄土"染成"绿田"，把"绿水青山"变成"金山银山"。通过将枸杞、葡萄酒、果林等产业发展同加强生态治理、生态恢复结合起来，减少了水土流失，改善了生态环境，为产业和生态环境的健康发展提供了绿色屏障。贺兰山是宁夏的"父亲山"，发挥着重要的生态屏障作用，通过葡萄酒产业的布局，生态修复与治理取得显著成效，贺兰山东麓35万亩荒地通过种植葡萄，不断发挥防风固沙、净化空气、涵养水源等生态功能。葡萄酒酒庄建设过程中不断提高绿化面积，防护林建设大幅提高了产区森林覆盖率，葡萄园"浅沟种植"成为贺兰山东麓最大的水土拦蓄工程，贺兰山东麓的葡萄种植形成了一道美丽的生态屏障。枸杞作为生命力旺盛的灌木，还是生态绿化经济树种。宁夏的荒地在枸杞种植过程中发生了蜕变，戈壁盐碱撂荒地变成了生态绿洲，林草覆盖面积持续上升，并形成适宜的区域性小气候。宁夏优势特色农业发展秉承"人与自然和谐相处"的理念，保护原生态资源，注重保护周边野生动物的生活，维护生态平衡。同时通过产业优化布局，打造多功能生态产区，实现生态修复和治理，同时形成了"生态经济"。通过优势特色农业的高质量发展，实现人与自然和谐相处、产业发展与生态环保"双赢"的局面。

---

① 王林伶：《做强做优宁夏葡萄酒产业》，《宁夏日报》2020年6月30日第12版。
② 宁夏回族自治区农业农村厅官网。

二 宁夏特色农业三产融合发展面临的困境

（一）优势特色农业的现代化水平不高

宁夏优势特色农产品价值高，市场接受度高，但产业的现代化水平不高。农业结构比例需不断调整，优势特色农业产值高，但种养植占比不高。宁夏农作物耕种面积占全区耕地面积的85%以上，其中粮食耕地面积占农作物耕种面积的60%以上，优势特色农业的种植面积占比相对较少，相应的产出不高。优势特色农业是宁夏农业发展的核心，但是优势特色农业的投入产出比不高。优势特色农业机械化水平比较低，部分优势特色产业从种养植到产品检测，机械化的布局较小，导致农业的生产效率不高。部分优势特色农业的初级加工无法实现，精深加工难度大、成本高，优势特色农业自身的机械化创新参与不够。机械更新换代慢，产出效益低。优势特色农业标准化、规模化的建设水平较低。部分优势特色农业没有形成规模化的种养殖，种养殖标准化体系还未完全建立，标准农田占宁夏农田的比例较少，而且主要集中在银川市，标准化发展呈现区域性不平衡发展。优势特色农业的信息化水平也比较低。信息化基础设施、人才和资本投入较少，优势特色农业的配套信息化建设还没有形成。此外，部分农业优势特色产业产品的品牌知名度不高，农产品价格较低，而"中宁枸杞""盐池滩羊"等享誉国内外的品牌又面临贴牌销售、以次充好的负面影响，没有形成全产业链条的标准体系，掌握不了市场话语权。

（二）优势特色农业产业链条短

宁夏优势特色农业的产业链布局较短，融合发展难度大，农产品的种植、加工、产品附加值提升和销售未形成完整、成熟的链条。优势特色农业产品缺乏与之相关联的农产品精、深加工企业，精深加工产品少，出现种植、加工和销售相分离的局面，优势特色农产品的价值没有得到深入挖掘。第一，优势特色农产品的深加工需要投入资本和人力，而企业发展水平不高，投入乏力，农产品的精深加工程度低，产品附加值不高。第二，部分优势特色农产品精深加工成果转化率不高，存在有精深加工产品、无批量生产的问题，批量生产线跟不上，加上品牌知名度不高，部分高成本的产品市场需求少。第三，优势特色农产品的高端产品种类少、产品单一，产品同质化现象严重，无法满足市场上消费者的差异化需求。第四，在销售模式上，还是以传统销售模式为主，部分优势特色农产品多采用中间商直接上门收购模式，缺乏现代销售手段和方式，导致没有形成产品定价话语权。产业链条短，产业融合找不到连接点，优势特色农业的发展只能停留在种养殖和初级加工环节，无法实现产业的高级化。

（三）优势特色农业三产融合发展存在要素供给质量不高问题

优势特色农产品深加工缺少工业技术的支持，创新投入少，产品创新能力不高。部分优势特色农产品加工和产品研发缺乏创新投入，宁夏创新体系中，优势特色农业的创新主体占比少，创新力量严重不足。优势特色农业融合发展的配套产业发展水平不高，以农业与旅游业融合发展为例，乡村旅游的配套设施和服务供给不足，缺乏专业的团队和服务机构，尚未形成规模，发展水平较低。优势特色农业的金融、保险产品和服务供需失衡，农业的可抵押物少，资金需求得不到充分满足，农业的风险高，但是农业保险深度低。面向农业的现代服务业供给不足，缺乏专业设备、专业经营团队、专业技术指导等服务，难以实现高质量发展。优势特色农业融合发展受到行业壁垒的制约，缺乏共同建设和协调发展的平台，产业链条没有形成有效的黏合和互补。优势特色农业的劳动力素质不高，缺乏农业高质量发展所需要的专业技术和知识，创新意识不高，并且对新型技术、服务的接纳难度大、接受意愿低。

三 宁夏优势特色农业三产融合发展的对策建议

（一）提高优势特色农业科技赋能

信息化建设是优势特色农业发展的短板，也是制约优势特色农业向高端化、融合化方向发展的重要因素，优势特色农业的升级和融合发展需要基础设施的升级和信息化的高度参与。在新的发展环境下，宁夏优势特色农业要实现融合化发展，就要提高基础设施的科技含量。加快互联网等基础设施升级，提高农业信息化建设水平。建立农产品大数据库，提高对农产品的分析和监管。

加紧5G技术的铺设和利用，建立优势特色农业产业体系化、生产智能化、管理智慧化和服务网络化的布局。利用好中卫云基地，研发优势特色农业的云计算、大数据产品，进行优势特色农业信息产业化、数据化的处理。扩大信息化基础设施的覆盖，例如铺设农作物生长、品质监控和生产管理的数据化监控，全程掌握农产品生长情况，生产企业对其进行科学的远程生长期监控，加工企业根据其生产情况对其进行深加工，以及深加工设备的研究和生产。服务业可以根据其生产全过程判断其投入产出比，从而提供适当的金融和营销服务等。通过信息技术的高度介入，实现农产品的精准生产投入、拟人环境的培育、标准化的生产和智能化的监管以及个性化的服务。构建优势特色农业大数据平台，扩大平台服务功能，提高农产品的市场适应性，提高农业抗风险能力，加强农业经营主体的合作。

（二）推动产业升级，构建现代农业产业体系

要提高优势特色农产品市场竞争力和市场占有率就需要扩大市场份额，逐步扩增优势特色农业产业布局，提高土地利用率，支持重点产区扩大标准化、规模化种养植面积，夯实产业发展基础，提高农产品产量。通过产业综合体建设、农产品提质增效行动、精准富民行动计划等，进行优势特色产业的差异化布局。通过联营、流转等方式，与农户建立利益联结机制，促进农户种植与企业加工一体化经营，解决农户小而散和种植标准不统一的问题。加快优势特色农业的内部结构高级化进程，抓准优势特色产业发展的关键环节，提升关键环节产业的布局比重，抓核心，提比重，促发展、补短板、强整体。延长农产品深加工链条，布局农产品现代化生产、加工、流通链条。特别是优势特色农产品精深加工和产品研创的布局，要提高农产品的品质，增加产品附加值，同时打开优势特色农产品的消费市场。生产安全、高端的农产品衍生品，促进农产品消费升级，倒逼产业升级。推进优势特色农业集聚化发展，建设高水平的优势特色农业产业园。通过政府、核心企业以及供应链的紧密嵌合，打造高端化优势特色农业园区。在园区成立研究中心、教育机构（包括职专分校和大学分校等）和文化交流机构（小型博物馆、产业交流小型博览会等）。利用研究中心，提供技术支撑，为农业企业提供基础建设、装备利用、R&D 支援等。利用教育机构，增加园区人才支撑，同时为培养新型农业人才提供基地。利用

文化交流机构，扩大产品销售渠道和促进企业交流，形成一个混合型的产业集群。利用产业集群的优势，降低转型升级的成本，提高转型升级的能力。提升标准化种养殖、加工、检测水平，加强优势特色农产品地理产品保护标志的推广应用，建立优势特色农产品品质评价规范和第三方质量认证检测机制，保护好"中宁枸杞""盐池滩羊"等金字招牌。

（三）增加优势特色农业三次产业融合发展的要素供给

优势特色农业要坚持多元化发展方向，以市场为导向，创新发展模式。随着消费升级，用产品占领市场，用创新引领市场。增加农产品定制化服务项目，通过消费者定制、认领等手段，扩大农产品的影响力，提高市场认可度，引领消费新升级。探索多元化发展的方向，优势特色农业与康养、文化旅游等深度融合，建立体验式康养平台，通过优质农产品引导健康生活方式，促进消费升级，从而推动产业升级，提高市场占有率。要提高优势特色农产品的质量保证，加强质量认证与产品溯源体系建设，实现生产过程可控、质量安全可溯、品牌信誉可靠，打造从"田间"到"舌尖"全过程质量监控和溯源体系。提高工业对优势特色农业的辐射和支持力度，宁夏制造业应当向优势特色农业提供更多设备、技术和服务支持，提高装备制造业在优势特色农业机械化水平提高方面的研发力度。研发和创新中心建设要向优势特色农业倾斜，为优势特色农业产品的研发和创新、机械化水平的提高和农业技术的上升提供更多平台。提高服务业对优势特色农业的覆盖范围和服务水平，旅游业要提高自身的水平，提高融入优势特色农业后的专业性服务水平和整体效益。要形成大品牌，搭建大平台，形成旅游服务的规模化供给，为优势特色农业提供定制版的服务，针对不同产品、不同产业链，配套不同的旅游产品和服务，带动优势特色农业资源实现多功能的挖掘和利用。构建优势特色农业普惠金融体系，扩大金融产品和服务的覆盖面，让更多金融产品和服务流向优势特色农业。探索优势特色农业普惠金融产品和服务的差异性，扩大信用贷款、创新金融产品、严格风险管控，提高金融服务广度和深度。培育更多优势特色农业融合发展的市场主体，促进龙头企业的升级发展，构建农业、农村、农民命运共同体。适当打破融合发展过程中的行业壁垒，同时要加强三产融合过程中的行业监管，搭建三产融合发展的平台，集三产融合服务与监督管理于一体，保证关键点得到有效衔接，抓好产业融合发展过程中的边界设定，提供便捷服务的同时抓好融合领域的监督和管理。

参考文献

王林伶：《做强做优宁夏葡萄酒产业》，《宁夏日报》2020年6月30日第12版。

宋春玲：《多措并举 让滩羊产业更"洋气"》，《宁夏日报》2020年8月4日第11版。

朱时宽：《一二三产业融合发展研究——以宁波市奉化区为例》，《现代化农业》2019年第10期。

陈国生：《湖南省农村一二三产业融合发展水平测定及提升路径研究》，《湖南社会科学》2019年第6期。

旷爱萍、李延：《乡村振兴战略下农村一二三产业融合发展研究》，《当代农村财经》2019年第7期。

朱信凯、徐星美：《一二三产业融合发展的问题与对策研究》，《华中农业大学学报（社会科学版）》2017年第4期。

B.27 三江源国家公园黄河源园区环境教育实践与路径*

代辛 李婧梅**

摘 要： 黄河源园区是三江源国家公园三个分区之一，拥有极其珍贵的自然资源和文化资源，环境教育价值较高。目前，其环境教育工作的开展处于起步探索阶段，通过特许经营、生态体验等形式开展，存在认识不足、环境教育基本要素尚未发挥效应、没有建立供需机制等问题，建议黄河源园区严格按照《三江源国家公园生态体验与环境教育规划》开展环境教育工作，吸纳多元主体参与，全方位、多层次培养环境教育人才，丰富教育场地及教育内容，创新教育内容与形式，以期成为国家公园环境教育的先行示范区。

关键词： 环境教育 三江源国家公园 黄河源

环境教育是以培养社会公众环境意识、树立科学价值观、教授保护环境知识与技能为目的的科普教育。环境教育是国家公园的重要工作任务之一，国家公园是我国最重要的自然保护地类型，以国家公园为主体的各类自然保护地生态多样性程度高、景观多样，为环境教育提供了丰富的素材，是开展环境教育

---

* 本文系青海省社科规划青年项目"生态文明背景下青海藏区绿色发展水平评价及其路径研究"（编号：16002）阶段性成果。
** 代辛，博士、青海省社会科学院副院长，主要研究方向为农村经济；李婧梅，青海省社会科学院生态与环境研究所助理研究员，青海师范大学地理学院博士研究生在读，主要研究方向为生态环境保护、生态经济。

的天然场所。环境教育在国家公园生物多样性的保护、唤醒社会公众的环保意识、提高国民科学素养等方面有着重要的作用。同时,在国家公园组织开展环境教育活动也是体现人与自然和谐共生的有效方式,公众通过国家公园的环境教育可以从多方位、多层次地观察、亲近生态系统,加深对国家公园的了解,有利于提高体验者的环保意识,扩展公众自然环境方面的知识,增进与自然的联系,促进认知的提升,促进社会交往能力提升等。对国家公园来说,环境教育是一项有效的宣传措施,能有效增加国家公园的影响程度和范围,对生态保护将起到深远的影响。总的来说,国家公园环境教育是实现国家公园生态价值、文化价值、游憩价值的重要方式,是提高国民环境保护意识、提升国民科学素养、增强资源可利用性的良好平台。

三江源国家公园是我国第一个真正意义上的国家公园,到2020年底,三江源国家公园完成体制试点,正式建园①,它的建立影响意义深远。黄河源园区是三江源国家公园的三个分区之一,园区内保存有众多具有代表性的自然和人文资源,在加强对其生态保护的同时开展环境教育是利用黄河源的优势,打造人与自然和谐共生园区的必要手段。

一 黄河源园区概况

三江源国家公园黄河源园区(以下简称"黄河源园区"),是三江源国家公园的三个分区之一,位于青海省果洛州玛多县境内,介于东经97°1′20″~99°14′57″,北纬33°55′5″~35°28′15″。黄河源园区将三江源自然保护区的扎陵湖—鄂陵湖和星星海2个保护分区,以及与保护分区重叠的水利风景区、水产种质资源保护区、国家和国际湿地等归并整合,面积1.91万km^2,② 海拔4200米以上,涉及玛多县黄河乡、扎陵湖乡、玛查理镇,19个行政村。核心保育区面积0.86万km^2,包括三江源国家级自然保护区扎陵湖—鄂陵湖保护分区和星星海保护分区的核心区、缓冲区和部分实验区,玛查理镇西南部热那曲流

---

① 宋明慧:《三江源国家公园将于今年如期设立 成为我国第一个国家公园》,《青海日报》,2020年5月21日,第1版。
② 《黄河源园区概况》,三江源国家公园官方网站,http://sjy.qinghai.gov.cn/article/detail/221,最后检索日期:2021年4月13日。

域和黄河乡东南部的热曲流域；生态保育修复区 0.24 万 km²，包括扎陵湖—鄂陵湖和星星海保护分区的部分实验区；传统利用区面积 0.81 万 km²，位于扎陵湖—鄂陵湖和星星海保护分区的部分实验区。①

黄河源园区的冰川雪山、高海拔湖泊湿地、高寒草原草甸等生态系统具有极高的水源涵养、调节气候等功能。② 区内的扎陵湖、鄂陵湖是黄河流域 2 个最大的天然湖泊，纳入了国际重要湿地名录，两湖蓄水量 165 亿立方米，相当于黄河流域年总径流量的 28%，对黄河源头水量具有重要的调节功能，对保障黄河流域水资源和水生态安全作用突出；星星海保护分区大小湖泊星罗棋布，沼泽面积大，具有重要的水源涵养功能。黄河源园区生态保护的主要任务是：重点保护源头湖泊、湿地生态景观，维持高寒草甸、草原生态系统健康，维护生物多样性，对黑土滩、沙化土地等加强修复。

二　黄河源园区环境教育实践

黄河源园区以其壮美的自然资源和独特的文化资源吸引了许多"粉丝"，在特许经营、生态体验和"互联网＋"等多方力量的加持下，黄河源园区环境教育起步，当地牧民、社会组织、科研机构、高校的助力也是其顺利开展的有力保障。

（一）黄河源园区开展环境教育的优势

美感、自然、原生性、新奇性、安全性等指标是目前评价环境教育的要素。黄河源园区，开展环境教育，既有其天然的自然资源，又有丰富的文化优势，同时广大牧民的积极参与也为当地环境教育提供了强有力的支持。

1. 自然资源丰富

黄河源园区河流纵横、湖泊星罗棋布，扎陵湖和鄂陵湖与星星海等湖泊群构成了黄河源"千湖"景观，园区内的高寒湿地生态系统、高寒草地生态系

---

① 《三江源国家公园建设综述》，青海人大网，http://www.qhrd.gov.cn/html/78/6452.html，最后检索日期：2020 年 11 月 15 日。
② 佚名：《黄河源园区》，《青海党的生活》2020 年第 2 期，第 15 页。

统形态独特,发挥着调节气候和维护生态平衡的重要作用,是珍稀兽类、鸟类、鱼类繁衍生息的栖息地。园区及周边地区集中分布着大种群的藏野驴、藏原羚、岩羊、野牦牛、白唇鹿等野生动物,有黑颈鹤、天鹅、斑头雁、白鹳、草鹭等珍稀鸟类,有花斑裸鲤、骨唇黄河鱼、黄河裸裂尻等8种重点保护鱼类,同时也是候鸟在青藏高原重要的栖息地和迁徙通道之一,是探寻自然界生物多样性的"好教室"。

2. 民族文化与自然景观相映成趣

黄河源园区内众多的古迹遗址是探寻了解黄河源历史和藏族文化的重要窗口与载体,玛多县的扎陵湖、鄂陵湖、黄河及牛头碑是黄河源园区的重要标志;"黄河之源""千湖之县""格萨尔赛马称王地"是其重要的三张"名片",柏海迎亲滩、莫格德哇遗址、格萨尔赛马称王遗址、格萨尔王王妃珠姆宫殿遗址,具有重要的历史文化价值。当地的藏族歌舞、服饰、绘画、雕刻、建筑是传播藏民族文化的重要载体,这些呈多样性、独特性的民族文化与黄河源头丰富的自然景观相辅相成,可以为受众提供丰富的自然教育体验和文化冲击,是黄河源园区开展环境教育的良好资源。

3. 与周边社区、社会组织、高校的合作

得益于三江源地区十余年的生态保护建设工作与青海藏民族保护草原的习惯法和生态观念,国家公园内原住民对国家公园的各项工作都较为支持,积极参与。同时,三江源国家公园、黄河源园区与NGO生物多样性保护组织"山水自然保护中心"等社会组织合作,在合作模式、科学研究、公众参与、社区培训和参与以及培养青年志愿者等方面建立了一定的范式参考。三江源国家公园研究院、省内高校、研究机构对国家公园的各项工作均在一定程度上提供智力支持,黄河源园区的环境教育工作同样受益于各方的通力合作,未来将大有可为。

(二)黄河源园区环境教育现状

1. 开展形式

三江源国家公园成立以来,尤其是在2020年新冠肺炎疫情影响下,黄河源园区通过各种渠道向社会各界进行宣传和教育。比如,在微博、视频网站、公众号等自媒体以图文介绍、短视频、直播的形式对黄河源园区的野生动植物、牧民生活、文化传统进行介绍，也通过广播、报纸、书刊等传统媒介进行宣传，一定程度上对难以到达园区，且对黄河源充满好奇的公众起到了推介作用。

同时，通过特许经营机制，与生态体验项目结合也是黄河源园区开展环境教育的主要方式。2020年夏，黄河源园区通过探索建立"政府主导、管经分离、多方参与"的特许经营机制，遵循《三江源国家公园总体规划》"保护第一、合理开发、永续利用"的原则，以特许经营的形式，管委会许可企业在园区内开展生态体验、环境教育等活动，访客预约后可领略、体验黄河源园区壮美山河和草原文化，同时当地社区与牧民也被纳入环境教育中来，向访客提供解说、食宿等服务。这种"教学相长"的方式，使当地牧民对其生活的生态环境有了进一步的深刻认识，又可以向远方的客人展示他们原生态的日常生活，从普通牧民转化为国家公园的守护者，如今他们更是成为绿水青山的"代言人"。这种由企业、地方政府和社区共同参与设计的具有"提前预约、科学导赏、特许线路、牧民参与、惠益社区"特点的活动方案，使企业、访客、当地牧民都能获益，国家公园红利不断释放。①

2. 开展部门

国家公园体制试点开展以来，三江源国家公园管理局环境教育的工作内容由其下属的"生态展览陈列中心"分管，尚未成立专职的管理部门与人员，黄河源园区也是如此。为保障国家公园环境教育工作的开展，管理局及黄河源园区管委会一方面积极与社会各界开展交流合作，培训环境教育从业者、编写解说词，另一方面也在探索一条既能保护好黄河源头，又能发挥黄河源园区环境教育功能的路径。目前在黄河源园区开展的为数不多的环境教育活动，多是在政府、三江源国家管理局的引导下，由社会组织、学校、当地社区、牧民群众自发组织。

3. 教育内容和教育手段

黄河源园区在《三江源国家公园环境教育管理办法（试行）》的框架之下开展环境教育，教育方式以自然观察与自然体验为主，访客通过提前预约，在生态管护员及当地牧民的引导下，了解生态保护修复和野生动物救助情况，观

---

① 《三江源国家公园黄河源园区探索特许经营模式　实现人与自然和谐相处》，央广网，https://www.sohu.com/a/414189522_362042，最后检索日期：2020年11月30日。

览高原群山、湖泊河流、野生动物等原真自然美景，并通过解说进一步了解当地传统民族文化和格萨尔王历史传说等人文风情。①

三 黄河源园区环境教育的困境

尽管三江源国家公园体制试点改革已成为青海生态文明建设中浓墨重彩的一笔，但在骨架基本搭建完成的同时，其社区发展、特许经营、环境教育等建设内容仍是未来公园发展与建设的重要工作。尤其园区环境教育，是实现国家公园"全民共享""世代传承"的主要手段，是人与自然和谐共生的现实路径。黄河源园区作为三江源国家公园的三个分区之一，在探索环境教育这一主题时仍有亟待解决的一些问题。

（一）对环境教育的认识不足

黄河源园区所处的三江源国家公园，是我国第一个开展国家公园体制试点的地区，处于"摸着石头过河"的状态，在其先行先试的过程中，各方对国家公园开展环境教育的认识有所偏颇。有的认为环境教育只是做做宣传，将环境教育简单视为环境解说体系；有的认为环境教育就是生态体验；有的认为环境教育是自然资源教育，倾向于对自然资源空洞地解释，缺少互动性的空间体验。这个过程，使得分配给环境教育的有限资源浪费，损耗了一些时间和效率。

（二）环境教育的基本要素尚未完全发挥效应

目前，黄河源园区环境教育仍处于起步阶段，一些环境教育的基本要素还未全面配置或发挥作用。一是工作计划、资金与政策保障、安全监督与培训等基础管理内容没有形成体系支撑。黄河源园区处于体制试点与正式建园的过渡期，多项工作仍处于探索阶段，环境教育方面更是急需国家政策的引导、资金的支持、与国外国家公园的交流沟通等。二是标本馆、宣教中心等教育场所、标识设

---

① 孙睿、闫军：《三江源国家公园黄河源园区生态体验项目正式启动》，中国新闻网，https://www.chinanews.com/gn/2020/08-19/9269481.shtml，最后检索日期：2020年10月20日。

施和解说设施等设施体系比较薄弱,这些硬件设施是发挥环境教育作用的重要组成。三是讲解员、专家、合作机构等人才保障体系正在积极构建。运营管理水平与硬件设施等基本要素的提升,是黄河源园区环境教育工作的重点。

(三)黄河源园区环境教育供需机制尚未建立

三江源国家公园是我国第一个国家公园,备受社会各界瞩目,黄河源园区环境教育资源丰富,局限于没有得以充分配置利用。在当下走进自然、回归自然的背景下,尤其是近年来"大美青海"品牌的树立,公众对三江源、对黄河源心驰神往,追溯中华民族本源、领略草原与湿地生态景观、感受藏民族原生态生活的需求较为强烈,而这些需求都是环境教育顺利开展的契机,但黄河源园区方面对环境教育服务供给尚未做好准备。访客对国家公园生态保护的要求、对环境教育的政策不甚了解,一些访客不知道前往黄河源园区须进行预约,对前往黄河源园区进行环境教育的相关信息不明确。在这种供需不匹配的状态下,黄河源园区环境教育需加快工作进展,把握机会。

四 黄河源园区开展环境教育的路径与建议

(一)严格按照规划要求开展环境教育

生态保护是国家公园的首要职能,国家公园内开展环境教育的区域应严格管控,按照功能分区执行。《三江源国家公园总体规划》中对国家公园内不同功能分区的生态特征、管理目标、管控措施有较为详细的规定,可在不同的功能分区内有的放矢地开展不同形式的环境教育内容,如在生态保育区开展科研教育、生态修复技术,在游憩展示区开展自然知识、自然技能的环境教育,在传统利用区开展自然体验教育、自然价值方面的教育。2020年11月,《三江源国家公园生态体验与环境教育专项规划》经中国国家林业和草原局同意,由青海省官方正式印发实施[①],按照规划内容,三江源国家公园环境教育工作

---

① 张添福:《三江源国家公园5个专项规划正式印发 呵护地球"第三极"》,中国新闻网,https://www.sohu.com/a/434047005_123753,最后检索日期:2020年11月25日。

将有序开展。规划对三江源国家公园环境教育的设施、访客制度、解说词、教育深度等有非常详细的规定。下一步,黄河源园区应结合自身情况,建立环境教育工作机制,理顺各方关系,按照规划要求形成工作计划,按部就班开展工作。

(二)吸纳多元主体参与

促进各方交流,维护各方关系,是环境教育工作高效可持续开展的重要手段。黄河源园区环境教育工作的开展,不能仅仅依靠政府,要紧密团结当地学校、社区、社会组织、科研院所等,吸纳不同的力量,聆听不同的声音,建立与各方开展环境教育的工作机制。积极与相关高等院校、科研院所、学会团体、博物馆、图书馆、基金会、特许经营单位建立合作关系,允许其依法依规提供环境教育类产品和服务。科研院所可组织环境教育科研团队,为环境教育内容提供科技支撑;社会组织是开展环境教育的重要补充,其灵活、高效的组织方式,有助于环境教育工作的开展。

(三)环境教育人才培养

目前,黄河源园区环境教育方面的人才较为短缺,急需尽快建立环境教育类的人才队伍,合理配置各类环境教育人员,保障环境教育工作顺利开展。一是由三江源国家公园管理局核定编制,考录任用环境教育相关人员,或社会聘用具有相关专业技能人才,形成环境教育核心队伍。二是重视环境教育人员的发展和培养,制定员工发展长远计划,形成终身学习机制,定期提供国家公园常识、文化自然遗产知识、黄河文化、生态环境保护知识、解说教育理论、语言课程、礼仪、急救等方面的培训,提高解说质量。三是吸纳当地牧民参与环境教育,培养一批"牧民解说员",在丰富环境教育队伍和内容的同时,传承和发扬藏文化。在政府正面引导下,可适当培养黄河源的"网络红人",还原其自然、纯真的草原生活,对黄河源园区的风土人情进行推介。四是将志愿者作为环境教育的有力补充,建立志愿者环境教育项目基金,确保环境教育志愿者获得岗位所需的培训、劳保用品和教具,妥善安排适当岗位,分配工作时间。五是聘请生态环境、历史考古、民俗社会等各方面专家学者为国家公园荣誉解说员,定期开展专题讲座和培训。

（四）丰富教育场地及教育内容

结合目前现有的三江源国家公园管理局展厅、青海藏文化馆、青藏高原自然博物馆及青海省内各类三江源生态环境监控中心等场所建设环境教育基地，将黄河源园区的自然、人文相关内容纳入，丰富教育内容。联动及全国重要城市——特别是黄河中下游重点城市的自然博物馆、动物园等科普教育基地，日常或宣传日直播、转播三江源监测点的影像，为中小学、访客提供互动式的教学素材。科研机构、大专院校等应结合自身研究优势，建立环境教育基地向公众开放，青海省、果洛州玛多县教育主管部门可结合当地实际，开发"保护黄河源""保护母亲河"的乡土课程或地方特色课程并纳入黄河源园区环境教育体系中，充实教育内容。

（五）创新内容与形式

黄河源园区环境教育的内容与形式方面，可迎合信息时代公众娱乐方式和心理需求的变化，将黄河源园区的环境教育与"互联网+"充分融合。通过智慧型国家公园平台，把握新型传媒的特点，合理取舍和优化，发布黄河源头的生态保护、自然景观、野生动植物等环境教育的内容，在"学习强国"App、微信小程序、公众号等互联网平台上将相关环境教育资源搬上网络，以更接地气的形式表现出来，促进教育效果更上一层楼。或带动牧民、社会组织、企业等力量，充分利用微博、微信、抖音、快手等平台，借助其短、平、快的优势，以突出的主题、精炼的内容、独特的视角传播黄河源园区的风土人情。通过宣传片、VR体验馆和人员构建三维解说结构，设计新颖文案，创新教学方式，采用寻宝闯关、打卡激励、亲子共学等方式吸引访客，营造良好的学习氛围，提高教学效果，扩大黄河源园区的影响度。

（六）以生态体验带动环境教育

经验表明，生态体验是国家公园、自然保护地开展环境教育的有效手段。环境教育以生态体验为实践形式更能促进受众环境素质的提高。黄河源园区开展环境教育，应以生态保护示范、生态体验等形式向世人展现黄河源头过去、现在丰富的生态环境、文化积淀，强化人们尊重自然、顺应自然、保护自然的意识，唤起人们对国家公园建成时美丽图景的向往，从单一旅游需求上升为生态伦理教育、生态保护体验。需要注意的是，在环境教育宣传品、教育线路及课程设计过程中，确保导向正确的基础上，应吸纳当地藏族牧民意见，确保风俗文化方面解释无误、观点准确。

参考文献

陈梦迪：《我国国家公园的环境教育功能及其实现路径研究》，南京林业大学硕士学位论文，2020。

鲁华：《三江源国家公园生态旅游业发展模式研究》，青海大学硕士学位论文，2019。

鄂崇荣：《民间信仰、习惯法与生态环境——试析青海藏族生态观念对保护草原环境的影响》，《青海社会科学》2009年第4期。

蔡君：《公园作为学习场所——国家公园解说和环境教育发展探讨》，《风景园林》2019年第6期。

梦梦、刘鑫、赵英男、周学红：《自然保护地环境教育实践与研究现状》，《世界林业研究》2020年第2期。

B.28
青海绿色有机农畜产品示范省建设分析报告

代辛 李婧梅*

摘　要： 质量兴农、绿色兴农、品牌强农，已然成为新时期中国农业高质量发展的新征程和乡村振兴的新使命。青海省与农业农村部共建的绿色有机农畜产品示范省建设，把农牧业高质量发展推到了历史的新高地。本文梳理了示范省建设的推动政策，对建设行动中的化肥农药减量增效行动、牦牛藏羊原产地可追溯试点建设工程、地理标志农产品保护工程等三个重点项目的现状进行剖析，分析个中问题，并提出相关建议。

关键词： 绿色有机农畜产品　示范省建设　青海省

青海地处世界之屋脊，是我国五大牧区之一，一直被公认为全球四大无公害的超净区之一，也是三江之源、"中华水塔"。习近平总书记专门强调"青海最大的责任在生态，最大的价值在生态，最大的潜力也在生态""要扎扎实实持续保护生态环境"。地理环境的特殊性以及国家对其生态发展的重视，都为重点发展绿色有机农牧业创造了得天独厚的条件。在此背景下，青海省率先提出建设绿色有机农畜产品示范省战略部署，并与农业农村部签署了《共建青海绿色有机农畜产品示范省合作框架协议》（以下简称《合作框架协议》）

---

* 代辛，博士，青海省社会科学院副院长，主要研究方向为农村经济；李婧梅，青海省社会科学院生态与环境研究所助理研究员，青海师范大学地理学院博士研究生在读，主要研究方向为生态环境保护，生态经济。

以推动青海省农牧业的高质量发展,这不仅是深入贯彻习近平总书记指示精神的具体体现,是保护"中华水塔"、促进人与自然和谐共生的应有之义,也是深入挖掘潜力、充分发挥优势的重要举措。

青海农畜产品的最大优势在于无污染、绿色、有机,潜在价值高、市场需求旺盛,有着广阔的发展前景。省部共建的绿色有机农畜产品示范省建设,把农牧业高质量发展推到了历史的新高地,力争为全国质量兴农、绿色兴农、品牌强农打造实践典范。本研究主要以青海绿色有机农畜产品示范建设的各项举措为研究对象,进行相关政策梳理,对其重点项目进行剖析,分析个中问题,提出相关建议。

一 政策梳理

农业农村部和青海省人民政府经过多次磋商,2019年3月,决定共同创建青海绿色有机农畜产品示范省,签订《合作框架协议》,加快了青海推行绿色生产方式,实施质量兴农、品牌强农的步伐。为此,青海省政府也制定发布了一系列政策以推动示范省建设。

(一)绿色有机农畜产品示范省建设启动

2019年3月1日,农业农村部与青海省人民政府签订了《合作框架协议》。该协议明确了全面开展农业投入品减量增效行动,建立完善农畜产品质量安全追溯体系,创建"青字号"特色知名品牌,提升农牧业废弃物资源化利用率,推行绿色生产方式,实施质量兴农、品牌强农,将青海省建成全国绿色有机农畜产品示范省的合作方向。确定将化肥农药减量增效、培育高原特色绿色有机农畜产品、农畜产品追溯体系建设、创建农畜产品特色品牌、农业废弃物资源化利用以及农牧业科技服务体系和智力支撑等六个方面作为主要的合作内容。同时通过建立常态化的部省合作机制和定期会商制度,加强交流沟通;加大政策扶持、资金投入,整合财政资金、税收、金融等保障;产学研合作、农科教结合强化科技人才支撑。协议的签订正式开启了绿色有机农畜产品示范省建设。

（二）绿色有机农畜产品示范省建设实施

绿色有机农畜产品示范省建设启动后，相关部门制定了一系列的配套政策，以落实协议内容。其中农业农村部、青海省人民政府联合印发的《共建青海绿色有机农畜产品示范省工作方案（2019-2023年）》明确了2019～2023年青海绿色有机示范省建设的目标（见表1），将协议确定的六大合作内容细化，确定了具体的建设任务（见图1），明确了相关执行单位，并细化了相关保障措施。

表1　绿色有机农畜产品示范省建设的目标

目标	细化目标
农牧业生态环境明显改善	农作物生产有机肥替代全覆盖,农药使用量减少60%以上
绿色优质农畜产品的生产能力明显提升,品牌影响力明显增强	围绕青海牦牛、枸杞等突出特色产业,创建认定国家级、省级现代农业产业园,新建绿色食品原料标准化生产基地、有机农业示范基地； 通过认证绿色食品、有机农产品和地理标志农产品等途径,打造"青字号"农业品牌
农牧业高质量发展水平明显提高	建立、完善在农业中构建投入品电子追溯制度,逐步建立特色农畜产品质量安全追溯体系； 完善青海绿色有机农业发展标准体系

这些建设任务由部省分别成立专门的领导小组，建立协调配合的"双组长"机制，通过严密组织机构、领导负责制，细化工作分工，要求制定的工作方案切实可行，保证各项建设工作稳步、扎实、有效地推进。

此外，绿色有机农畜产品示范省建设的配套政策还包含《2020年青海绿色有机农畜产品示范省建设工作方案》《2019年青海省化肥农药减量增效行动试点实施方案》《青海省2020年化肥农药减量增效行动试点方案的通知》《关于加快推进牦牛藏羊原产地可追溯工程试点建设各项工作的通知》《关于成立绿色有机农畜产品示范省建设推进工作领导小组的通知》等文件。这些政策文件分步骤、具体、多方面开始了绿色有机农畜产品示范省建设的实践。

发展高原特色绿色有机农畜产品	建设特色农产品优势区和现代农业产业园； 创建全国绿色食品原料标准化生产基地、全国绿色食品有机农业一二三产业融合发展园区； 绿色食品、有机农产品认证； 完善特色农产品标准体系； 培育高起点、高标准、高质量产业化联合体40个； 组建牦牛、冷水鱼、青稞等产业联盟
建立健全牦牛藏羊原产地可追溯体系	建立牦牛藏羊追溯管理平台，实施"121"追溯工程； 农产品追溯与农业项目安排、农业品牌推荐、农产品认证和农业展会"四挂钩"； 充实基层监管机构专业技术人员，加强农产品质量安全监管； 开展农产品合格证试点。
创建农畜产品特色品牌	培育壮大一批特色知名品牌，做强农畜产品区域公用品牌20个、企业品牌100个、农畜产品品牌300个； 加大"青字号"品牌宣传力度； 培育一个全省性的地理标志产品； 促进青海农畜产品市场营销，提升市场占有率和影响力； 加大商标注册保护力度,保护好青海绿色有机这块"金字"招牌。
化肥农药减量增效	开展化肥农药减量增效行动试点； 健全农药监管体系，建立农业投入品电子追溯制度； 开展饲料安全风险预警监测及饲料添加剂产品质量检测，减量使用兽用抗菌药物； 分区域开展退化耕地综合治理，推进污染耕地分类治理； 健全基层农业技术推广服务体系，推广水肥一体化技术； 推动畜禽粪污废弃物肥料化利用； 有机肥替代化肥、实施绿色防控的面积达到700万亩，实施乡镇达到330个。
推进农业废弃物资源化利用	建设农作物秸秆综合利用示范县，推广秸秆肥料化、饲料化、基料化、燃料化、原料化综合利用模式； 加大饲草料基地建设力度，推进粮饲统筹、种养结合、草畜联动； 推进畜禽养殖废弃物处理和综合利用，促进有机肥加工，优化种植结构； 开展粪污资源化利用设施设备提升改造，建立收集加工配套和牲畜粪污循环利用机制； 完善废旧地膜和包装废弃物等回收处理制度； 推行规模养殖和屠宰加工畜禽废弃物无害化处理。
完善农牧业科技服务体系和智力支撑	完善农牧业科技推广三级平台； 加强基层农技推广体系建设； 加强农业有害生物监测与防控； 推进种养殖业良种基地、工程建设； 实施牦牛藏羊提纯复壮工程，扩大新品种的推广及应用； 与农业保险服务体系的对接，增强不同平台的协同效应。

图1　绿色有机农畜产品示范省建设的主要任务

二 建设现状

通过绿色有机农畜产品示范省建设相关实践调研发现，2019年以来青海省主要是通过开展化肥农药减量增效行动、牦牛藏羊原产地可追溯试点建设工程、地理标志农产品保护工程来落实推行绿色有机农畜产品示范省建设合作协议的承诺。

（一）化肥农药减量增效行动

1. 概况

化肥农药减量增效行动是建设合作内容中一项重要的行动。该行动坚持生产与生态统筹，推进种养结合。根据不同区域、不同作物生产实际和施肥用药需要，从追求产量转向规模、质量、效益并重；通过转变对农作物的施肥方式，在减少化肥农药不合理投入的同时，扩大配方肥推广面积，从而进一步提高肥料利用率，实现"双减"的目的。

青海在绿色有机农畜产品示范省建设中的化肥农药减量增效行动主要分三个阶段、分地区地推进（见表2）。

表2 "化肥农药减量增效行动"阶段性与目标

阶段	任务目标
试点先行阶段 （2019~2020年）	第一年有机肥替代化肥试点面积114万亩，化肥农药使用减少量达20%以上；第二年达到300万亩，化肥农药使用减少量分别达40%、30%以上
扩面增效阶段 （2021~2022年）	2022年化肥农药减量增效面积达到700万亩以上，化肥农药使用减少量分别达80%、50%以上
提档升级阶段 （2023年以后）	力争实现有机肥替代化肥全省全覆盖，全面实现绿色防控全覆盖，农药使用量减少达60%以上

2. 试点情况

在行动区域选择上，自2019年开始在西宁、海东等8个市（州）19个县（市、区）以及11个国有农牧场开展相关试点工作。其中，玉树、果洛两州整州开展，湟源县和贵南草业开发有限公司整县（场）推进，其他县（场）也是选择整乡（镇）、整村（或几个村连片）、整作物连片集中推进（见表3）。

表3 2019～2020年化肥农药减量增效行动试点面积分配

	2019年		2020年	
	面积（万亩）	占比（%）	面积（万亩）	占比（%）
西宁市（湟源县实行整县推进）	30.0	26.3	63.0	21.0
海东市	13.8	12.1	105.0	35.0
海西州	20.0	17.6	38.8	12.9
海北州	6.0	5.2	10.8	3.6
海南州	6.2	5.4	35.4	11.8
玉树州	13.5	11.9	17.3	5.8
果洛州	0.4	0.4	0.6	0.2
黄南州			19.1	6.4
国有农牧场（贵南草业开发有限公司）	24.0	21.1		
省三江集团公司			10.0	3.3
合计	113.9	100.0	360.0	100.0

根据青海各地特色农业发展状况，在品种选择上也加以区分，具体见表4。

表4 2019～2020年化肥农药减量增效行动试点农作物种类分配

品种	2019年				2020年	
	面积	占比	化肥农药减量造成农作物产量损失补贴	绿色防控技术应用补贴	面积	占比
小麦	3万亩	2.6%	50元		40.5万亩	14%
马铃薯	7万亩	6.1%	106元		66万亩	22%
蚕豆	4万亩	3.5%	72元		9万亩	3%
青稞	43.9万亩	38.5%	27元		65万亩	22%
藜麦	1万亩	0.9%	125元		1.5万亩	1%
油菜	15万亩	13.2%	58元	20元/亩	80万亩	27%
果蔬	12万亩	10.5%	露地蔬菜684元，设施果蔬1800元	35元/亩；设施果蔬50元/亩	10万亩	3%
汉藏药材	28万亩（枸杞25万亩、药材3万亩）	24.6%	枸杞455元，药材730元，	50元/亩	中药材5万亩；枸杞23万亩	中药材2%；枸杞8%

3. 补贴资金及办法

为调动企业和农户的积极性，保障其收入，以"政府扶持、地方配套、群众自筹"多方筹资方式相互补充，以补贴的形式支持绿色有机农畜产品示范省的建设工作，后期将逐步减少政府补贴比例，直至完全市场化运行。

资金主要用于技术应用、作物生产成本补贴及减量损失（见表5）。同时，为确保补贴资金足额落实到位，对资金实行专账管理，通过"一卡通"直接补贴到户。

资金使用分配方面，政府和地方配套的资金适用情况不同，前者主要适用于有机肥、部分绿色防控和减产损失补贴等方面，后者主要适用于有机叶面肥方面，农民自筹部分用于病虫害绿色防控。（见表5）。

表5　2019～2020年化肥农药减量增效行动补贴资金情况

2019年资金种类	2019年补贴内容	2020年资金种类	2020年补贴内容
省级财政补贴资金5.56亿元，占比为73.54%	生产成本补贴。分品种制定标准：小麦、青稞、蚕豆、油菜适用120元/亩的标准；马铃薯、藜麦、枸杞适用240元/亩的标准；露地蔬菜适用540元/亩的标准；药材适用600元/亩的标准；设施果蔬适用1080元/亩的标准	省级财政补贴资金5.6亿元，占比为34.73%	商品有机肥替代补贴方面资金达3.3亿元，在小麦等九种作物上实施面积300万亩，每亩补贴有机肥100公斤，即补贴资金110元
	农作物产量损失补贴(2019年按粮油作物减产10%、经济作物减产15%给予适当补贴)		粮油作物轮作倒茬补贴资金0.75亿元，50万亩，每亩补贴150元
	有机肥企业奖补资金		蔬菜水肥一体化补贴资金0.2亿元，面积达10万亩，适用每亩补贴200元的标准
			绿色防控技术推广补贴资金0.96亿元，面积达300万亩，适用每亩补贴32元的标准
			农作物农业保险补贴资金0.39亿元，9种作物上开展农业保险面积300万亩，适用每亩补贴13元的标准

续表

2019年资金种类	2019年补贴内容	2020年资金种类	2020年补贴内容
地方配套5148.25万元,占比为6.81%	主要用于油菜、露地蔬菜、设施果蔬、枸杞等四类作物的绿色防控技术应用补贴;以及农作物产量损失补贴	地方配套3.925亿元,占比为24.34%	主要用于有机肥和有机叶面补贴。市州级1.65亿元,主要用于每亩50公斤的有机肥补贴;县级配套资金2.275亿元,主要用于每亩50公斤的有机肥和每亩25元的有机叶面肥补贴
群众自筹14840万元,占19.65%		群众自筹资金6.6亿元,占40.93%	补充不足的部分,每亩自筹资金为220元

（二）牦牛藏羊原产地可追溯试点建设工程

青海有"世界牦牛之都""中国藏羊之府"的美称,青海省牧区牦牛藏羊总产量基本稳定,2018年底存栏牦牛481万头,藏羊1220万只,能繁母牛240万头、能繁母羊701万只,年出栏牦牛144.6万头,2019年产牛肉14.63万吨、羊肉13.93万吨。牦牛藏羊是青海省主要畜种,是农牧民脱贫致富的主要产业,具有生态、绿色、有机的独特品质,国内市场欢迎程度日渐提升。同时,青海省是"一带一路"向西开放新格局的重要节点,这为推动牦牛藏羊特色产品打开国际市场又提供了更有利的契机。因此,全面推进牦牛藏羊原产地可追溯试点建设工程,对实现青海牛羊肉优质优价、打造"青字号"特色品牌具有重大意义。

按照试点先行、分步推广的思路,牦牛藏羊原产地可追溯试点建设工程主要在青海省牧区6州的兴海、贵南、祁连、刚察、河南、泽库、甘德、称多、乌兰、天峻10个县的200个合作社和规模养殖场的210万头（只）牛羊和10个屠宰加工企业开展整县试点建设,工程项目投资7000万元,其中中央投资2000万元,省级财政投资5000万元。

可追溯试点工程利用大数据、云计算、物联网等现代信息技术,按照统一追溯模式、统一追溯标识、统一业务流程、统一编码规则、统一信息采集的"五统一"要求,建立并完善追溯体系平台,通过原产地的全程质量控制和便捷的信息采集，将高品质有机牦牛藏羊及其产品全程追溯，实现产销可对接、信息可查询、源头可追溯、生产消费互信互认。

梳理整合牦牛藏羊养殖户的基本数据，制定牦牛藏羊追溯标识标准，对牦牛藏羊进行筛选，确定具体数量。组织实施牦牛藏羊耳标招标采购，逐级发放到位。组织相关人员进行技术培训，对逐级发放到位的耳标进行佩戴信息录入以及建档立卡。实现省级平台、州市级平台、县级平台、基地的数据共享，搭建溯源监督检查系统，保证这四级养殖、屠宰、加工数据能够上下衔接、交换共享。

（三）地理标志农产品保护工程

截至2020年底，青海省已登记保护地理标志农产品78个，地理标志证明商标36个。目前兴海牦牛肉、贵南黑藏羊、祁连牦牛、祁连藏羊、刚察牦牛、刚察藏羊、河南呼欧拉羊、泽库牦牛、甘德牦牛、玉树牦牛、乌兰茶卡羊和天峻牦牛等12个地理标志农产品已经被纳入可追溯体系建设。

地理标志农产品保护工程的主要做法，一是强化政策支持。自2019年起，政府每年对成功注册地理标志生产主体安排补助奖励资金，最高给予50万元的补助奖励，对当年新获证的地理标志农产品给予5万元的补助奖励。2019年再次强化了地理标志农产品登记保护政策支持，促进了产业兴旺，增加农牧民收入，助力脱贫攻坚。

二是强化特色品质。2019年，政府投资7000万元，在10个县域内开展原产地可追溯体系建设试点，这其中涉及10万头（只）商品牦牛藏羊。同时，将玉树牦牛等12个地理标志农产品全部纳入可追溯体系建设，加大开发和保护力度，为有效提升藏区地理标志农产品特色品质和质量安全奠定了良好基础。

三是强化示范效应。立足青海牦牛、藏羊、青稞、冷水鱼、枸杞等优势主导特色产业，围绕"青海牦牛"农牧业第一品牌的目标，大力开展地理标志农产品保护工程建设，开展"青海牦牛"品牌注册，在北京、上海国际机场及新媒体投放广告，并计划在巴基斯坦等国家开展推介宣传青海牦牛等特色农畜产品活动①。2019年、2020年政府投资4600万元，深入挖掘牦牛、藏羊、

---

① 郜晋亮：《无愧于"世界牦牛之都"——青海省农业农村厅副厅长马德清谈青海牦牛品牌建设》，《农民日报》，2020年4月20日，第3版。

青稞、冷水鱼、枸杞等地理标志产品品牌文化内涵，先后形成了《青海牦牛品牌高端策划方案》《公用品牌文化手册》《公用品牌形象体系》等一系列品牌建设与传播的成果，先后发布了玉树牦牛、柴达木枸杞等16个省农产品区域公用品牌。

四是强化品牌推介。借助国内外各种展会，寻找农产品产业与市场的最佳结合点。"柴达木枸杞"产品先后参加了德国、美国、越南等国举办的国际展会；"湟中蚕豆"产品成功打入日本、中东等十余个国家或地区；牦牛、藏羊、枸杞等地标产品在欧洲、美国、日本和东南亚等地的出口量和知名度逐年提高。在政府相关部门支持下，通过在北京、上海、广州等一线城市设立"青海特色农畜产品窗口"的形式，搭建了地理标志农产品进入高端市场的渠道平台。同时，在海西州民俗博物馆还建成了柴达木枸杞文化展示厅，挖掘枸杞的文化属性，提升其产品的附加值，以更好地推荐柴达木枸杞产品。

三 成效分析

创建青海绿色有机农畜产品示范省开展以来，青海省分阶段、分批次地重点推动了化肥农药减量增效行动、牦牛藏羊原产地可追溯试点建设工程、地理标志农产品保护工程，成效显著，在政治、生态、经济、社会层面取得了较好的效益。

政治效益。在青海省实施绿色有机农畜产品示范行动，是探索提升农牧区农牧业绿色发展水平的有效途径，对于全国来说，是一项有益探索，将对全国绿色生态农牧业发展具有重要的示范作用，必将为守住绿水青山、建设美丽中国做出青海贡献。

生态效益。通过化肥农药减量增效行动，推进禽畜养殖废弃物处理和综合利用，采取发酵还田、有机肥加工等方式，禽畜粪污资源化利用率达78%以上；全面推广秸秆肥料化、饲料化等利用模式，秸秆综合利用率达87%，农田残膜回收率达89%，有效提升了资源利用效率。

经济效益。通过开展化肥农药减量增效行动，改善农产品产地环境，将把青海建成全国重要的绿色农畜产品生产基地之一。深入推进全国草地生态畜牧业试验区建设，120个合作社实现股份制改造。粮改饲面积达到66.39万亩，累计扶持标准化规模养殖场200多家。有效处置禽畜规模养殖场废弃物，全省建成有机肥厂36家，有机肥年生产能力达50万吨①。同时，实施有机生产的有机枸杞发展势头强劲，其中海西州通过"枸杞农药残留超标问题"的专项治理，符合"双减"行动要求的枸杞种植面积达50万亩，干果总产量8.7万吨，产值25.9亿元，加工成枸杞酒、枸杞籽油、枸杞酵素、枸杞茶等46个产品，精深加工转化率达到33%，科技贡献率达68%以上，全产业链产值突破百亿元。

牦牛藏羊原产地可追溯试点工程建设，已将各县域内目前牦牛藏羊存栏数的60%纳入已建立的追溯平台中，实现了农产品质量安全的有效监管，更是有效推进了农产品优质品牌的打造。将带动青海牦牛、藏羊实现优质优价，推动农牧业持续发展，农牧民持续增收，使品牌效益有效地转化为农牧民与企业的经济效益，促进青海省域内农牧区的全面进步。

通过加强绿色食品、有机农畜产品、地理标志农畜产品认证和管理，做大做强做响了牦牛、藏羊、青稞、冷水鱼、枸杞等"金字"招牌。打造了柴达木富硒有机枸杞品牌，继青海省农产品区域公用品牌之后入选中国农业品牌目录2019农产品区域品牌名单。已成为全国35个中欧地标互认产品之一，在2019年全国区域品牌（地理标志产品）榜中获第38名，品牌强度821，品牌价值达87.67亿元。

社会效益。青海通过绿色有机农畜产品示范省建设，减少了化肥的使用量，稳定了农村人口，增强了农民的自我发展能力，为消费者提供了绿色、无公害的农牧产品；通过规模化合作社、养殖场的运营，可集中分散的农户，形成规模化、集约化生产，提高资源报酬率。通过开展地理标志农产品保护工程和牦牛藏羊原产地可追溯试点工程建设，提升了产品附加值，有助于实现农畜产品的优质优价，进一步提高了农牧民的收入水平，改善了农民生活水平。

---

① 樊永涛：《青海省绿色有机农畜产品示范省建设取得阶段性成果》，青海新闻网，http://www.qhnews.com/newscenter/system/2020/09/23/013252357.shtml，最后检索日期：2021年2月19日。

四 问题与建议

(一)存在的问题

1. 化肥农药减量增效行动

一是试验示范技术支撑不足。化肥农药减量增效综合技术在集成与示范实践中,综合土肥、植保、栽培、农机等多个领域的技术,其实施覆盖面积大,存在着不同领域技术融合性较差、化肥农药减施效果不均衡等众多问题。特别是行动方案中要求采取有机肥替代化肥和病虫害绿色防控技术等三种技术路径推进化肥农药减量增效行动的实施,替代技术较少,不利于有害生物的防控。例如,青海省长期以来备受农田草害的困扰,但是目前新的除草替代技术还没有进步,如若仅是依靠人工拔除,则会导致劳动力成本过高,并不好实现。另外,植保人员队伍较少,现有的专业技术人员成熟经验短缺,并未实现全面推进,仍处于摸索前行状态。

二是化肥农药减量增效行动起步较晚,试验示范力度不够,可复制推广经验相对缺乏。往年推广的化肥减量增效技术为"配方肥+有机肥"模式,现在开展的是三种模式同行,缺乏有机肥全替代化肥技术等模式的有效试验示范,可推广复制难度增加。

三是农户思想观念转变困难,对化肥农药减量增效行动持观望态度。种植大户、合作社、家庭农场及广大农户的生产习惯是使用化肥,他们内心对施用有机肥替代化肥进行生产以后的肥效、对农作物的产量影响等直接关系他们收入的做法心存疑虑,大多数仍然持观望态度。虽有一部分专业合作社、家庭农场、农户积极响应国家政策,开展相关示范建设,但担忧仍然存在,由此导致行动进展存在一定阻碍。

2. 牦牛藏羊原产地可追溯试点建设工程

牦牛藏羊原产地可追溯试点工程建设中存在以下问题。

一是政策理解与技术工作能力欠缺。牦牛藏羊原产地可追溯试点工程建设是一项技术性、政策性、群众性都很强的工作,项目的组织和实施地区对工程方案的理解程度与工程推进的总体进度要求仍存在一些差距,特别是牦牛藏羊追溯标识佩戴和信息采集传输主要依靠基层兽医站和村级防疫员来完成，而这些人员的文化素质并不能较好地完成这些基础性工作，难以满足工程建设的需要。

二是各级政府和农牧部门重视程度不足。各地虽成立了相应的工作机构，但是部分地区政府还没有把追溯工程建设工作纳入本地区的中心工作给予高度重视，主要领导对方案和工作基本思路不甚了解，对工程推进缺少全面的部署，没有形成有效的推进措施。

三是企业和牧民的积极性不高。政府相关部门对牦牛藏羊原产地可追溯试点建设工程的宣传、动员不到位，可追溯体系建设的重要性、好处及相关政策没有做到进村入户，农户知晓率并不高。一些地方过于依赖政府政策资金推动，企业、牧民共享共建积极性没有充分调动起来，社会氛围欠缺。

3.地理标志农产品保护工程

地理标志农产品保护工程在青海发展多年，取得了一定成效，但仍存在以下问题。

一是组织化程度不高，产业规模小。纵观全国，相比较其他省市地区，青海省地理标志产品经营的矛盾尤其突出，呈现"小规模、大群体，小生产、大市场"的特点，其严重影响了参与国际市场竞争的可能性。

二是同质化现象和"一品多牌"现象突出。截至2020年6月，青海省已登记保护地理标志农产品64个，地理标志证明商标36个。其中牦牛、藏羊占1/3，如此高比例的产品同质化一定程度上影响了消费者对品牌的认可。

三是地理标志产品的市场认可度低。消费者对市场上地理标志产品与一般农产品、绿色农产品的认知有些混淆，对地理标志及其商标的认同感处于较低的状态，由此导致地理标志农产品达不到预期效果。

（二）相关建议

为更好地推进青海有机农畜产品示范省建设，下一步，可有的放矢地针对以上问题做出努力。

对照青海绿色有机农畜产品示范省建设的《合作框架协议》中确认的任务，在现有项目工程之外，探索新的路径，制定更加务实落地的相关政策措施，拓展建设内容，以求更大范围地覆盖青海农畜产品，高质量建成有机农畜产品示范省。

在化肥农药减量增效的进一步行动中，开展重点科学问题和重大技术难题的攻关；实地调研，针对不同作物、不同生产条件开展试验示范建设，优化推广策略，通过示范区建设的途径，加快实现化肥农药使用零增长、负增长、零使用目标，加快技术成果转化；加强对企业和农民的宣传工作，提高农民保护生态环境的意识，努力使"双减行动"成为农民的一项自觉行动。

在牦牛藏羊原产地可追溯试点工程建设中，强化组织体系，加强督导工作，开展反复多次的方案解读和政策解析，力争使项目管理部门统一思想、提高认识、形成合力，为项目的按期完成奠定基础。同时，督促各级政府提高对此项工作的重视程度，尽快从为民办实事的角度把此项工作纳入本地区的中心工作扎实推进，确保试点建设取得实质性成效；加强对项目区的农牧技术人员和村级防疫员等就标识佩戴、信息采集录入、平台操作等技术进行系统性、针对性的技术培训，全面提高项目地区管理人员和操作人员的追溯操作技术水平和执行能力；加强宣传引导，普及追溯知识，传播追溯理念，提高农牧民和社会各界对可追溯产品的认知度，提升专业合作社或规模养殖场、生产加工企业的自律意识和责任意识，推动形成社会关心追溯、使用追溯、支持追溯的市场环境和良好氛围。

在地理标志农产品保护工程建设中，从生态保护、藏区深度扶贫的角度争取从国家层面制定出台倾斜性地理标志保护工程扶持政策，争取资金支持；深挖青海省现有地理标志产品特色，加大相关宣传，增强消费者的认可度；对同质化严重的品牌进行整合，扩大生产规模，促进相关产业化发展；发挥青海在"一带一路"倡议中的重要地理优势，加大对外交流合作和国际贸易对接，使"青字牌"走向国际，被更多的消费者所接受。

参考文献

谭梅、潘玲：《青海：用"绿色"引领未来》，《青海日报》2019年7月3日，第3版。

王颖：《建设"五个示范省"开创青海新征程》，《青海日报》2020年1月20日，第11版。

郜晋亮：《让高原美味香飘八方——青海省全力打造牦牛品牌经济》，《农民日报》2020年6月3日，第5版。

王生：《青海省化肥农药减量增效发展现状及对策》，《中国农技推广》2020年第2期。

社会科学文献出版社

皮 书

智库报告的主要形式
同一主题智库报告的聚合

❖ 皮书定义 ❖

皮书是对中国与世界发展状况和热点问题进行年度监测,以专业的角度、专家的视野和实证研究方法,针对某一领域或区域现状与发展态势展开分析和预测,具备前沿性、原创性、实证性、连续性、时效性等特点的公开出版物,由一系列权威研究报告组成。

❖ 皮书作者 ❖

皮书系列报告作者以国内外一流研究机构、知名高校等重点智库的研究人员为主,多为相关领域一流专家学者,他们的观点代表了当下学界对中国与世界的现实和未来最高水平的解读与分析。截至2021年,皮书研创机构有近千家,报告作者累计超过7万人。

❖ 皮书荣誉 ❖

皮书系列已成为社会科学文献出版社的著名图书品牌和中国社会科学院的知名学术品牌。2016年皮书系列正式列入"十三五"国家重点出版规划项目;2013~2021年,重点皮书列入中国社会科学院承担的国家哲学社会科学创新工程项目。

权威报告·一手数据·特色资源

皮书数据库
ANNUAL REPORT(YEARBOOK) DATABASE

分析解读当下中国发展变迁的高端智库平台

所获荣誉

- 2019年，入围国家新闻出版署数字出版精品遴选推荐计划项目
- 2016年，入选"'十三五'国家重点电子出版物出版规划骨干工程"
- 2015年，荣获"搜索中国正能量 点赞2015""创新中国科技创新奖"
- 2013年，荣获"中国出版政府奖·网络出版物奖"提名奖
- 连续多年荣获中国数字出版博览会"数字出版·优秀品牌"奖

成为会员

通过网址www.pishu.com.cn访问皮书数据库网站或下载皮书数据库APP，进行手机号码验证或邮箱验证即可成为皮书数据库会员。

会员福利

- 已注册用户购书后可免费获赠100元皮书数据库充值卡。刮开充值卡涂层获取充值密码，登录并进入"会员中心"—"在线充值"—"充值卡充值"，充值成功即可购买和查看数据库内容。
- 会员福利最终解释权归社会科学文献出版社所有。

数据库服务热线：400-008-6695
数据库服务QQ：2475522410
数据库服务邮箱：database@ssap.cn
图书销售热线：010-59367070/7028
图书服务QQ：1265056568
图书服务邮箱：duzhe@ssap.cn

卡号：346837217191
密码：

S 基本子库
SUB DATABASE

中国社会发展数据库（下设12个子库）

整合国内外中国社会发展研究成果，汇聚独家统计数据、深度分析报告，涉及社会、人口、政治、教育、法律等12个领域，为了解中国社会发展动态、跟踪社会核心热点、分析社会发展趋势提供一站式资源搜索和数据服务。

中国经济发展数据库（下设12个子库）

围绕国内外中国经济发展主题研究报告、学术资讯、基础数据等资料构建，内容涵盖宏观经济、农业经济、工业经济、产业经济等12个重点经济领域，为实时掌控经济运行态势、把握经济发展规律、洞察经济形势、进行经济决策提供参考和依据。

中国行业发展数据库（下设17个子库）

以中国国民经济行业分类为依据，覆盖金融业、旅游、医疗卫生、交通运输、能源矿产等100多个行业，跟踪分析国民经济相关行业市场运行状况和政策导向，汇集行业发展前沿资讯，为投资、从业及各种经济决策提供理论基础和实践指导。

中国区域发展数据库（下设6个子库）

对中国特定区域内的经济、社会、文化等领域现状与发展情况进行深度分析和预测，研究层级至县及县以下行政区，涉及省份、区域经济体、城市、农村等不同维度，为地方经济社会宏观态势研究、发展经验研究、案例分析提供数据服务。

中国文化传媒数据库（下设18个子库）

汇聚文化传媒领域专家观点、热点资讯，梳理国内外中国文化发展相关学术研究成果、一手统计数据，涵盖文化产业、新闻传播、电影娱乐、文学艺术、群众文化等18个重点研究领域。为文化传媒研究提供相关数据、研究报告和综合分析服务。

世界经济与国际关系数据库（下设6个子库）

立足"皮书系列"世界经济、国际关系相关学术资源，整合世界经济、国际政治、世界文化与科技、全球性问题、国际组织与国际法、区域研究6大领域研究成果，为世界经济与国际关系研究提供全方位数据分析，为决策和形势研判提供参考。

法律声明

"皮书系列"(含蓝皮书、绿皮书、黄皮书)之品牌由社会科学文献出版社最早使用并持续至今,现已被中国图书市场所熟知。"皮书系列"的相关商标已在中华人民共和国国家工商行政管理总局商标局注册,如LOGO( )、皮书、Pishu、经济蓝皮书、社会蓝皮书等。"皮书系列"图书的注册商标专用权及封面设计、版式设计的著作权均为社会科学文献出版社所有。未经社会科学文献出版社书面授权许可,任何使用与"皮书系列"图书注册商标、封面设计、版式设计相同或者近似的文字、图形或其组合的行为均系侵权行为。

经作者授权,本书的专有出版权及信息网络传播权等为社会科学文献出版社享有。未经社会科学文献出版社书面授权许可,任何就本书内容的复制、发行或以数字形式进行网络传播的行为均系侵权行为。

社会科学文献出版社将通过法律途径追究上述侵权行为的法律责任,维护自身合法权益。

欢迎社会各界人士对侵犯社会科学文献出版社上述权利的侵权行为进行举报。电话:010-59367121,电子邮箱:fawubu@ssap.cn。

社会科学文献出版社